플랫폼 제국의 미래

THE FOUR :
The Hidden DNA of Amazon, Apple, Facebook, and Google
by Scott Galloway
First published by Portfolio/Penguin,
an imprint of Penguin Random House LLC, New York.

플랫폼 제국의 미래

The Four : The Hidden DNA of Amazon, Apple, Facebook, and Google

구글,
아마존,
페이스북,
애플
그리고
새로운 승자

스콧 갤러웨이 지음
이경식 옮김

비즈니스북스

옮긴이 **이경식**

서울대 경영학과를 졸업하고 경희대 대학원에서 국문학 석사 학위를 받았다. 《전략의 역사》, 《소셜 애니멀》, 《구글의 아침은 자유가 시작된다》, 《신호와 소음》, 《에고라는 적》 등 경제경영서를 비롯한 80여 권의 책을 한국어로 옮겼다. 경제학 에세이 《대한민국 깡통경제학》, 사회 에세이 《청춘아 세상을 욕해라》, 평전 《이건희 스토리》 등을 집필했다.

플랫폼 제국의 미래

1판 1쇄 발행   2018년 4월 30일
1판 20쇄 발행   2023년 1월 19일

지은이 | 스콧 갤러웨이
옮긴이 | 이경식
발행인 | 홍영태
발행처 | (주)비즈니스북스
등 록 | 제2000-000225호(2000년 2월 28일)
주 소 | 03991 서울시 마포구 월드컵북로6길 3 이노베이스빌딩 7층
전 화 | (02)338-9449
팩 스 | (02)338-6543
대표메일 | bb@businessbooks.co.kr
홈페이지 | http://www.businessbooks.co.kr
블로그 | http://blog.naver.com/biz_books
페이스북 | thebizbooks
ISBN 979-11-6254-014-5   03320

놀런과 알렉을 위해

고개 들어 밤하늘의 별을 바라보며 몇 가지 의문을 품는다.
고개 내려 내 아이들을 바라보면 몇 가지 해답이 떠오른다.

디지털 시대의 새로운 타이탄들

이 책이 한국 독자를 만나게 되어 영광이다.

나는 뉴욕 대학교 스턴 경영대학원의 마케팅 교수로 있으면서 지난 수십 년 동안 대형 기술 기업들의 여러 전략 및 이 기업들이 우리의 일상에 가져온 충격을 연구했다. 내가 지금까지 해온 작업이 국제적으로 인정받는다는 사실이 무척 기쁘며, 이 거대 IT 제국들이 우리 사회에서 휘두르는 힘과 영향을 주제로 하는 대화에 한국 독자들도 함께 참여하게 되길 희망한다.

나는 연구를 하는 내내 아마존, 애플, 페이스북 그리고 구글이 인간의 삶을 풍성하게 해준 놀라운 사례들을 수없이 많이 만났다. 사랑하는 사람들을 지역에 상관없이 서로 연결될 수 있게 해주었고, 모든 사람들이 수준 높은 정보에 언제든 접근할 수 있도록 기회를 제공해주었다. 선견지명 있는 이들 기업이 일으킨 혁신이 기존 세계를 어떻게 완전히 새로운 세계로 바꾸었는지 우리는 여러 번 목격해왔다. 그러나 최근에는 이들 거대기업들의 영향력을 어쩐지 너무 과소평가하지 않았나 하는 생각을 하게 되었다.

2008년 이후로 이 네 개 기업은 역사상 그 어떤 기업보다 더 많은 가치와 영향력을 축적해 왔다. 이들의 시가총액을 합하면 무려 2조 8,000억 달러로, 인도와 영국 그리고 프랑스의 GDP보다 많다. 구글은 전체 검색 부문의 92퍼센트를 차지하며, 페이스북은 월 20억 명이 넘는 활발한 사용자들에게 콘텐츠를 배포하고, 애플은 앱스토어를 통해서 이루어지는 모든 구매품에 30퍼센트의 수수료를 매김으로써 경쟁 우위를 유지하고 있으며, 또 아마존의 이름으로 제시되는 보도 자료는 몇 시간 안에 한 산업 부문 전체의 시가총액을 뒤흔드는 막강한 힘을 가지고 있다. 이들이 어떤 전략을 통해 그 막강한 힘과 영향력을 갖게 되었는지 앞으로 책 전체에 걸쳐 설명할 것이다.

그렇다면 이 모든 것이 한국 시장에는 어떤 의미가 있을까? 보다 더 구체적으로 말하면, 한국의 기업 및 소매유통업체들은 점점 커져가는 이 거대기업들의 위협에 맞서서 스스로를 어떻게 '보호'할 수 있을까? 예를 들어, 아마존은 최근 국제적인 확장 계획 속에 한국을 포함시키고는 아마존 웹서비스와 아마존 마켓플레이스를 통해서 한국인 직원을 선발하겠다는 구인공고를 냈다. 한국으로서는 지금 이들의 존재가 미미하게 보일지 모른다. 그러나 이들의 존재는 미국에서도 처음에는 무척 미미했다. 하지만 지금은 어떤가? 지금 아마존은 (다른 세 개의 거인기업과 함께) 상대적으로 규모가 작은 기업들은 결코 살아남을 수 없는 어떤 생태계를 만들어내고 말았다. 과연 한국 기업은 여기에 어떻게 대응해야 할까?

한국 기업들을 위한 몇 가지 조언

많은 소매유통업체들이 시장을 앞서가기 위한 시도로 인공지능Artificial Intelligence에 점점 더 많은 투자를 하고 있다. 그러나 미국에서 가장 성공적으로 성장한 회사들 가운데 몇몇은 오프라인 매장과 유기지능Organic Intelligence 즉, 사람에 투자를 하고 있다. 소비자는 이제 단순히 제품을 찾기 위해 매장에 가지 않는다. 그들은 제품과 관련된 조언과 전문가적인 견해를 얻기 위해서 매장에 가는 것이다.

그렇다고 해서 무조건적으로 오프라인 매장을 늘리라는 뜻이 아니다. 광고와 디지털 마케팅에 투입되는 자원 가운데 많은 부분을 소비자의 '매장 경험'을 개선하는 데 돌리라는 말이다. 한국은 세계에서도 내로라하는 전자상거래 시장을 가질 수 있다. 그러나 아마존보다 더 낮은 가격으로 온라인 고객을 확보하지는 못할 것이다. 아마존은 구글의 가장 큰 고객이며, 이들은 검색과 고객관계관리CRM 그리고 익일배송 분야에서 타의 추종을 불허할 정도로 강하다. 당신은 이 거인들이 제대로 힘을 쓰지 못하는 분야에서 싸우고 싶을 것이다. 적어도 지금으로서 이들은 한국에 오프라인 매장을 가지고 있지 않다.

무엇보다 중요하게 생각해야 할 것은 이 네 개의 거인기업이 불공정하게 싸운다는 점이다. 이것과 관련해서 내가 즐겨 사용하는 비유가 하나 있다. 제2차 세계대전 말기에 독일군은 보다 나은 군대와 보다 높은 사기와 보다 유능한 장교와 보다 성능 좋은 탱크를 가지고 있었다. 그러나 연합군은 어떻게 했던가? 독일군이 1갤런의 휘발유를 소비할 때 연합군은 38갤런을 사용했다. 연합군은 힘으로 독일군을 압도했다. 탱크 연료가 떨어져 결국은 항복하는 것 말고는 다른 선택의 여지가 없을 때까지 독일군을 끈질기게 몰아붙였다.

아닌 게 아니라, 이 네 개의 거인기업은 38갤런의 휘발유를 들고 나타난 기업들이다. 그들이 표적광고를 위해 접근할 수 있는 데이터의 양이 그러하며, 투자자를 끌어들일 수 있는 힘이 그렇고, 그들의 인재를 불러 모으는 능력이 그렇다. 그들은 더 크고, 더 강하며, 또 더 빠르다. 한국 기업들이 이들을 대적할 수 있는 유일한 방법은 지금으로서는 하나다. 한국 내의 다른 기업들을 적이 아닌 전략적 협력자로 받아들이는 것이다. 나라면 자원(예를 들면, 데이터)을 공유하는 컨소시엄을 만들 것이며 또 아마존이 미국에서 거머쥐게 된 독점력과 같은 것을 결코 거머쥘 수 없도록 하기 위한 컨소시엄을 만들 것이다.

모쪼록 이 책을 통해서 한국 독자들이 거대 기술 기업의 역사와 현재 지형을 파악할 수 있으면 좋겠다. 한국에서 이 거대 IT 공룡들의 역할을 놓고 활발한 논의가 일어나길 기대한다. 또한 '소비자'에게 좋은 것이 과연 '사회'에도 언제나 좋을까 하는 질문이 제기되길 바란다.

스콧 갤러웨이

차 례

제1장

네 개의
거인기업

우리는 왜 지금
이 기업들을 이야기해야 하는가?

지난 20년 동안 애플, 아마존, 페이스북, 구글이라는 네 개의 거인 기업은 역사상 그 어떤 조직·기관·국가보다 더 많은 '기쁨'과 '연결성'과 '번영'과 '발견'을 고취해왔다. 그 과정에서 돈벌이가 좋은 일자리를 수십만 개 창출했다. 또한 오늘날 전 세계 수십억 명의 일상생활에 녹아 있는 수많은 제품과 서비스를 책임감 있는 자세로 제공한다. 무엇보다 사람들의 호주머니에 슈퍼컴퓨터를 한 대씩 넣어주었고, 개발도상국에 인터넷을 도입했으며, 광대한 지구 지도를 만들었다. 이들 네 개의 거인기업은 전 세계 수백만 가구가 경제적 안정을 얻도록 유례없는 거대한 부富를 주식 소유권 방식으로 창출해왔다(이 부는 무려 2조 3,000억 달러에 이른다). 요컨대 이들은 세상을 좀 더 나은 곳으로 만들고 있다.

이 모든 것은 분명한 사실이다. 이런 주장을 옹호하고 지지하는 행동과 글은 수천 개의 미디어와 혁신집단, 예를 들면 대학교, 이런저런 회의, 의회의 여러 청문회, 기업 이사회 등이 모이는 자리에서 수없이 반복되고 있다. 그러나 이제 생각을 다르게 해보기 바란다.

재앙을 가져올
네 명의 기사

몇 가지 상상을 해보자.

어떤 소매유통업체가 매출에 당연히 따르는 세금을 내지 않고 직원들을 홀대하며 일자리를 수십만 개나 파괴하면서도 기업 혁신의 모범으로 칭송받는다면?

어떤 컴퓨터 회사가 국내에서 일어나는 테러 행위 정보를 연방수사관에 알리지도 않는데, 한 무리의 열성적인 팬들이 이 회사를 마치 종교를 대하듯 바라보며 절대적으로 지지한다면?

어떤 소셜 미디어 회사가 당신 자녀의 사진 수천 장을 분석하고 당신의 휴대전화를 도청 장치처럼 활용하며 그 모든 정보를 《포천》 선정 500대 기업에 팔아먹는다면?

어떤 광고 플랫폼 회사가 미디어 분야에서 돈벌이가 가장 좋은 부문의 90퍼센트를 차지하면서도 공격적인 소송과 로비 활동으로 반독점 규제를 교묘하게 피해간다면?

전 세계에서 이런 얘기가 공공연하게 들려오지만 말을 하는 사람도, 듣는 사람도 왠지 쉬쉬하는 분위기다. 우리는 이들 기업이 관대하지 않다는 것을 알면서도 삶의 가장 은밀한 영역까지 이들을 불러들인다. 우리가 이들에게 기꺼이 내어주는 그 비밀스런 정보가 이들에게는 돈벌이 수단이다. 그것을 잘 알면서도 우리를 둘러싼 온갖 미디어는 이들 기업의 경영진을 영웅으로 치켜세운다. 얼마든지 믿어도 좋고 심지어 본보기로 삼아야 할 천재라고 칭송하는 것이다.

각국 정부 역시 이들에게 반독점 규제나 세제, 노동법 영역에서 특별대우를 해준다. 또 투자자들은 이들 기업의 주식을 마구 사들여 무한대에 가까운 자본과 화력을 제공함으로써 이들이 세계에서 가장 유능한 인재를 싹쓸이하고 경쟁자들을 무참히 짓밟도록 해준다.

그러면 이들 기업은 신과 사랑과 섹스와 소비를 상징하는 '네 명의 기사'일까, 아니면 《요한계시록》에 나오는 바로 그 네 명의 기사The Four Horsemen(선악의 최후대결을 서술한 《요한계시록》에서 흰 말을 탄 기사는 질병, 붉은 말을 탄 기사는 전쟁, 검은 말을 탄 기사는 기근, 푸른 말을 탄 기사는 죽음을 각각 상징한다.—옮긴이)일까? 두 질문 모두 답은 "그렇다."이다. 나는 이제부터 이들을 그냥 '네 명의 기사'라고 부르겠다. 이들 넷은 어떻게 그토록 막강한 힘을 끌어 모았을까? 무생물이면서 이윤을 추구하는 기업이 우리 영혼에 얼마나 깊이 각인되었으면 기업 행동과 그 실존 형태를 규정한 기존의 모든 내용이 완전히 바뀌었을까? 어떻게 이런 일이 가능했을까? 역사상 유례가 없는 이들 기업의 거대한 영향력이 기업계와 세계 경제의 미래에 의미하는 바는 무엇일까? 이들 거인기업은 자신들보다 앞서 등장했다가 한 시대를 풍미한 뒤 더 젊고 섹시한 경쟁자에게 떠밀려 사라진 다른 거인기업의 전철을 밟게 될까? 아니면 누구도(개인이든 기업이든 정부든 혹은 그 무엇이든) 이들과 경쟁할 기회조차 잡지 못하도록 이미 철옹성을 쌓았을까?

네 개 거인기업의
현재

　　　다음은 2017년 상반기 시점에 확인한 네 명의 기사, 즉 네 개 거인기업의 현재 상황이다.

아마존: 최고급 자동차 포르쉐 파나메라 터보S나 최고급 구두 브랜드 크리스찬 루부탱의 레이스업 펌프스를 사는 일은 즐겁다. 반면 치약과 친환경 기저귀를 사는 일은 즐겁지 않다. 대다수 미국인이 선택하는 온라인 소매유통업체 아마존은 구매할 때의 성가시고 단조로운 고역을 손쉬운 것으로 만들어준다. 즉, 생존에 필요한 것을 쉽게 얻도록 해준다.[1,2] 사람들은 크게 수고로울 일이 없다. 수렵은 아예 할 필요가 없고 채집할 일도 거의 없다. 그저 클릭만 한 번 하면 만사 해결이다. 아마존이 내세우는 방식은 최종마일last-mile(최종 소비자에게 다가가는 마지막 1마일 내외의 상대적으로 짧은 구간, 즉 고객접점 서비스 영역—옮긴이) 인프라에 유례없는 규모로 투자하는 것인데, 이런 투자는 이성을 초월할 정도로 관대한 투자자들 덕분에 가능하다.

소매유통업 부문 투자자들은 '전 세계에서 가장 큰 매장'Earth's Biggest Store이라는 단순한 개념(스토리)을 이제까지 들어본 개념 중 가장 매력적인 것으로 여긴다. 이것뿐만이 아니다. 이 매력적인 스토리는 아마존의 어마어마하게 강력한 실행력과 결합한다. 그 결과는 어떨까? 월마트Walmart, 타깃Target, 메이시스Macy's, 크로거Kroger, 노드스트롬Nordstrom, 티파니앤코Tiffany&co., 코치Coach, 윌리엄스소노마Williams-Sonoma, 테스코Tesco, 이케아Ikea, 까르푸Carrefour 그리고 갭Gap의 시가총액을 모두 합한 것보다 아마존의 시가총액이 더 크다.[3]

기업별 시가총액(2017년 4월 25일)

(단위: 억 달러)

노드스트롬	78	크로거 273	월마트 Walmart 2,276	아마존 4,329
메이시스	89			
갭	105	타깃 TARGET		
코치	112			
티파니앤코	115	304		

2017년 상반기 기준으로 아마존의 설립자이자 CEO인 제프 베조스는 세계 3위 부자인데, 머지않아 1위가 될 것이다(실제로 제프 베조스는 2018년 세계 부호 순위에서 1위를 차지했다.—편집자). 현재 각각 1위, 2위인 빌 게이츠와 워런 버핏이 소프트웨어와 보험 부문에서 훌륭한 기업을 이끌고 있긴 하지만 수십억 달러 규모의 여러 부문을 겁먹은 토끼를 사냥하듯 집어삼키며 해마다 20퍼센트 이상씩 성장하는 아마존을 이들이 당해낼 수는 없을 테니 말이다.[4, 5]

애플: 탐나는 노트북이나 모바일 기기를 우아하게 장식하는 애플의 로고는 부와 교육과 서구적 가치관의 전 세계적인 상징이다. 애플은 사람들의 두 가지 본능적 욕구, 즉 신에게 좀 더 가까이 다가서고 싶고 이성에게 더 매력적이고 싶어 하는 욕구를 근본적인 차원에서 충족시켜준다. 다시 말해 애플은 독자적인 믿음 체계, 존경 대상, 광신적인 추종 그리고 그리스도 상을 동원해 종교를 흉내 낸다. 신자들 중에서도 애플은 특히 세계에서 가장 중요한 '혁신 계급'Innovation Class

을 높이 평가한다.

홍미롭게도 애플은 기업계에서 역설적인 목표, 이를테면 저비용 제품을 프리미엄 가격에 판매하는 목표를 달성함으로써 역사상 가장 수익성 높은 기업으로 거듭났다.[6] 이를 자동차업계에 비유하면 도요타처럼 대량생산해 페라리 수준의 높은 이윤을 남기는 자동차 회사인 셈이다. 2016년 사사분기를 기준으로 애플은 23년 전 창립한 이후 총순이익이 아마존 순이익의 두 배를 기록했다.[7,8,9] 애플이 보유한 현금은 덴마크의 국내총생산GDP에 버금간다.[10,11]

페이스북: 채택도와 이용도를 기준으로 볼 때 페이스북은 인류 역사상 가장 성공적이다. 세계 인구 75억 명 중 12억 명이 날마다 페이스북으로 다른 사람과 소통한다.[12,13] 페이스북(1위)과 페이스북 메신저(2위) 그리고 인스타그램(8위)은 미국에서 인기 절정의 모바일 앱이다.[14] 평균적인 인터넷 사용자는 페이스북이나 이와 관련된 것에 하루 50분을 소비한다.[15] 좀 더 세분화하면 사용자는 온라인에서 소비하는 6분 가운데 1분을 페이스북에서 소비하고, 모바일 기기에서는 5분 중 1분을 페이스북에서 소비한다.[16]

구글: 구글은 현대인의 신이자 지식의 원천이다. 언제나 우리 곁에 있는 구글은 우리의 가장 은밀한 비밀을 모두 알고 우리가 지금 어디에 있는지, 어디로 가야 하는지 알려주며 사소한 것에서 심오한 것까지 온갖 질문에 대답해준다. 그 어떤 기관도 사람들이 구글에게 보이는 믿음과 신뢰를 따라가지 못한다. 사람들이 검색엔진에 묻는 질문 여섯 개 중 하나는 과거에 누구에게도 묻지 않던 것이다.[17] 어떤 랍비와 성직자, 학자, 스포츠팀 감독이 구글만큼 많은 추종자를 거느릴

수 있을까? 사람들이 제각각 남에게 한 번도 묻지 않던 질문을 그토록 많이 하는 대상이 구글 외에 또 누가 있을까? 구글이 아니면 전 세계 구석구석에서 그렇게 많은 질문이 나오도록 누가 유도하겠는가?

알파벳Alphabet Inc.의 자회사 구글은 2016년 매출이 23퍼센트 늘고 광고비는 11퍼센트 줄어들면서 200억 달러의 수익을 기록했다(상대적으로 경쟁사들은 엄청난 타격을 받았다). 대다수 제품과 달리 구글 제품은 나이를 거꾸로 먹는다. 사용할수록 제품 가치가 더 높아지기 때문이다.[18] 20억 명의 의도(소비자가 원하는 것)와 결정(소비자가 선택하는 것)에 연결된 구글은 부분들을 모두 합한 것보다 더 큰 전체(무한할 정도로)를 내놓으며 24시간 내내 20억 인구의 힘을 제어한다.[19] 구글에는 하루 35억 개에 이르는 질문이 쏟아진다. 이 많은 질문을 기반으로 소비자 행동과 관련된 통찰을 얻는 구글은 이것을 무기로 삼아 기존 브랜드들과 미디어를 거꾸러뜨린다. 실제로 당신이 새롭게 좋아하게 된 브랜드는 구글이 0.0000005초 만에 당신에게 가르쳐준 그 브랜드다.

쇼미더
'1조 달러'

수억 명이 이들 기업과 이들의 제품에서 의미 있는 가치를 추출하는 동안 터무니없이 소수의 사람만 거기에 따른 경제적 편익을 누린다. 제너럴모터스GM는 직원 한 사람당 대략 23만 1,000달러(한화 약 2억 4,500만 원)의 경제 가치를 보유한다.[20] 대단하고 놀라운 수준이다. 그러나 페이스북의 직원 1인당 시가총액이

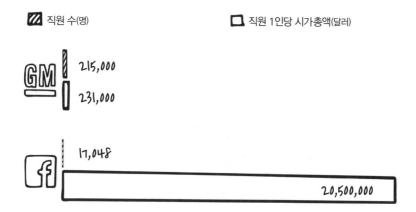

인적자본 수익(2016년)

직원 수(명)

직원 1인당 시가총액(달러)

GM 215,000
231,000

17,048

20,500,000

2,050만 달러(한화 약 216억 9,000만 원)라는 것을 아는 순간 생각이 달라진다. 직원 1인당 시가총액이 20세기를 상징하는 제너럴모터스와 비교할 때 무려 100배의 차이가 나기 때문이다.[21, 22] 이것은 맨해튼 로어 이스트 사이드 거주자들이 생산한 가치가 G-10(세계 10대 선진국으로 미국, 영국, 독일, 프랑스, 이탈리아, 네덜란드, 벨기에, 캐나다, 스웨덴, 일본을 말한다.—옮긴이)을 모두 합쳤을 때의 경제적 산출과 동일한 것이나 마찬가지다.

기업의 경제 가치 증식은 규모가 클수록 증식 속도가 빨라진다는 법칙을 더 이상 따르지 않는 것 같다. 2013년 4월 1일부터 2017년 4월 1일까지 4년 동안 이들 네 개 기업이 추가로 축적한 가치는 러시아의 GDP에 해당하는 약 1조 3,000억 달러다.[23, 24] 다른 기술 기업들은 역사가 오래되었든 그렇지 않든 혹은 규모가 크든 작든 모두 적합성 Relevance 내지 연관성을 잃어가고 있다. 이들 네 개의 거인기업은 휴

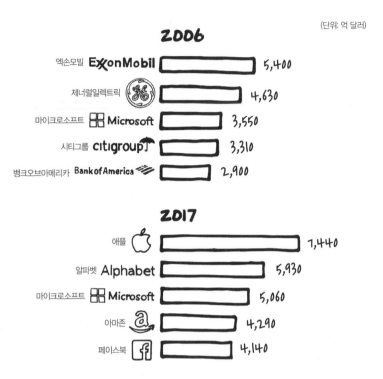

2006년과 2017년 5대 기업의 시가총액 비교

(단위: 억 달러)

2006

기업	시가총액
엑손모빌 ExxonMobil	5,400
제너럴일렉트릭	4,630
마이크로소프트 Microsoft	3,550
시티그룹 citigroup	3,310
뱅크오브아메리카 Bank of America	2,900

2017

기업	시가총액
애플	7,440
알파벳 Alphabet	5,930
마이크로소프트 Microsoft	5,060
아마존	4,290
페이스북	4,140

렛패커드Hewlett-Packard, HP와 IBM 같은 오래된 거대기업을 전혀 신경 쓰지 않는다. 하루살이 같은 수천 개 신생기업에는 굳이 파리채를 날릴 필요도 없다. 혹시라도 자사를 성가시게 할 잠재력을 보이는 회사가 있으면 다른 기업이 상상도 하지 못할 가격으로 인수하면 그만이다(가령 페이스북은 5년 역사에 직원이 50명에 불과한 인스턴트 메신저 기업 왓츠앱 WhatsApp을 약 200억 달러라는 거금을 주고 인수했다). 궁극적으로 이들 네 거인과 경쟁할 수 있는 유일한 경쟁자는 그들뿐이다. 즉, 자기들끼리만 경쟁이 가능하다.

증오 속의
안전한 공존

　　　　　　네 개의 거인기업이 기업계·사회·지구에 아무리 크고 무서운 충격을 가해도 정부와 법률, 소규모 기업은 이들의 무지막지한 행보와 진군을 멈출 수 없을 것 같다. 그러나 증오 속에 존재하는 안전성도 있다. 이들 네 거인은 서로를 증오한다. 이들이 자리한 각각의 부문에서 사냥감이 고갈되자 이들은 지금 서로 직접적으로 경쟁하고 있다.

　검색엔진으로 무장한 구글은 브랜드에 의존할 필요가 없음을 주지하며 브랜드 시대 종말의 서막을 열어 애플에 타격을 주었다. 애플도 예전과 달리 음악 산업과 영화 산업에서 아마존과 경쟁하고 있다. 아마존은 구글의 최대 고객이면서도 검색 부문에서 구글을 위협하고 있다. 제품을 검색하는 사람 가운데 55퍼센트가 아마존에서 검색하며 구글의 검색엔진은 28퍼센트만 사용한다.[25] 여기에다 스마트폰 운영체계를 놓고 구글과 애플이 다투고, TV화면·휴대전화에서는 애플과 아마존이 서로를 노리며 전속력으로 달려가고 있다.

　인공지능AI 음성 비서 시리Siri(애플)와 알렉사Alexa(아마존)도 대결하고 있는데 여기서는 오직 하나만 살아남을 것이다. 온라인 광고업체 중 페이스북은 데스크톱에서 모바일로 중심을 이동해 현재 구글로부터 지분을 양도받고 있다. 앞으로 10년 동안 더 많은 부를 창출할 것으로 보이는 클라우드를 둘러싼 경쟁도 굉장히 치열하다. 제각각 클라우드 서비스를 제공하는 아마존과 구글이 서로 한 치도 양보하지 않으면서 현대판 알리 대 프레이저의 대결 양상을 보이고 있다(1970년대

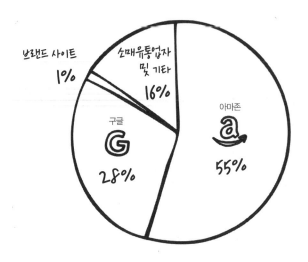

사람들은 어디에서 제품 검색을 할까(2016년)

브랜드 사이트
1%

소매유통업자 및 기타
16%

구글
28%

아마존
55%

미국 프로 권투계의 라이벌이던 무하마드 알리와 조 프레이저는 세 차례에 걸쳐 세기의 대결을 벌였다.—옮긴이).

네 개의 거인기업은 지금 우리 삶의 운영체계가 되기 위해 서사적인 경주를 펼치고 있다. 우승 상금은 얼마나 될까? 1조 달러가 넘는 시가총액이다. 하지만 이게 다가 아니다. 승자는 역사상 그 어떤 것보다 강력한 권력과 영향력이라는 부상도 함께 차지한다.

그래서 뭐 어쨌다는 거냐고?

네 개의 거인기업이 제각기 도입한 선택의 의미를 안다는 것은 디지털 시대의 기업과 가치 창출을 이해한다는 뜻이다. 이 책의 전반부에서는 네 개 기업을 면밀하게 살피면서 각 기업의 전략과 이 시대를 살아가는 기업 리더들이 그 전략에서 이끌어낼 수 있는 교훈을 조목조목 따져볼 것이다. 그리고 후반부에서는 네 개 기업이 경쟁우위의 원천을 놓고 세상에 만연하도록 조장한 허위 신화가 무엇인지 살펴본다. 그런 다음 이들 기업이 우리의 근본적인 성장과 수익 본능을 착취하는 방식을 이해하고자 새로운 모델을 탐색한다. 이어 네 개 기업이 '아날로그 해자'analog moats, 즉 잠재적인 경쟁자들이 감행할 공격을 무력화할 목적으로 설계해둔 실제 현실 속 인프라로 자기 시장을 어떻게 방어하는지 보여준다.

그러면 이 네 개의 거인기업, 네 명의 기사가 저지른 죄는 무엇일까? 이들은 정부와 경쟁자들을 어떻게 조작해 IP를 도용할까? 이 내용은 제6장~제8장을 통해 자세하게 다룰 것이다. 클라우드가 제5의 기사일까? 제9장에서는 에어비앤비부터 중국의 알리바바까지 다양한 제5의 기사 후보를 평가하는데, 특히 알리바바는 여러 면에서 아마존을 능가하고 있음을 발견할 것이다. 과연 이들 후보 가운데 한 기업이라도 보다 더 지배적인 플랫폼을 개발하는 데 필요한 것을 이미 확보하고 있을까?

제10장에서는 네 개의 거인기업이 판치는 시대에 당신의 성공에 도움을 줄 특성에는 어떤 것이 있는지 살펴본다. 마지막으로 제11장에서는 이들 네 개의 거인기업이 우리를 어디로 이끌어갈 것인지 알아보려 한다.

"알렉사, 스콧 갤러웨이는
누구지?"

이 질문에 음성 비서 알렉사가 대답한다.

"스콧 로버트 갤러웨이는 오스트레일리아의 프로 미식축구 선수로, A리그 센트럴코스트 마리너스에서 풀백으로 뛰고 있습니다."

아니, 이렇게 멍청할 수가!

나는 풀백이 아니고 우리 시대의 '헝거 게임'The Hunger Games에서 맨 앞자리 좌석표를 가진 사람이다(《헝거 게임》은 미래 독재국가를 배경으로 한 소설로, 해마다 12개 구역에서 각각 두 명씩 십대 남녀를 뽑은 뒤 한 명만 살아남을 때까지 서로 죽이게 한다는 내용이다. 소설에서는 게임의 전 과정을 24시간 리얼리티 TV쇼로 생중계한다.—옮긴이). 중상류층 가정에서 성장한 나는 대학을 졸업한 뒤 투자은행 모건 스탠리Morgan Stanley에 취직해 성공하겠다고, 또 여자에게 멋지게 보이겠다고 헛된 시도를 하며 2년을 보냈다. 투자은행 업무는 끔찍했다. 끔찍하다는 말 말고 더는 할 말이 없다. 더구나 내게는 대기업에서 일하는 데 필요한 여러 가지 기술(예를 들면 원숙함, 절제력, 겸손함, 제도를 향한 존경심)이 아예 없었다. 그래서 나는 창업에 도전해 프로핏Prophet이라는 회사를 설립했다. 프로핏은 브랜드 전략 회사로, 지금은 여러 브랜드가 애플을 흉내 내도록 돕는 일을 하는 직원이 400명이 될 정도로 성장했다.

1997년 나는 레드 엔벨로프Red Envelope라는 회사도 설립했는데 이회사는 온라인, 오프라인, 카탈로그 등 여러 유통 채널을 통합적으로 운영하는 이른바 멀티채널 점포multichannel retailer로 2002년 기업공개IPO를 했다가 아마존 때문에 조금씩 피를 흘리며 서서히 말라죽었다. 2010년에는 세계 최대 소비자 소매유통 브랜드들의 소통, 검색, 휴대성, 사이트 성능 등을 모방한 L2라는 회사를 설립했다. 이 회사는 데이터를 기반으로 세계 100대 소비재 기업(나이키, 샤넬, 로레알, P&G 등) 네 곳 가운데 하나꼴로 이들이 문제의 그 네 개 거인기업에 도전하도록 도움을 주었다. 이 회사는 2017년 3월 IT 분야 리서치 기업 가트너Gartner가 인수했다.

나는 미디어 기업(뉴욕 타임스 컴퍼니The New York Times Company, 덱스 미디어Dex Media, 어드밴스타Advanstar)의 이사로 일하기도 했는데 이들 회사는 모두 구글과 페이스북에 짓밟히고 말았다. 또한 나는 게이트웨이 컴퓨터Gateway Computer에서도 이사로 일했다. 이 회사의 연간 컴퓨터 판매량은 애플의 세 배에 달했으나 이윤은 애플의 5분의 1에 불과했다. 이 회사도 결국 끝이 좋지 않았다. 마지막으로 나는 의류 회사 어반 아웃피터스Urban Outfitters와 스포츠웨어 회사 에디 바우어Eddie Bauer에서 이사로 일했고, 두 회사 모두 아마존이라는 유통업계의 거대 백상어에게 잡아먹히지 않으려 안간힘을 썼다.

현재 내 명함에 찍힌 공식 직책은 마케팅 교수다(사실 명함을 갖고 다니지 않는다). 2002년 나는 뉴욕 대학교 스턴 경영대학원 교수가 되었고 브랜드 전략과 디지털 마케팅 분야에서 지금까지 6,000여 명의 학생을 가르쳤다.

경영대학원 교육을 구성하는 주요 기둥은 재무, 마케팅, 운영 그리고 경영이다(경영대학원 지원자의 평균 연봉은 7만 달러지만 24개월 뒤 졸업자의 평균 연봉은 11만 달러다). 커리큘럼을 이수하는 데는 꼬박 1년이 걸리고 이때 배운 전문적인 기술은 직장생활에서 요긴하게 활용할 수 있다.

경영대학원 2년차 과정은 대부분 낭비로 일관한다. 종신재직권이 있는 교수에게 필요한 최소 강의 시간을 채워주느라 학생들이 맥주를 마시며 '칠레에서의 기업 활동'처럼 뭔가 있어 보이지만 전혀 쓸모가 없는 통찰을 얻고자 선택 강좌(다른 말로 '별로 필요 없는 강좌')를 듣기 때문이다. 실제로 스턴 경영대학원에는 '칠레에서 사업하기'라는 강좌가 있는데 이 강좌를 듣고 나면 이제 졸업할 때가 가까워졌다는 뜻이다.

그래도 대학원 과정을 2년으로 설정한 것은 종신재직자들에게 복지 프로그램으로 지원하는 5만 달러보다 훨씬 더 많은 11만 달러의 등록금을 학생들에게 부과하기 위해서다. 만약 대학교들이 인플레이션 속도보다 더 빠른 속도로 등록금을 계속 인상하려면(실제로 그럴 확률이 높다) 2년차 교육 과정을 보다 알차게 구성해야 한다. 나는 1년차에 학습하는 원론적인 경영 관련 학습과 전문적인 기술을 실제 현대 경제에 적용하는 방법과 관련 통찰로 보완해야 한다고 믿는다. 2년차 교육의 주요 기둥은 문제의 네 개 거인기업과 이들이 활동하는 부문(검색, 소셜 미디어, 브랜드, 소매유통)을 깊이 파고드는 것이어야 한다. 이들 기업을 더 잘 이해하고 이들이 건드리는 우리의 본능을 더 잘 이해하며 또 기술이 기업의 이윤뿐만 아니라 기업 활동과 관련된 사회의 모든 개인 및 조직에게 최대의 도움을 줄 수 있는 방안을 더 잘 이해한다는 것은, 오늘날의 기업계와 우리가 사는 세상 그리고 우리 자신을 새로운 시각으로 통찰한다는 것을 의미한다.

나는 어떤 강좌에서든 시작할 때와 끝낼 때마다 학생들에게 강좌의 목적은 학생들이 본인과 가족을 위해 경제적 안정을 구축하도록 어떤 강점을 확보하는 데 있다고 말한다. 내가 이 책을 내는 이유도 마찬가지다. 수십억만장자가 되는 것은 예전보다 쉬워진 반면 백만장자가 되기는 예전보다 훨씬 더 어려워진 세상에서 모든 독자가 통찰과 경쟁력을 갖추기를 희망한다.

제2장

웃는 얼굴의 파괴자, 아마존

세계에서 가장 크고
가장 파괴적인 최상위 포식자

미국 가구의 44퍼센트는 권총을 소지하고 있고[1] 52퍼센트는 아마
존 프라임Amazon Prime 서비스(시간이 촉박해 비용에 상관없이 배송을 원하는 고
객 수요에 맞춘 초고속 배송 서비스— 옮긴이) 이용자다. 부유한 가구만 놓고
보면 유선전화 설치 비율보다 아마존 프라임 서비스 이용 비율이 더
높다.[2] 2016년에 이뤄진 온라인 성장 중 절반과 소매유통 부문 성장
의 21퍼센트는 아마존 덕분이다.[3,4,5] 오프라인 매장에 있을 때도 고객
네 명 가운데 한 명은 구매하기 전에 아마존에서 사용자 후기를 검색
한다.[6]
　아마존을 소개하는 책은 많이 있다. 그중 실리콘밸리 전문 기자 브
래드 스톤Brad Stone의 인상적인 저서 《아마존, 세상의 모든 것을 팝니
다》는 헤지펀드 애널리스트 제프 베조스가 아내와 함께 뉴욕에서 시
애틀까지 자동차로 대륙횡단 여행을 하며 길 위에서 아마존 사업을
구상한 이야기를 펼쳐놓았다. 책이든 기사든 아마존을 주제로 글을

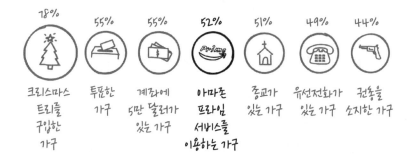

미국 가구의 특성을 보여주는 비율

78% 크리스마스 트리를 구입한 가구

55% 투표한 가구

55% 계좌에 5만 달러가 있는 가구

52% 아마존 프라임 서비스를 이용하는 가구

51% 종교가 있는 가구

49% 유선전화가 있는 가구

44% 권총을 소지한 가구

쓴 많은 사람이 이 회사의 핵심 자산으로 꼽는 것은 아마존의 운영 역량operational capability, 엔지니어 혹은 브랜드다. 나는 이런 견해에 동의하지 않는다. 아마존이 경쟁자들을 한꺼번에 걷어찰 수 있었던(아울러 장차 1조 달러의 기업 가치를 창출할 수 있는) 실질적인 이유는 다른 데 있다.[7] 다른 세 개의 거인기업도 마찬가지지만 아마존이 폭풍 성장한 근본적인 이유는 사람들의 '본능'에 호소했기 때문이다. 아마존을 도운 또다른 순풍은 단순하고도 명쾌한 스토리인데, 덕분에 아마존은 어마어마한 규모의 자본을 끌어들일 수 있었다.

수렵자와
채집자

수렵과 채집은 인류 최초의 가장 성공적인 적응 행위로 인류 역사에서 90퍼센트 이상을 차지한다.[8] 문명은 그야말로 아주 최근의 일일 뿐이다. 사실 이건 그리 놀라운 일이 아니다. 구석기와 신석기 시대 사람들도 생존에 필요한 음식을 마련하려고 수렵과 채집 활동에 들인 시간은 일주일에 10~20시간에 불과하기 때문이다. 채집자(대부분 여자였다)는 이 노력과 성과의 80~90퍼센트를 책임졌다.[9] 수렵자는 그저 힘을 조금 보탠다는 의미에서 단백질을 추가로 제공하는 것이 전부였다.

남자들은 사냥감을 포착했을 때 거리가 먼 곳에서 사냥과 관련된 여러 변수를 평가하는 일을 여자들보다 상대적으로 잘하는 경향이 있다. 반면 여자들은 자기 주변의 여러 가지 것을 자세히 살피는 일을 잘한다. 사실 채집자는 자기가 채집하는 것을 찬찬히 조심스럽게 살필 필요가 있었다. 예를 들어 토마토가 있다고 해보자. 토마토는 여자보다 더 빨리 달아나지 못하지만 토마토 채집자는 토마토의 숙성도, 색깔, 생김새 등의 상태를 미묘한 차원에서 파악해 과연 먹어도 괜찮은지 종합적으로 평가하는 기술을 개발해야 했다. 이에 비해 수렵자는 사냥감이 나타났을 때 재빨리 행동할 필요가 있었다. 미묘한 차원의 이런저런 상태를 따질 시간적 여유가 없었다는 얘기다. 그저 속도와 폭력만 필요할 뿐이었다. 수렵자는 일단 사냥감을 때려죽인 뒤 서둘러 챙겨서 집으로 가져왔다. 꾸물거리다가는 다른 사람의 공격을 받아 그 신선한 포획물을 빼앗길 우려가 있었기 때문이다.[10]

남녀의 구매 행동을 관찰하면 오늘날의 남녀가 구석기·신석기 시대의 남녀 모습에서 그다지 많이 바뀌지 않았음을 알 수 있다. 여자는 만져보고 신어보고 다른 것과 어울리는지 따져보고 또 색상이 다른 것도 살펴보고 싶어 한다. 남자는 자기 취향에 맞는 사냥감이 눈에 띄면 곧바로 죽여서(사서) 가급적 서둘러 자기 동굴로 돌아간다.[11]

우리의 먼 조상들은 사냥한 것을 안전하게 동굴까지 가져와 아무리 잔뜩 쌓아놓아도 그게 그리 많아 보이지 않았던 것 같다. 언제 가뭄이 닥치거나 폭풍이 몰아치거나 전염병이 돌아 주린 배를 움켜쥐어야 할지 몰랐기 때문이다. 따라서 아무리 차고 넘쳐도 계속 쌓아두는 것, 즉 과잉수집over-collecting은 똑똑한 전략이었다. 이 전략의 부정적 측면은 쓸데없이 많은 노력을 낭비한다는 점이다. 그러나 모자랄지도 모를 정도로만 수집하는 전략의 부정적 측면은 굶어죽는 것이었으므로 노력 낭비는 충분히 감수할 가치가 있었다.

강박적 과잉수집이 인간만의 특성은 아니다. 많은 동물 종의 수컷도 과잉수집 특성을 보인다. 유라시아와 아프리카의 건조하고 돌이 많은 지역에 서식하는 조류인 흰머리딱새 수컷은 돌멩이를 비축해둔다. 그 돌멩이 무더기가 클수록(인간으로 말하면 로어 맨해튼 트라이베카에 마련한 아파트 가격이 높을수록) 암컷이 관심을 많이 보이므로 짝짓기에 유리하다.[12]

대부분의 신경증과 마찬가지로 이런 것은 처음에 좋은 의도로 시작되지만 점차 정상 궤도에서 벗어난다. 자기 집에 쌓아둔 온갖 잡동사니에 짓눌려 살다가 구출되는 사람들의 뉴스는 해마다 넘쳐난다. 어떤 남자는 45년 동안 모아둔 신문 더미에 깔려 살다가 소방대원의 구출을 받았는데 사실 이 남자는 미친 게 아니다. 그저 자기 유전자의 특성을 그대로 재현해 사람들에게 보여준 것뿐이었다.

자본주의적 자아를
소비하는 사람들

본능은 강력한 보호자다. 이 보호자는 피보호자를 늘 지켜보며 **생존에 반드시 필요한 것**을 피보호자의 귀에 대고 속삭인다.

본능에는 해상도 낮은 카메라가 있다. 이 카메라가 현실에 적응하기까지는 수천 년까지는 아니어도 족히 수백 년은 걸린다. 사람들이 짜고 달고 기름기 많은 음식을 좋아하는 현상을 예로 들어보자. 인류 초기 이들 음식은 획득하기가 무척 어려워 이런 것을 특히 좋아하는 것은 합리적인 전략이었다. 지금은 그렇지 않다. 우리는 그러한 음식을 향한 욕구를 비용 효율적으로 쉽게 충족하기 위해 관련 기업들의 제품(예컨대 버거킹 와퍼나 웬디스 프로스티)을 일상화했다. 그러니까 오로지 인간의 본능만 세상의 변화를 따라잡지 못했다는 말이다. 2050년까지 미국인 세 명 가운데 한 명꼴로 비만자가 되리라는 예측도 있다.[13]

보다 많은 것을 확보하려 하는 인간의 욕망은 거주 공간과 자신의 경제적 한계에 적응하지 못하고 있다. 많은 사람이 기본적인 의식주 문제를 어렵게 해결하며 살아가고 있다. 그중 수백만 명은 리피토 같은 콜레스테롤 억제제를 달고 살며 또 고금리를 물리는 신용카드를 사용한다. 수집 본능이라는 강력한 본능을 통제하지 못해서다.

본능이 이윤 동기와 결합하면 그것은 과도할 정도로 마구 내달린다. 최악의 경제 제도인 자본주의의 설계 목적은 그 등식의 최대화에 있다. 실제로 경제와 번영의 주된 토대는 다른 사람들의 소비 행위다. 사업과 기업 활동에서 본질적인 것은 '자본주의 사회에서는 소비자가 가장 높은 자리에서 호령하고 소비는 가장 고귀한 활동'이라는 발상이다.

어떤 나라가 세계에서 차지하는 위치는 소비 수요나 생산 수준과 상관성이 있다. 9·11 테러 사건이 벌어진 뒤 조지 W. 부시 대통령이 슬픔에 빠진 국가와 국민에게 한 충고는 "가족과 함께 플로리다의 디즈니월드에 가서 평소 하고 싶던 것을 하며 인생을 즐겨라."였다.[14] 이제 전쟁이나 경기 침체기의 중요한 미덕은 고통 분담 대신 소비가 차지하고 있다. 국가는 당신이 계속해서 더 많은 물건을 구매하기를 원한다. 국가의 입장에서 그럴 필요가 생겼기 때문이다.

일찍이 소매유통업보다 더 우리의 '소비 자아'를 강력히 호출해 많은 부를 창출한 산업 부문은 없었다. 세계 400대 부자(부를 상속받거나 금융 분야 종사자 제외)를 보면 기술 부문에 종사하는 사람보다 소매유통업에 종사하는 사람이 더 많다. 자라ZARA 설립자 아만시오 오르테가는 유럽에서 가장 큰 부자다.[15] 3위는 루이비통 모에 헤네시LVMH의 베르나르 아르노인데, 현대 명품의 아버지로 불리는 그는 3,300개 이상의 매장을 소유해 운영하고 있다. 즉, 가정용 건축자재 유통 회사 홈 디포Home Depot보다 매장 숫자가 많다.[16, 17] 그러나 소매유통업의 성공 사례가 널리 알려지고 진입장벽이 낮다는 점에 '내 가게'를 소유한다는 소박한 꿈이 결합하면서 다른 산업들과 마찬가지로 이 부문도 과잉 경쟁 상태에 놓이고 말았다. 그러면 미국의 소매유통업 환경이 얼마나 '역동적'인지 살펴보자.

- 1982년 가장 성과가 좋았던 상위 10개 기업은 크라이슬러Chrysler, 약품 유통 체인점 페이스 드럭Fay's Drug, 게임기 제조·유통회사 콜레코Coleco, 캠핑카 제조·유통회사 위네바고Winnebago, 텔렉스Telex, 마운틴 메디컬Mountain Medical, 부동산 개발사 풀테 홈스Pulte Homes, 홈 디포, IT기업 CACI 그리고 디지털 스위치Digital Switch였다.[18] 이들 가운데 얼마나 많은 기업이 지금까지 살아남았을까?

- 1980년대에 수익률이 가장 높았던 기업은 어디일까? 전자제품 유통업체 서킷 시티Circuit City로 무려 8,250퍼센트였다.[19] 혹시 모르는 사람을 위해 덧붙이자면 '서비스는 최첨단이다'라는 구호를 내세우며 TV와 그 밖의 가전제품을 팔던 이 회사는 2009년 3월 파산했다. 고이 잠드소서.

- 1990년대 10대 소매유통업체 중 두 곳만 2016년 목록에 이름을 올렸다.[20, 21] 1994년 설립된 아마존은 22년이 지난 2016년 1,200억 달러의 매출을 기록했다. 이는 1962년 설립해 35년 만인 1997년 월마트가 기록한 매출액 1,120억 달러보다 더 많은 액수다.[22, 23]

2016년 아마존은 소매유통업 부문에서 엄청나게 성공했지만 나머지 기업들은 무지막지한 재앙을 겪었다는 게 일반적인 분석이다. 물론 프랑스 화장품 전문 체인점 세포라Sephora와 자라나 유니클로 같은 패스트 패션 분야, 미국 안경 체인점 워비 파커Warby Parker 등 몇몇 예외가 있긴 하지만 말이다.

전자상거래업체들은 시름시름 죽어간다. 오프라인업체들은 얼굴이 있으나 전자상거래업체들은 얼굴이 없어서 장례식을 치러도 요란한 소리가 나지 않는다. 정기적으로 찾던 웹사이트가 어느 날 갑자기 사라지면 고객은 다른 웹사이트를 찾아가고 예전의 웹사이트는 두 번 다시 돌아보지 않는다.

좀비 상태가 된 소매유통기업은 이윤 잠식으로 시작해(이윤 잠식이야말로 소매유통업의 콜레스테롤이다) 끝없는 판촉행사나 할인판매로 끝이 난다. 할인판매를 내세우면 죽음을 맞는 순간을 조금 뒤로 미룰 수 있지만 결과는 거의 언제나 비참하다. 2016년 12월의 휴가 시즌에 평균 12퍼센트가 넘는 재고를 안고 있던 소매유통업자들은 할인판매를 34퍼센트에서 52퍼센트로 확대했다.[24]

어쩌다 소매유통업이 이 지경에 놓인 것일까? 소매유통업의 역사를 간략히 짚어보자. 미국과 유럽에서 이 부문은 크게 여섯 단계로 진화가 이뤄졌다.[25]

전통 소매점

20세기 전반기의 소매유통업은 '전통 소매점'이라는 말로 정의할 수 있다. 당시 이 부문을 지배한 것은 인접성이다. 소비자가 직접 가게에 가서 물건을 구매해야 했기 때문이다. 때로는 날마다 가게에 가기도 했다. 이들 가게는 보통 가족이 운영했고 라디오나 TV가 보편화되기 이전이라 지역사회 공동체의 온갖 소식을 전하면서 중요한 사회적 역할을 담당했다. 이들은 고객관계관리Customer Relationship Management, CRM 개념이 나오기 전에 이미 그 개념을 실천했다.

가게 주인은 고객의 시시콜콜한 개인 사정까지 다 알았고 고객의 평판에 따라 외상거래 한도를 늘리거나 줄였다. 그런 향수가 있기에 어떤 전설적인 소매유통업체가 파산했다는 소식이 들려오면 사람들은 마음 아파한다. 정유업계의 설비임대 회사가 도산했다는 소식에는 슬픔이나 향수를 전혀 느끼지 않는다는 점을 놓고 보면 우리가 당시 소매유통업을 담당하던 가게에 역사적 차원의 애정을 느끼고 있음을 알 수 있다. 그 가게들은 우리 문화 속에 녹아 있었다.

백화점

런던의 해러즈Harrods와 뉴캐슬의 베인브리지스Bainbridge's는 새로운 틈새시장을 열었다. 보호자의 보호를 거부하는 부유한 여성 집단이 새로운 사회계층으로 떠오르자 이들을 주요 목표고객으로 삼은 것이다. 런던의 명물 셀프리지스Selfridges는 100개에 이르는 매장과 식당, 지붕의 정원, 독서나 글을 쓸 수 있는 공간, 외국인을 위한 리셉션 공간, 응급치료실 그리고 매장 관련 전문가들을 제공했다. 충실하게 실무 교육을 받은 매장 직원들은 판매수수료라는 우아한 개념의 보수를 지급받았다. 서비스로 차별화하는 한편, 고객에게 친구이자 쇼핑 가이드가 되어준다는 발상은 소매유통업의 새로운 지평을 열었다. 매장 차원의 이 과감한 인적자본 투자는 셀프리지스의 대규모 매장을 인간미 넘치는 공간으로 만들었다. 셀프리지스가 등장한 뒤 건물, 조명, 패션, 소비자 중심주의, 공동체 개념은 유럽 전역과 미국으로 퍼져 나갔다.

또한 백화점은 기업과 소비자의 관계를 새롭게 정립했다. 전통적으로 고객에게 무엇이 가장 좋은지 일러주는 아버지 역할은 교회, 은행, 가게가 했다. 사람들은 그들의 총체적 지혜의 산물로 축복을 받을 경우 무척 다행스럽게 여겼다. 그런데 백화점이 등장하면서 이 관념이 깨지기 시작했다. '고객은 언제나 옳다'라는 말을 처음 만든 사람은 셀프리지스 백화점의 창립자 해리 셀프리지다. 당시에는 그 말이 어딘가 모르게 비굴하게 여겨졌을 것이다. 하지만 그 발상은 먼 미래를 내다본 심오한 것이었다. 가장 오래 살아남은 소매유통업체 다섯 곳 가운데 네 곳이 백화점이다. 블루밍데일스Bloomingdale's, 메이시스, 로드 앤 테일러Lord & Taylor 그리고 브룩스 브러더스Brooks Brothers가 그들이다.[26]

몰의 등장

20세기 중반 미국에서 자동차와 냉장고는 중요한 변화를 일으켰다. 즉, 사람들은 자동차를 타고 더 먼 곳까지 이동해 물건을 구매했고 물건을 잔뜩 사다가 냉장고에 안전하게 보관했다. 유통 분야가 발달하면서 매장 방문 횟수는 줄어들었으며 더 큰 규모의 매장, 더 많은 선택 그리고 더 낮은 가격이라는 여러 조건이 가능해졌다. 결국 백화점 매장은 몰Mall로 진화했다. 또한 자동차 덕분에 도시 근교로의 이주가 붐을 이뤘고 여기에 편승한 부동산 개발업자들은 소비자에게 여러 종류의 가게가 입점하고 식당가와 영화관까지 갖춘 안락한 공간을 제공했다. 그러자 몰은 특별한 중심지가 따로 존재하지 않던 도시 근교에서 중심지 역할을 하게 되었다. 1987년 무렵 미국 소매유통업계 매출의 절반이 몰에서 이뤄질 정도로 몰의 위상은 높아졌다.[27]

그런데 2016년 기업계 소식을 전하는 언론은 미국식 제도의 종말을 슬퍼했다. 그도 그럴 것이 미국 전역에 있는 몰의 전체 평가액 중 44퍼센트가 불과 100곳에 몰려 있고 몰의 1제곱피트(약 0.03평—옮긴이)당 매출액이 10년 사이에 24퍼센트나 줄어들었다.[28] 이것은 몰이라는 업태의 한계가 아니라 지역경제의 불황을 반영한다고 볼 수 있다. 도시 근교 지역이 더욱 도시화하면서 기존의 많은 몰이 사라졌기 때문이다. 물론 여전히 많은 몰이 번성하고 있다. 특히 소득 상위 25퍼센트 가구에 여러 종류의 매장과 주차장, 인접성을 제공하는 몰이 그렇다.

창고형 대형할인점

1962년 지구 궤도를 도는 미국인이 최초로 탄생했고 쿠바 미사일 위기가 발생했으며, 시트콤 〈베벌리 힐빌리스〉The Beverly Hillbillies를 처음 방송했다. 또 그해에 대형할인점 월마트와 타깃, 케이마트Kmart가 등장했다.

사회적 기준에 급격히 변화를 일으킨 대형할인점은 소매유통업의 기본적인 틀 자체를 완전히 바꿔놓았다. 유통업체가 상품의 대량 구매로 얻는 비용 절감 혜택을 소비자에게 돌려준다는 발상은 그 자체로 혁명적이다. 더 의미 있는 일은 미국이 유통업자보다 소비자를 전면에 내세우는 쪽으로 방향을 전환했다는 사실이다. 고객은 홈 디포에서 자신이 원하는 건축자재나 인테리어 제품을 직접 고를 수 있었다. 전자제품 판매업체 베스트바이에서는 모든 전자제품을 구매하는 것은 물론 제품을 직접 차에 실어 집으로 가져갈 수 있었다.

자신이 원하는 제품을 값싸게 구매할 수 있다는 사실은 어떤 특정 회사나 부문이 지닌 의미보다, 심지어 지역사회의 건강한 의사소통보다 더 중요해졌다. 결국 보이지 않는 손이 규모가 작거나 효율성이 낮은 미국과 유럽 전역의 소매유통업체들을 때리기 시작했다. 특히 예전에 지역사회에서 큰 역할을 담당한 전통 소매점은 심각한 경쟁에 맞닥뜨렸다. 그 시기는 소매유통업의 인프라를 새롭게 바꿔놓은 기술이 처음 등장한 때이기도 하다. 그 대표적인 예가 1967년 대형 슈퍼마켓 체인 크로거Kroger가 최초로 도입한 바코드 스캐너다.[29]

1960년대 이전까지는 소매유통업자들이 대량 구매자에게 할인혜택을 주고 싶어도 줄 수가 없었다. 법으로 금지되어 있었기 때문이다. 입법자들은 이것을 허용할 경우 지역의 수천 개 전통 소매점이 도산할 것이라는 점을 우려했다. 그 판단은 틀리지 않았다. 더구나 제품 소매가격을 제조업체 브랜드가 정했기 때문에 할인판매는 제한적이었고 그만큼 이 정책은 날이 무딘 무기에 불과했다.

1960년대 들어 이윤율이 줄어들고 경쟁이 심화되자 소매유통업자들의 생존 경쟁은 치열해졌고 마침내 '제로를 향한 경주'Race to Zero(치열한 경쟁으로 덤핑을 이어가다 보면 수익이 제로, 즉 0에 이른다. '바닥을 향한 경쟁' Race to Bottom이라고도 한다. —옮긴이)가 시작되었다. 오늘날 스웨덴의 패스트 패션 브랜드 H&M의 홈페이지 hm.com에서는 소매가 긴 모크 터틀넥 디자인의 드레스를 9.99달러에 팔고 있다. 이 가격에 질감을 살린 얇은 남성용 스웨터도 살 수 있다. 이 가격은 오늘날의 화폐가치 기준으로 보나 1962년 기준으로 보나 싸다. 이는 생존을 건 저가 경쟁이 얼마나 치열한지 생생하게 보여주는 증거다.

족쇄가 풀리자 '더 적은 돈으로 더 많은 물품을'more for less이라는 구호를 내건 대형할인점 괴물들이 수천억 달러의 돈을 끌어 모았다. 이후 30년 동안 가장 가치 있는 기업의 경영자이자 세계 최고의 부자인 샘 월튼Sam Walton이 혜성처럼 떠올랐고, 이제 소비자가 '갑'이라는 관념은 확고하게 자리를 잡았다. 오늘날 사람들은 아마존을 일자리 파괴 기계로 부르지만 사실 이 방면의 원조 깡패는 월마트다. '월마트에서 물건을 사면 할인혜택을 받는 것이나 마찬가지다'라는 가치 제안value proposition은 분명하고도 매력적이었다. 미국산 버드와이저 대신 네덜란드산 하이네켄을, 선Sun 표백제 대신 타이드Tide 표백제를 구매해 보다 나은 삶을 즐길 수 있었다는 얘기다.

전문유통점

월마트는 위대한 평등주의자다. 그러나 대다수 소비자는 자신이 남과 똑같은 것이 아니라 **남다르게 특별한** 존재이기를 원한다. 전체 소비자 가운데 상당 규모의 일부 집단은 특별함을 보장받는 대가로 얼마든지 추가비용을 부담할 의지가 있다. 이 집단은 자유롭게 쓸 수 있는 가처분소득이 가장 많은 집단이기도 하다.

'더 적은 돈으로 더 많은 물품'을 향한 행진이 이어지면서 자기 삶을 과시할 어떤 사회적 기호나 특수한 전문성을 추구하는 소비자의 욕구는 방치되었다. 그러자 이 부분을 공략하는 움직임이 나타나기 시작했다. 부유한 소비자가 가격에 구애받지 않고 배타적인 브랜드나 제품에 초점을 맞추도록 해주는 전문유통점specialty retail이 생기기 시작한 것이다. 고급 홈웨어 판매점 포터리 반Pottery Barn과 고급 가구점 리스토레이션 하드웨어Restoration Hardware가 대표적이다.

경기 활황세도 한몫 거들었다. 경기가 좋던 1980년대에 도시의 젊은 전문직 종사자들은 전문유통점에서 자기 집에 있는 듯한 편안함을 느꼈다. 그곳은 자신이 얼마나 멋지고 세련된 사람인지 알려줄 물건들을 사서 가정과 서재에 들여놓게 해주는 기쁨의 장소였다. 그들은 고급스럽게 꿀에 잰 햄만 판매하는 곳에서 자신의 지위와 소득에 맞는 고기를 샀다. 또 양초 전문점에서 완벽한 양초를 샀고, 리넨스 앤 씽스Linens and Things에서 고급 리넨과 잡화를 샀다. 이들 전문유통점 가운데 다수는 거의 아무런 장애 없이 전자상거래업체 시대로 자연스럽게 진입했다. 많은 유통업체가 광고 우편물로 전자상거래에 필요한 경험을 쌓았고 관련 자료와 요구사항에 이미 익숙했기 때문이다.

전문유통점 시대를 진정으로 규정한 업체는 갭Gap이다. 갭은 광고에 돈을 쓰는 대신 소비자가 경험하는 매장에 투자함으로써 최초의 라이프스타일 브랜드lifestyle brand(자신과 동일한 생활양식을 영위하는 사람들과 함께하기를 원하는 소비자 대다수가 포용하는 브랜드로, 유대감과 공감을 바탕으로 한다.—옮긴이)가 되었다. 소비자는 갭 매장에서 쇼핑할 때 기분이 좋아졌다. 가령 포터리 반 카우치 소파 구매는 미국인의 한 세대에게 자신이 어떤 목표 수준에 '도달했다'는 느낌을 안겨주었다. 전문유통점은 쇼핑백 하나조차 소비자에게 자기 과시적 만족을 제공할 수 있음을 깨달았다. 예컨대 고급 주방용품 브랜드 윌리엄스소노마 로고가 박힌 쇼핑백을 들고 다니는 소비자는 멋진 삶의 즐거움은 물론, 요리와 관련해 예전에 느끼지 못한 어떤 열정을 느꼈다.

전자상거래 기회

소매유통업이 제프 베조스에게 우연히 나타났다기보다 제프 베조스가 소매유통업에 우연히 나타났다. 소매유통업의 앞선 각 시대에는 인구통계학적 변화나 사람들의 취향 변화를 이용해 수십억 달러의 가치를 창출한 탁월한 사람들이 있었다. 기술적 차원의 변화를 포착한 베조스는 이를 이용해 소매유통업의 뿌리와 줄기를 완전히 재구성했다. 만일 베조스가 자신의 비전과 초점을 전자상거래업 부문에 도입하지 않았다면 아마 전자상거래는 별 볼 일 없었을 것이다.

1990년대의 전자상거래는 대부분의 순수 인터넷 회사pure play firm (인터넷 서비스를 제공하며 인터넷 기업을 상대로만 거래하는 회사—옮긴이)에 수지가 맞지 않는 형편없는 사업이었다(이것은 지금도 마찬가지다). 전자상거래의 성공 열쇠는 실천이 아니라 어떤 회사의 잠재력을 대대적으로 과대 광고한hype 다음 '카드를 쌓아 만든' 이 엉성한 집이 무너지기 전에 몇몇 '부자 호구'에게 물건을 팔아먹는 것이었다. 현재 그 대표적인 사례가 플래시 세일flash sale 사이트, 즉 온라인에서 한정 수량을 일정 시간 동안만 선착순 할인 판매하는 사이트다. 플래시 세일 때마다 언론이 난리를 치지만 사실 하이프는 할인판매가 아니다(마케팅에서 버즈buzz는 소비자의 진정성이 담긴 일종의 입소문이지만 하이프는 진정성 없이 기업이 일방적으로 이식하는 광고를 가리킨다.—옮긴이).

언제든 닥칠 수 있는 위험이라는 변수를 고려하면 소매유통업은 좋은 사업인 적이 한 번도 없었을지도 모른다. 그래도 시애틀의 거대한 백상어, 다시 말해 아마존이 나타나 모든 것을 잡아먹기 전까지만 해도 소매유통업은 두드러지게 고약한 사업이 아니었다. 지

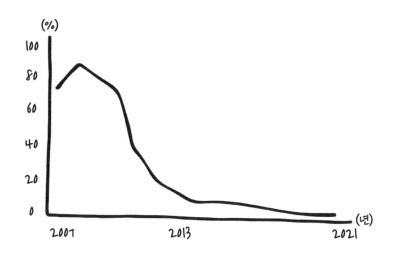

플래시 세일 사이트들의 산업 매출 변화

지난 10년 동안 20세기의 대표적인 소매유통업체(가령 메이시스에서 JC페니JCPenny에 이르기까지)의 시가총액은 어마어마한 수준에서 보잘것없는 수준으로 쪼그라들었다. 소매유통업 부문에 유입되는 제한적인 투자금 가운데 절대적인 비율을 아마존이 빨아들였고 한때 많은 업체가 북적이던 이 부문을 이제는 단 하나의 업체가 싹쓸이하고 있다.

지금은 소비의 시대라 소매유통업이 상승 곡선을 그리는 것은 당연하다. 만약 유통업체들이 어떤 평화로운 협약을 마련해 지키고 예전과 전혀 다른 어떤 개념이 작동한다면, 소매유통업은 빠른 속도로 규모를 늘려가며 소비자와 주주에게 엄청난 가치의 열매를 안겨줄 것이다. 실제로 월마트는 사람들이 보다 나은 삶(더 폭넓은 물질적인 삶)에 다가가도록 해주었다. 또한 자라의 은색 플랫폼 슈즈를 신거나 윌리엄스소노마의 브레빌 주서기를 사용하면 누구나 기분이 좋아진다.

이제 **단일 회사**가 이런 가치를 유례없이 빠른 속도로 창조하고 있다. 인터넷이라는 가상세계에서 영업하는 아마존은 현실세계에 매장 건물을 짓거나 수천 명의 직원을 고용하는 데 따르는 시간적 지연 없이 수천만 명의 고객에게 곧바로 다가간다. 더구나 거의 모든 분야 소매유통을 아우른다. 베조스는 모든 웹페이지가 하나의 매장이 되고 모든 사람이 매장 직원이 될 수 있음을 아마존으로 증명하고 실천했다. 나아가 아마존은 다른 경쟁자가 공략할 틈새시장을 단 하나도 남기지 않을 만큼 빠른 속도로 성장했다.

머지않아 세계에서 가장 부자가 될 사람

첫 번째 닷컴 열풍 때(본격적인 닷컴 열풍은 1990년대 말에 일어났다.—옮긴이) 컴퓨터학을 전공한 제프 베조스는 월스트리트에 있다가 전자상거래의 발전 전망에 꽂혀 거기에서 도망쳐 나온 사람에 지나지 않았다. 하지만 미래에 대한 비전과 미치광이 같은 집중력 덕분에 그는 다른 사람과는 확연히 다른 길을 걸었다. 1994년 그는 시애틀에 온라인 가게를 내고 '아마존'이라 명명했는데 그 이름은 자신이 전망하던 어마어마한 규모의 상품 흐름을 의미했다. 당시 그는 '리렌트리스닷컴'relentless.com이라는 또 다른 이름을 놓고 고민했다. 아닌 게 아니라 '인정사정 볼 것 없는'이라는 뜻의 이 명칭이 지금 아마존의 속성을 더 정확히 표현해주는 것 같다(그는 지금도 리렌트리스닷컴 도메인을 소유하고 있다).[30]

베조스가 아마존을 시작할 때만 해도 온라인 구매는 진정한 채집자들에게 제대로 봉사하지 못했다. 당시 인터넷 기술이 제한적이라 구닥다리 디자인에다 출력까지 떨어지는 러시아 자동차 브랜드 라다 Lada의 느낌이 물씬 풍겼기 때문이다. 브랜드는 비전과 성능을 동시에 아우르는데 1990년대와 2000년대 초입 무렵 '인터넷'이라는 브랜드는 이 두 가지 점에서 모두 한참 뒤떨어졌다.

1995년 전자상거래에서는 수렵자인 소비자가 쉽게 알아보고 쉽게 죽이는 것은 물론, 동굴까지 가져가는 동안 가치 손실이 일어나지 않고 동굴에서 함께 기거하는 사람들을 해롭게 할 염려도 없는 사냥감을 제시할 필요가 있었다. 베조스는 그런 사냥감으로 '책'이 적격이라고 판단했다.

쉽게 알아보고 쉽게 죽여 쉽게 소화할 수 있는 책은 맛보기용 '본문 보기' 기능을 갖추고 창고에 쌓여 있었다. 이 사냥물은 이미 붙잡힌 상태라 누구든 가져가기만 하면 그만이었다. 서평 분야가 산업으로 발전해 어떤 책이 먹을(읽을) 가치가 있는지 알려주므로 굳이 매장에서 책을 꼼꼼히 분류하고 배치할 필요조차 없었다. 베조스는 서평이 자기 대신 서적 소매유통이라는 힘든 일을 해줄 수 있음을 깨달았다. 아마존은 인터넷의 상대적인 강점, 즉 선택과 배송 분야에 의존했다. 이 인터넷 서점에는 조명 상태가 좋은 매대나 문이 열릴 때마다 들리는 차임벨 소리, 상냥한 매장 직원 같은 것이 필요치 않았다. 그가 한 일은 그저 시애틀 공항 인근에 창고 하나를 임대한 다음 로봇의 힘을 빌려 창고에 책을 채운 것이 전부였다.

초기에 아마존은 책과 수렵자(어떤 임무를 띠고 특정 제품을 찾는 사람)에게만 초점을 맞췄다. 그런데 여러 해가 지나면서 고속 데이터 통신망이 보급되자 채집자들도 이 인터넷 가게에 들러 두루두루 살피고 이런저런 조건을 따지며 시간을 보냈다. 이때 베조스는 CD나 DVD처럼 사람들이 온라인에서 구매하는 데 아직 익숙하지 않은 물품도 아마존의 판매제품 목록에 올려야겠다고 생각했다. 나중에는 우리가 사용하는 모든 물건을 아마존에서 팔 수 있을 거라는 조짐을 보인 일이 일어났는데, 그것은 수전 보일Susan Boyle의 CD 〈아이 드림드 어 드림〉I Dreamed a Dream이 엄청난 판매 기록을 세운 사건이었다.

아마존은 경쟁자들을 따돌리고 선택의 핵심 가치를 강화하기 위해 아마존 마켓플레이스를 도입했다. 이는 아마존이 아닌 개별 판매자들이 자기 물건을 팔도록 아마존에 따로 장터를 열어준 것이었다. 이로써 판매자들은 소비자 기반의 세계 최대 전자상거래 플랫폼에 접근하는 혜택을 누렸고, 아마존은 재고 비용을 추가로 들이지 않고도 판매제품 목록을 어마어마하게 늘릴 수 있었다.

현재 아마존 마켓플레이스에서 발생하는 매출액은 아마존 전체 매출액의 40퍼센트 수준인 400억 달러에 이른다.[31] 엄청난 고객흐름에 만족하는 이곳 개별 판매자들은 자기만의 독자적인 소매점 채널에 투자할 충동을 전혀 느끼지 않는다. 한편 아마존은 소비자 관련 데이터를 수집해 어떤 범주가 매력적인 흐름을 보이면 직접 그 물건을 판매함으로써 곧바로 그 흐름을 사업화할 수 있다. 요컨대 아마존은 마음만 먹으면 아시아의 고전 벽 장식이나 니컬러스 케이지 베갯잇, 윤활유 55갤런 묶음을 직접 제공할 수 있다.

아마존은 더 많은 것을 더 적은 노력으로 수집하려 하는 우리의 수렵자−채집자 본능에 소구한다. 사실 우리는 중독에 버금갈 정도로 물건에 심하게 집착한다. 동굴생활을 한 석기시대 사람들은 딱딱한 것을 깨거나 열기에 적합한 돌을 비롯해 이런저런 물건을 많이 가지고 있었다. 가령 화려한 색깔의 진흙으로 후손에게 언제 작물의 씨를 뿌려야 할지, 어떤 위험한 동물을 피해야 할지 알도록 벽에 그림을 그릴 수 있는 사람일수록 생존 확률이 높았기 때문이다.

물건을 갖고자 하는 욕구는 현실적이다. 물건은 우리를 따뜻하고 안전하게 해주니 말이다. 이런 욕구가 있기에 우리는 음식을 장만하고 준비한다. 욕구는 이성을 유혹하고 후손을 돌보는 데도 도움을 준다. 물건 중에서 가장 좋은 것은 손쉽게 얻는 물건이다. 손에 넣기에 힘이 덜 들고 또 절약한 시간에 다른 중요한 일을 할 수 있어서다.

자본이 드는 가게가 따로 필요 없었으므로 베조스는 창고 자동화에 투자했다. 규모는 힘이다. 아마존은 오프라인 소매유통업자가 도저히 감당할 수 없을 정도의 낮은 가격을 소비자에게 제시했다. 나아가 충실한 고객, 책을 내는 저자, 배송 회사, 자기 웹사이트에 광고를 게재하는 데 동의하는 재판매업자(제품을 구입해 다른 사람에게 다시 판매하는 중간고객. 주로 도매상과 소매상을 지칭한다.—옮긴이) 들에게 온갖 제안을 했다. 이로써 점점 더 많은 동업자를 아마존으로 끌어들였다.

책과 DVD라는 좁은 틀을 깨고 아마존을 모든 것을 다루는 틀로 몰고 가는 유형의 실험과 공격성을 군사용어로 '우다 루프'OODA loop(혹은 우다 고리·우다 주기)라고 한다(OODA는 관찰Observe, 방향 설정Orient, 결정Decide, 행동Act을 뜻한다). 이것은 신속하고 단호하게 행동해 당신이 다음 차례의 작전에 들어갈 때 '적'(이 경우의 적은 다른 소매유통업자)이 미처 정신을 차리지 못한 채 당신이 이전에 수행한 작전에 대응하게 만들어 그것이 아무 효력을 내지 못하게 하는 것이다. 소비자에 초점을 맞춘 아마존은 이 우다 주기를 무자비하게 실행했다.

이 접근법은 아마존의 초기 15년 동안 전통 소매유통업 CEO들에게 전자상거래는 전체 소매유통업 중 1퍼센트, 많아봐야 6퍼센트밖에 점유하지 못할 거라는 생각을 갖게 만들었다. 아마존이 무시무시한 발톱과 무제한의 자본을 확보할 때까지 이 소매유통업체들은 자기 숨통을 조일 위협에 대응하려는 노력을 단 한 차례도 기울이지 않았고, 결국 때를 놓치고 말았다.

2016년 미국 소매유통업 규모는 전체적으로 4퍼센트 늘어났지만 아마존 프라임 서비스는 40퍼센트 넘게 성장했다.[32, 33] 인터넷은 세계 최대 경제권에서 가장 빠르게 성장하는 채널이고 아마존은 그 성장 가운데 커다란 부분을 차지하고 있다.[34] 2017년의 가장 중요한 연휴 시즌인 11월과 12월 아마존은 전체 온라인 매출의 38퍼센트를 차지했다. 아마존의 뒤를 잇는 아홉 개 대형 온라인 업체 매출액은 모두 합해도 20퍼센트에 불과했다.[35] 또 2016년 아마존은 미국에서 가장 평판이 좋은 기업으로 꼽혔다.[36]

필사적인
제로섬 게임

미국에서 소매유통업 부문의 성장이 멈추자 아마존의 플러스 성장은 다른 업체들의 마이너스 성장이라는 결

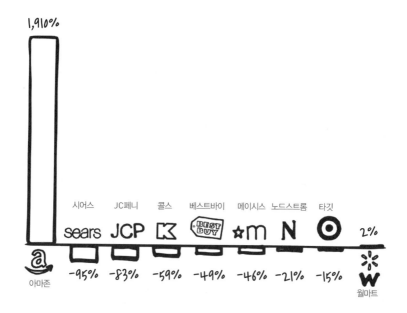

2006~2016년 주가 변동 상황

1,910%

시어스   JC페니   콜스   베스트바이   메이시스   노드스트롬   타깃

sears   JCP   K   BEST BUY   ✰m   N   ◎   2%

아마존   -95%   -83%   -59%   -49%   -46%   -21%   -15%   월마트

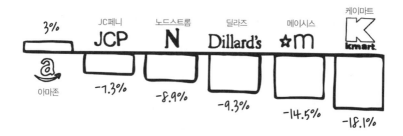

2017년 1월 5일의 주가 변동 상황

3%   JC페니   노드스트롬   딜라즈   메이시스   케이마트

JCP   N   Dillard's   ✰m   Kmart

아마존   -7.3%   -8.9%   -9.3%   -14.5%   -18.1%

과를 낳을 수밖에 없었다. 그렇다면 누가 뒷걸음질했을까? **아마존
을 뺀 모두가 그랬다.** 위 도표들은 미국의 주요 소매유통업체들이
2006~2016년과 2017년 하루에 기록한 주가 변동 내역이다.

전체적으로 매장이 너무 많고 낮은 임금에다 소비자의 취향을 제대로 반영하지 못하는 상황에서 아마존이 압도적인 존재감을 드러내는 바람에 소매유통업계에 거센 폭풍이 일었다. 지금은 대부분의 소매유통업체가 점점 쪼그라들고 있다. 물론 모두가 그런 것은 아니다. 소매유통업계에서 '어둠의 왕자'로 군림하는 아마존은 이 부문의 다른 업체들과 반비례의 상관성으로 움직이는 독특한 위상을 보이고 있다.

전통적으로 동일한 부문에 속한 기업의 주가는 같은 방향으로 움직인다(한 기업의 주가가 오르면 다른 기업 주가도 덩달아 오르고, 그 반대도 마찬가지다). 그런데 지금 주식시장에서는 아마존에 유리한 호재가 다른 유통업체에는 불리한 악재이며 그 반대도 마찬가지일 거라고 본다. 이는 기업계에서 거의 유례를 찾아볼 수 없는 독특한 현상이다. 더구나 이것은 자기충족적 예언self-fulfilling prophecy(사람들이 마음속으로 결정한 어떤 상황이 결국 실제로 나타나는 현상—옮긴이)이 되어버렸다. 아마존의 자본 비용은 줄어드는 데 비해 다른 모든 소매유통업체의 자본 비용은 늘어나기 때문이다. 현실이 어떤지는 중요하지 않다. 어떤 경쟁을 벌이든 아마존이 이길 것이다. 아마존이 10배 더 많은 판돈을 들고 포커판에 앉아 있으니 말이다. 아마존은 모든 게임자들을 포커판에서 쫓아버릴 수도 있다.

진짜로 절망적인 순간은 아마존에 좋은 것이 사회에는 나쁜 것이 아니냐고 사람들이 묻기 시작할 때다. 심지어 몇몇 과학자와 기술 분야 거인들(예컨대 스티븐 호킹이나 테슬라의 CEO 일론 머스크 등)이 인공지능의 위험성을 공개적으로 우려하거나 또 다른 사람들(가령 이베이eBay의

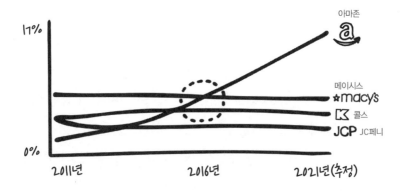

미국 내의 시장점유율 추이(의류 및 액세서리)

창업자 피에르 오미디아와 링크트인LinkedIn의 창립자 리드 호프만 등)이 인공지능 관련 연구에 자금을 대는 상황에서도 제프 베조스는 최대한 서둘러 아마존에 로봇을 도입하고 있다. 2016년 아마존이 창고에 도입한 로봇은 전년 대비 두 배로 늘어났다.[37]

아마존은 계산대가 따로 없는 매장 '아마존 고'Amazon Go를 내세워 오프라인 사업에 진입했다. 그런데 이것은 단순한 진입이 아니다. 아마존 고에서 상품을 구매한 고객은 계산 절차 없이 자기가 고른 물건을 그냥 가지고 나가면 된다. 센서가 고객의 가방과 앱을 스캐닝하기 때문이다. 계산원이 수행하던 물품 계산 절차가 사라진 것이다.

다시 한 번 발등에 불이 떨어진 다른 소매유통업체들은 매장 내에서 계산원이 수행하던 계산 절차를 서로 먼저 없애려고 난리다. 아마존이 최근 수행한 이 '아마존 고 작전'은 누구를 위기로 몰아넣었을까? 바로 매장 계산원으로 일하는 340만 명의 미국인이다. 340만 명은 미국 전체 노동인구의 2.6퍼센트[38]로 미국의 초중고 교사를 모두

합한 인원에 근접한다.[39]

소매유통업자들이 아마존 고에 대응하려 필사적으로 노력할 때 하드웨어 제작업체와 브랜드들은 아마존 에코Amazon Echo에 대응하려 기를 쓰고 있다. 아마존 에코는 스피커처럼 생긴 원통형 기기로 기본적으로는 블루투스 스피커로 사용할 수 있으며 아마존의 음성 인식 인공지능 '알렉사'를 탑재했다(알렉사라는 이름은 이집트의 알렉산드리아 도서관에서 따왔다).[40] 개인 휴대 통신기처럼 작동하는 알렉사는 이런저런 질문에 대답하고 사용자가 음악을 불러오거나 인터넷 서핑을 할 때 여기에 응한다. 무엇보다 중요한 사실은 이것이 강력한 음성 인식 소프트웨어로 인간의 물품 수집 과정을 새로운 차원으로 끌어올렸다는 점이다. 예를 들어 알렉사에게 "알렉사, 센소다인 치약을 쇼핑 카트에 넣어줘."라고 말하거나 '트로이안 콘돔' 대신 버튼Dash Button(타원형의 작은 원클릭 쇼핑 기기로 버튼을 누르면 특정 제품의 자동주문이 완료된다.—옮긴이)을 누르면 한 시간쯤 뒤 모든 것이 완료된다.[41] 더구나 알렉사는 사용자가 사용할수록 점점 더 똑똑해진다.

언뜻 이는 소비자를 위한 혜택 같지만 따지고 보면 아마존이 얻는 이득이 소비자의 이득보다 훨씬 더 크다. 아마존을 신뢰하는 고객들은 아마존에 자신의 대화를 엿듣는 것과 소비행동 관련 데이터를 수집하는 것을 허용한다. 덕분에 아마존은 고객의 사적인 생활이나 여러 가지 욕구 정보를 다른 어떤 회사보다 포괄적으로 확보한다.

단기적으로 보면 아마존이 아마존 고와 아마존 에코라는 서비스를 도입한 것은 이 회사가 운영 전반에 걸쳐 제로클릭zero-click, 즉 클릭 없는 주문을 지향한다는 것을 뜻한다. 아마존은 타의 추종을 불허하는 빅데이터와 고객의 상품구매 유형 정보를 활용해 머지않아 소비자가 굳이 어떤 결정을 내리거나 주문하지 않아도 필요로 하는 것을 제공할 것이다. 나는 이 개념을 '프라임 스퀘어드'Prime Squared(스퀘어드는 여러 검색 결과를 사각형 안에서 구조화해 볼 수 있게 한다는 뜻이다. 사용자는 원하는 데이터를 한 페이지에서 일목요연하게 볼 수 있다.—옮긴이)라고 부른다.

소비자는 그저 이따금 미세조정만 하면 그만이다. 예컨대 휴가기간에 배달 물건의 양을 줄이거나, 손님을 초대했을 때 배달 물건의 양을 늘리거나, 린트 초콜릿을 너무 많이 먹어서 질릴 경우 그 주문량을 줄이면 된다. 그 밖의 모든 것은 소매유통업체의 기본적인 매뉴얼에 따라 돌아간다. 이때 상품들은 빈 상자와 함께 가정에 배송되고 소비자는 자기가 원치 않는 것을 빈 상자에 담아 반송한다. 그러면 아마존은 이 소비자의 취향과 선호를 기록해둔다. 당연히 반송 물품은 갈수록 점점 줄어든다. 2017년 6월 프라임 워드로브Prime Wardrobe 서비스를 시작한 아마존은 이미 제로클릭 주문의 길로 한 걸음 성큼 들어섰다. 이 서비스는 소비자가 관심이 가는 옷이나 액세서리를 구매하기 전에 미리 집에서 받아 착용해보게 하며 소비자가 최종 선택한 뒤 나중에 대금을 청구하는 서비스다.[42]

이것을 퇴근길에 쇼핑센터로 가서 간신히 주차장 빈자리를 찾아 주차한 다음, 매장으로 들어가 필요로 하는 전구를 사려고 했다가 품절이라 사지 못하고, 다른 물건들을 계산하기 위해 길게 줄을 서서 기다렸다가, 힘겹게 트렁크에 물건을 싣고, 주차장에서 차를 빼내 돌아오는 것과 비교해보자. 전통 소매점은 말할 것도 없고 창고형 대형 할인점이 아마존 에코 서비스와 경쟁할 수 있겠는가? 우리는 지금 소매유통업에서 일어나는 대규모 지각 변동을 목격하고 있다. 불과 한 세기 만에 농업 종사자 비율이 50퍼센트에서 4퍼센트로 줄어드는 것을 목격했듯, 우리는 앞으로 30년 안에 소매유통업 종사자 비율이 비슷한 규모로 급격히 줄어드는 과정을 목격할 것이다.[43]

아마존이 아무런 저항(마찰)이 없는 매끄러운 상품구매 진행 부문에 굳건하게 초점을 맞춘다는 점과 투자자본의 입장에서 아마존이 매력적인 투자처라는 점 그리고 아마존이 B2B 영역에(경쟁자들이 아마존 안으로 들어와 영업하도록 플랫폼을 마련하는 데) 투자하기로 결정한 것을 볼 때, 시가총액 1조 달러 달성 경주에서 아마존은 이미 유리한 고지를 선점하고 있다. 전 세계에서 개별 소비자의 어마어마한 데이터를 수집하고 있는 아마존은 앞으로 소매유통업계를 독점 장악할 가능성이 크다. 아마존은 당신과 내 정보를 벌써 엄청나게 축적해놓고 있다. 머지않아 우리의 구매 행태를 우리 자신보다 더 많이 알고 있으리라. 물론 우리는 그 사실에 개의치 않을 것이다. 그 모든 정보를 우리 스스로 기꺼이 내주었으니 말이다.

투자자를 부르는 아마존만의 스토리텔링

아마존은 지금까지 상대적으로 긴 기간 동안 그 어떤 기업보다 더 쉽게 저렴한 자본cheap capital(이자가 무척 낮은 융자를 의미. 여기서는 기업에 투입되는 투자금을 뜻한다.—옮긴이)을 끌어올 수 있었다. 1990년대에 벤처캐피털의 지원을 받아 성공한 기술 기업들은 대부분 최소 5,000만 달러를 투자받은 뒤에야 비로소 투자자에게 수익금을 줄 수 있었다. 이런 일반적인 모습과 달리 아마존은 투자자들에게 21억 달러를 투자받은 뒤에야 가까스로 손익분기점을 넘어섰다.[44] 지금까지 보여준 모습으로 보자면 아마존은 휴대전화를 출시해 수천만 혹은 수억 달러를 개발과 마케팅에 투자했다가 30일 만에 몽땅 말아먹은 것이나 다름없다. 그러고도 그 모든 재앙을 그저 과속방지턱 정도로밖에 여기지 않은 셈이다.

다행히 아마존에 투자한 자본은 대단히 끈기가 있다. 《포천》 선정 500대 기업 중 하나(HP든 유니레버든 마이크로소프트든)가 휴대전화를 개발해 출시했는데 출시하자마자 실패작으로 드러나면 그 회사의 주가는 곧바로 20퍼센트 이상 떨어질 것이다. 2014년 아마존의 주가도 실제로 그랬다.[45] 주주들이 비명을 지를 때 다른 기업 CEO들은 전사적인 퇴각 명령을 내려 소극적이고 방어적인 자세를 취한다. 하지만 아마존은 그렇게 하지 않았다. 이유가 뭘까? 포커판에 판돈을 두둑히 챙겨오면 돈을 아무리 많이 잃어도 해가 뜰 때까지 게임을 계속할 수 있고 그러다 보면 결국 크게 한 판 먹을 수 있기 때문이다. 이것은 아마존의 핵심 역량인 스토리텔링으로 요약할 수 있다.

아마존은 스토리텔링으로 거대한 비전을 보여주며 회사와 주주 사이의 관계를 재정립해왔다. 그 스토리는 미디어 특히 기업계와 기술 분야를 아우르는 미디어로 제시한다. 이들 미디어 가운데 다수는 기술 기업의 CEO를 새로운 유형의 사회적 명사로 추켜세우며 아마존에 언제든 스포트라이트와 중앙무대를 내준다. 물론 광고지 역시 가장 눈에 잘 띄는 부분을 할애한다. 지금까지 기업들이 주주와 합의해서 작성한 계약 내용은 '우리에게 몇 년의 시간과 수천만 달러의 자금을 주시오. 그러면 나중에 수익금 형태로 그 돈을 돌려주겠소'라는 것이었다. 아마존은 그 전통을 깨버리고 스토리텔링으로 수익을 비전과 성장으로 대체했다. 매력적이면서도 단순한 아마존의 스토리는 강력한 메시지를 전달한다.

아마존의 스토리: 전 세계에서 가장 큰 매장

아마존의 전략: 세월의 시험을 견뎌내는 소비자 편익(더 낮은 비용, 더 넓은 선택폭, 더 빠른 배송)에 막대한 자본을 투자한다.

미래 비전을 꾸준히 뒷받침하는 성장률 덕분에 시장은 아마존 주식을 예외적일 만큼 높이 평가한다. 소매유통업체 종목 주식은 대개 주당순이익의 여덟 배 가격에 거래하지만[46] 아마존 주식은 40배 가격에 거래가 이뤄진다.[47] 여기에다 아마존은 투자자들에게 일반적인 기준과 전혀 다른 기준을 적용해 비록 성장률이 낮지만 더 높은 성장을 기대하도록 만들어 주식을 보유하게 했다. 덕분에 아마존이 해마다 벌어들이는 총수익은 상당한 규모로 늘어났고, 아마존은 더 많은 자본을 사업에 재투자할 수 있었다(수익이 재투자로 들어가면 소득세로 빠져나가는 돈을 절약한다). 나아가 재투자 자금은 아마존을 방어하는 해자垓字를 더 깊이 파는 데 들어갔다.

투자자에게 수익이란 마약중독자에게 마약과 같다. 투자자는 수익을 열렬하게, 아니 미치도록 사랑한다. 투자는 성장과 혁신을 일으키고 투자자는 최고의 희열을 선사하는 마약 주사, 즉 수익을 마다하지

62

않는다.

아마존의 혁명적인 자본 배분capital allocation 시간표는 투자자의 단기적인 요구보다 장기적인 목표를 염두에 둬야 한다며 경영대학원에서 여러 세대에 걸쳐 역설한 바로 그것이다. 그런데 이것을 행하는 기업은 공부를 좀 더 하려고 학교에서 열리는 축제를 거들떠보지 않는 고등학생만큼이나 드물다.

일반적인 사업관은 이렇다.

"만일 우리가 낮은 이율로 자금을 빌릴 수 있고 우리 주식을 되살 수 있고 경영 옵션 가치가 올라간다면, 굳이 위험을 무릅쓰고 성장과 성장에 따른 일자리에 투자할 이유가 있을까?"

아마존의 사업관은 이렇다.

"만일 우리가 낮은 이율로 자금을 빌릴 수 있다면 엄청나게 비싼 배송 통제 시스템에 자금을 투자하지 않을 이유가 있을까? 그 투자에 성공하면 우리는 소매유통업계에 난공불락의 요새를 구축해 경쟁자들을 말려죽일 수 있다. **그럴 때 우리의 규모는 커지고 성장은 빨라진다.**"

월마트는 부모의 말을 잘 듣는 착한 학생처럼 장기투자에 열심이다. 그러나 시장은 아칸소 주 벤턴빌에 본사를 둔 이 회사의 원숙함을 외면한다. 월마트 경영진은 2016년 일사분기 수익 결산에서 앞으로 '소매유통업의 미래를 붙잡기 위해' 기술자본 지출을 상당 수준으로 높여갈 것이라고 공시했다.[48]

이것은 옳은 방향이었고 월마트로서는 유일한 선택이었다. 동시에 이 전략은 수익 하락을 예고하는 것이었다. 결국 이 공시 이후 증권시장이 문을 열고 20분이 채 지나지 않아 월마트의 시가총액은 200억 달러나 증발했다.[49] 200억 달러는 메이시스 시가총액의 2.5배에 해당하는 금액이다.

아마존에 투자한다는 것은 집안 대대로 금욕주의를 강조하는 모르몬교 신자인 미트 롬니Mitt Romney(2012년 미국 대선에서 공화당 후보로 출마했으나 오바마에게 패했다.—옮긴이)의 집안에서 성장하는 것이나 마찬가지다. 마약(수익)에는 얼씬도 할 수 없다. 지속적으로 성장 전망을 강화하며 수익률에 큰 의미를 두지 않는 아마존은 주주들에게 배당금을 주지 않을 것임을 끊임없이 강조한다. 그래도 온갖 새로운 기술(예컨대 드론)과 콘텐츠(가령 영화), 〈스타트렉〉의 트라이코더(환자의 몸에 대기만 하면 질병을 진단해주는 가상 의료 기기—옮긴이)처럼 애플의 아이패드 이후 어떤 소비재 하드웨어 제품보다 강력한 선풍을 일으키고 있는 기기(이를테면 아마존 에코) 등을 완벽히 구비해 세계를 지배하겠다는 비전이 장기투자에 따른 투자자의 상처를 치료해준다. 이것이 바로 스토리텔링이다. 물론 《해리포터》 시리즈와 마찬가지로 뒤를 이어 나오는 후속편이 오리지널보다 더 낫다.

리스크가 클수록
수익도 크다

베조스는 아마존이 장기적인 비전을 위해 기꺼이 위험을 부담하는 태도를 약삭빠르게 두 개의 유형으로 나눠 공개적으로 설명한 바 있다. 첫 번째는 돌이킬 수 없는 의사결정 유형("이것이 아마존의 미래다.")이고, 두 번째는 얼마든지 돌이킬 수 있는 의사결정 유형("어떤 것이 제대로 먹히지 않을 경우 우리는 곧바로 포기하고 돌아선다.")이다.[50]

베조스의 견해로는 두 번째 유형의 실험을 많이 하는 것이야말로 아마존 투자 전략의 핵심이다. 이 유형의 실험으로는 '비행선 창고' Flying Warehouse(약 1만 4,000미터 상공에 비행선 창고를 띄우고 드론이 그곳에서 수직으로 내려와 물품 배달을 끝낸 후 지상의 거점으로 향하게 하는 방식— 옮긴이)나 드론을 화살 공격에서 보호하는 시스템이 있는데, 아마존은 둘 다 특허를 출원한 상태다. 여기에 투자하는 비용은 싼 편인데, 이는 자금을 지나치게 많이 낭비하기 전에 투자를 취소하고 아마존이 선도적인 기업이라는 이미지를 구축하는 데 많은 자금을 투자하기 때문이다. 주주들은 이런 스토리를 좋아한다. 흥미로운 어떤 모험 원정대의 일원이라는 느낌을 주지 않는가. 더구나 경쟁자를 불태워버리기에 충분한 연료(자금)를 갖고 있는 아마존은 이따금 그 모험을 현실로 구현한다.

아마존이 엄청나게 많은 자금을 확보하고 있다는 사실 외에 사람들이 쉽게 간과하는 사실이 하나 있다. 그것은 아마존이 어떤 구상이나 사업 혹은 제품이 기대한 대로 작동하지 않을 경우 초기에 가차 없이 폐기하고 자본(아마존의 경우 주로 인적자본)을 또 다른 '미친 짓'에 투입한다는 점이다.

전통적 기업에서 일한 내 경험을 근거로 말하자면 새로운 모든 것은 혁신적인 것으로 여겨지고 그 일을 할당받은 사람들은 자신의 프로젝트를 비이성적이고 무조건적으로 지지한다. 즉, 알고 보니 그 프

비행선 창고 특허 출원 중

로젝트가 정말 형편없다는 사실을 끝내 인정하려 들지 않는다. 그 결과 전통 기업들은 투자 자금도 상대적으로 부족할 뿐더러 설령 기회가 와서 타석에 들어서도 배트를 상대적으로 덜 휘두르며 가만히 지켜본다. 아마존은 추진하는 구상이나 프로젝트가 잘 돌아갈 것임을 확실히 알기 전까지는 무작정 마구 투자하지 않는 확고한 규율을 보이고 있다. 지난 3년 동안 아마존은 오프라인 시장에도 진출할 것이라고 소리 높여 선전했으나, 실제로 이 기간에 설립한 오프라인 매장은 모두 합해 대략 25곳에 불과하다. 아직까지 규모의 경제를 확신할 정도의 포맷을 발견하지 못한 탓이다.

베조스는 다른 위대한 리더와 마찬가지로 황당무계한 '미친' 발상을 그럴듯하게 설명하는 능력이 뛰어나다. 여기서 잠깐, 우리가 미처 생각지 못한 사실을 확인할 필요가 있다. 진정으로 '미친' 발상은 어리석은 게 아니라 대담하다. 비행선 창고라는 발상을 처음 들었을 때 당신은 아마 헛소리라고 생각했을 것이다. 그렇다면 전통적인 방식으로 지상에 세운 창고를 빌리고 운영하는 데 들어가는 비용을 생각해보자. 이런 창고는 어느 측면에서 비용을 가장 많이 잡아먹을까? 바로 인접성과 임대 관련 문제다. 이제 비행선 창고를 다시 생각해보자. 그래도 미친 짓일까?

끊임없이 메시지를 던지는 베조스는 타석에 들어설 때마다 크게 한 방을 노린다. 사실 홈런을 노리는 타자에 비유하는 것은 잘못되었다. 야구에서는 만루 홈런을 쳐도 4점밖에 내지 못한다. 그러나 아마존 프라임 서비스와 아마존 웹서비스가 친 홈런은 아마존에 4점이 아니라 수천 점을 안겨주었다. 베조스는 1997년 주주들에게 보낸 첫 번째 연례서한에 이렇게 썼다.

"100배의 수익을 얻을 확률이 10퍼센트라면 이 베팅 기회는 당연히 놓치지 말아야겠지요."[51]

한데 말할 필요도 없이 거의 모든 CEO가 이와 반대로 생각한다. 성공 확률이 50퍼센트에 육박해도, 성공했을 때 얻는 보상이 아무리 커도 굳이 위험을 떠안고 싶지 않다는 이유로 손을 내젓는 것이다. 오랜 역사를 자랑하는 기업들이 자기가 차지할 수도 있는 가치를 신생기업에 찔끔찔끔 흘리는 이유도 바로 여기에 있다. 성공한 기업들은 자산과 현금흐름, 브랜드 자산brand equity을 넘치도록 갖고 있지만 이들은 기술 관련 기업이 죽음을 불사하며 접근하는 방식과 전혀 다른 방식으로 위험에 접근한다. 기술 관련 기업들은 오늘을 위해 사는

데, 이들은 회사의 명운을 걸 때만 비로소 위대한 성공이 뒤따른다고 믿는다.

역사가 오래된 기업의 CEO와 주주는 생존자 편견Survivor Bias(제2차 세계대전 때 영국 항공기 기술자들은 작전을 마치고 무사히 복귀한 전투기를 토대로 날개와 몸통 부분을 보강했는데, 정작 추진체와 꼬리 등에 손상을 입고 추락해서 돌아오지 못한 전투기는 간과했던 오류에서 비롯된 용어다.—옮긴이)이라는 망령에 사로잡혀 있다. 내가 끔찍하게 여기는 직무는 '잘못될 조짐이 보이지 않다가도 한순간에 재앙을 몰고 오는' 일이다. 이런 직무에 종사하는 사람은 도처에 있다. 법인회계담당자, 감사관, 항공통제관, 핵발전소 운영책임자, 승강기 검사관, 공항 보안책임자 등이 그들이다. 이들은 좋은 일이 아니라 나쁜 일로 유명해질 수 있는, 낮지만 끔찍한 확률 아래 놓여 있다. 성공한 오래된 기업의 CEO에게도 비슷한 편견이 있다. 그것은 자신이 비록 부자이긴 해도 한순간에 쫄딱 망할 수 있다는 편견이다.

오늘날 CEO가 받는 연봉은 미친 수준이라 할 만큼 많기 때문에 CEO들은 대체로 성공이 거의 확실하지 않은 위험한 사업에는 손대지 않은 채 6년이나 8년 동안 납작 엎드렸다가 부자로 은퇴한다. 구글에서 '기업계 역사상 가장 큰 실수'를 검색하면 검색 결과로 익사이트Excite가 구글을, 블록버스터Blockbuster가 넷플릭스를 인수할 수 있었음에도 불구하고 거기에 따르는 위험만 크게 생각해 인수하지 않은 사례 같은 것이 나온다.

역사는 대담한 사람 편에 서고, 보상은 온순한 사람에게 돌아간다. 《포천》 선정 500대 기업의 CEO라면 다른 사람들이 자주 가는 편안하고 검증받은 길을 선택하는 게 낫다. 대기업은 보통 혁신에 필요한 자산을 많이 갖고 있지만 큰 위험을 무릅쓰거나 현재 그럭저럭 잘 나가는 사업을 죽이는 대가를 치르면서까지 혁신을 도모하는 경우는 드물다. 또한 협력업체나 투자자가 떨어져 나갈지도 모르는 길을 선택하려 들지도 않는다. 그들은 현재 상태에서 더 나빠지지 않는 쪽으로만 기업을 이끌려 하고, 주주들은 그런 선택에 대해 CEO들에게 보상을 해준다. 그렇지만 이것은 주주들이 아마존 주식을 사들이기 전까지의 일이다.

기업 이사회는 대부분 경영진에게 이렇게 묻는다.

"어떻게 하면 우리가 최소 자본을 투자해 최대 효과를 이끌어낼 수 있을까?"

아마존은 이 질문을 뒤집어버린다.

"어떤 기업도 투자할 여유가 없을 만큼 엄청나게 많은 비용이 들지만 막대한 수익을 안겨줄 무언가를 과연 우리가 할 수 있을까?"

이유가 뭘까? 아마존은 다른 기업과 달리 수익률을 낮게 기대하는 자금을 끌어들일 수 있기 때문이다. 예를 들어 배송 시간을 이틀에서 하루로 줄이는 사업을 생각해보자. 이렇게 하는 데는 수십억 달러가 들어간다. 아마존은 도시 인근에 자동화 시스템을 갖추고 '똑똑하게' 돌아가는 스마트 창고를 지어야 하는데 여기에 들어가는 부동산과 인력 비용이 아주 비싸다. 전통적인 관점에서 이런 인프라 투자는 최소한의 수익을 안겨주면서 자금은 엄청나게 잡아먹는다.

아마존은 다르게 생각한다. 그 사업은 아마존에 그야말로 완벽한 일이다. 왜냐고? 메이시스와 시어스, 월마트는 상대적으로 규모가 작은 온라인 사업의 배송 시간을 줄이는 데 수십억 달러를 쓸 여유가 없다. 그러면 결국 이들은 짧은 배송 시간을 좋아하는 소비자에게 외면당하고 만다.

2015년 아마존은 70억 달러를 배송 비용으로 지출했다. 배송 쪽 손실만 50억 달러였고 전체적으로는 24억 달러의 이익을 올렸다.[52] 미친 게 아닐까? 아니다. 아마존은 세계 최대 산소 탱크를 갖추고 잠수 운항을 하며 다른 소매유통업자들이 자신을 따르게 하고 있다. 즉, 자신이 설정한 가격을 따르는 것은 물론 소비자의 달라진 배송 개념에 맞추게 한다. 그런데 다른 소매유통업체들은 아마존을 따라잡으려다 폐에 물이 차서 익사하고 만다(다시 말해 아마존이라는 황새가 뱁새들의 가랑이를 찢어놓는다). 이렇게 해서 다른 소매유통업체들이 다 죽고 나면 아마존은 수면으로 떠올라 대양을 온전하게 자기만의 영역으로 독차지한다.

또한 두 번째 유형의 투자는 아마존 주주들이 실패에 둔감하도록 만든다. 이것은 아마존뿐 아니라 다른 세 개의 거인기업도 마찬가지다. 애플과 구글은 별로 비밀스럽지도 않은 자율주행자동차 사업을 추진하고 있고 페이스북은 정기적인 사용자들을 기반으로 수익을 창출하기 위해 여러 새로운 기능들을 선보이는데, 이러한 실험 결과가 기대에 미치지 못하면 가차 없이 접는다. 스마트홈 기기업체 라이트하우스Lighthouse가 판매한 인공지능 기반의 가정용 원격 보안시스템 사례를 떠올려보라. 베조스 역시 앞서 말한 1997년의 연례서한에 다음과 같이 썼다.

"실패와 발명은 떼어놓을 수 없는 쌍둥이입니다. 발명하려면 실험

해야 합니다. 만일 어떤 일을 실험하기도 전에 그 일이 잘될 것임을
안다면 그건 이미 실험이 아닙니다."[53]

실패 유전자가 만든
아마존 왕국

　　　　　　　　　모두 규모가 크고 대담한 네 개의 거인기업
은 똑똑한 모험을 마다하지 않으며 실패에 관대하다. 이 실패 유전자
는 아마존의 심장부에 박혀 있다. 더 넓게 말하자면 미국 경제가 성
공을 거둔 원동력은 바로 실패 유전자에 있다.

　지금까지 나는 아홉 개 회사를 설립했는데 승률을 따지자면 관대
하게 봐서 3승 4패 2무다. 미국이 아니면 다른 어떤 곳에서도 이런
내 실패를 관대하게 받아주지 않았으리라(하물며 보상은 기대도 못한다!).
미국은 재기再起의 땅이다. 설령 제프 베조스가 세계주의자일지라도
아마존의 문화는 누가 뭐라 해도 뚜렷이 미국적이다.

　부자의 공통점 중 하나는 실패를 경험했다는 것이다. 이들은 실패
를, 그것도 아주 혹독하게 경험했다. 부자로 가는 길에는 온갖 위험
이 가득한데 흔히 그 위험은 그저 위험하기만 한 것뿐이다. 미국은
한 차례 실패한 사람에게 툭툭 털고 일어나 다시 도전할 기회를 주어
다음에 타석에 들어설 때는 더 힘차게 배트를 휘두르도록 격려하는 사
회다. 바로 그 점이 미국에서 그토록 많은 억만장자가 탄생하는 비밀
의 원천이다. 미국의 파산법은 세계에서 가장 관대하다. 위험을 무릅
쓰는 모험가들이 미국으로 모여드는 이유가 여기에 있다. 세계 50대

부자 가운데 스물아홉 명이 미국에 살고 있으며, 시가총액 10억 달러가 넘는 전 세계 민간기업의 3분의 2가 미국에 본사를 두고 있다.[54, 55]

플랫폼은 그저
발판일 뿐

금맥이 묻힌 땅을 소유하는 것이 더 좋은 사업이긴 하지만 금광업자에게 곡괭이를 파는 것도 좋은 사업이다. 이것이 진실이라는 것은 170년 전 이른바 '캘리포니아 골드러시'가 이미 증명했다. 아마존은 수익성 좋은 광산을 소유하고 있다. 그리고 아마존은 자기 수입을 소비재 소매유통업 판매 주체(아마존과 아마존 마켓플레이스)와 이른바 '기타'(아마존 미디어 그룹Amazon Media Group과 아마존 웹 서비스에서 나오는 광고 판매를 잡고 있는 집단)에 분배한다.[56]

대부분의 전자상거래업체는 결코 흑자를 내지 못한다. 그래서 투자자들은 어느 시점에 이른바 '제2의 베조스'라는 비전에 신물을 낸다. 그러다 보니 전자상거래업체는 길트Gilt, 오트룩Hautelook, 레드 엔벨로프 같이 다른 업체에 팔리거나 부닷컴Boo.com, 팹Fab, 스타일닷컴Style.com처럼 문을 닫는다. 승자독식의 기업 생태계, 점점 뜨거워지는 신규고객 유치 경쟁, 최종마일 인프라 구축 비용 그리고 일반적으로 열등한 온라인 경험 등으로 인해 순수하게 온라인에서만 활동하는 전자상거래업체는 살아남기 힘들다.

아마존도 예외일 수 없다. 하지만 설령 아마존의 핵심 사업(즉, 순수한 전자상거래업)이 수익을 내기 어려워도 아마존이 소비자에게 제공하는 어마어마한 가치는 지구상에서 가장 신뢰받고 명성 높은 소비자 브랜드를 만들어냈다.[57, 58] 전자상거래업계 전체 매출 중 상당 부분을 지배해온 아마존의 사업 모델은 쉽게 복제하거나 유지하기 어렵다. 아마존이 처음 흑자로 돌아선 것은 창립 후 7년이 지난 2001년 사사분기[59]로, 그 뒤에도 적자와 흑자 사이를 자주 오갔다. 한데 사람들은 이런 사실을 너무 쉽게 간과한다. 지난 여러 해 동안 아마존은 자사 브랜드 가치를 발판으로 수익성이 보다 좋은 다른 사업 영역으로 확장해왔다. 어쩌면 아마존의 소매유통업 플랫폼은 트로이의 목마였을지도 모른다. 즉, 손해를 보면서도 플랫폼을 구축한 것은 나중에 다른 사업으로 수익을 올리기 위해 여러 관계나 브랜드를 구축하는 과정이었을지도 모른다는 말이다.

2015년 일사분기에서 삼사분기까지 아마존의 소매유통업 부문 연성장률은 13퍼센트에서 20퍼센트로 7퍼센트포인트 성장했지만, 소매유통업체에 서비스망과 클라우드 기술 서비스를 제공하는 아마존 웹서비스는 같은 기간에 49퍼센트에서 81퍼센트로 32퍼센트포인트나 성장했다. 또한 아마존 웹서비스는 아마존이 거두는 전체 운영수익 중 상당 부분에 기여하는데, 2015년 일사분기에 38퍼센트였던 것이 같은 해 삼사분기에는 52퍼센트로 늘어났다.[60] 경제 분석가들은 아마존 웹서비스의 2017년 말 매출을 162억 달러로 보았고 시가총액도 아마존의 소매유통업 부문을 능가하는 1,600억 달러로 평가했다.[61] 세상 사람들은 여전히 아마존을 소매유통업체로 바라보지만 아마존은 소리 없이 어느새 세계 최대 클라우드 회사로 거듭난 셈이다.

물론 아마존은 이런 웹호스팅에 머물지 않는다. 아마존 미디어 그룹 하나만으로도 조만간 트위터가 2016년 기록한 매출액 25억 달러를 추월해[62] 세계 최대 미디어 그룹으로 우뚝 설 것 같다.[63] 미국에서 가장 보편적인 회원제 클럽 아마존 프라임 서비스는(미국 전체 가구의 52퍼센트가 아마존 프라임 서비스 회원이다)[64] 연회비 99달러를 내면 이틀 배송을 보장한다. 또 특정 제품은 두 시간 배송 보장 서비스(아마존 프라임 나우)가 가능하고 오리지널 콘텐츠를 포함한 음악과 동영상 스트리밍 서비스도 제공한다.[65] 그뿐 아니라 콘텐츠와 관련된 다양한 아이디어에 예산을 지원해 파일럿 제품(시제품―옮긴이)을 만들도록 유도하고, 그 시리즈물 중 어떤 것을 정규 제품으로 승인할지는 콘텐츠 사용자들을 대상으로 온라인 투표를 실시해 판단한다.

아마존은 세계를 호령하는 초강대국과 마찬가지로 육·해·공을 모두 이용하는 전략을 추구한다. 어떤 소비자가 아마존에 묻는다.

"저기요, 소매유통업체 씨. 한 시간 안에 물건을 배송해줄 수 있나요?"

그러면 아마존은 이렇게 대답한다.

"문제없습니다."

당연히 아마존은 소비자에게 수수료를 받고 그렇게 해준다. 아마존은 다른 업체들이 도저히 감당할 수 없을 정도로 어마어마한 투자를 하고 있기 때문이다. 이들은 대도시의 여러 중심지 인근에 로봇으로 운영하는 물류창고, 수천 대의 트럭 그리고 전용 화물기를 갖추고 있다. 날마다 보잉 767 화물기 네 대가 캘리포니아의 트레이시 물류창고에서 출발하는데, 이들은 3년 전보다 크기가 절반으로 줄어든 스톡턴의 물류창고를 경유해 심지어 2016년에는 존재하지 않던

100만 제곱피트(약 2만 8,100평—옮긴이) 규모의 물류창고로 물건을 운송한다.[66]

2016년 아마존은 연방정부 운송감독기관 연방해사위원회Federal Maritime Commission로부터 해양운송 중개업체 면허를 승인받아 해양 화물운송 서비스도 수행하고 있다. 즉, 아마존의 배송상품 범위는 더 넓어졌다. '풀필먼트 바이 아마존'Fulfillment by Amazon으로 명명한 FBA는 일종의 원스톱 주문처리 서비스로 개인 고객에게는 그다지 큰 이득을 주지 않을지도 모른다. 그러나 아마존의 중국 협력업체들은 태평양을 건너오는 컨테이너로 주문 제품을 한결 쉽고 싼 비용으로 받을 수 있다. 아마존이 해양운송 사업을 지배하게 되기까지 과연 시간이 얼마나 걸릴까?[67]

물건을 태평양 너머로 운송하는 시장의 규모는 3,500억 달러에 이르지만 이윤이 박한 편이다. 최대 1만 개의 물건을 싣는 길이 12미터짜리 컨테이너 하나를 운송하는 데 드는 운송비는 1,300달러에 불과하다(단위당 13센트로 평면스크린 TV 하나로는 10달러 미만이다). 아마존이 아니면 이는 3D 업종에 속한다. 운송비 가운데 가장 많이 차지하는 부분은 물건을 싣고 내리는 일과 서류작업에 들어가는 인건비다. 그런데 아마존은 하드웨어(로봇)와 소프트웨어로 이 비용을 낮추는 것이 가능하다. 특히 아마존의 화물기 편대와 결합할 경우 이 사업은 아마존에 또 하나의 거대한 사업이 될 수 있다.[68]

드론, 757·767 비행기, 견인 트레일러, 태평양 횡단 해상운송 그리고 퇴역한 장성(농담이나 비유가 아니라 진짜다. 이들은 잠수함이나 항공모함에 보급품을 보급하는 등 세계 최대의 온갖 복잡한 수송 작전을 지휘한 사람들이다)

을 동원해 아마존은 역사상 유례없는 강력한 물류 인프라를 구축하고 있다. 독자가 나와 다르지 않다면 이 사실에 아마 놀랐을 것이다. 게토레이를 마시고 싶은 순간에 나는 냉장고 안에 게토레이가 있을지조차 확신하지 못하는데 말이다.

마지막 퍼즐은
오프라인 정복

세계 지배를 노리는 아마존의 전략에서 마지막 퍼즐은 오프라인 소매유통점 지형을 정복하기 위해 온라인에 축적된 많은 자원을 활용하는 일이다. 이 말은 전자상거래 때문에 현재 오프라인에 존재하는 매장Store이 사라질 것이라는 의미다.

오프라인에 물리적으로 존재하는 매장이 소멸할 것이라는 표현은 지금까지 다소 과장되어 쓰인 부분이 없지 않다. 실제로 죽어가는 것은 매장이 아니라 중산층이며 한때 위대한 집단으로 군림하던 존재와 그들의 이웃이다.

미국의 최대 쇼핑센터 소유주는 사이먼 프로퍼티 그룹Simon Property Group이다. 이 기업의 시장점유율은 2016년 내내 최고점을 찍었지만 2017년 심각한 타격을 받았다.[69] 그러나 사이먼은 앞으로도 괜찮을 것이다. 이 기업이 부유한 이웃을 선망하는 중산층과 저소득층을 주요 고객으로 설정하고 있기 때문이다. 2017년 현재 미국의 전체 쇼핑센터 평가액 가운데 44퍼센트를 상위 100개(전체 약 1,000개)가 차지하고 있다. 또 다른 강자 터브먼 프로퍼티스Taubman Properties는 2015년 입주점 평균 매출이 1제곱피트당 800달러로 2005년 이후 57퍼센트 늘어났다고 보고했다. 이를 이른바 B급과 C급 매장을 운영하는 또 다른 회사(CBL & Associates Properties Inc.)와 비교하면 소매유통업계 추세가 보이는데, 이 회사는 같은 기간 동안 입주점 평균 매출이 1제곱피트당 374달러로 13퍼센트밖에 오르지 않았다.[70]

오프라인 매장은 앞으로도 살아남는다는 말에는 타당성이 있다. 단, 여기에는 단서가 붙는다. 어떤 매장인가에 따라 달라진다! 물론 전자상거래업계도 마찬가지다. 궁극적으로 온라인과 오프라인의 양자 통합 방식을 이해하는 소매유통업체가 진정한 승자가 될 것이다. 아마존의 목표가 바로 여기에 있다.

차세대 소매유통업은 온라인과 오프라인 통합이 성공의 관건임을 뜻하는 '멀티채널 시대'Multichannel Era로 불릴 가능성이 크다. 그리고 모든 점을 고려할 때 아마존이 이 시대를 지배하리라고 추정할 수 있다. 앞서 나는 아마존이 오프라인 매장을 열 것이라고, 그것도 아주 많이 열 것이라고 말했다. 아마존의 입장에서 메이시스처럼 힘에 겨워 허덕거리는 소매유통업체나 편의점 체인같이 많은 공간과 정교하고 복잡한 체계를 확보한 업체를 인수하는 것은 당연한 행보다. 아마존은 운송에 가장 많은 비용이 들어가는데 아마존의 가장 큰 목표는 가급적 빠른 시간 내에 최대한 많은 가구를 회원으로 끌어들이는 데 있다. 이에 따라 아마존은 460개 체인점을 보유한 홀푸즈마켓Whole Foods Market(이하 홀푸드)을 2017년 6월 인수함으로써,[71] 도심 공간에서 부유한 소비자를 빠르게 사로잡으며 자기 존재감을 드러냈다. 사실 아마존은 온라인 공간에서 10년 동안 식료품 판매에 큰 성공을 거두지 못했는데[72] 이는 소비자가 농산물과 고기를 직접 보고 사는 것을 선호하기 때문이다. 멀티채널 시대의 성공 열쇠는 어떤 채널을 최적화할 것인지, 사람들의 수렵자-채집자 본능을 어떻게 제어할지 아는 데 있다.

아마존은 홀푸드를 인수했을 뿐 아니라 시애틀과 샌프란시스코에 자체 식료품 매장을 시험적으로 운영하고 있다. 오프라인 서점도 운영 중인데 시애틀과 시카고, 뉴욕 외에 샌디에이고, 포틀랜드, 뉴저지에도 서점 개설을 계획하고 있다. 오프라인 서점들을 말살해온 아마존이 왜 굳이 오프라인 서점을 개설하는 걸까? 아마존 에코와 킨들Kindle, 그 밖에 다른 제품을 팔기 위해서다. 아마존의 최고재무책임자CFO 브라이언 올사브스키Brian Olsavsky는 소비자가 제품을 직접 보고 만지고 느끼고 싶어 한다는 사실을 인정한다.[73] 또한 아마존은 미국의 여러 쇼핑센터에 12개의 팝업 리테일 스토어Pop-Up Retail Store를 개설해 시험 운영하고 있고 2017년 말까지 총 100개의 팝업 매장을 계획했다.[74] 이런 일이 허약하기 짝이 없는 메이시스와 케이마트 체인점을 포함한 시어스(케이마트를 소유하고 있다.—옮긴이) 그리고 쇼핑센터계의 두 거인 JC페니와 콜스가 수백 개의 매장 철수 계획을 세운 2017년에 일어났다는 사실에 주목해야 한다.[75,76]

한편 오프라인의 거물 월마트는 멀티채널 시대에 힘을 내기 위해 2016년 8월 아마존의 경쟁자 제트닷컴Jet.com을 33억 달러에 인수했다. 한데 이 인수는 중년의 위기를 맞은 기업이 33억 달러를 들여 두 발이식을 한 것 같은 느낌을 준다. 월마트는 부진한 온라인 부문 때문에 좌절했는데 충분히 그럴 만했다. 아마존이 거침없이 나아갈 때 월마트의 온라인 매출 성장률은 둔화되고 심지어 제자리걸음을 했으니 말이다.

제트닷컴은 파산한 인터넷 기업과 잘나가는 전자상거래업체의 차이는 강매를 일삼는 장사꾼과 선지자의 차이와 같음을 보여준다.[77] 우리는 그 차이를 어떻게 알아볼 수 있을까? 인터넷 기업을 창립해 어느 정도 육성한 뒤 다른 기업에 판매한 사람이 있는데 그는 바로 마크 로어Marc Lore다. 제트닷컴 창업자인 그는 선지자이자 강매를 일삼는 장사꾼이다. 로어는 제프 베조스와 배다른 형제 사이다. 아니면 두 사람은 에인 랜드Ayn Rand(러시아 태생의 미국 소설가. 세상을 이끄는 뛰어난 지식인들이 파업하면서 동력을 잃은 미국의 몰락을 그린 소설 《아틀라스》를 썼다. 자본주의는 지극히 개인주의적 개념 안에서 존재한다고 주장했다. ―옮긴이)와 다윈 사이에서 태어나 다스 몰(《스타워즈: 에피소드 1》에 나오는 시디어스의 제자이자 시스의 군주―옮긴이)이 양육했다고 말할 수도 있다. 투자은행에 근무하던 로어는 전자상거래업계로 눈을 돌려 책보다 더 적합하면서도 관심을 적게 받는 범주를 찾아냈다. 바로 기저귀 제품이었다.

2005년 로어는 다이퍼스닷컴diapers.com을 비롯해 이것의 모회사인 퀴드시Quidsi Inc. 산하에 아기를 키우는 부모를 목표고객으로 설정한 여러 개의 닷컴 기업을 창립했다.[78] 이 회사를 둘러본 베조스는 각 창고가 도심 가까이에 있고 알고리즘에 따라 작동하는 키바 로봇Kiva Robot(아마존의 창고형 로봇―옮긴이)이 창고에서 사람 대신 일하는 것을 보고 마음이 무척 편안했을 게 분명하다. 이 광경을 보고 마음이 빠르게 기울어진 베조스는 2011년 5억 4,500만 달러에 퀴드시를 인수했다.[79] 이로써 몇 가지 핵심 범주에서 가속도를 얻은 아마존은 상당한 인적자본을 확보해 오프라인 시장 경쟁을 시작했다. 하지만 로어는 제프 베조스 밑에서 일하기를 원치 않았고 **스스로 제프 베조스가 되고 싶어 했다.** 24개월 뒤 그는 자리를 박차고 나가 제트닷컴을 창업했다. 베조스의 입장에서는 배우자와 이혼하며 위자료를 5억 달러 넘게 줬는데 이혼한 배우자가 그 돈으로 바로 옆집을 사서 이사한 다음 그곳에서 친구들과 놀아나는 기분이었을 것이다.

전 남편은 진절머리가 났는지 월마트가 제트닷컴을 인수한 뒤인 2017년 4월, 퀴드시를 청산하고 많은 직원을 해고했다. 베조스는 '네가 내 곁을 떠났으니 네 피붙이들도 내 집에서 나가줘야겠어' 하는 심정이었을 테다. 어쩌면 퀴드시는 진작 문을 닫았어야 했는지도 모른다. 내가 볼 때 이 조치는 베조스가 로어에게 "엿 먹어라!"라고 말한 것이나 다름없다. 우리는 세계적인 대기업 운영자는 대부분 중년이고 이들은 지독한 자의식으로 무장하고 있어서 툭하면 감정적이고 비이성적인 의사결정을 내린다는 사실을 자주 잊는다.

알고리즘을 기반으로 한 제트닷컴은 배송 비용과 배송 상품의 수익성을 토대로 가격을 낮춤으로써 전체 바구니의 크기를 늘린다. 가입자들은 연회비 50달러를 내는데 이 액수는 회원제 도매점 코스트코의 연회비와 비슷하다. 제트닷컴은 아마존에 정면으로 맞선 최초의 기업으로 창립 첫해에 2만 5,000달러의 자금을 모았다. 문제는 그 뒤에 이어진 말도 안 되는 행보에 있었다. 사이트를 개설한 지 석 달도 채 지나지 않아 회원제 폐기를 선언한 것이다(제트닷컴은 판매자 수수료를 없애고 회원 고객에게 아마존 대비 최대 15퍼센트 싼 가격에 판매하게 하면서 멤버십 비용을 유일한 수익원으로 삼는 사업 모델의 기업이었다. —옮긴이). 이것은 닭똥으로 치킨샐러드를 만든다는 것이나 다름없는 얘기였다. 월마트가 제트닷컴을 인수할 당시 제트닷컴은 광고비를 일주일에 400만 달러씩 썼고 손익분기점을 맞추려면 연간 200억 달러의 매출을 올려야 했다. 이 정도 매출은 홀푸드나 노드스트롬의 연간 매출보다 높은 수준이다.[80]

전통적인 방식의 소비자 마케팅은 디지털 환경으로 인해 중요성이 점점 쪼그라들고 있다. 실제로 소비자는 부지런히 찾기만 하면 얼마든지 더 좋은 상품을 찾을 수 있다. 이제는 많은 투자금을 끌어 모으기 위해 레몬을 놓고 레모네이드라고 흰소리를 하며 자기 위상을 '파괴적'disruptive인 존재로 규정하는 것은 물론, 역사가 오랜 기업의 눈가에 잔주름이 늘어나게 만드는 창업자의 능력이 바로 새로운 '마케팅'이다.

월마트는 기존 오프라인 매장 인프라에 온라인 영업을 접목하려 노력하는 반면, 아마존은 온라인 영업을 한층 강화할 목적으로 오프라인 매장을 활발하게 인수한다. 결국 아마존은 자신이 원하는 결과를 얻을 것 같다. 소비자는 채널 애그노스틱Channel Agnostic(무채널 전략이자 소비자가 상품 구매 경로에 구애받지 않는 전략—옮긴이) 경험을 선호하는데 이때 디지털은(특히 소비자 개개인의 스마트폰은) 소비자와 매장, 사이트 사이를 연결하는 기능을 한다. 선택권은 소비자에게 있고 소비자는 언제나 승자다. 이를테면 1번 채널은 훌륭한 전자상거래 경험, 2번 채널은 훌륭한 오프라인 매장 경험, 3번 채널은 훌륭한 사이트와 스마트폰으로 연결된 매장 경험이라 할 때 소비자는 이 중 하나를 선택할 수 있다. 가령 소비자는 무언가를 자신의 스마트폰에 저장해두었다가 나중에 스마트폰이나 데스크톱으로 결제하고 매장에서 해당 물건을 가져가는데, 이 과정에서 계산대 앞에 줄을 서서 기다릴 필요가 없는 것이 소매유통업체의 불패 전략이다. 세포라와 홈 디포를 비롯해 몇몇 백화점이 이미 이런 종류의 채널 통합을 실천하고 있다.

소매유통업의 미래는 현재의 아마존이 아닌 세포라의 모습일 가능성이 크다. 그러나 아마존은 멀티채널이라는 소비자의 꿈을 실현하고 다른 소매유통업체들도 그곳으로 나아가도록 도울 만큼 충분한 자산(자본, 기술, 신뢰, 최종마일 인프라 구축 면에서 다른 업체들이 꿈도 꾸지 못할 정도로 어마어마한 규모의 투자)을 보유하고 있다.

상황이 이런데 온라인 소매유통업의 제왕인 아마존이 멀티채널 소매유통에 뛰어들지 않을 이유가 있겠는가?[81] 전자상거래가 잘 돌아가지 않아 이윤이 남지 않으면 살아남기 어렵고 또 순수하게 전자상거래 활동만 하는 회사는 오래 살아남을 수 없다.

전자상거래 채널의 최전방에서는 신규고객 유치 비용이 계속 늘어나는데, 이는 소비자의 특정 브랜드 충성도가 점점 줄어들기 때문이다. 이에 따라 소비자를 계속해서 다시 붙잡아 와야 한다. 2004년에는 씀씀이가 큰 소비자 중 47퍼센트가 선호하는 소매유통업체를 콕 찍어 말할 수 있었다. 그로부터 6년 뒤 그 수치는 28퍼센트로 줄어들었다.[82] 이 추세로 인해 순수하게 전자상거래만 하는 기업은 점점 더 위험해졌다. 구글이나 충성심 없는 소비자에게 자기 운명을 내맡기고 싶은 기업이 어디 있겠는가.

아마존이 가격 책정과 배타적인 콘텐츠 혹은 제품을 제시하며 사람들에게 아마존 프라임 회원이 되거나 아니면 떠나라고 요구하는

아마존에서 쓰는 월평균 금액(미국, 2016년 평균)

아마존 프라임 회원	193달러

비회원	138달러

이유도 여기에 있다. 아마존 프라임 회원은 충성도가 높아 아마존의 매출을 보장해주며 비회원이 쓰는 금액에 비해 40퍼센트 더 많은 연간 구매금액을 확실하게 보장한다.[83] 만일 아마존 프라임이 지금의 속도로 계속 성장하고 사람들이 미래에도 아마존에 충성한다면, 앞으로 8년 안에 아마존 프라임 회원 가구는 케이블TV 서비스에 가입한 가구보다 많아질 것이다.[84]

사실 강력한 멀티채널 인프라를 구축하는 데 들어가는 비용(소매유통업계에서 이 비용은 업체가 살아남는 데 필요한 기본 비용으로 빠르게 정착하는 추세다)은 고통스러울 만큼 규모가 크다. 여기에 아마존은 어떻게 대응할까? 아마존 인프라는 세계에서 가장 부유한 가구들로 이어지는 강력한 망을 효과적으로 구축하고 있다. 예컨대 미국의 고소득 가구 가운데 70퍼센트가 아마존 프라임 회원이다.[85] 아마존의 오프라인 매장에 딸린 공간은 장차 아마존과 다른 유통업체들의 최종마일 문제를 지원하는 창고 기능을 톡톡히 해낼 것이다.

가령 어떤 소비자가 검은색 드레스를 하나 주문했다고 치자. 그리고 소매유통업체가 이 드레스를 창고에서 트럭에 싣고 다시 비행기에 실은 뒤, 비행기에서 내려 또다시 트럭에 실어 소비자의 집으로 배달한다고 해보자. 이때 소비자가 집에 없을 경우 다음 날 다시 그 집으로 배송한다. 만약 소비자가 옷을 입어보고 반송하기로 하면 택배사 직원이 그 옷을 트럭에 싣고 돌아온다. 이후 그 옷은 다시 비행기와 트럭을 거쳐 원래의 창고로 돌아간다. 이 전체 과정에 들어가는 비용은 매우 크다(그렇다, 정말 매우 크다). 아마존의 경우 고객 주문의 전체 과정을 처리하는 데 들어가는 비용이 2012년 일사분기 이후 50퍼센트나 늘었다.[86] 결국 회원에게 회비를 걷거나 비회원에게 인프라 사용 요금을 징수하는 것(실은 이것이 아마존이 지향하는 방향이다)을 관철하지 못하면 이 서비스는 도저히 유지할 수 없다.

월마트는 권력의 정점에 있을 때 배송에 사용하는 비행기나 드론을 직접 보유하지 않았다. 그런데 페덱스FedEx와 DHL, UPS 같은 익일배송 회사는 지난 10년 동안 배송요금을 평균 83퍼센트나 인상했다. 여기에다 30년 전 추적 시스템을 도입한 이후 익일배송 부문에 별다른 혁신이 일어나지 않았다. 익일배송 업체들은 아마존과 한 판 붙는 쪽을 택하겠지만 여러 가지 요인 때문에 결국 나가떨어지고 말 것이다. 페덱스와 DHL, UPS의 시가총액을 모두 합하면 1,200억 달러다.[87] 앞으로 10년 동안 그 가치 중 상당 부분이 아마존으로 넘어갈 가능성이 크다. 소비자가 아마존을 더 신뢰하고 아마존 역시 자사가 배송업계에서 미국과 유럽을 통틀어 최대 고객을 보유했음을 자랑스럽게 내세울 테니 말이다.

자기만의 선호 브랜드를 특정하는 부유한 고객의 백분율

☐ 2007~2008년   ▨ 2014~2015년

패션 브랜드	보석 브랜드	호화 호텔	소매유통업체
80% / 61%	58% / 40%	67% / 37%	47% / 28%

"알렉사, 다른 브랜드들을 어떻게 죽일까?"

아마존의 음성 인식 비서 알렉사는 소매유통업체와 브랜드가 딛고 선 땅을 마구 흔들어댈지도 모른다. 강연과 기업계에 몸담고 있는 내 동료들 가운데 많은 사람이 미래에도 브랜드 구축이 승자 전략일 것이라고 믿지만, 이들의 생각은 틀렸다. S&P 지수를 5년 연속 능가한 13개 기업 가운데 딱 한 군데만 소비재 브랜드(스포츠용품 브랜드 언더 아머Under Armour)다. 참고할 것은 이들이 다음 해에도 목록에 오르리라는 보장이 없다는 사실이다. 광고업체의 창의적인 경영진이나 소비재 기업 브랜드 관리자들은 머지않아 실직 상태에 놓여 '가족과 함께 보내는 시간이 더 늘어날' 것이다. 브랜드 시대의 태양은 이미 정오를 지나 서산을 향해 기울고 있다.

브랜드는 소비자가 자신이 원하는 제대로 된 제품을 손에 넣는 과정에서 지름길로 질러가도록 도움을 준다. 타이드와 코카콜라 같은 소비재 브랜드는 수십 년 동안 수십억 달러를 투자해 메시지 전달, 포장, 매장 인테리어, 가격, 머천다이징(상품화 계획, 판매촉진, 광고·선전 활동을 포함한 넓은 의미—옮긴이) 등으로 자사 브랜드 가치를 구축해왔다. 그러나 구매 습관이 온라인 영역으로 넘어가면 어떤 제품의 디자인이나 느낌은 훨씬 덜 중요해진다. 온라인에서는 시각적인 머천다이징도 없고 구매 충동을 자극하는 정교한 진열도 없다.

더구나 제품을 소개하는 음성은 유명 브랜드들이 여러 세대에 걸쳐 수십억 달러를 투자해 구축해온 제품 특유의 속성을 피해간다. 제품 소개 음성을 듣는 소비자는 가격을 모르거나 포장 상태를 눈으로 직접 볼 수 없기에 구매 결정 과정에서 제품 브랜드를 덜 고려하게 된다. 검색기로 브랜드명을 검색하는 횟수도 점점 줄어드는 추세다.[88] 소비자는 당연히 여러 브랜드 제품의 가격을 비교하는데 아마존은 소비자에게 그렇게 할 기회를 제공한다. 이때 어떤 브랜드는 아마존, 특히 아마존의 음성 인식 비서 알렉사 때문에 검색 과정에서 죽음의 그림자가 드리워질 수도 있다.

나는 아마존의 전략을 좀 더 알아보기 위해 L2에서 몇 가지를 테스트해 사실을 확인했다. 즉, 알렉사에게 상품 주문을 지시해봤다. 일단 아마존은 알렉사를 거쳐 상거래가 이뤄지길 원한다. 소비자가 '클릭'이 아닌 '음성'으로 주문할 경우 아마존은 많은 제품을 상대적으로 낮은 가격에 팔 수 있기 때문이다. 배터리 같은 핵심 범주에서 알렉사는 아마존 자체 브랜드인 아마존 베이직스Amazon Basics 제품을 추천했고, 다른 주문 경로에서는 아마존닷컴에 여러 브랜드 제품이 있음에도 불구하고 "죄송합니다, 제가 찾아낸 것은 그게 전부입니다."라고 했다. 아마존에는 여러 브랜드의 배터리 제품이 갖춰져 있지만 구매가 이뤄진 전체 배터리 제품 중에서 아마존 베이직스 제품이 3분의 1이나 차지한다.

소매유통업체는 흔히 자사 브랜드가 소비자의 선택을 받도록 하려고 자사 영향력과 고객 친화적인 성향을 최대한 이용한다. 사실 이것은 새로운 게 아니다. 다만 이런 일을 탁월하게 잘 수행하는 소매유통업체를 우리가 한 곳도 못 봤을 뿐이다. 그런데 열성적인 투자자들이 제공하는 무한대의 자본으로 무장한 아마존은 브랜드들이 누리는 이윤을 빼앗아 소비자에게 돌려주겠다는 목표 아래 여러 브랜드를 상대로 전쟁을 벌이고 있다.

여기저기 무너지는 브랜드들의 죽음 위에 '알렉사'라는 이름이 새겨지는 것을 우리는 목격하고 있다.

일자리 파괴자 아마존

최근에 열린 어느 총회에서 나는 제프 베조스의 뒤를 이어 다음 날 아침 연설을 했다. 영화 〈식스센스〉The Sixth Sense에서 죽은 사람들의 영혼을 보는 아이와 비슷하게 제프 베조스는 대다수 CEO보다 기업계의 미래를 더 잘 바라본다. 누군가가 일자리 파괴 현상이 우리 사회에 던지는 의미를 묻자 그는 우리 사회가 이른바 '보편적 최저소득'Universal Minimum Income(정부가 모든 사람에게 매달 일정 액수의 돈을 지급하는 것―옮긴이) 제도 채택을 진지하게 고민해야 한다고 주장했다. 모든 시민이 빈곤층으로 전락하지 않도록 충분한 현금을 지급해주는 마이너스 소득세 방안도 제안했다. 그러자 사람들은 얼굴을 찡그렸다.

"정말 대단한 양반이군. 그런 사람들에게까지 그토록 신경을 쓰다니."

여기서 잠깐, 당신은 아마존의 물류창고 내부를 찍은 사진이 거의 없다는 사실을 알고 있는가? 왜 그럴까? 아마존의 창고 내부는 정신이 하나도 없다. 심지어 불안감을 주기까지 한다. 작업 환경이 안전하지 않느냐고? 그렇지 않다. 〈뉴욕 타임스〉New York Times 기사가 지적한 것처럼 직원을 학대하기 때문일까?[89] 그것도 아니다. 정신이 없는 이유는 학대 행위가 아예 없어서다. 보다 구체적으로 말하면 거기에는 **사람**이 없다. 제프 베조스가 최저소득 제도를 주장하는 이유는 그가 미래의 작업 환경이 어떻게 바뀔지 이미 보았기 때문이다. 적어도 그의 비전에는 인간이 차지할 일자리가 없다. 최소한 현재의 노동인구를 유지하기에 충분한 일자리는 없다. 앞으로는 로봇이 현재 인간이 하는 일을 점점 더 많이 대신한다. 로봇은 인간 못지않게(때로는 인간보다 더 잘) 업무를 수행하고 유치원이나 학교에서 자녀를 데려와야 한다며 조기퇴근 따위의 성가신 요구도 하지 않는다.

아마존은 자사의 핵심 역량인 로봇 얘기를 공개적으로 하지 않는다. 시사토크쇼나 선거를 앞둔 정치인에게 원성을 들을 거라는 사실을 알기 때문이다. 2012년 아마존은 물류창고 전문 로봇 생산업체 키바 시스템스Kiva Systems를 7억 7,500만 달러에 조용히 인수했다.[90] 기업가는 일자리를 창출한다고? 아니다. 그들은 일자리를 창출하지 않는다. 대다수 기업가는(적어도 기술 분야 기업가는) 더 적은 비용으로 더 많은 것을 제공함으로써 일련의 과정을 처리하는 능력과 주파수 범위인 대역폭Bandwidth을 지렛대 삼아 **일자리를 파괴한다.**

실질적으로 성장이 끝난 2016년의 소매유통업 환경에서도 아마존은 280억 달러의 수익을 늘렸다.[91] 100만 달러 수익을 올리는 데 아마존과 메이시스가 필요로 하는 직원 수를 놓고 볼 때(사실 메이시스는 대다수 소매유통업체보다 생산성이 높다), 충분한 근거를 바탕으로 계산한 결과 아마존의 성장이 2017년 한 해에만 소매유통업 분야 일자리 7만 6,000개를 파괴했다. 이런 상상을 해보자. NFL의 최대 구장인 카우보이 스타디움을 상품기획자, 계산대 계산원, 영업사원, 전자상거래 관리직원, 보안요원 들로 가득 채운 뒤 아마존 때문에 그들의 일자리가 필요 없게 되었다는 사실을 알려주면 어떻게 될까? 다음 해에는 분명 카우보이 스타디움뿐 아니라 추가로 뉴욕 닉스의 홈구장 매디슨 스퀘어 가든까지 예약해둬야 할 것이다. 상황이 더욱더 나빠질 것이기 때문이다(물론 아마존 주식을 소유한 사람들은 더 나아지겠지만).

이 점에서는 다른 세 개의 거인기업도 마찬가지다. 즉, 이들은 모두 **일자리를 파괴하고 있다.**

베조스가 한 연설에 내가 처음 보인 반응은 이랬다. 작가 에인 랜드를 인용하지 않은 CEO의 연설은 얼마나 참신한가! 그러나 좀 더 깊이 생각한 끝에 나는 베조스의 말이 끔찍하다는 것을 깨달았다. 나는 더 이상 아무 말도 할 수 없었다. 소비자 유통 분야의 미래를 가장 잘 내다보고 관련 업계에서 가장 큰 영향력을 행사하는 사람이 (과거에도 늘 그랬듯) 현재 파괴되는 일자리를 대체할 일자리 창출 방법이 전혀 없다는 결론을 내렸기 때문이다. 어쩌면 우리 사회는 이미 중산층을 유지할 방법을 찾아내려는 노력을 포기한 채 굳이 그런 수고스러운 일을 하길 원치 않는지도 모른다.

이 점을 곰곰이 생각해보고 다음 질문을 던져보자.

"우리 아이들은 지금보다 더 나은 삶을 살 수 있을까?"

세계 지배를 향한
움직임

아마존이 시가총액 1조 달러 기업으로 나아가는 길은 소매유통업 가치 사슬value chain의 다른 영역으로 확장해가며 보다 많은 기업을 인수하는 것인지도 모른다. 최근 아마존은 보잉 757기 20대를 임대하고 견인 트레일러를 구입해 운송 사업에도 뛰어들 것이라고 발표했다.[92] 지난 18개월 동안 아마존의 주가는 두 배로 뛰고 메이시스와 까르푸를 포함한 소매유통업계의 다른 경쟁사 주가는 절반으로 꺾이면서 덩치를 키우고 협력을 거부해온 브랜드와의 관계를 강화하는 데 인수합병이 매력적인 방법으로 떠올랐다. 아마존은 2017년 6월 홀푸드를 인수함으로써 식품점업계로 진출하는 교두보를 마련했으며 현재 매장 형태로 있는 수백 개의 인텔리전트 물류창고를 확보했다.

아마존의 시가총액이 2016년 4월 기준 4,340억 달러라는 사실 (2018년 3월 12일 기준 아마존의 시가총액은 7,700억 달러이다.—편집자)은 아마존이 시가총액 80억 달러인 메이시스와 시가총액 160억 달러인 까르푸를 인수하면서 50퍼센트의 프리미엄을 얹어줄 수도 있다는 뜻이다. 그래도 아마존 주주들이 감수해야 할 주식의 실질적인 가치 하락은 겨우 8퍼센트에 불과하다.[93] 이걸 놓고 미 법무부가 독점 운운하며 무슨 말을 할지 뻔하지만 나는 그런 인수 덕분에 오히려 미국 경제의 경쟁력이 더 높아지리라고 본다. 메이시스와 까르푸의 주주들도 안도의 한숨을 쉴 것이다.

아마존은 현재 아마존 고에서 시행하는 현금이 필요 없는 지불 기술을 완성함으로써 미디어계를 떠들썩하게 만들어 기업 가치를 100억 달러쯤 늘릴 수도 있다. 시장의 힘을 업고 현금을 마구 쏟아 넣으면 이런 발상을(혹은 그 밖의 다른 '미친' 발상을) 현실로 구현하는 것이 충분히 가능하다. 그 결과 아마존은 보상을 받고 나머지 소매유통업체들은 처벌을 받는다. 스티븐 스필버그를 제외한 나머지 사람들은 이 시대 최고의 스토리텔러인 제프 베조스를 존경의 눈으로 바라볼 테고 말이다.

정확히 말해 베조스는 전 세계 소매유통업계를 지배한 다음 대다수 소비재 기업들이 유료로 사용할 인프라를 구축하겠다는 야망을 향해 나아가고 있다. 2017년 유럽의 소매유통업계 성장률은 1.6퍼센트였는데, 2018년에는 1.2퍼센트로 쪼그라들 전망이다.[94] 아마존은 2015년 유럽에서 210억 유로의 매출을 기록해 2위와 3위인 오토 그룹Otto Group과 테스코Tesco를 각각 세 배와 다섯 배 차이로 가볍게 제쳤다.[95]

하지만 진정한 파괴는 아마존이 세계의 나머지 지역에 모두 매장을 열 때 일어날 것이다. 아마존은 이미 인도에서 그렇게 할 계획을 세우고 있다. 사람들은 아마존이 선정한 제품과 책정한 가격, 온라인 구매의 편리함을 반길 게 분명하다. 그래도 소비자의 의사결정에 가장 큰 영향을 미치는 것은 여전히 오프라인 매장이다. 사람들은 매장에 가서 제품을 직접 느끼기를 좋아한다. 이것은 전통적인 방식의 고객 유치 유인이다. 특히 식품점 부문은 더욱더 그렇다. 식료품 매장에서는 가장 먼저 본능을 촉발하기 때문이다. 시장 참가자가 많아 더는 성장이 어려운 지점까지 농익은 게 분명한 식품점 부문에서 아마존은 자사의 전문성을 물류와 지불, 계산 방식, 배송에 적용해 새로운 표준을 확립할 가능성이 크다. 아마존에 팔리기 전 홀푸드는 소비자에게 비판을 받았고 홀푸드의 주가는 계속 떨어지고 있었다. 상품 판매가가 높았던 탓이다. 당연히 아마존은 문제해결 방법을 찾아낼 것이다. 460개의 홀푸드 매장은 아마존의 공급망으로 거듭난다. 즉, 이들은 아마존 프레시Amazon Fresh(2014년 시작한 아마존의 식료품 배달 서비스—옮긴이)의 배송 기지이자 다른 업체들을 위한 경유지 허브로 변신한다. 또한 홀푸드 매장은 온라인 주문 상품의 반송 기지로 기능해 비용을 획기적으로 줄여준다. 아마존은 가능한 한 많은 사람과 한 시간 거리 안에 있고자 하는데, 홀푸드는 이 바람을 실현해주는 하나의 방책이다.

다음의 상황을 상상해보자. 미국에서 아마존이 우체국이나 주유소 체인점을 인수한다면 어떻게 될까? 오늘날 사람들은 우체국과 주유소를 빈번하게 드나든다. 현재 아마존은 온라인으로 주문한 물건을 오프라인에서 받는 이른바 '클릭 앤 콜렉트'Click and Collect 매장을 서

니베일과 산카를로스에 마련하고 있는데, 두 곳 다 실리콘밸리에 있다.[96] 아마존의 이러한 행보는 어떤 메시지를 분명하게 드러낸다. 아마존은 소비자가 필요로 하는 모든 것을 소비자가 필요로 하기도 전에, 그것도 지구상에서 가장 부유한 5억 인구에게 한 시간 안에 제공한다!

소비재 제품을 파는 모든 회사는 독자적인 인프라를 따로 구축할 필요 없이 이용료를 내고 아마존의 인프라를 빌려 쓸 수 있고 이 편이 비용이 적게 든다. 그 어떤 기업도 아마존과 경쟁할 만한 규모나 소비자 신뢰, 막대한 투자금, 로봇을 갖추지 못했다. 여기에다 아마존은 영화, 음악, NFL 경기 생중계 같은 모든 종류의 재미있는 오락거리를 즐기도록 연회원 패키지 제도를 시행한다. 확신하건대 아마존은 '3월의 광란'(매년 3월 열리는 전미 대학농구선수권 토너먼트의 별칭—옮긴이)이나 슈퍼볼(미국 프로 미식축구 챔피언 결정전—옮긴이) 경기 중계권도 사들여 아마존 프라임 회원들을 즐겁게 해줄 것이다. 아마존은 얼마든지 그렇게 할 수 있는 기업이니까.

1조 달러 기업을
향한 경주

돌고 돌아 마침내 이 주제까지 왔다. 아마존은 지금 제로클릭 주문 시스템을 완성하는 데 필요한 여러 조각을 모두 갖추고 있다. 인공지능, 고객의 구매 이력, 미국 인구의 45퍼센트가 거주하는 곳에서 30킬로미터 내에 위치한 물류창고, 수백만 개의 재고관리코드$_{SKU}$, 부유한 가구가 도입한 음성 인식기(알렉사), 최대 규모의 클라우드·빅데이터 서비스, 460개(머지않아 수천 개로 늘어날)의 오프라인 매장, 세계에서 가장 신뢰받는 소비재 브랜드가 바로 그 조각이다.

이 점은 아마존이 시가총액 1조 달러를 돌파하는 세계 최초의 기업이 될 수밖에 없는 이유다.

어쩌면 독자는 이런 질문을 할지도 모른다.

"애플이나 우버가 아니고? 2008년 이후 애플과 우버는 공공기업과 민간기업을 통틀어 다른 어떤 기업보다 많은 주주 가치를 창출해왔다. 이들 기업의 핵심적인 성공 요인은 아이폰, GPS 주문과 위치 추적인데 이는 아마존의 전략과는 많이 다르다. 그렇지 않은가?"

그렇지 않다. 두 회사의 비장의 무기는 한층 더 일상적인데 애플은 돌격적인 매장이고 우버는 여러 가지 고객 저항 요소$_{friction}$를 줄이는 일이다. 하비에르라는 우버 운전기사와 그의 자동차 링컨 MKS가 어디에 있는지 가르쳐주는 것은 단순히 GPS 위치추적이 아니라 대금 지불이라는 저항 요소 없이 자동차 승차를 공유하게 해주는(혹은 가게 에서 계산대를 거치지 않고 물건을 그냥 가지고 나오게 해주는) 능력이다. 이 점에서 애플과 우버는 아마존과 동일한 경쟁의 장에 들어섰다. 한데 아마존은 이 두 회사보다 게임의 규칙을 훨씬 더 많이 알고 있다.

베조스가 최근 주주들에게 보낸 연례서한에 썼듯 "아마존은 지금까지 여러 해 동안 기계 학습$_{machine\ learning}$(기능을 스스로 개선하는 컴퓨터의 능력 혹은 컴퓨터가 스스로 방대한 데이터를 분석해 미래를 예측하는 기술—옮긴이)을 실천적으로 응용하는 일에 몰두해"왔다.[97] 여러 해 동안은 몇 년을 말하는 걸까? 만일 아마존이 소비자의 모든 필요성을 염두에 두고 인공지능을 이용해 소비자별로 가장 적합한 구매를 제안하는 시스템을 테스트하고 있다면, 이는 각 가구가 아마존에서 지출하는 총액이 늘어나리라는 것을 짐작하게 한다. 그러면 아마존의 주가는 중력의 법칙을 거스르는 로켓처럼 날아올라 지금의 세 배로 뛰어오르고 시가총액은 1조 달러에 이르리라. 페이스북과 구글은 미디어를, 애플은 휴대전화를 소유하고 있다. 그리고 아마존은 이제 막 소매유통 부문의 전체 생태계를 뒤흔들어 새로 구성할 참이다.

아마존의 강펀치에
힘을 잃은 패배자들

소매유통업 부문은 미디어나 통신 부문에 비해 규모가 매우, 매우, 매우 더 크고 아마존의 승리는 다른 많은 것의 패배를 뜻한다. 개별 기업뿐 아니라 하나의 산업이 통째로 날아갈 수도 있다. [98, 99, 100]

식품점

누가 봐도 식품점 부문은 암울한 운명을 앞둔 게 분명하다. 이것은 누구를 탓할 것 없이 자기 탓이다. 미국 최대 소비자 부문(무려 8조 달러 규모)[101]인 식품점에서는 혁신이 사라지고 있다.[102] 고약한 조명에 활기 없는 직원뿐만이 아니다. 초바니Chobani 요거트를 찾아 이곳저곳을 아무리 기웃거려도 도무지 찾을 길이 없다. 반면 아마존은 아마존 프레

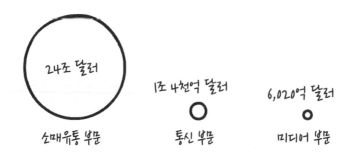

미국의 산업 부문별 가치

24조 달러

소매유통 부문

1조 4천억 달러

통신 부문

6,020억 달러

미디어 부문

시로 온라인 식품점 해법을 제시한다. 또 2016년 12월 처음 선보인 아마존 고로 계산대 직원이 필요 없는 식품점 쇼핑을 제공한다.[103] 2017년 6월에는 홀푸드를 인수해 부자 동네에 위치한 460개 매장을 확보했다. 아마존과 홀푸드는 아직 미국 전체 식품점 지출 중 겨우 3.5퍼센트를 차지하지만, 최첨단 쇼핑 경험과 배송 서비스는 이 부문에 의미 있는 파괴가 일어날 것임을 예고한다. 아마존이 홀푸드를 인수한다는 소식을 발표한 날 크로거 주가는 9.24퍼센트, 다국적 유기농 식품 유통업체 UNFIUnited Natural Foods Inc.의 주가는 11퍼센트, 타깃의 주가는 8퍼센트 떨어졌다.[104] 아마존은 앞으로도 인수합병을 계속 이어가며 배를 불릴 것이다.

마찬가지로 음식점도 힘들어질 전망이다. 번개처럼 빠른 식재료 배송 덕분에 사람들이 집에서 음식을 해먹는 일이 한결 쉬워질 테니 말이다. 특히 장보기 서비스업체 인스타카트Instacart 같은 배송업체가 큰 타격을 입을 가능성이 크다. 인스타카트의 대변인은 아마존의 홀푸드 인수를 두고 "아마존은 미국의 모든 슈퍼마켓과 전통 소매점에

전쟁을 선언한 셈이다."라고 말하기도 했다.[105]

월마트

아마존의 고공행진으로 가장 큰 피해를 본 기업은 말할 것도 없이 월마트다. 월마트가 전자상거래 부문에서 성장하는 데는 아마존 외에 또 다른 걸림돌도 있었다. 그것은 바로 월마트의 직원, 즉 노동력이다. 저임금을 받는 이들에게는 멀티채널 접점에 대응할 역량과 기술이 부족했다. 여기에다 고객 가운데 다수가 브로드밴드나 스마트폰을 갖추지 못하고 있다. 20세기 가장 큰 부자는 직원에게 최소 임금을 주며 자기 물건을 팔게 하는 데 통달한 사람이었지만, 21세기 가장 큰 부자는 임금을 한 푼도 주지 않아도 알아서 물건을 팔아주는 로봇에 통달한 사람이다.

아마존이 홀푸드를 인수하던 날 월마트는 보노보스Bonobos를 인수했다.[106] 보노보스는 남성복 전문 온라인 소매유통업체로 이전에 오프라인 매장을 인수한 바 있다. 보노보스에는 강력한 멀티채널 모델이 있다. 즉, 고객이 오프라인 매장에서 옷을 입어보고 어떤 옷을 구매하면 그 옷을 우편으로 고객에게 배송한다. 제트닷컴을 인수할 때와 마찬가지로 월마트는 그 작은 업체를 기반으로 전자상거래 기풍이 드높아져 아마존에 맞서기를 바라지만, 월마트가 워낙 비대하고 둔한 조직인지라 그 기대가 잘 이뤄질 것 같지 않다.

아마존의 홀푸드 인수는 아마존과 월마트 사이의 전쟁을 한층 뜨겁게 달궈놓은 사건이었다.[107] 월마트는 홀푸드보다 10배 많은 식품점 매장을 갖고 있지만 아마존의 물류체계는 매장 수의 열세를 충분히 보완하고도 남는다.

심지어 구글조차 아마존화_{Amazoned} 했다

아마존은 구글의 최대 고객이지만 구글은 상대적으로 아마존에 밀린다. 구글이 아마존에서의 검색을 최적화하기보다 아마존이 구글에서의 검색을 더 최적화하고 있다.

물론 구글은 대단한 기업이다. 그러나 1조 달러 기업에 깃발을 먼저 꽂으려는 경주에서 아마존은 구글에 앞선다. 제품 검색은 결국 제품 구매로 이어지므로 제품 검색에서는 수익이 발생한다. 따라서 제품 검색에 초점을 두는 것과 고등학생 시절의 짝사랑을 찾고 스토킹하는 것은 차원이 다르다.

무언가를 구매하고자 하는 사람들이 아마존에서 검색을 시작했으니 언젠가는 아마존의 검색 부문이 구글의 검색 부문보다 더 가치가 높아질 것이다. 아무튼 진정한 패자이자 희생자는 전통 소매유통업체인데, 이는 그들의 유일한 성장 채널인 온라인이 아마존 때문에 황혼을 맞고 있기 때문이다. 구글과 이런저런 닷컴에서 이탈해 아마존으로 넘어가는 제품 검색 건수는 해마다 늘어나고 있다(2015년 6퍼센트였던 것이 2016년 12퍼센트로 늘어났다). 소비자는 구매하려는 제품 브랜드 사이트로 들어가 해당 제품을 살펴본 다음 아마존으로 가서 사는 게 아니다. 전체 제품 검색의 55퍼센트가 아마존에서 시작하고 있고 구글 같은 검색엔진에서 시작하는 비율은 28퍼센트에 불과하다.[108] 힘의 무게 중심은 이미 구글과 소매유통업체에서 아마존으로 이동하고 있다.

또 다른 패배자,
주목받지 못하는 회사들

고등학생 때 나는 캘리포니아 웨스트우드
에 있는 식당 '웨스트워드 호'Westward Ho에서 식재료 상자를 나르는 아
르바이트를 하고 시급으로 약 4달러를 받았다. UCLA 1학년 때도 식
당에서 일했는데, 이번에는 브렌트우드에 있는 빈센트 푸즈Vicente
Foods였다. 그때 나는 식품상업노동자조합United Food and Commercial
Workers International Union의 770지부 소속 노동자였고, 시급 13달러를 받
아 등록금을 냈다. 빈센트 푸즈는 지금도 그 자리에 있다. 내가 학교
를 졸업하게 해준 200퍼센트의 임금 프리미엄도 그 식당을 업계에서
사라지게 만들지는 않은 것이다.

식당 아르바이트로 등록금을 마련하는 일이 1984년에는 가능했
다. 지금은 그때와 많이 달라졌다. 나같이 가난하고 평범한 아이들에
게는 상황이 훨씬 더 불리해졌다. 좋든 나쁘든 아마존을 비롯해 사람
들이 숭배하는 혁신 기업은 주목받는 아이에게는 최고의 기회를 주
지만 그렇지 않은 아이에게는 최악의 결과를 안겨준다.

앞으로도 식품점은 여전히 살아남고 시간제로 일하는 아이들도 있
겠지만 그 수가 많이 줄어들 전망이다. 다른 소매유통업체와 마찬가
지로 식품점도 양극화될 것이다. 두 유형 가운데 압도적인 영향력을
발휘하는 쪽은 규모를 키우는 식당이다. 이런 식당은 로봇과 자본력,
소프트웨어, 음성 장치를 이용해 60퍼센트의 가격으로 훌륭한 식당
이 고객에게 제공하는 음식의 90퍼센트를 제공할 확률이 높다. 그런
곳은 부자에게 식사를 제공하는 매장이고 직원은 모두 전문가다.

미국의 소매유통업 종사자 수(2015년)

계산원
340만 명

매장 직원
280만 명

창고 직원
120만 명

이것이 오늘날의 소매유통업 생태 환경이다. 이 일자리 가운데 얼마나 많은 수가 보다 능률적이고 비용 효율적인 로봇으로 대체될까? 그 대답은 아마존에게 들어야 한다.

그렇다면 모든 소매유통업체는(이곳 직원들도) "이제 우리는 망했구나!"라고 해야 할까?

답부터 말하자면 그렇지 않다. 아마존 제국에 맞서 싸우는 혁신적인 소매유통업체들도 있다. 몇 개만 예를 들자면 세포라, 홈 디포, 베스트바이 등을 꼽을 수 있다. 이들 회사는 아마존이 급격한 변화를 도모할 때 다른 방향으로 변화를 꾀하며 **사람**에게 투자하고 있다. 그들은 인적자본 투자를 기술 분야 투자와 연결한다. 이제 소비자는 제품을 사러 매장에 가지 않는다. 제품은 아마존에서 보다 쉽게 살 수 있기 때문이다. 소비자가 매장에 가는 이유는 사람, 즉 전문가를 만나기 위해서다.

그들의 전략(혹은 아마존의 전략)이 궁극적 승리로 이어질까? 아니면 그들이 서로를 수용해 단독 강화를 맺을까? 그 대답에 따라 그들 회사의 운명뿐 아니라 수백만 명의 직원과 그 가족의 운명이 결정될 것이다. 분명한 것은 우리에게 더 많은 일자리가 보장된 미래를 전망하고 이를 실천하는 기업 리더가 필요하다는 사실이다. 우리에게 필요한 사람은 자기는 온갖 꼼수를 동원해서 내지도 않는 세금으로 사람들이 하루 종일 TV나 볼 수 있도록 정부가 보편적 최저소득을 지원해주길 바라는 그런 억만장자가 아니라는 말이다. 이봐요 베조스 양반, 듣고 있어요? 우리에게 진짜 끝내주는 비전을 좀 보여줘봐요.

제3장

글로벌 명품,
애플

자기만의 우주를 만든
고가 사치품 전자 기기

2015년 12월 캘리포니아의 샌버나디노에서 스물여덟 살의 환경·보건 분야 검사관과 그의 아내는 어느 휴일 파티에 가느라 생후 6개월 된 딸을 어머니에게 맡기고 집을 나섰다. 그런데 두 사람은 복면을 쓴 채 파티장으로 들어가 두 정의 AR-15 소총으로 사람들을 향해 75발을 쐈다. 무려 14명이 죽고 21명이 중상을 입었다. 네 시간 뒤 범인들은 경찰과 총격전을 벌인 끝에 사살되었다.[1] 경찰은 범인 사이드 리즈완 파루크의 아이폰을 확보한 다음 연방법원에 애플이 범인의 아이폰 암호를 풀어줄 것을 요청했고, 연방법원은 애플에게 문제의 아이폰 암호를 풀라는 내용의 명령서를 발부했다. 그러나 애플은 이 명령을 거부했다(FBI는 민간인 해커를 동원해 이 아이폰의 잠금장치 해제를 시도했다.—옮긴이).[2]

　그다음 주에 나는 블룸버그 TV에 두 차례 출연해 애플이 연방법원 명령을 거부한 문제를 놓고 토론을 했는데, 그때 이상한 일이 일어났다. 애플이 당연히 법원의 명령을 따라야 한다는 내 의견을 비난하는 메일이 쇄도한 것이다.

애플의 사생활 보호 문제와 관련된 토론을 할 때마다 늘 머리에 떠오르는 흥미로운 질문이 하나 있다.

"만일 범인의 휴대전화가 '아이폰'이 아니라 '블랙베리'였어도 과연 사람들이 그토록 입에 거품을 물며 사생활 보호를 주장하고 나섰을까?"

그렇지 않았을 것이다. FBI가 신청해서 얻은 휴대전화 비밀번호 해제 법원 명령서는 캐나다의 워털루에 있는 블랙베리 본사 정문에서 전혀 다른 대접을 받았으리라. 이 캐나다 회사가 48시간 내에 그 휴대전화의 잠금장치를 해제하지 않을 경우 수십 명의 의원이 캐나다와의 통상금지를 내세우며 위협하고 나섰을지도 모른다.

여론조사기관 퓨 리서치 센터Pew Research Center는 이 쟁점을 놓고 미국인의 여론을 조사한 끝에 찬반양론이 팽팽하게 맞선다는 사실을 확인했다. 양측 지지자 사이에는 뚜렷한 특성, 기존의 통상적인 관념과 확연히 다른 특성이 존재한다. 요컨대 민주당을 지지하는 젊은 사람들은 애플 편을 들었고 공화당을 지지하는 나이든 사람들은 정부 편을 들었다.[3] 민주당 지지자라면 거대 정부의 영향력 확대를 지지해야 옳고 공화당 지지자라면 대기업이 누릴 특권·특혜를 지지해야 옳은데, 양쪽 모두 정반대 태도를 보인 셈이다. 아무튼 애플(다른 세 개 기업 역시)은 전혀 다른 종류의 규칙에 따라 움직인다.

다르게 표현하면 소비자 세계에서 중요한 사람은 누구나 애플 편을 든다. 대학을 졸업한 밀레니얼Millennial 세대(1982~2000년에 태어난 세대로, SNS에 익숙하고 사회 참여의식이 높다.—옮긴이)인 젊은 민주당원은 단순히 지구를 물려받은 게 아니다. 그들은 매사추세츠 공과대학교MIT를 졸업한 공학도와 하버드 대학교 중퇴자의 지도를 받아 지구를 정복했다. 이들의 소득은 점점 늘고 있고 젊은이들이 흔히 그렇듯이 소득을 비합리적으로 지출하며, 사업적으로 자신을 영향력 있는 인물로 만들어주는 첨단기술을 적용한 시설을 소유하고 있다.[4] 이들은 애플 편을 든다. 애플이 자기들의 독단적이고 반체제적이며 진보적인 여러 이상을 구체화했기 때문이다. 이들은 애플의 창업자 스티브 잡스가 자선단체에 한 푼도 내놓지 않고 거의 언제나 중년의 백인 남성만 채용하는 끔찍하기 짝이 없는 인종차별주의자라는 사실에는 눈을 감았다.

잡스를 향한 그런 비판은 문제가 되지 않았다. 왜냐하면 애플이 멋지기 때문이다. 더구나 애플은 신기술을 도입한 **혁신자**가 아닌가! 그렇기에 연방정부가 애플이 태도를 바꿔 법원 명령에 순종하도록 강제 조치를 취하겠다고 했을 때 애플의 열광적인 신봉자들은 애플을 보호하겠다며 나섰다. 참고로 나는 그런 신봉자가 아니다.

사생활 보호에 관한
이중 잣대

　　　　　　나는 평소에 내가 다른 사람들의 생각에 조금도 연연하지 않는다는 인상을 주려고 노력한다. 그러나 동료들에게(그중 많은 사람이 아이비리그 학위를 취득했고 밀레니얼 세대에 속한다) 정중

하면서도 신랄하기 짝이 없는 비난 메일을 받을 때마다(간혹 단순한 비난 수준을 넘어 '죽어버려라' 같은 끔찍한 표현을 담은 메일도 있다) 나는 초조하다 못해 식은땀까지 흘린다.

이들이 나를 비난하는 이유는 사용자의 사생활(개인 정보) 보호에 관한 애플 정책에 내가 다른 의견을 보였기 때문이다. 좀 더 구체적으로 말하면 내가 애플의 정책에 올바른 입장을 취하지 않는다는 얘기였다. 그들은 나의 생각이 심각한 사생활 침해를 유발할 수 있다고 여겼다. 정작 그들은 자신이 사실상 개인의 사생활 보호를 옹호한다기보다 애플 그 자체를 옹호한다는 점을 깨닫지 못했다. 이들과 애플이 하는 주장을 들어보자.

- 애플이 FBI가 개인의 휴대전화를 강제로 열어보도록 허용하는 새로운 iOS(애플의 운영체계—옮긴이)를 만들 경우, 이는 결국 악당이 열고 들어갈 뒷문, 즉 백도어Back Door를 마련하는 것이므로 여기에 반대한다.
- 정부는 민간기업을 징집해 개인 정보를 감시하는 통로로 삼아서는 안 된다.

첫 번째 주장을 나는 이렇게 생각한다. 애플이 공인기관 외에 누구라도 사용할 수 있는 뒷문을 만드는 것은 곤란하다. 허술하기가 개구멍 수준이니 말이다. 애플은 이 백도어 암호를 해독하는 데 여섯 명에서 열 명의 엔지니어가 한 달만 고생하면 충분할 것으로 추정했다.[5] 이것은 맨해튼 프로젝트(제2차 세계대전 때 미국의 원자폭탄 제조 프로젝트—옮긴이)가 아니다. 또한 애플은 백도어를 여는 열쇠는 결국 악당 손에 들어가 어마어마한 위험을 초래할 수 있다고 주장했다.[6] 이건 인류를 몰살할 목적으로 과거로 시간여행을 떠나 터미네이터를 만들어내는 마이크로칩 이야기가 아니다. 심지어 FBI는 애플이 직접 뒷문을 만드는 데 합의함으로써 사람들이 FBI의 홈페이지에 들어가 마음껏 내려받는 앱이 되지 않도록 조치했다.[7] 더구나 이들은 바이오그래프 극장 바깥의 골목길에 몸을 숨긴 채 권총 방아쇠를 당기고 싶어 손가락이 근질거리던 그때의 그 FBI 요원들이 아니다(바이오그래프 극장은 1934년 FBI가 악명 높던 은행 강도 존 딜린저를 암살한 장소로 유명하다.—옮긴이).

두 번째 주장은 아주 조금 낫긴 하다. 그렇다고 이것이 포드자동차가 암호를 풀어야 열 수 있는 트렁크를 장착했는데 그 안에서 유괴당한 아이가 질식해 죽어가고 있더라도 FBI가 포드에 트렁크를 열어달라고 요청할 수 없다는 뜻일까? 상식적으로 생각해도 이건 말이 안 되는 주장이다.

판사들은 날마다 수색 영장을 발부한다. 그들은 무분별한 수색을 예방하기 위한 압수수색 관련 법률에 따라 범죄를 예방하고 해결 증거와 정보를 찾기 위해 가택, 자동차, 컴퓨터를 수색하라고 명령한다. 그런데 어찌된 노릇인지 우리는 아이폰만은 **성역**으로 여기며 세속적인 그 어떤 것도 접근하지 못하도록 막아버렸다. 요컨대 애플은 기업계의 일반적인 규칙을 따르지 않아도 된다는 말이다.

성스러운 것과
불경스러운 것

　　　　　　　　　　　어떤 물건은 영적 차원(예를 들면 신을 섬기는)
에서 쓰일 때 성스럽게 혹은 불경스럽게 여겨진다. 스티브 잡스는 혁
신 경제의 예수가 되었고 아이폰은 그를 섬기는 성스러운 매개물로
서 다른 어떤 물건이나 기술보다 높고 성스러운 자리에 모셔져 있다.

　사실상 우리는 아이폰을 물신 숭배, 즉 페티시즘 대상으로 삼고 있
으며 그 과정에서 새로운 유형의 기업 극단주의가 나타날 문을 활
짝 열어젖혔다. 이 극단주의가 우리를 실질적인 물리적 위험으로 내
모는 것은 아니지만(나는 애플 직원들을 폭력적인 과격주의자라고 생각하지 않
는다) 이런 유형의 세속적 숭배는 위험하다. 왜 그럴까? 사회가 어떤
기업이 법률을 초월해 사업을 하도록 허용하면 이 기업이나 다른 기
업이 준거로 삼을 적절한 기준이 신뢰를 잃어버리기 때문이다. 이로
써 이원 체제가 성립할 경우 불평등을 더욱 가속화할 승자독식 환경
이 만들어진다. 간단히 말해 스티브 잡스 시대의 애플은 미국의 다
른 어떤 기업 CEO도 할 수 없던 행동을 하고도 아무런 제재를 받지
않았다. 예를 들면 애플에서 보상 차원으로 받은 스톡옵션 백데이팅
Backdating(스톡옵션 행사 시점을 주가가 낮은 과거의 어느 날로 허위 기재해 옵션 행
사 때 부당이득을 챙기는 행위―옮긴이)으로 부당이득을 챙긴 행위가 그렇
다.[8] 어떤 점에서 보면 미국인과 미국 정부는 잡스와 애플이 법적 구
속을 받지 않아도 된다고 생각했다. 이 판단의 효과는 잡스가 죽을
때까지 이어졌다.

　과연 애플에 이렇게 할 가치가 있을까? 이는 당신이 판단할 일이다.

1985년 애플에서 해고되었다가 복귀한 잡스는 21세기의 처음 10년 동안 기업 역사상 가장 위대한 혁신을 시작했다. 그 10년 동안 애플은 상품의 기존 범주를 완전히 허무는 동시에 총 가치가 1조 달러에 이르는 새로운 제품과 서비스를 차례로 내놓았다. 아이팟, 아이튠즈, 애플스토어, 아이폰, 아이패드 등 모든 것이 하나같이 과거에 유례가 없던 것이었다.

그 시기의 가전 산업을 초콜릿 공장에 비유하면 스티브 잡스는 윌리 웡카(영화 〈찰리와 초콜릿 공장〉에 등장하는 초콜릿 공장의 공장장—옮긴이)였다. 애플이 해마다 겨울이면 개최하던 세계개발자회의WDC에서 잡스는 단상에 올라 제품의 새로운 업그레이드를 줄줄이 늘어놓곤 했다. 말을 마친 그는 퇴장하려다 말고 돌아서서 "참, 하나를 깜박 잊고 말하지 않았군요."라며 세상을 바꿔놓을 제품을 소개했다. 그저 소비자에게 사소한 발표를 하는 자리였던 그곳은 이내 광장(아고라)이 되었다. 그날이면 전 세계 주식시장이 긴장 속에서 숨도 제대로 쉬지 못했다. 기자들은 새벽부터 샌프란시스코의 모스콘 센터Moscone Center에 모여 진을 치며 몇 시간 동안 현장을 중계했다. 애플의 경쟁자들은 쏟아지는 속보를 지켜보면서 애플이 이번에는 무엇으로 자기네 뒤통수를 칠지 전전긍긍했다.

애플의 그 10년이 얼마나 대단했는지 지금은 쉽게 상상이 가지 않는다. 닷컴 거품 붕괴와 9·11 테러 사건이라는 쌍둥이 충격이 채 가시기도 전인 2001년 말의 아이팟 출시는 암울함 속에서 희망과 낙관주의를 알린 한 줄기 밝은 빛이었다. 당시 잡스는 냅스터가 촉발한 음원 불법 다운로드가 횡행해 음반 산업이 파괴될지 모를 정도로 위협을 받자, 어떤 과도한 조치를 억지로 이끌어내기 위해 할리우드 액션을 취했다(물론 이 액션은 애플에 이득이었다). 그 조치 덕분에 아이폰이라는 대작의 무대가 만들어졌고 전 세계 전자제품 매장 앞에는 아이폰을 사려는 애플 광신도들이 모여들어 밤새워 장사진을 쳤다. 이어 숭고한 아이패드가 등장했다.

애플의 이런 성공을 돕고도 찬양은 거의 받지 못한 영웅이 있는데, 그 불운한 사람은 바로 냅스터 창업자 숀 패닝Shawn Fanning이다. 그가 음반 산업을 공포에 몰아넣는 바람에 음반 산업은 통째로 애플의 품안으로 달아났다. 이후로 애플은 음반 산업 회사들과 협력하기 시작했는데 이는 뱀파이어가 혈액주머니와 협조한 것과 비슷한 방식이었다.

만약 스티브 잡스가 병마와 싸워 이겼다면 애플이 그 무서운 기세를 최근 10년까지 이어올 수 있었을까? 아마 그랬을 것이다. 비록 그는 유쾌함이나 나긋나긋함과 거리가 멀었지만 한 가지 중요한 업적을 성취했기 때문이다. 그 업적이란 잡스를 내쫓은 존 스컬리John Sculley가 여러 해 동안 모험을 회피하는 기조로 이끌어온 애플을, 복귀한 잡스가 첫 번째 옵션으로 **모험을 선택하는 기업**으로 만든 점이다. 그것도 유례가 없을 만큼 거대한 기업으로 바꿔놓았다. 스티브 잡스는 《포천》 500대 기업의 CEO들과 달리 조심스럽게 접근해야 한다는 사고방식을 비판했고 그 결과 어마어마한 기록을 달성했다. 그는 인텔 창업자 로버트 노이스Robert Noyce나 HP의 데이비드 패커드David Packard와 달랐다. 잡스는 한 기업을 창립한 다음 그 기업을 세계에서 가장 가치 있는 기업으로 만든 최초의 인물이다. 앱스토어,

터치스크린 그리고 다시 뜨겁게 달아오른 mp3 플레이어 모두 그의 손을 거쳐 세상에 등상할 때는 완전히 달라졌다.

잡스는 애플을 위해 그 모든 일을 해냈지만 애플 내에서 파괴의 돌풍을 일으킨 인물이기도 했다. 직원들을 괴롭힌 그의 태도에서 따뜻한 구석이나 포용성은 찾아볼 수 없었다. 그의 변덕과 과대망상 때문에 애플은 끊임없이 경계선을 아슬아슬하게 넘나드는 혼돈을 겪었다. 그가 죽자 마침내 애플의 역사적인 혁신 질주는 멈췄다. 잡스에 이어 팀 쿡이 이끄는 애플은 예측 가능성, 수익 가능성, 규모에 집중했다. 그 변화의 결과는 애플의 재무상태표에도 나타난다. 수익을 성공 지표로 볼 경우 애플은 2015 회계연도에 534억 달러의 순수익을 기록한 역사상 가장 성공적인 기업이었다.[9]

만일 애플이 《포천》 선정 500대 기업에 속하는 그저 그런 기술 기업에 불과했다면 의회는 애플의 탈세 문제를 거론했을 것이다.[10] 하지만 대다수 정치인은 전 세계의 다른 특권층과 마찬가지로 주머니에서 자기 아이폰을 꺼낼 때 어떤 황홀감을 느낀다. 이 점에서 애플 대 가령 석유화학 회사 엑손의 비교나 경쟁은 아예 구도조차 형성될 수 없다. 그럼 이제부터 다르게 생각해보자.

신을 향해
좀 더 가까이

애플은 늘 다른 기업이 이룩한 성과에서 영감을 받아 이것을 새롭게 개발했다. 좀 더 노골적으로 말하면 다른

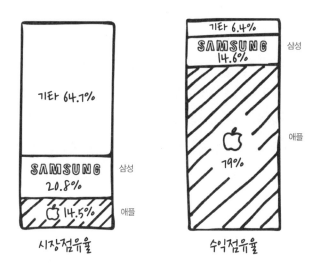

스마트폰의 전 세계 시장점유율과 수익점유율(2016년)

기타 64.7%

SAMSUNG 20.8% 삼성

14.5% 애플

시장점유율

기타 6.4%

SAMSUNG 14.6% 삼성

79% 애플

수익점유율

기업들의 아이디어를 훔쳤다. 애플의 현대적인 전략을 고무한 산업 부문은 사치품 산업luxury industry이다. 애플은 비상식적일 만큼 터무니 없는 수익을 달성하기 위해 희소성 추구를 결정했는데, 이는 기술 분야의 서툰 하드웨어업체들이 모방하기에는 어려운 전략이다. 캘리포니아 쿠퍼티노에 본사가 있는 애플은 스마트폰 시장을 14.5퍼센트 점유했고(2016년 기준) 수익으로는 세계 스마트폰 수익의 79퍼센트를 차지했다.[11]

잡스는 이 사실을 본능적으로 이해했다. 1977년 샌프란시스코에서 열린 서구 컴퓨터 총회Western Computer Conference 참석자들은 브룩스홀로 들어서는 순간 애플 제품의 차별성을 금세 깨달았다. 다른 회사의 신제품 개인용 컴퓨터는 분리한 머더보드나 아름답지 못한 금속상자였으나 스티브 잡스와 그의 애플 창업 파트너 스티브 워즈니악Steve Wozniak은 황갈색의 플라스틱 사출형 외장을 갖춘 애플2 컴퓨터 뒤에 앉아 있었던 것이다. 애플2는 장차 우아한 애플의 외관을 규정할 바로 그 컴퓨터 모델이었다. 그 애플 컴퓨터들은 아름다웠고 또 우아했다. 다른 걸 모두 떠나 해커와 프로그래머 세계에서 애플 제품은 **사치스러움**을 한껏 자랑했다.

사치는 인간의 외부에 존재하는 어떤 특성이 아니라 유전자에 녹아 있다. 또한 사치는 인간적인 조건을 초월해 성스러운 완벽함에 더 가까이 다가섰다고 느끼고 싶은 본능을 잠재적인 짝짓기 대상에게 더 매력적으로 보이고 싶은 욕망과 연결한다. 인류는 수천 년 동안 온갖 종교의 사원에서 무릎을 꿇고 앉아 주변을 둘러보며 생각했다.

"터키 이스탄불의 아야소피아 성당, 이탈리아 로마의 판테온 신전, 이집트의 카르나크 신전 유적지 등을 인간의 손으로 만들었다고는 도저히 생각할 수 없다. 신이 선물한 성스러운 영감 없이 인간의 힘만으로 이토록 완벽한 소리와 미술과 건축물을 하나로 녹여낼 수 있을까? 저 음악이 얼마나 초월적인지 들어보라. 저 조각상과 프레스코, 대리석 벽 들을 보라. 지금 나는 일상 세계에서 벗어나 있다. 이곳에는 틀림없이 신이 살고 있을 것이다."

역사적으로 일반 대중은 사치품을 가까이하지 못했다. 그래서 그들은 여러 교회를 순례하며 화려한 보석과 번쩍거리는 샹들리에, 세계에서 가장 아름다운 미술품에 새겨진 성배聖杯를 구경했다. 이들은 탁월한 장인들이 빚어낸 미적인 황홀감을 신이라는 존재와 결부하기 시작했다. 이것이 사치품의 초석이다. 산업혁명과 총체적인 부의 증대로 20세기에는 사치품이 수억 명, 심지어 수십억 명의 손에 들어갔다.

18세기 프랑스의 귀족계급은 국가 GDP의 3퍼센트에 해당하는 어마어마한 돈을 아름다운 가발, 화장품의 일종인 분 그리고 드레스에 썼다. 이들은 화려하고 사치스러운 드레스로 하인들에게 자신의 지위를 일깨우고 존경심과 복종심을 주입하려 했다. 나이키가 극장 같은 화려한 판매 방식이나 유명인을 내세워 해당 상품을 보증하는 방식을 발명한 것이 아니다. 수백 년 동안 건물이 드러내는 힘을 잘 알았던 가톨릭교회는 수많은 전쟁과 경악할 만한 추문에도 불구하고 끄떡없이 살아남도록 어떤 브랜드를 만들었다. 그런데 사치가 깊어지면서 프랑스 루이 16세의 왕비 마리 앙투아네트의 화장, 가발, 드레스는 격렬한 분노와 폭력을 유발했다. 이제 세계적인 스포츠 농구스타 르브론 제임스는 비츠일렉트로닉스의 고급 헤드폰을 쓴다. 아무것도 바뀐 게 없다.

왜 그럴까? 자연선택(동종 생물 개체의 생존경쟁에서 환경에 적응하는 개체가 생존해 자손을 남긴다는 이론—옮긴이)과 여기에서 비롯된 욕망, 질투 때문이다. 부와 권력을 많이 소유한 사람은 주택, 난방, 음식, 섹스 파트너에 상대적으로 쉽게 접근할 수 있다. 아름다운 것을 많이 소유한 사람들은 대개 자신이 의도적으로 찾아 나선 것이 아니며 그저 아름다운 것을 알아보는 순수한 안목이 있을 뿐이라고 말한다. 뭐, 그런식이다. 이탈리아의 패션 브랜드 보테가 베네타 가방의 그물망과 포르쉐 911 뒷면의 완만한 곡선은 사람의 시선을 사로잡는다. 정말 아름답다. 갖고 싶고 그것이 뿜어내는 빛을 받으며 서 있고 싶다. 나를 가장 돋보이게 해주는 그 부드러운 빛 속에 있으면 사람들이 나를 바라보며 얼마나 감탄할까?

이 포르쉐를 타고 운전을 해보라. 시속 88킬로미터로 달려도 당신은 더 매력적인 자신을 느낄 수 있다. 섹스 파트너를 마음대로 고르게 될지도 모른다. 남자는 유전자적으로 후손을 남기는 일에 공격적이기 때문에 내면의 동굴인은 남자들에게 롤렉스나 람보르기니, 애플을 갈망하게 만든다. 그 동굴인은 고심 끝에 여성에게 멋진 인상을 심어줄 기회를 위해 많은 것을 희생하기로 결정한다. 사치품을 사는데 터무니없이 비싼 가격을 선뜻 지불하는 것이다.

합리적인 차원에서 보면 사치품은 말이 되지 않는다. 그러나 인간은 성스러운 완벽함에 조금이라도 더 가까이 다가가려는 욕망이나 자손을 남기고자 하는 욕망의 굴레에서 벗어나지 못한다. 사치품이 제 몫을 하며 작동할 때 지출 행위 그 자체는 경험의 한 부분이다. 트럭 뒤에 서서 다이아몬드 목걸이를 사는 행위는 설령 그 다이아몬드가 진짜여도 티파니에서 멋지게 차려입고 부드러운 목소리로 나직하게 말하는 매장 직원의 도움을 받아 똑같은 목걸이를 사는 행위에 비해 만족도가 훨씬 떨어진다. 사치품은 새의 깃털 같은 것을 파는 시장이다. 사치품은 비합리적이고 성적$_{sexual}$이며 '지금 이것을 살 형편이 아니잖아'나 '이런 걸 사다니 정말 말도 안 돼'처럼 한껏 들뜬 분위기를 깨는 뇌의 이성적 신호를 쉽게 압도해버린다.

사실 사치품은 막대한 부를 창출했다. 신과 섹스 원자의 충돌이 과거 기업계에서 찾아볼 수 없던 에너지와 가치를 촉발했기 때문이다. 예컨대 전 세계 400대 부자(유산으로 거대한 재산을 물려받은 사람을 제외하고) 중에는 기술 부문이나 다른 산업 부문보다 사치품과 소매유통업 부문에서 부를 축적한 사람이 더 많다. 유럽 10대 부자의 부의 원천 목록을 꼽으면 다음과 같다. 사람들은 부자가 어떤 사람인지보다 이들의 회사에 더 관심을 보인다.

자라Zara

로레알L'Oreal

에이치앤엠H&M

루이비통 모에 헤네시LVMH

누텔라Nutella

알디Aldi

리들Lidl

트레이더 조스Trader Joe's

룩소티카Luxottica

크레이트 앤 배럴Crate & Barrel [12]

특이한 괴짜에서
선망의 대상으로

기술 기업 가운데 지금까지 어떤 회사도 구닥다리로 전락하는 문제, 즉 적합성을 상실하는 문제를 해결하지 못했다. 사치품 브랜드 애플은 여러 세대를 겨냥해 동시에 성공을 노린 최초의 기술 기업이다.

사실 애플이 처음부터 사치품 브랜드로 출발한 것은 아니다. 엉망 진창에다 형편없는 기술 분야 하드웨어 기업들이 모인 동네에서 그나마 애플은 가장 좋은 집이었다. 그 동네는 온갖 케이블과 해괴한 제품, 두문자어, 낮은 이윤이 대표적인 특징이었다.

초기에 애플은 경쟁자들보다 좀 더 사용하기 편리한 컴퓨터를 만들었을 뿐이다. 컴퓨터의 외관을 우아하게 만들어야 한다는 스티브 잡스의 생각은 소수 소비자에게만 박수를 받았다. 그 나머지의 박수를 이끌어낸 것은 스티브 워즈니악의 기술이었다. 당시 애플은 주로 소비자의 머리, 다시 말해 이성에 호소했다. 초기의 애플을 사랑한 사람들 가운데 다수는 그야말로 '특이한 괴짜들'이었다. 애플은 멀리 떨어진 화려하고 사치스러운 중심가를 바라보며 생각했다. 우리라고 저렇게 못할 이유가 있나? 우리도 멋진 이웃이 있는 동네에서 최고의 집이 되고 싶은데 우리라고 그렇게 되지 말란 법이 있나?

1980년대에 애플은 기울어지기 시작했다. 인텔칩을 탑재하고 마이크로소프트 윈도우를 구동하는 컴퓨터들은 점점 더 속도가 빨라졌고 가격도 내려갔으며 이성을 관장하는 기관인 두뇌를 자기편으로 끌어들였다. 게임은 대부분 애플 컴퓨터가 아니라 인텔 컴퓨터로 할 수 있었다. 그 시점에 애플은 무게 중심을 두뇌가 있는 머리에서 심장과 생식기로 옮기기 시작했다. 때마침 90퍼센트가 넘던 시장점유율이 10퍼센트 아래로 떨어지고 있었다.[13]

1984년 출시한 애플의 매킨토시 컴퓨터는 매력적인 아이콘에다 사용자 맞춤형 외관으로 사용자의 머리가 아니라 심장에 호소했다. 이로써 애플은 컴퓨터라는 기계가 사용자와 친근한 존재가 될 수 있음을 입증했다. 더구나 이 컴퓨터는 말을 했다. 처음 등장했을 때 매킨토시 컴퓨터는 모니터에 'Hello'라는 글자를 띄웠다. 예술가들은 이 컴퓨터로 자신의 생각을 표현하거나 아름다움을 창조하고 세상을 바꿀 수도 있었다.[14] 바로 그때 거대한 돌파구가 열렸다. 그것은 바로 탁상출판Desktop Publishing(개인용 컴퓨터로 출판물의 입력·편집·인쇄 등 전 과정을 가능케한 출판 시스템—옮긴이)이다. 어도비 소프트웨어는 매킨토시의 정밀한 비트맵 디스플레이Bitmap Display(기존 캐릭터 디스플레이는 문자 단위로 표시하지만 비트맵 디스플레이는 도트마다 제어할 수 있어 도트 패턴의 화상 표시가 가능했다.—옮긴이)와 딱 들어맞았다.[15]

매킨토시 컴퓨터를 처음 세상에 소개한 저 유명한 TV 광고 '1984'(조지 오웰의 소설 《1984년》에 묘사된 획일적, 통제적인 전체주의 사회의 독재자 빅브러더를 패러디한 광고—옮긴이)에 구체적으로 드러나 있듯, 이 컴퓨터를 소유한다는 것은 사용자로 하여금 자기만의 개성을 갖춘 사람, 즉 담장을 구성하는 또 하나의 벽돌 같은 존재가 아니라는 믿음을 강화했다.[16] 그 결과 나와 내가 설립한 여러 신생기업 직원들은 실제 내용과 품질에 비해 지나치게 비싼 제품들이 판을 치는 세월을 무려 20년 동안 견뎌내며 '우리는 다르게 생각하고 있음'을 주장해야 했다.

당시 컴퓨터는 섹시한 물건이 아니었다. 사람들은 대부분 컴퓨터를 들고 어딘가로 가지 않았고 컴퓨터는 '컴퓨터실'에 두었다. 이성에게 조금이라도 더 매력적으로 보이려고 자신의 어떤 하드웨어를 자랑하는 행동은 전혀 낭만적이지도 실용적이지도 않았다.

컴퓨터가 진정 사치품이 되려면 소형 크기에 깜찍하고 아름다운 신기술을 장착하는 것은 물론, 소유자가 공적·사적인 자리에서 타인에게 자신의 성공을 과시하도록 가까이에 있어야 했다. 이런 변신은 아이팟이 물꼬를 텄다. 도서관 하나를 통째로 담을 수 있는 컴퓨터로, 백색의 번쩍거리는 광택을 자랑하는 외관에다 트럼프 카드 묶음 정도의 크기로 주머니에 쏙 들어가는 물건, 아이팟! 다른 mp3 플레이어는 모두 회색, 감청색, 검정색의 투박한 외형이었으나 아이팟은 그런 것과 전혀 달랐다. 기술 차원의 구현도 거의 기적이나 다름없었다. 예를 들어 경쟁사 도시바Toshiba의 제품에 탑재한 메모리는 128메가바이트였지만 아이팟의 메모리는 5기가바이트였다. 애플은 아주 작아 거의 보석 같은 디스크드라이브를 만들 수 있는 회사를 찾으려고 업계 전체를 샅샅이 뒤졌다.

　나중에 애플은 회사 명칭에서 '컴퓨터'라는 단어를 뺐는데 이는 컴퓨터라는 개념이 과거에 닻을 내리고 있다는 인식을 주었기 때문이다.[17] 그렇다면 미래는 음악부터 전화기까지 컴퓨터로 '작동하는' 무언가가 더 중요해질 가능성이 컸다. 소비자는 그 브랜드 제품을 가볍게 들고 다니고 심지어 착용할 수 있을 게 분명했다. 이렇게 애플은 사치품을 향한 행진을 시작했다.

　2015년 출시한 애플 워치Apple Watch는 선순환의 고리를 완성했다. 애플 워치 발표회장에는 캘빈클라인의 모델이던 슈퍼모델 크리스티 털링턴 번스가 화면으로 등장했다(그녀는 애플 워치를 사용해 하프마라톤을 완주하는 모습으로 등장했다.─옮긴이). 애플은 이 신제품 출시를 축하하기 위한 17쪽 분량의 양면 광고를 만들었는데, 그 광고를 실은 잡지는 《컴퓨터 월드》Computer World도 《타임》Time도 아니었다. 그 잡지는 바로 여성패션 잡지 《보그》Vogue였다. 이 광고에 실린 1만 2,000달러짜리 애플 워치 로즈골드의 사진을 찍은 사람은 유명한 사진작가 피터 벨란저Peter Belanger였다. 이로써 애플은 성공적으로 변신했고 멋진 이웃이 있는 부유한 동네에서 최고의 집이 되었다.

럭셔리 브랜드가 누리는 프리미엄

일종의 메타희소성meta-scarcity이 애플의 성공 열쇠다. 애플은 아이팟, 아이폰, 애플 워치를 수백만 대씩 팔 수 있지만 전 세계 인구 중 이들 제품을 '이성적으로' 구매할 여유가 있는 사람은 1퍼센트에 불과하다. 이는 애플이 원하는 상황이기도 하다.[18] 2015년 일사분기에 아이폰은 전 세계 전체 스마트폰 선적 물량의 18.3퍼센트밖에 차지하지 않았으나 스마트폰업계의 전체 이익 가운데 92퍼센트를 챙겼다.[19] 이것이 사치품 마케팅이다. 당신의 수완과 DNA와 배경으로 볼 때 당신이 상위 1퍼센트에 속한다는 사실을 어떻게 하면 친구나 낯선 사람에게 알릴 수 있을까? 간단하다. 아이폰을 들고 다니면 된다.

열감지기로 휴대전화의 운영체계를 파악할 수 있다면 부의 지형을 확인할 수도 있다. 맨해튼에 사는 사람들은 모두 애플의 iOS다. 가계 평균소득이 떨어지는 뉴저지나 브롱크스로 가면 안드로이드가 대세다. 로스앤젤레스에서 당신이 말리부나 베벌리힐스, 퍼시픽 팰리세이즈에 거주한다면 당신은 아이폰을 가지고 있을 확률이 높다. 반면 로스앤젤레스의 중남부 지역이나 서북쪽의 옥스나드, 내륙 쪽의 인랜드 엠파이어(리버사이드 카운티와 샌버나디노 카운티의 별칭—옮긴이)에 산다면 안드로이드폰을 갖고 있을 가능성이 크다. 아이폰은 당신의 완벽함을 더해주고 당신에게 짝짓기 기회가 더 많이 있음을 명료하게 알려주는 증표다.

점점 더 많은 기자와 저술가가 다른 어떤 기업보다 애플을 좋게 표현하는 글을 쓰고 있지만, 대개는 애플을 사치품 브랜드로 바라보지 않는다. 나는 지금까지 25년 동안 사치품 브랜드 업체를 상대로 컨설팅을 해왔는데, 포르쉐에서 프라다에 이르는 이들 회사에는 공통적으로 핵심적인 다섯 개 특성이 있음을 확인했다. 그것은 우상화한 창업자, 장인정신, 수직적 통합, 세계 무대로의 확산 그리고 프리미엄 가격이다.

지금부터 이 다섯 개의 특성을 좀 더 자세히 살펴보자.

1. 우상화한 창업자

어떤 브랜드를 한 개인, 특히 창업자 차원에서 끊임없이 개인화하는 것보다 더 브랜드 편익brand benefit을 효과적으로 구축해주는 것은 없다. CEO는 바뀌고 또 바뀌지만 창업자는 영원하다. 1830년대에 가난한 10대 소년이던 루이 비통은 맨발로 약 483킬로미터를 걸어 프랑스 파리로 갔다. 그곳에서 그는 상자 전문가로 입지를 다졌고 머지않아 프랑스의 마지막 황후이자 나폴레옹 3세의 아내인 외제니 드 몽티조에게 아름답고 정교한 트렁크를 여러 개 팔았다.[20]

비통은 우상화한 창업자의 전형이다. 이런 기업가에게는 상점보다 박물관에서 더 흔히 찾아볼 수 있는 탁월한 기술 역량과 파란만장하고 매력적인 인생사가 있다. 예술과 예술의 실현, 즉 장인정신은 그들의 브랜드를 키우고 유지해준다. 창업자들은 보통 예술가 집단에서 나온다(이는 축복일 수도 있고 저주일 수도 있다). 이들은 자신이 평생 무엇을 해야 하는지 일찌감치 깨닫는다. 그것은 바로 '아름다운 것을 만드는 일'이다. 그들에게는 다른 선택의 여지가 없다.

사치품 영역의 경박스러운 화려함에 냉소를 보내기는 쉽다. 그러나 포르쉐를 타고 운전을 하거나 나스 오르가슴 블러시NARS Orgasm Blush로 터치한 얼굴의 광대뼈가 두드러져 보일 때, 자기 눈빛이 한결 강렬하게 느껴질 때, 당신의 목적은 한층 더 확고해진다. 왜냐하면 당신은 이탈리아의 명품 브랜드 브루넬로 쿠치넬리를 입은 사람이기 때문이다. 이것이 현대 역사에서 명품 장인들이 다른 어떤 부문에 속한 사람들보다 더 많은 부를 축적한 이유다. 코코 샤넬은 "사치가 가난의 반대 개념이라고 생각하는 사람들이 있지만 그렇지 않다. 사치는 상스러움의 반대 개념이다."라고 말했다.

혁신의 상징이자 우상으로서 스티브 잡스의 힘을 온전히 이해하려면 젊은 엘비스 프레슬리를 생각해봐야 한다. 만약 그가 선 스튜디오Sun Studio에서 녹음한 뒤이자 입대하기 전인 20대에 사망했다면 우리는 그가 화려한 장식의 흰색 나팔바지를 입고 라스베이거스의 여러 무대를 주름잡던 모습을 못 봤을 것이다. 그는 마흔 살이 되기 훨씬 전에 세상을 떠났다. 그가 수십 년 더 오래 살았다면 아마 은퇴자들이 주로 타는 크루즈선에서 옛날 노래를 부르며 공연했을 테고, 그레이스랜드(엘비스가 살던 멤피스의 자택—옮긴이)는 지금 이동식 주택촌에 불과했으리라.

죽음은 신비로운 힘을 발휘한다. 우상인 어떤 인물이 일상적인 삶의 여러 모습과 관련해(노화를 포함해) 필연적으로 받을 이런저런 판단을 면하게 해주고 평범할 수 있던 한 개인을 전설의 반열에 올려놓는다. 전설은 모든 브랜드의 이상향이다. 만일 타이거 우즈가 문제의 그날 밤, 아내가 분노해 돌진한 자동차에 치여 사망했다면 타이거 우즈라는 브랜드는 지금 나이키에 버금갈지도 모른다. 그러나 타이거 우즈 브랜드는 무성한 소문과 함께 시시한 인물로 전락했다. 공적인 인물의 죽음은 때로(비록 흔하지는 않지만) 그 사람의 명성에 긍정적인 결과를 낳는다. 죽음은 명성을 완전히 파괴하는 어리석은 행동과 노화로부터 우상화한 영웅을 보호해준다. 미국 건국의 아버지들이 조지 워싱턴의 사망 소식에 남모르게 안도의 한숨을 쉬었음을 우리는 잘 안다. 워싱턴이 자기 명성에 먹칠할 일이 드러나기 전에 사망했기 때문이다(조지 워싱턴은 재임 기간에 혼외정사로 낳은 아이만 수십 명이라는 혐의를 받았다.—옮긴이).

우상화한 창업자가 현실에서 괴짜였는지 어땠는지는 중요하지 않다. 그것은 애플이 증명한다. 세상은 예수를 숭배하듯 스티브 잡스를 숭배하는 열풍을 만들어냈다. 실제 현실에서 스티브 잡스는 좋은 사람이 아니었고 아버지로서도 흠결이 있었다. 법정에서 자기 혈육을 부인하지 않았던가. 또 자신의 생물학적 딸임을 알면서도 그 아이에게 양육비 지급을 거부했다. 수백만 달러의 재산이 있으면서도 말이다. 그리고 그는 애플에서 받은 스톡옵션과 관련해 정부의 수사관에게 거짓말까지 했다.

그런데 2011년 잡스가 사망하자 세상은 그를 애도하며 슬퍼했다.

수천 명이 인터넷과 애플 본사 건물, 전 세계 애플 매장에(심지어 그가 다닌 고등학교 앞에도) 애도의 글을 올리거나 붙였다. 이는 우상화한 창업자를 스타 반열에서 성인 반열로 신격화하는 모습이다. 이 신격화 과정은 그가 죽기 전 몇 년 동안 사람들에게 보여준 금욕적인 모습 덕분에 한결 쉽게 이뤄졌다.

그때 이후 애플 브랜드는 한층 더 밝게 타올랐다. 프란치스코 교황은 2013년 11월 "돈이라는 우상 숭배"라는 표현을 통해 우리 사회의 건강하지 않은 현상을 언급한 적 있는데, 그 대표적인 사례가 우리가 잡스에게 과도하게 집착하는 일이다. 세상의 일반적인 평가는 스티브 잡스가 '우주에 흔적을 남겼다'Put a dent in the universe는 것이다. 나는 그렇게 생각하지 않는다. 내가 보기에 그는 우주에 흔적을 남긴 게 아니라 침을 뱉었다.

사람들은 아침마다 일찍 일어나 아이들에게 옷을 입히고 밥을 먹여 학교에 보낸다. 그리고 아이들이 잘 성장해 우주에 흔적을 남기길 바라는 마음으로 부모들이 흔히 그렇듯 특유의 비이성적 열정을 발휘한다. 세상은 안정된 일자리를 가진 부모와 그들이 이루는 가정을 더 필요로 하지 빌어먹을 더 좋은 휴대전화를 필요로 하지 않는다. 즉, 더 좋은 휴대전화는 소수를 위한 사치품에 불과하다.

2. 장인정신

사치품에서의 성공은 세부적이고 전문적인, 심지어 거의 초인간적인 손재주를 발휘하며 정교하게 주의를 집중하는 것에서 비롯된다. 이러한 집중에 성공하면 마치 은하계의 먼 행성에서 어떤 외계인이 지구를 찾아와 더 좋은 선글라스나 실크스카프를 만들기라도 한 것처럼 신기해 보인다. 할인매장에서만 물건을 사는 사람들은 안쪽으로만 접히는 경첩을 만들려고 애쓰는 사람이나 모자에서 사람들의 눈에 보이지도 않는 부분까지 한 땀 한 땀 정교하게 바느질하는 사람을 도무지 이해하지 못한다. 하지만 재량소득(가처분소득에서 기본 생활비를 빼고 남은 금액—옮긴이)이 넉넉하거나 먹고사는 문제를 걱정할 필요가 없는 사람에게 위대한 손재주로 구현한 물건을 소유하는 것은 그 무엇과도 바꿀 수 없는 소중한 일이다.

애플이 적용한 사치품의 본질은 단순성, 즉 궁극적 세련미에 있다. 컴퓨터가 작게 보이도록 만든 여러 수직선과 황백색의 표면을 특징으로 하는 1980년대의 눈처럼 새하얀snow white 디자인부터 '노래 1,000곡을 당신의 주머니 속에'라는 슬로건의 아이팟까지 단순성은 애플이 집요하게 추구한 특성이다. 단순성은 매끈한 외양과 사용상의 편의성을 수반한다. 대상과의 교감이 즐거움을 줄 때, 브랜드 충성심은 커지게 마련이다.

아이팟의 클릭 휠click wheel은 우아하면서도 장난스러운 재미를 더했다. 그리고 아이폰은 터치스크린을 채택했다. 터치스크린의 마법은 "나를 스크롤하는 순간 나는 이미 네 것이다."You had me at scrolling라는 말로 설명할 수 있다(영화 〈제리 맥과이어〉에 나오는 대사 "You had me at hello."(네가 나한테 말을 거는 순간 나는 이미 네 것이었어)를 패러디한 것이다.—옮긴이). 애플은 노트북컴퓨터 파워북의 외장으로 알루미늄을 선택했는데 이는 알루미늄이 가볍고 제품을 더 얇게 만드는 데 유리하며 열전도율이 높기 때문이었다. 애플의 데스크톱 아이맥 광고에 나온 대로 애플의 기술은 '그저 놀라울 뿐이고 놀랍도록 단순하다.'Simply amazing, and amazingly Simple.[21]

애플이 새로운 제품을 내놓을 때마다 아이콘이 된 이유가 여기에 있다. 애플 제품은 '아주 단순하고 조리 있고 꼭 필요한 것으로 보여 이성적으로 다른 대안을 떠올릴 수 없다.'[22] 인지심리학은 매력적인 사물이 사람을 기분 좋게 만들고 창의적인 도전을 하도록 자극하며 보다 더 강한 회복탄력성을 보장해준다고 설명한다.[23] 애플에서 1993년부터 1998년까지 첨단기술 부문 책임자로 일한 돈 노먼Don Norman은 이렇게 말했다.

"매력적인 제품은 작동도 더 잘 된다. 자동차를 세차한 뒤 운전하면 자동차가 더 잘 나간다. 그렇지 않은가? 실제로 그렇지 않더라도 적어도 그런 느낌이 드는 것만은 분명하다."[24]

3. 수직적 통합

1980년대 초 갭 매장은 레코드 음반들을 빼곡히 진열했다. 이런 모습은 리바이스나 다른 캐주얼 브랜드 매장도 크게 다르지 않았고, 어떤 브랜드 매장에서는 갭 브랜드를 함께 다루기도 했다. 그러다가 1983년 새로운 CEO로 일명 미키라고 불린 밀러드 드렉슬러Millard Drexler가 이 회사를 완전히 새롭게 개조했다. 그는 매장의 조명을 보다 부드럽게 바꾸고 목재는 모두 하얀색으로 교체했다. 여기에다 관악기 연주곡을 틀었고 탈의실을 확장하는 한편 벽을 유명 사진작가의 흑백 사진으로 장식했다. 드렉슬러는 갭의 모든 매장에서 자신이 내다보는 갭 브랜드 비전을 고객 하나하나가 모두 경험하도록 한 것이다. 그는 사치품을 팔지 않았지만 갭 브랜드를 중심으로 한 어떤 세상을 창조해 고객들이 그 세상을 경험하게 했다. 사치품 브랜드를 모방해 사이비 사치품을 만든 셈이다. 드렉슬러의 이 전략 덕분에 갭의 매출과 수익은 껑충 뛰었고 이후 20년 독주가 이어졌다. 캐주얼 브랜드 부문에 속하는 다른 업체들이 부러워했음은 말할 필요도 없다.[25]

많은 사람이 드렉슬러를 두고 '대 상인'Merchant Prince이라고 말한다. 그러나 그가 기업계에 끼친 충격은 그 표현에 모두 담아낼 수 없을 정도로 크다. TV는 어떤 브랜드가 전달하고자 하는 메시지를 방송으로 보여준다. 한데 드렉슬러는 현실에 물리적으로 존재하는 오프라인 매장이 이보다 훨씬 더 많은 것을 할 수 있음을 알아차렸다. 매장은 고객이 브랜드 안으로 성큼 걸어들어와 직접 만지고 냄새를 맡는 장소이기 때문이다. 그는 거리에 있는 매장이야말로 갭의 브랜드 가치를 쌓아올리기에 적합한 곳이라고 판단했다. 이 판단 아래 그는 갭의 경쟁사 리바이스가 최고의 TV 광고를 연이어 제작하는 데 힘을 쏟은 것과 달리 최고의 매장을 구축하는 데 전념했다.

그 결과는 어땠을까? 1997년부터 2005년까지 갭의 수익은 65억 달러에서 160억 달러로 세 배 가까이 늘어난 데 비해, 같은 기간 리바이스의 수익은 69억 달러에서 41억 달러로 오히려 주저앉았다.[26, 27, 28, 29] 브랜드를 구축하는 공간은 전파에서 물리적으로 존재하는 현실 세계로 옮겨갔고 리바이스는 발목이 잡힌 채 제자리걸음만 했다. 나는 만일 리바이스가 애플이 거둔 것과 똑같은 성공을 거뒀다면 세상이 지금보다 더 나아졌을 것이라고 믿는다. 리바이스를 소유한 하스

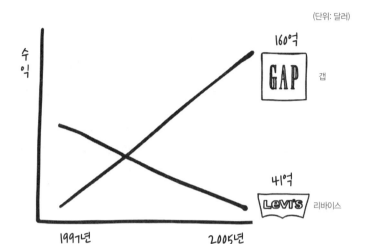

갭과 리바이스의 수익 증감 추이

(단위: 달러)

수익

160억

GAP 갭

41억

Levi's 리바이스

1997년 2005년

Haas 가문은 당신이 이상적으로 생각하는 기업가의 자질, 즉 겸손과 관대한 품성 그리고 공익에 헌신하는 자세를 갖추고 있기 때문이다.

스티브 잡스는 애플에 복귀한 지 1년이 지난 시점이던 1999년 드렉슬러를 애플의 이사회 구성원으로 영입했다. 그로부터 2년 뒤 애플은 버지니아의 타이슨스 코너Tyson's corner에 최초의 오프라인 매장을 열었다.[30] 애플 매장은 갭 매장보다 훨씬 더 으리으리했다. 애플의 이 전략에 대부분의 전문가가 고개를 저었다. 매장을 매개로 소비자에게 접근하는 방식은 구닥다리이며 오직 인터넷만 미래라는 것이었다. 그들은 스티브 잡스가 이 사실을 이해하지 못한다고 생각했고 적어도 그렇게 보였다.

지금은 기억하는 사람이 많지 않지만 당시 대다수가 애플이 얼토

당토않은 방향으로 나아간다고, 또 팬시 매장을 열어 행인들 위주의 사치품 영역에 스스로를 가둔다고 보았다. 사람늘은 이것이 얼마나 멍청한 짓인지 애플만 모른다고 생각했다. 기술 시장은 마이크로소프트와 인텔이 추동하는 제품을 중심으로 돌아간다는 사실과 그 열풍이 전자상거래업계에서 이뤄진다는 것을 왜 애플은 바라보지 못할까?

애플의 최고재무책임자 조셉 그라지아노Joseph Graziano는 《비즈니스위크》에 "세상 사람들은 치즈를 바른 크래커만으로도 충분히 만족하는데 잡스는 이들에게 캐비어를 내놓자고 고집한다. (…) 이제 애플에 재앙이 닥칠 것이다."라고 말했다.[31]

알다시피 매장은 기술 산업을 바꾸었고 애플이 사치품 회사로 발돋움하게 했다. 아이폰은 애플의 시장점유율을 끌어올렸지만 매장은 애플의 브랜드 가치와 이윤을 끌어올렸다. 뉴욕의 번화가 5번가나 파리의 샹젤리제 거리를 걷다 보면 루이비통, 까르띠에, 에르메스 그리고 애플 매장이 쉽게 눈에 띈다. 이러한 매장 개설은 어쩔 도리가 없는 경로다. 2만 6,000달러짜리 까르띠에 발롱블루 시계나 5,000달러짜리 스웨이드 버버리 트렌치코트를 만약 메이시스 백화점 매장에 진열한다면 빛을 잃고 말 것이다.

브랜드 직영 매장은 그 브랜드의 사원寺院처럼 여겨진다. 애플의 매장 매출액은 1제곱피트당 약 5,000달러에 이른다. 그 뒤를 이어 단위면적당 매출액이 가장 높은 매장이 편의점인데 그래봐야 애플 매장의 절반에 불과하다.[32] 애플의 성공을 결정지은 것은 아이폰이 아니라 애플 매장이었다.

4. 세계 무대로의 확산

부유한 사람들은 다른 어떤 집단보다 동질성이 강하다. 최근 나는 JP모건JPMorgan이 주최한 어느 투자 관련 회의에서 연설을 했다(이 회의의 명칭은 'Alternative Investment Summit'이다). JP모건의 CEO 제이미 다이먼Jamie Dimon이 자사의 중요한 고객이자 입이 떡 벌어질 정도로 부를 쌓은 300명과 그들의 자금을 관리하는 펀드업체 창업자 및 CEO 50명 내외를 초대한 자리였다. 우주의 주인인 이들 400명과 우주가 보내준 밝은 미소의 혜택을 받은 사람들이 한자리에 모인 것이다. 이 사람들은 전 세계 거의 모든 국가와 문화권 출신이지만 그들 사이에는 동질성이 물결쳤다. 모두가 '동일한 언어'(문자 그대로의 뜻이기도 하고 비유적인 뜻이기도 하다)를 사용했고 에르메스나 까르띠에, 롤렉스를 착용했으며 자녀를 최고의 명문대학에 보냈다. 또 휴가는 이탈리아나 프랑스, 생바르텔르미섬(카리브해에 있는 프랑스령 섬—옮긴이)의 해변에서 보냈다.

그러면 그 회의장을 가득 메운 사람들이 그 부자들이 아니라 전 세계 중산층 중에서 선발한 사람이라고 해보자. 아마 엄청난 다양성을 목격할 것이다. 먹는 음식, 입는 옷이 다르고 사용하는 언어도 모두 달라서 다른 사람의 말을 거의 알아듣지 못할 확률이 높다. 그야말로 살아 있는 인류학 강의가 되리라. 반면 세계적인 엘리트들은 무지개는 무지개이되 동일한 색깔로 구성된 무지개다.

사치품 브랜드가 일반 대중을 소비자로 설정하는 브랜드보다 지정학적 여러 경계선을 쉽게 넘나드는 이유가 여기에 있다. 월마트나 까르푸를 포함한 대중 시장 소매유통업체는 특정 지역에서 매장을 열

때 그 지역의 사정을 잘 아는 사람들을 따로 채용해 도움을 받아야 한다. 그러나 애플을 포함한 사치품 브랜드는 자기 스스로 우주를 결정한다. 우상화한 브랜드의 지속성은 핵심적인 디자인 요소로 얻는다. 그러한 요소에는 유리(예컨대 유리 패널, 직육면체의 조명 기구, 잡스가 특허를 낸 원통형 유리 건물로 디자인한 출입구 등), 넓은 공간, 최소한의 인테리어, 매장에 재고품을 쌓아두지 않는 설계(구매가 이뤄지면 소비자에게 제품을 배송해준다) 등이 있다. 이런 요소로 무장한 애플의 492개 매장은 날마다 100만 명이 넘는 숭배자를 불러들인다.[33] 디즈니의 판타지 월드 매직 킹덤The Magic Kingdom을 찾은 고객도 2015년 한 해에만 2,050만 명이었다.[34]

애플은 세계적인 공급망supply chain을 운영한다. 부품과 완제품은 중국의 광산과 일본의 스튜디오, 미국의 반도체 공장을 비롯해 세계 여러 국가에 있는(특히 악명 높게도 중국에 있는) 협력업체의 거대한 제조 공장에서 공급받으며 이것이 온라인과 오프라인의 애플 매장으로 나간다. 그리고 제품 판매로 벌어들인 수십억 달러의 돈은 자체적인 우회로를 경유해 아일랜드 같은 세금 천국 네트워크로 흘러들어간다. 덕분에 애플은 저렴한 생산비로 어마어마한 규모의 수익을 올리는데 이는 사치품이 낳은 이윤이다. 애플은 역사상 가장 수익성이 좋은 기업으로 꼽힌다. 그렇지만 이 기업은 미국의 세금 제도가 요구하는 까다롭고 번잡한 여러 과정에 굳이 자원을 소모하지 않는다.

5. 프리미엄 가격

높은 가격은 품질과 배타성을 보장한다는 일종의 신호다. 독자가 어떤 제품을 인터넷으로 검색한다고 해보자. 가격이 더 높은 제품에 끌리지 않는가? 심지어 이베이에서 검색할 때조차 호기심에 '최고가'를 정렬 기준으로 해서 검색해본 적 있지 않는가? 실제로 어떤 제품은 가격이 비싸면 소비가 줄어든다는 일반적인 경제법칙에 들어맞지 않는다. 예컨대 에르메스가 어떤 스카프의 가격을 19.95달러로 책정하면 기존 에르메스 고객은 대부분 흥미를 잃을 것이다. 이 관점에서 애플은 에르메스가 아니다. 애플은 컴퓨터나 스마트폰에 다른 소비재 브랜드의 20배나 100배의 가격을 매겨 판매할 수 없다. 그래도 애플은 상당 수준의 프리미엄 가격을 붙인다. 가령 아이폰7은 보조금을 제외하고 749달러인데, 블루 R1 플러스(블루는 미국 BLU Product의 초저가 스마트폰 브랜드다.—옮긴이)는 159달러고 블랙베리의 최신품 블랙베리 키원KeyOne은 549달러다.[35, 36, 37]

잡스는 이것을 포함해 대부분의 것(최근의 인적자원과 관련한 여러 정책은 예외지만)을 품질을 우선시하는 기술제품 가격 책정 분야의 개척자 HP에서 배웠다. 그는 애플컴퓨터 창립 초기부터 HP를 찬양하며 HP 같은 이미지로 애플을 만들고 싶다는 말을 공개적으로 했다. 잡스가 찬양한 HP의 속성 가운데 하나는 최고의 제품, 즉 가장 혁신적이면서도 품질이 뛰어난 제품(특히 계산기 제품)을 만드는 데 전념해 엔지니어들이 그 제품을 사고 싶어 안달이 나게 만드는 것이었다. HP와 애플의 차이는 HP는 사치품과 거리가 먼 전문가용 제품을 주로 만드는 데 비해, 애플은 소비자에게 직접 제품을 소구해 우아함의 모든 신호가 발휘하는 강점을 고스란히 활용한다는 점이다.

애플의 일부 고객은 자신의 구매 행위가 비이성적 판단에 따른 것임을 알면서도 개의치 않는다. 그들은 자신이 똑똑하고 첨단을 걷는다고 생각한다. 그렇기에 구매를 결정할 때 사기 뇌는 던지 구경만 했을 뿐이라는 논리로 구매 행위를 합리화한다. 애플 제품이 다른 브랜드 제품보다 더 뛰어나서 구매한 것이라는 논리다.

"애플의 소프트웨어는 직관적인 사용자 인터페이스를 갖추고 있잖아. 생산성을 한층 높여주는 앱들은 또 얼마나 멋진데. 노트북도 훨씬 더 잘 돌아간단 말이야. 애플 워치만 해도 하루에 3,000걸음은 더 걷게 해주지. 애플 소프트웨어가 없었다면 그렇게 걷지 않았을 거야."

이처럼 애플 고객은 자기 자신에게 프리미엄 가격에는 그럴 만한 가치가 충분히 있다고 말한다.

이게 맞는 말일 수도 있다. 사람들은 메르세데스나 벤틀리 같은 자동차에 엄청난 프리미엄을 지불할 때도 비슷한 핑계를 댄다. 사치품은 위대해야 한다고 말이다. 또 사치품은 사용자의 높은 지위를 한층 더 드러내주고 출생 브랜드를 높여준다고 믿는다. 거의 모든 사람이 애플 기기를 들고 다니는 부자 세계에서는 이것이 두드러지지 않을 수도 있다. 예컨대 내가 지금 파리의 카페 드 플로르(프랑스 파리 생제르맹 거리에 있는 유서 깊은 카페—옮긴이)에서 맥북을 여는데 그 카페에 이미 맥북을 사용하는 사람이 13명이나 있다면 과연 그 행동이 멋지게 보일까? 하지만 그 반대의 경우를 생각해보자. 애플이 표준이자 이상인데 어떤 사람이 델Dell 노트북을 켜거나 거리 풍경을 촬영하려고 모토X(모토로라가 2013년 8월 출시한 안드로이드 스마트폰—옮긴이)를 꺼낸다고 치자. 이때 그가 발산하는 성적 매력은 얼마나 **별 볼 일 없게** 보일까?

그렇다고 내가 지금 사치품 구매가 자아내는 성적 두근거림이 실제로 일어난다고 주장하는 것은 아니다. 다만 수백만 명에 달하는 아이폰 소유자는 밤을 혼자 외롭게 지새우지 않는다.

어떤 사치품을 구매하는 행위는 특정한 감정을 촉발한다. 즉, 행복감과 성취감에 관여하는 호르몬인 세로토닌 분비를 촉진한다. 어쩌면 처음 만나는 사람에게 당신이 보다 매력적으로 보이게 만들 수도 있다(델컴퓨터가 그렇게 할 수 없다는 것은 분명하다). 프리미엄 가격을 기꺼이 지불하겠다는 의사결정은 이성적 사고를 관장하는 뇌가 끊임없이 투덜거리며 불평하는 와중에도 불현듯 아랫도리가 유발하는 어떤 원시적 충동에서 비롯된다.(이 주제는 제7장에서 보다 깊이 다룬다)

애플의 사치품 전략으로 피해를 본 기업이 많다. 예를 들어보자. 2015년은 나이키에게 최고의 한 해였는데 그해에 나이키의 수익은 28억 달러 늘어났다.[38] 한데 같은 해에 애플의 수익은 510억 달러나 늘어났다.[39] 이처럼 엄청나게 늘어난 애플의 수익은 소비자의 재량소득에서 나온 것이지만, 따지고 보면 이것은 소비자가 다른 데 쓸 돈을 아끼고 아껴 애플 제품을 산 것이다.

애플 때문에 가장 많이 피해를 보는 기업을 추정하면 제이크루J.Crew, 마이클 코어스Michael Kors, 스와치Swatch 같이 1,000달러 미만의 제품을 파는 중간 수준 사치품 업체를 들 수 있다. 이들 기업의 고객은 늘 자기 주머니에 돈이 얼마나 있는지 계산한다. 더구나 젊은 소비자는 옷보다 휴대전화나 커피에 더 많이 신경 쓴다. 이 경우 제한적인 재량소득을 어디에 지출할까? 액정 화면이 깨진 낡은 휴대전화는 자기가 원하는 짝짓기 기회를 제한한다. 그 제한 폭은 작년에 산

재킷이나 지갑이 제한하는 폭보다 확실히 더 크다. 젊은 소비자는 캐주얼웨어 브랜드 아베크롬비 앤 피치Abercrombie & Fitch에서 78달러에 파는 헤들리 후디Hedley Hoodie나 마이클 코어스에서 298달러에 파는 퀼트 숄더백, 케이트 스페이드Kate Spade에서 498달러에 파는 루나 드라이브 월로 가방Luna Drive Willow Satchel을 사지 않고 돈을 절약할 가능성이 크다.

한편 애플로 쏠려버린 510억 달러는 포르쉐나 브루넬로 쿠치넬리 같은 플래티넘 브랜드에는 전혀 영향을 주지 않는다. 이들 브랜드의 고객은 모든 것을 살 만큼 여유로워 굳이 둘 가운데 하나 혹은 셋 가운데 하나를 선택하지 않아도 되기 때문이다.

애플을 기술 브랜드에서 사치품 브랜드로 전환한 스티브 잡스의 판단은 역사상 가장 중대한(그리고 가치 창조의 힘이 가장 강력한) 기업계 통찰 중 하나로 꼽을 수 있다. 기술 기업은 규모를 바꿀 수는 있어도 유행을 타지 않는 경우는 드물다. 예측하건대 샤넬은 시스코Cisco(1984년 설립된 미국의 정보통신 회사—옮긴이)보다 오래 살아남고, 구찌는 구글이 유성처럼 소멸하는 것을 목격할 것이다. 아마존, 애플, 페이스북, 구글이라는 네 개의 거인기업 중에서도 애플은 다른 셋보다 한층 더 우월한 유전자를 갖췄고, 내가 볼 때 22세기까지 살아남을 가능성이 가장 높다. 적어도 현재까지 애플은 넷 가운데 창업자와 창업 당시 경영진이 모두 물러난 뒤에도 살아남은 유일한 기업이다.

선지자 기업에서
운영자 기업으로

뉴욕 대학교 스턴 경영대학원의 재무학 교수 어스워스 다모다란Aswath Damodaran의 조사보고서는 기술 기업은 전통 기업의 수명주기를 점점 더 빠른 속도로 경험한다는 사실을 강조한다. 기술 기업은 개처럼 나이를 빨리 먹는다는 말이다(정보화 시대의 빠른 변천을 비유한 말이 '도그 이어'dog year다. — 옮긴이).[40]

기술 기업에 좋은 소식은 부동산이나 자본금, 해결에 여러 해가 걸리기도 하는 배급망, 막대한 노동력 등을 확보하는 문제에 맞닥뜨리는 다른 산업 기업보다 훨씬 빠른 속도로 제품을 출시하고 회사 규모를 키우고 고객을 확보할 수 있다는 사실이다. 나쁜 소식은 어떤 기술 기업을 태운 로켓이 그 기업보다 젊고 똑똑하며 빠르고 심지어 뒤에 바짝 붙어 추격하는 경쟁자들도 얼마든지 함께 태운다는 사실이다.

야생 수사자의 예상 수명은 10~14년이다. 그런데 인간이 제공하는 우리 안에서는 20년이나 그 이상도 산다.[41] 이유가 뭘까? 우리 안에서는 다른 수컷들에게 끊임없이 도전을 받는 일이 거의 없기 때문이다. 야생 수사자는 대개 왕관을 차지하기 위한 싸움이나 그 왕관을 지키려는 싸움에서 얻은 상처 때문에 죽는다. 천수를 다하며 늙어 죽는 수사자는 매우 드물다.

기술 기업은 야생의 우두머리 수사자와 같다. 왕좌를 차지하는 것은 멋진 일이다. 수익이 다른 기업에 비해 몇 배 높아(일이 제대로 돌아가기만 하면) 부를 빠르게 축적하는 한편, 사회가 안겨주는 혁신자 칭호를 얻어 마치 연예계 스타처럼 사랑과 존경을 받는다. 문제는 모든 사람이 다 왕좌에 앉고 싶어 한다는 데 있다. 기존의 왕을 몰아내고 자신이 왕이 되려면 힘과 속도, 포악한 공격력 그리고 언젠가 자신도 밀려나고 만다는 사실을 깨닫지 못하는 어리석음이 필요하다.

애플은 스스로 가장 위대한 선지자 기업에서 가장 위대한 운영자 기업으로 변신했다. 사치품 브랜드로 전환해 수명을 연장한 셈이다. 이것이 어떻게 가능했을까? 스티브 잡스 이후의 애플 CEO는 기업 규모를 확장하는 방법을 이해하는 운영자일 필요가 있었다. 만일 애플의 이사회가 선지자를 원했다면 애플의 최고디자인책임자CDO로 창의력이 번뜩이는 조너선 아이브Jonathan Ive를 CEO로 선택했을 것이다.

명품 브랜드로의 전환

애플에는 비전이 부족하다는 게 내 생각이다. 물론 애플은 여전히 잘나가고 있다. 아이폰을 좀 더 크게 만들고 이어 다시 조금 더 작게 만드는 것은 단순성이라는 점에서 천재성을 발휘하는 일이다(이는 세계 최고의 빵을 가져다 다양한 방식으로 얇게 썰어 내놓는 것에 비유할 수 있다). 또한 애플은 다른 기술 기업이 도저히 해낼 수 없는 일, 즉 자사를 사치품 브랜드로 전환하는 과정에 엄청난 자본과 시간을 투자하기 위해 보다 많은 시간과 자산을 동원해왔다.

애플은 매킨토시 시절에 이미 기술이라는 기차에서 내리고 싶어 했다. 그들은 더 적은 돈을 들이기 위해 해마다 더 많이 노력해야 하는 이른바 무어의 법칙Moore's Law(마이크로칩 성능이 18개월마다 두 배로 증가한다는 법칙—옮긴이)이 요구하는 고달픈 투쟁 여로에서 일찌감치 벗어났다. 현재 애플은 사람들에게 제품과 서비스, 감정을 판매함으로써 신에 점점 더 가까이 다가서는 매력적인 존재가 되고자 한다. 애플은 반도체와 디스플레이 기술로 제품과 서비스, 감정을 소비자에게 제공한다. 또 전기로 그것에 전원을 제공하고 그것을 사치품으로 포장한다. 역사상 가장 수익성 높은 기업을 만들어낸 것은 강력하고도 중독성이 있는 혼합이다. 예전에 사람들은 입고 있는 옷이나 먹는 음식으로 사람을 평가했다. 이제 누군가를 평가하는 기준은 그 사람이 문자메시지를 보내는 도구가 어느 브랜드의 스마트폰인가 하는 점이다.

우리가 잘못 알고 있는 잡스의 천재성

잡스가 애플의 모든 위대한 제품을 발명했다는 허위 사실을 믿는 사람이 지금도 얼마나 많은지 모른다. 마치 그가 캘리포니아의 쿠퍼티노에 있는 애플 본사 연구개발실에 앉아 작은 머더보드에 칩을 납땜해서 붙인 끝에 마침내 세상에 아이팟을 내놓기라도 한 것처럼 믿는 사람이 아직도 많다는 말이다. 실제로 '애플1'을 만든 사람은 애플의 공동창업자 스티브 워즈니악이다.

스티브 잡스는 천재였으나 그의 천재성은 다른 곳에 있었다. 실은 소비자와 생산자가 직거래하는 전자상거래가 등장하면서 모든 분야 전문가가 도매상, 소매상, 브로커, 대리점 등의 소매유통 중개 경로가 사라질 거라는 소위 *기술의 탈중개회* disintermediation를 주장하던 시점에 그의 천재성은 가장 두드러졌다.

잡스는 동종업계의 다른 모든 사람과 달랐다. 콘텐츠를(심지어 소비재도) 온라인으로 매매하고 있을지라도 하드웨어 전자제품을 프리미엄 가격을 매긴 사치품으로 만들려면 다른 사치품처럼 판매해야 한다는 사실을 그는 제대로 인식했다. 즉, 화려한 조명 아래 제품을 전시하고 고객이 눈짓만 해도 얼른 달려가 궁금한 것을 설명해주는 젊고 열성적인 '천재' 판매원이 있어야 했다. 이때 무엇보다 중요한 것은 그렇게 사고파는 과정을 다른 사람들이 볼 수 있도록 유리벽 매장을 갖추는 일이었다. 여기서 '다른 사람들'에는 다른 고객뿐 아니라 지나가는 행인도 포함된다. 그들이 자사 상품을 사는 구매자를 바라보며 그 구매자가 '선택받은 사람'이라 생각하도록 하기 위해서다. 일단 여기까지 성공하면 그 매장에서 거의 **모든 것**을 팔 수 있다. 물론 우아하고 유행에 맞게 포장해 더 비싸게 팔리는 다른 사치품과 동일한 설계 개념을 갖춰야 한다는 전제가 필요하지만 말이다.

애플이 다른 어떤 기술 기업도 해내지 못한 엄청난 이윤율을 누리며 '저비용을 들인 프리미엄 가격' 제품이라는 목표를 동시에 달성하는, 다시 말해 거의 불가능한 성취를 거둔 이유가 여기에 있다. 다른 사치품 범주에서는 애플 같은 성취를 거두거나 비슷하게나마 성취한 기업이 단 하나도 없다. 핸드백 부문에서 프리미엄 가격 상품인 보테가 베네타는 비용이 높은 브랜드다. 자동차 부문에서는 페라리가, 호텔 부문에서는 만다린 오리엔탈 호텔 그룹이 그렇다. 이들은 저비용과는 거리가 한참 멀다.

하지만 애플은 저비용을 들였음에도 프리미엄 가격을 매길 수 있는 제품을 만들었다. 이는 대부분의 기술 기업보다(특히 소비자 기술 기업보다) 한 세대 앞서 자동화와 로봇화를 실현하고 세계적인 규모의 공급망을 구축한 덕분이다. 또한 애플은 소규모 지원군과 IT 전문가의 지원을 받는 소매유통점을 구축했는데 모든 브랜드와 소매유통업자가 이것을 부러워한다.

낙하산, 사다리
그리고 해자

모든 기업은 신생업체나 경쟁자의 침입에 대비해 장벽을 높이 쌓으려고 노력한다. 이 장벽을 경영학 용어로 '진입장벽'이라 한다. 이 장벽은 이론적으로는 멋지지만 이제 전통 장벽에 점점 더 금이 많이 생기고 있다. 심지어 무너지는 경우도 있는데 기술 부문에서는 더욱더 그렇다. 대표적으로 무어의 법칙이 증명하는 처리 속도와 칩 가격의 수직 하락이 디지털 DNA를 보유한 새로운 세대의 리더십이나 대역폭 증가와 맞물리면서 예전에 상상도 하지 못한 커다란 사다리가 등장해 장벽을 무력화하고 있다. ESPN, 제이크루 그리고 아버지와 형이 미국 대통령을 지낸 명문가 출신 젭 부시Jeb Bush의 신분 등은 모두 난공불락의 장벽이었다. 그렇지 않은가? 물론 이제는 과거의 일이 됐다. 지금은 온라인 동영상 서비스 OTTOver-The-Top와 패스트 패션, @realdonaldtrump(도널드 트럼프의 트위터 계정—옮긴이) 같은 디지털 사다리로 거의 모든 장벽을 어렵지 않게 공략할 수 있나.

그렇다면 터무니없을 정도로 커다란 성공을 거두는 기업은 어떨까? 경영서계의 예수로 불리는 말콤 글래드웰Malcolm Gladwell은 《다윗과 골리앗》에서 다윗과 골리앗의 우화를 들어 핵심을 지적하는데, 그것은 '상대방이 설정한 조건 아래서 싸우지 마라'는 것이다. 다시 말해 기술 기업을 운영하며 빛의 속도로 성장하고 싶다면 당신이 사냥감에 구사한 그 정복 무기에 대항할(적이 그 무기로 당신을 공격해봐야 소용없도록) 면역력을 확보해야 한다. 여기에는 몇 가지 명백한 증거가 있는데 예를 들면 다음과 같다. 어떤 사람의 소비 성향이 다른 사람의 소비에 영향을 주는 네트워크 효과Network Effects(모든 사람이 페이스북에 있다. 왜냐하면 모든 사람이 페이스북에 있으니까), IP 보호(자산 가치 100억 달러 이상의 모든 기술 기업은 자산 가치 100억 달러 이상의 다른 기업을 상대로 소송을 걸고 있거나 반대로 소송이 걸려 있다), 산업 기준(가령 독점)과 관련된 어떤 생태계 개발(지금 나는 워드 프로그램으로 원고를 쓰는데 이는 다른 문서 작성 도구가 없기 때문이다) 등이 그런 예다.

하지만 내가 볼 때 승리를 장기적으로 지속하는 관건은 해자를 보다 깊이 파는 데 있다. 앞으로 아이폰이 오랫동안 최고의 휴대전화로 남아 있기는 어렵다. 아주 많은 기업이 애플을 따라잡으려 분투하고 있기 때문이다. 물론 애플에는 강력한 면역체계를 갖춘 핵심 자산이 있다. 그것은 세계 19개국에 퍼져 있는 492개의 매장이다.[42] 잠깐, 그럼 애플을 공략하는 공격자는 온라인 매장을 만들면 되지 않느냐고? 그렇지 않다. HP닷컴HP.com이 영국에 있는 애플 매장과 싸우는 것은 버터나이프를 들고 권총에 맞서는 격이다. 설령 삼성이 자본을 집중 투자하더라도 아홉 명의 여자가 아무리 애를 써도 아기를 한 달 만에 낳을 수 없듯(아이를 출산하려면 한 명의 여자와 9개월이 필요한데 시간이 더 필요한 일에 사람을 더 투입하려 한다는 의미—옮긴이) 한국의 이 거인기업이 애플 제품과 비슷한 제품을 내놓기까지는 적어도 10년은 걸릴 것이다.

오프라인 매장이 안고 있는 여러 문제를 디지털화가 불러온 파괴의 힘으로 해결해왔다는 인식은 어느 정도까지는 맞다. 한데 소매유통업에서 온라인 판매는 여전히 10~12퍼센트에 머물고 있다.[43] 사실 오프라인에서 실제로 죽어가는 것은 중산층이고 나아가 그들을 주된 고객으로 삼고 있는 매장이다. 중산층 가구를 대상으로 하거나 이들의 거주지에 있는 매장은 대부분 고전을 면치 못하고 있다. 이와 달리 부유한 동네에 있는 매장은 여전히 호황을 누린다. 전체 미국인의 61퍼센트였던 중산층은 지금 그 비율이 절반 이하로 떨어졌고 나머지는 그보다 소득이 낮거나 높다.[44]

사다리가 점점 더 높아지리라고 판단한 애플은 더 아날로그적인 (즉, 시간과 자본이 많이 드는) 해자를 구축하는 전략을 선택했다. 구글과 삼성은 모두 애플과 협력하고 있다. 그러나 이들 기업은 애플 매장의 낭만과 소통, 전반적인 경이로움을 단순히 복제하기보다 더 나은 휴대전화를 생산할 가능성이 크다. 디지털 시대에 성공을 거둔 기업이라면 반드시 이 질문에 대답할 필요가 있다. 크고 높은 진입장벽을 세우는 것과 별도로 어디에다 깊은 해자를 팔 것인가? 여기서 깊은 해자란 파는 데 돈과 시간이 많이 드는(경쟁자가 넘기에 시간이 많이 드는) 구경제Old-Economy의 진입장벽을 말한다. 애플은 세계 최고의 브랜드와 매장에 지속적으로 투자함으로써 이 작업을 탁월하게 수행했다. 아마존도 해자를 파는 전략으로 접근해 비싸고 건설하기도 쉽지 않은 창고를 100개 넘게 지었다. 이것이야말로 구닥다리 방식이 아닌가? 그렇지만 나는 앞으로 아마존이 이런 창고를 수천 개는 더 지을 것이라고 확신한다.

최근 아마존은 보잉 767기 20대를 임대하고 또 수천 대의 트랙터 트레일러를 구입해 아마존 브랜드로 운영하겠다고 발표했다.[45, 46] 구글은 서버 팜server farm(데이터 관리를 위해 서버와 운영시설을 모아놓은 곳으로 서비스 요구가 많으면 분산하고 문제가 생길 경우 서버 대체가 용이하다.—옮긴이)을 여러 개 보유하고 있고 20세기 초기의 항공 기술인 비행선을 하늘에 띄워 지상에 인터넷망을 구축하는 사업을 진행하고 있다.[47] 페이스북은 네 개의 거인기업 중에서도 해자를 가장 적게 확보해 예전에 생각지도 못하던 거대한 사다리로 진입장벽을 공략하려 하는 잠재적 공격에 가장 취약하다. 물론 페이스북도 당연히 변화를 도모할 것이다. 페이스북이 마이크로소프트와 손을 잡고 대서양 횡단 해저 케이블을 가설하겠다고 발표한 것도 이런 변화를 위한 시도다.[48]

애플 같은 단일 회사가 거두는 성공은 시장 전체나 한 지역, 나라 전체를 텅 비게 만들 수도 있다. 애플이 2007년 출시한 아이폰은 모토로라와 노키아를 죽여 버렸다. 아울러 일자리 10만 개도 함께 사라졌다. 한창 잘나가던 시절 노키아는 핀란드 GDP의 30퍼센트를 책임졌고 노키아가 낸 법인세는 핀란드 정부가 거두는 전체 법인세 중 무려 4분의 1을 차지했다. 1939년에는 러시아가 탱크를 앞세워 핀란드를 군사적으로 침공했지만, 2007년에는 애플이 아이폰을 앞세워 핀란드를 상업적으로 침공해 핀란드 경제의 근간을 뒤흔들었다. 노키아가 몰락하자 핀란드 국가 경제는 휘청거리며 주저앉았다.[49] 노키아가 주식시장에서 차지하던 비중도 70퍼센트에서 13퍼센트로 줄어들었다.[50]

다음 차례는 무엇일까?

애플을 비롯한 네 개의 거인기업은 각각 하나의 독립적인 사업으로 출발했다. 애플은 기계류, 아마존은 매장, 구글은 검색엔진 그리고 페이스북은 소셜 네트워크로 각각 사업을 시작했다. 초기에 이들은 서로 경쟁할 것 같지 않았다. 그런데 2009년 당시 구글의 CEO이자 애플의 이사이던 에릭 슈미트Eric Schmidt는 장차 두 기업 사이에 이해충돌이 발생하리라는 것을 예견하고 자진해서(혹은 사퇴 요청을 받고) 애플의 이사직을 사퇴했다.

이후 네 기업은 끊임없이 서로의 영역을 노리는 시도를 해왔다. 현재 이들 가운데 둘 혹은 셋은 서로의 시장에서 경쟁하고 있다. 광고, 음악, 서적, 영화, 소셜 네트워크, 휴대전화가 대표적이다. 최근에는 자율주행자동차 시장도 그렇다. 그 와중에 애플은 사치품 브랜드로 고고하게 서 있다. 이 차이 덕분에 애플은 상당 규모의 강점을 확보해 큰 폭의 이윤과 예리한 경쟁력을 누리고 있다. 애플이 아랫동네에서 벌어지는 치열한 경쟁에 초연할 수 있는 이유는 사치품이 애플이라는 브랜드를 경쟁에서 보호해주기 때문이다.

현재로서는 애플이 다른 세 기업으로부터 심각한 수준의 도전을 받을 것 같지 않다. 아마존은 가격을 할인한 태블릿을 팔고 페이스북은 전화번호부보다 더 매력적이지 않다. 웨어러블 컴퓨팅Wearable Computing의 한 종류로 구글이 개발한 구글 글라스는 그걸 착용했을 때 섹시하고 스마트해 보일 것이라는 그들의 바람과 달리 사람들에게 불쾌감만 안겨준다.

애플은 자사 주위에 다른 어떤 회사보다 깊은 해자를 파놓았고, 사치품 브랜드라는 위상 역시 애플의 수명을 한층 더 연장하는 데 기여하고 있다. 다른 세 거인기업은 수사자처럼 최첨단 경쟁이 펼쳐지는 살벌한 초원에서 언제 더 젊고 강한 다른 수컷에게 밀려나 죽음을 맞이할지 모르지만, 애플은 어떤 위기에도 죽음을 피할 잠재력을 지니고 있다.

우주에 흔적 하나
남기기

저비용 제품과 프리미엄 가격이라는 두 개의 목표를 동시에 달성한 애플은 어마어마한 현금을 벌어들인다. 그 돈의 규모는 덴마크의 GDP나 러시아 주식시장 전체의 자산 가치와 같다. 또 보잉과 에어버스, 나이키의 시가총액을 합친 금액에 이른다. 그런데 어느 시점이면 애플은 자사가 확보한 현금을 사회적 책임감 아래 사회에 환원해야 하지 않을까? 만일 그래야 한다면 어떤 방식으로 환원해야 할까?

내가 애플에 제안하고 싶은 것은 세계 최대 규모의 무료 대학교 설립이다. 교육 시장은 이미 무르익을 대로 무르익었다. 과일로 치면 다 익은 상태에서 제풀에 바닥에 떨어져 뭉개지는 상황이다. 어떤 부문의 취약성은 인플레이션, 생산성과 혁신의 근원적 증가 대비 가격 상승 함수로 파악할 수 있다. 기술 분야의 수입이 계속해서 전 세계 GDP보다 높은 이유는 더 좋은 제품을 만들면서도 가격은 더 낮게 책정하기 때문이다. 그런데 교육 부문은 40년 전과 거의 달라진 게 없으면서도 가격만 지속적으로 올려왔다. 그것도 케이블 요금 인상 속도, 심지어 보험료 인상 속도보다 더 빠르게 말이다.

나는 화요일 저녁이면 스턴 경영대학원에서 120명의 학생에게 '투자 전략'을 가르친다. 그 학생들은 72만 달러(혹은 한 강의마다 6만 달러)의 학비를 내는데, 그 학비의 많은 부분이 부채로 남는다. 나는 강의를 썩 잘하지만 강의를 마치고 밤길을 돌아올 때마다 뉴욕 대학교가 나와 빔 프로젝터 한 대를 동원해주는 대가로 학생들에게 1분당 500달러의 학비를 물리고 있음을 상기한다. 이건 진짜 말이 안 된다.

좋은 학교 졸업장은 보다 나은 인생을 보장받는 티켓이나 다름없다. 그 티켓을 거머쥐는 것은 미국의 중간소득 계층과 그 이하 출신 아이에게는 하늘의 별 따기지만, 부유한 미국인과 외국인 가정 자녀에게는 어려운 일이 아니다. 소득 상위 20퍼센트에 속하는 미국인 가구의 자녀 중 88퍼센트가 대학에 진학한다. 반면 하위 20퍼센트 소득 가구의 자녀 중에서는 겨우 8퍼센트만 대학에 진학한다. 우리는 지금 두드러지지 않고 부유하지 않은 사람들(즉, 거의 대부분의 사람들)이 뒤처지게 방치하고 있다. 다시 말해 지금의 문명사회는 시민적이라

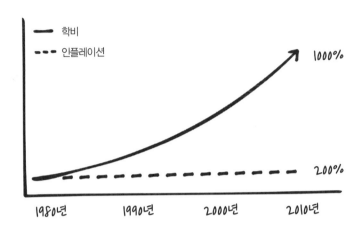

학비와 인플레이션 추이

― 학비
--- 인플레이션

1000%

200%

1980년   1990년   2000년   2010년

기보다 헝거 게임에 더 가깝다.

애플은 이런 일을 바로잡을 수 있다. 애초부터 애플은 교육에 뿌리를 두고 있고 오프라인 현실에 존재하는 대학교 교정뿐 아니라(미래 교육은 오프라인과 온라인의 결합으로 이뤄진다) 칸 아카데미Khan Academy(수십 개 언어 자막과 함께 수천 개의 무료 동영상 수업을 제공하는 온라인 무료 교육기관―옮긴이) 같은 디지털 기관까지 사들일 만큼 엄청난 현금을 보유하고 있다. 사실은 카스트 제도처럼 엄격한 신분제 사회이면서 마치 사회적으로 선한 제도인 듯 위장하고 있는 우리 사회의 카르텔을 애플은 깨부술 수 있을 것이다. 교육은 디자인, 인문학, 예술, 저널리즘, 교양과목 들을 중심으로 창의성에 초점을 맞춰 진행해야 한다. 즉, 더 이상 STEM(과학Science, 기술Technology, 공학Engineering, 수학Math―옮긴이)을 지향하며 마구 내달리지 않아야 한다. 더 아름답고 더 많은 영감을 주

는 어떤 것으로서의 미래는 형태, 기능, 사람의 마음 그리고 기술의 힘으로 이것을 실현하는 창의적인 계층의 것이어야 한다.

핵심 요소는 기업 모델을 교육과 연결하고 학비를 없애며 신입사원을 모집하는 기업에 비용을 부과하는 데 있다. 학생들은 빈털터리고 이들을 선발하는 기업에는 돈이 넘쳐나기 때문이다. 하버드 대학교도 370억 달러의 재원을 마련해 학비를 무료로 하고 입학 정원을 다섯 배 늘리면 마찬가지의 파괴와 혁신을 이뤄낼 수 있다. 사실 하버드 대학교에 이렇게 할 여유가 없는 게 아니다. 하지만 그들은 교육계 종사자들이 모두 감염된 질병, 즉 공익에 우선해 특권을 추구하겠다는 태도와 관행이라는 질병에 시달리고 있다. 뉴욕 대학교는 그 학교에 입학하는 것이 거의 불가능에 가까울 정도로 어렵다는 것을 자랑삼아 떠벌린다. 이는 얼마나 많은 노숙자가 하룻밤을 따뜻하게 보낼 수 있으리라는 희망을 안고 찾아왔다가 정원이 다 찼다는 이유로 발길을 돌렸는지 모른다고 자랑하는 어느 노숙자 쉼터의 철없는 모습이나 마찬가지다.

애플은 실제로 우주에 흔적 하나를 남길 수 있는 현금과 브랜드, 수완, 시장을 확보했다. 적어도 다음 세대의 휴대전화에 끼울 액정을 더 좋게 만들 수 있는 것만은 분명하지 않은가.

제4장

전 세계인의 친구,
페이스북

콘텐츠 없이 가장 영향력 있는
미디어 기업이 되는 방법

규모만 놓고 따지면 페이스북은 인류 역사상 가장 성공한 기업이라 할 수 있다. 중국 인구는 14억 명, 세계 가톨릭신자는 13억 명, 디즈니월드를 찾는 관광객은 연간 1,700만 명이다.[1,2,3] 그런데 페이스북은 20억 명과 의미 있는 관계를 맺고 있다.[4] 전 세계 축구 팬은 35억 명이지만 지구의 절반이 축구라는 이 아름다운 게임에 매료되기까지는 150년 이상의 세월이 걸렸다.[5] 반면 2004년 2월 창립한 페이스북과 그 자매 플랫폼들은 창립 20년 이전에 축구가 세운 기록을 뛰어넘을 듯하다. 페이스북은 사용자 1억 명 기준을 가장 빨리 돌파한 다섯 개 플랫폼 가운데 세 개를 소유하고 있다. 그것은 페이스북과 왓츠앱, 인스타그램이다.

　사람들은 하루에 35분씩 페이스북에 시간을 바친다.[6] 인스타그램과 왓츠앱까지 포함하면 이 수치는 60분으로 껑충 뛴다. 사람들이 이들 메신저 앱에 소비하는 시간은 가족과 야외에서 보내는 시간이나

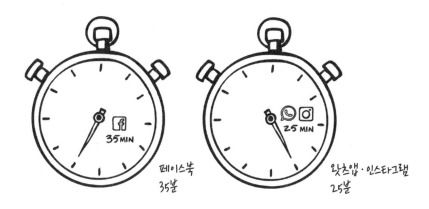

페이스북과 인스타그램, 왓츠앱에 소모하는 시간(1일 기준, 2016년 12월)

페이스북
35분

왓츠앱·인스타그램
25분

일하는 시간, 먹고 마시는 시간보다 더 많다.[7]

2017년 상반기 현재 페이스북의 가치는 4,200억 달러다. 이 금액은 실제 가치보다 과대평가된 것일까? 만일 그렇게 생각한다면 다음과 같은 상상을 한번 해보자. 인터넷을 민영화해 시간당 사용료를 부과한다면 어떻게 될까? 이 '주식회사 인터넷'이 우리의 디지털 중추를 운영하며 주식을 공모한다면? 주식회사 인터넷 주식의 20퍼센트 (기업공개 때 통상적으로 팔리는 규모가 20퍼센트다)는 과연 어느 정도의 가치가 있을까? 내 기준에서는 4,200억 달러도 적어 보인다.

갈망을 제시하는
페이스북

2017년 기준 페이스북은 기업계 역사상 다

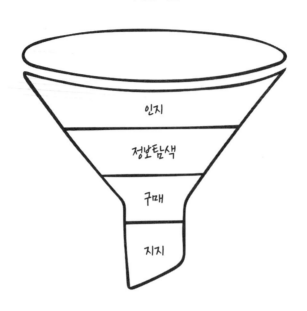

마케팅 퍼널

른 어떤 기업보다 빠른 속도로 영향력을 확대하고 있다. 그 이유가
뭘까? 우리가 갈망하는 것이 페이스북에 있기 때문이다. 어떤 소비
자가 지갑을 열도록 설득하는 영향력을 살펴보면 마케팅 퍼널Marketing
Funnel(퍼널, 즉 깔때기 터널 안에서 소비자가 인지, 정보탐색, 대안평가, 구매, 지지
단계를 거쳐 고객으로 변해가는 과정—옮긴이)의 가장 상위 단계인 인지 단계
에서 페이스북이 폭주한다는 사실을 알 수 있다.

우리가 소셜 네트워크, 특히 페이스북의 자회사 인스타그램에서
배우는 것은 온갖 생각을 낳고 온갖 욕망을 일으킨다. 어떤 친구가
멕시코에서 제이크루 샌들을 신고 있는 사진이나 터키의 소호 하우
스 옥상에서 칵테일을 마시는 사진을 페이스북에 올리면, 사진을 본

우리도 그렇게 해보고 싶어진다. 페이스북은 다른 어떤 광고와 판매 촉진 매체보다 더 강렬하게 목적을 각인한다. 실제로 사람들은 구글이나 아마존에 들어가 어디에 가면 그런 경험을 공유할 수 있는지 알아본다. 페이스북은 구글보다 한 차원 높은 단계에 있는 '퍼널'이라 할 수 있다. 다시 말해 구글은 '어떻게' 가질 수 있는지 방법을 제시하고 아마존은 '언제' 배송을 받는지 제시하지만, 페이스북은 당신이 갖고 싶어 할 그 '무엇'을 제시한다.

역사적으로 마케팅에서 규모와 목표시장target을 결정하는 것은 양자택일의 문제였다. 미국 프로 미식축구 챔피언 결정전인 슈퍼볼은 규모를 제공한다. 이 경기의 TV 중계방송은 약 1,100만 명이 시청하며 그들에게 거의 동일한 광고를 전달한다.[8] 하지만 그 광고 중 압도적 다수는 대다수 시청자에게 해당 사항이 없다. 당신에게는 하지불안증후군이 없을 가능성이 크고 아시아 브랜드 자동차 시장과 관련이 없을 확률이 높다. 또한 당신은 버드와이저를 마시지 않을 테고 이는 앞으로도 마찬가지일 것이다.

마케팅에서 또 다른 극단인 목표시장에 초점을 두는 경우를 생각해보자. 10명의 손님을 세심하게 선정한 어느 최고급 만찬이 있다고 해보자. 참석자는 한 무리의 최고마케팅책임자이고 만찬을 준비한 사람은 이베이의 최고마케팅책임자다. 이 경우 그 자리에서 진행하는 모든 일은 참석자 각각에게 깊은 관심사가 된다. 그리고 그 자리에 들어가는 비용은 2만 5,000달러 정도다. 이런 자리는 목표시장을 엄격히 설정했지만 규모는 크지 않다.

페이스북만큼 각 개인을 대상으로 목표시장을 선정하는 능력을 규모와 탁월하게 결합한 사례는 역사상 존재하지 않는다. 18억 6,000만 명에 달하는 페이스북 사용자에게는 각각 개인 페이지가 있고 거기에는 여러 해에 걸친 개인 콘텐츠가 들어 있다.[9] 만일 광고업자가 특정 개인을 목표로 삼고 싶어 하면 페이스북은 그 특성과 연관이 있는 행동 관련 데이터를 수집한다. 이 점에서 페이스북은 확실히 구글보다 한 수 위다. 소셜 네트워크인 페이스북이 검색엔진의 거인 구글의 시장점유율을 빼앗아오는 이유가 여기에 있다. 모바일 앱 덕분에 페이스북은 2017년 현재 디스플레이 광고의 세계 최대 판매자다. 불과 몇 년 전만 해도 구글이 신문, 방송 같은 전통 매체로부터 광고 수익을 눈부시게 가로챘다는 사실을 생각해보면 이는 매우 특이하고도 놀라운 성취다.

그런데 페이스북이 우리의 온갖 자료를 분석해 친구보다 더 우리를 속속들이 알고 이해한다는 사실은 아이러니다. 페이스북은 우리가 클릭하는 것, 우리가 쓰는 어휘, 우리의 이런저런 활동, 우리가 맺고 있는 인간관계에서 상세하고 정확한 어떤 사실을 수집해 저장한다.

한편 우리가 페이스북에 올리는 포스트(이런 포스트는 대개 친구들을 위해 설계한다)의 목적은 주로 자신을 홍보하는 데 있다. 당신의 페이스북 자아는 그래픽 편집 소프트웨어의 힘을 빌려 당신과 당신의 삶을 에어브러시로 수정한 이미지다. 실제 이미지를 전체적으로 부드럽고 밝게 윤이 나도록 수정한 것이 페이스북의 사용자 이미지다. 페이스북은 잔뜩 치장하고 뽐을 내기 위한 플랫폼이다. 사용자들은 자신이 경험한 절정의 순간, 기억하거나 기억되고 싶은 순간(가령 파리에서 보낸 주말이나 브로드웨이에서 뮤지컬을 본 경험)과 관련된 포스트를 올린다. 자신의 이혼서류 사진이나 지난 화요일에 자신이 얼마나 지치고 힘들 었는지 보여주는 사진은 거의 올리지 않는다. 그러니까 사용자들은 미술관의 큐레이터 역할을 하는 셈이다.

그러나 이 카메라의 운영자 페이스북은 속지 않는다. 페이스북은 진실을 바라보는데, 이는 페이스북에 광고를 싣는 광고업자도 마찬 가지다. 그렇기 때문에 페이스북은 강력한 힘을 발휘한다. 페이스북 사용자가 우리에게 보여주는 이미지는 우리가 자신의 진정한 자아를 드러내도록 만드는 미끼다.

연결하기와
사랑하기

사람과 사람 사이의 관계는 인간을 보다 더 행복하게 만들어준다. 하버드 대학교에서 실시한 연구조사 프로젝트 그랜트 스터디Grant Study가 이 사실을 명백히 보여준다. 역사상 연구 조사 기간이 가장 긴 그랜트 스터디는 하버드 대학교 2학년 남학생 268명을 1938년과 1944년 사이에 추적을 시작한 프로젝트다. '인간 적 성숙'Human Flourishing에 가장 크게 기여하는 요인이 무엇인지 알아 보고자 진행한 이 연구는 무려 75년 동안 대상을 추적해 심리적·인 류학적·신체적 특성의 다양한 요소(지능지수부터 음주 습관, 가족 내의 인간 관계, 심지어 '늘어진 상태의 음낭 길이'까지)를 측정했다.[10] 결국 이 연구조사 는 어떤 사람이 맺고 있는 인간관계의 깊이와 의미가 행복 수준을 결 정하는 가장 강력한 요인임을 확인했다.

75년이라는 세월과 2,000만 달러를 투입한 이 연구조사의 결론은 세 단어로 요약할 수 있다.

'Happiness is love.'(행복은 사랑이다)

사랑은 우리가 다른 사람들과 나누는 상호작용의 친밀성과 깊이, 수에 비례한다. 가장 바람직한 상태일 때 페이스북은 인간관계의 필요성을 자극하고 풍성한 인간관계를 맺도록 도움을 준다. 우리는 모두 이런 것을 느껴왔다. 20년 이상 알고 지낸 어떤 사람에게서 새로운 모습을 발견하거나 먼 곳으로 이사 간 친구들과 계속 친분을 유지하는 데는 만족을 주는 무언가가 분명 있다. 친구가 새로 태어난 자녀 사진을 페이스북에 올릴 때 그 사진을 본 우리는 도파민 주사를 맞은 듯 기분이 좋아진다.[11]

동물의 한 종種인 인간은 수많은 다른 경쟁 종에 비해 신체적으로 허약하고 느리다. 그러나 다른 종과 비교할 수 없을 정도로 발전한 인간의 뇌는 차별성 있는 경쟁력이다. 공감은 인간을 보다 더 인간적으로 만들어준다. 소셜 미디어 플랫폼에 홍수처럼 쏟아지는 이미지는 보다 많은 공감을 이끌어낸다. 덕분에 어린이가 살해당할 가능성은 그만큼 줄어들고 그런 만행이 벌어지면 범인을 비난하는 것은 물론 끝까지 추적해 잡아낸다. 다른 여러 가지 원인도 있겠지만 폭력을 당해 사망하는 사람이 점점 줄어드는 것은 보다 많은 사람이 타인을 더 친밀하게 느끼기 때문이 아닐까 싶다.[12]

희생과 보살핌은 인간 종족의 생존 열쇠다. 그리고 보살핌은 '삶'으로 보상받는다. 보살핌의 느낌과 감정, 실질적인 행동은 우리의 젊음을 유지해준다. 우리가 인류에 가치를 부여하는 것을 카메라가 바라보고 있기 때문이다. 이것이 우리의 심장, 행복, 건강과 연결된 페이스북의 핵심 고리다.

　세계 인구의 4분의 1이 값싼 감상주의와 자기기만으로 페이스북을 도배하는지도 모른다. 동시에 페이스북은 사용자에게 사랑을 발견할 기회를 준다. 페이스북의 자기소개란에 결혼 여부를 '짝 있음'에서 '짝 없음'으로 바꾸는 것만으로도 관계망의 다른 사람들에게 강력한 짝짓기 신호를 보낼 수 있음이 밝혀졌다. 어떤 사람의 상태가 바뀌었음을 보여주는 단어는 그 관계망을 휘젓고 다니며 그 사람이 존재한다는 사실조차 모르는 먼 곳의 접속점까지 나아간다.

　페이스북은 어떤 고객이 자신의 인간관계 정보를 바꿀 때마다 그 결과로 네트워크에서 어떤 행동 변화가 일어나는지 분석한다. 다음 쪽의 그래프가 보여주듯 짝이 없는 사람은 짝이 있는 사람보다 페이스북 소통을 더 많이 한다. 페이스북 소통은 구애 목적으로 자신을 한껏 치장하는 행동의 한 부분이다. 반대로 짝이 없던 사람에게 짝이 생기면 그 사람의 페이스북 소통 빈도는 뚝 떨어진다. 페이스북이 구비한 기계는 이것을 추적해 이른바 '감정 분석'sentiment analysis을 한다. 감정 분석이란 사용자의 말과 사진에서 주관적 감성을 드러낸 정보를 찾아내 긍정적인 의견과 부정적인 의견을 범주화하고 분석하는 것을 말한다. 충분히 예상하겠지만 짝이 생기면 그 사람의 행복도는 상당한 수준으로 올라간다(시간이 지나면서 초기 단계의 황홀감이 줄어드는 경향이 있지만 말이다).[13]

　개중에는 페이스북을 회의적으로 바라보는 사람도 있다. 특히 시도 때도 없는 자기선전이나 가짜 뉴스 범람, 집단 순응적인 사고 확

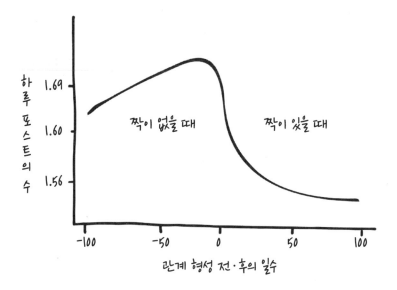

타임라인 포스트의 수와 관계 형성의 상관성

하루 포스트의 수

1.69
1.60
1.56

짝이 없을 때   짝이 있을 때

-100   -50   0   50   100

관계 형성 전·후의 일수

산 등과 관련해서 볼 때는 더욱 그렇다. 그러나 이것 역시 인간관계에(심지어 사랑의 감정에도) 자양분을 공급한다는 사실을 부정하기는 어렵다. 나아가 이런 '연결성'이 우리를 더 행복하게 만들어준다는 증거가 확실히 존재한다.

지켜보기와
경청하기

2017년 기준으로 하루에 전 세계 인구 여섯 명 가운데 한 명은 페이스북에 접속한다.[14] 사용자는 자신이 누구인지(성별, 사는 곳, 나이, 교육 수준, 친구 등), 무슨 일을 하는지, 무엇을 좋아하는지 그리고 오늘이나 가까운 미래에 무엇을 하려고 하는지 드러낸다.

사생활 보호를 지지하는 사람들에게는 악몽 같은 상황이 상품 시장 관점에서는 천국이다. 페이스북의 공개 특성은 '존재하는 것은 곧 공유하는 것'이라는 보다 젊은 세대의 믿음과 결합해 거대한 데이터 조합을 형성했고 이로써 마케팅 대상을 결정하는 여러 도구가 나타났다. 그 바람에 청과물점의 스캐너, 포커스 그룹focus group(각 계층을 대표하는 소수 그룹으로 시장조사나 여론조사를 진행하는 집단 인터뷰—옮긴이), 패널, 여러 설문조사 등은 봉화 신호와 수기 신호 사이의 이종교배처럼 유치해 보인다. 이중거울 뒤에서 당신을 지켜본 뒤 포커스 그룹 설문조사에 참여해준 대가로 당신에게 작은 선물이나 상품 할인권을 주는 자료 수집자는 일자리를 잃을 판이다. 디지털 시대에 간단한 설문조사(정말 간단해야 한다. 요즘 사람들은 긴 설문에 일일이 대답할 시간이 없다)는 거의 의미가 없다. "나는 늘 콘돔을 사용합니다."라고 말하기 전에 이미 사람들이 사생활 영역에서 어떻게 행동하는지 알아볼 수 있기 때문이다.

이 어마어마한 학습 기계는 나이키 페이지에 있는 사커맘Soccer Mom(학교 등하교와 스포츠클럽 활동을 위해 자녀를 데리고 다니며 지켜보는 교육에 열성적인 엄마—옮긴이)을 마케팅 표적으로 선정하는 단순한 수준을 훌쩍 뛰어넘는다. 당신이 미국에서 휴대전화의 페이스북 앱을 켜놓을 때 페이스북은 당신 주변의 모든 것을 듣고 그것을 분석한다. 페이스북은 당신이 타임라인에 올린 글과 사진을 비롯해 당신의 모든 활동을 수집하고 저장한다.[15] 그런데 페이스북은 수집한 사용자 정보를 광고에 이용하지 않는다고 말한다. 사용자가 현재 하는 행농, 즉 타깃 내장에서 물건을 사거나 드라마 〈왕좌의 게임〉을 시청하는 행동 등을 기반으로 사용자가 관심을 보이고 또 공유할지도 모를 콘텐츠를 잘 준비하려는 목적으로만 정보를 사용한다고 주장한다.

페이스북은 휴대전화 주변의 모든 소음을 포착한다. 우리가 휴대전화의 마이크에 대고 하는 모든 말을 포착한다는 얘기다.[16] 페이스북이 이 소음을 인공지능으로 작동하는 음성 인식 소프트웨어에 입력해 사용자가 지금 누구와 함께 있고 무엇을 하는지, 심지어 사용자 주변에 있는 사람들이 무엇을 주제로 얘기를 나누는지 알아차릴 수 있다는 뜻이다. 이런 표적설정은 어떤 픽셀을 당신의 브라우저에 내려받아 표적으로 재설정한 광고를 받을 때 웹에서 일어나는 일에 비하면 조금도 오싹하지 않다. 당신을 표적으로 설정한 광고는 인터넷 세상의 어디를 가든 당신을 따라다닌다. 당신은 이미 표적으로 찍힌 것이다. 정말 소름이 돋도록 오싹하지 않은가. 페이스북은 이들 정보를 얼마나 빠르고 정확하게 수집할까? 그리고 수집한 데이터를 전방위로 공유하는 플랫폼을 얼마나 많이 갖고 있을까? 인스타그램에서 스니커즈 브랜드 반스Vans 이미지를 한 번 더블클릭하면 다음 날 페이스북 피드에 동일한 반스 광고가 떠 있을 것이다. 이런 '오싹함'은 정보 적합성과 밀접하게 관련되어 있다.

이 책에서 굳이 사생활 보호에 관한 어떤 문제를 깊이 파고들 필요는 없다. 그런 논의는 다른 수십 개 채널에서 맹렬하게 이뤄지고 있으니 말이다. 일반적으로 사생활 보호와 정보 적합성 사이의 냉전은 우리 사회에서 벌써 진행되고 있다. 아직 '페이스북 금지' 같은 진짜 총알을 발사하지는 않았지만, 사생활 보호를 주장하는 쪽과 정보 적합성을 주장하는 쪽 모두 상대방을 신뢰하지 않으며 둘 사이의 대립은 커다란 갈등으로 쉽게 비화될 수 있다. 우리는 일상생활 정보 가운데 많은 부분을(하루 동안 하는 일, 이메일, 전화 통화, 그 밖에 모든 것을) 민간기업이 가동하는 기계에 **자발적으로** 제공하며, 그 기업이 정보를 보호해주고 또 올바르게 사용하길 바란다. 아니, 심지어 정보가 무사하길 기대한다.

이들 플랫폼의 유용성이 워낙 크기에 소비자는 지금까지 자신과 관련된 자료와 사생활이 악용되고 침해당할 위험을 기꺼이 감수하겠다는 의사표명을 해왔다. 한데 네트워크상의 안전장치는 충분하지 않다. 핵심은 바로 여기에 있다. 2014년과 2016년 야후가 해킹당하면서 그들이 보유하고 있던 데이터가 유출되었다. 데이터 해킹과 유출은 벌써 우리 생활 깊숙이 파고들어 이제는 어찌할 도리가 없을 지경이다. 나는 2단계 인증 절차를 사용하며 비밀번호도 자주 바꾼다. 누구보다 자신을 우선시하라는 말에 공감하기 때문이다. 하지만 나는 지금도 사생활 침해와 보안 문제 때문에 스마트폰이나 페이스북을 더는 사용하지 않는다고 말하는 사람을 만날 날을 기다리고 있다. 만일 당신이 스마트폰을 들고 다니며 소셜 네트워크를 한다면 당신은 이미 사생활 침해에는 그럴 만한 가치가 충분히 있다는 결론을 내린 셈이다.

벤저민 버튼의
경제학

알고리즘으로 돌아가는 우리 경제에서 누가 승자일까? 옆의 도표를 살펴보자. Y축은 어떤 회사가 메시지를 전달하는 사람의 숫자다. 물론 페이스북이나 구글은 예외적으로 이 숫자가 10억이 넘는다. 반면 월마트, 트위터, TV 네트워크 같은 수많은 다른 기업의 경우 이 숫자는 수억 수준이다. 이 정도도 국가로 치면 초강대국이라 할 수 있다.

X축을 지능으로 설정했을 때 기업은 고객에게서 얼마나 많은 것을 학습할까? 고객은 어떤 종류의 데이터를 기업에 제공할까? 기업은 얼마나 신속하고 매끄럽게(차량 공유 회사 우버의 경우 목적지 자동 설정, 음악 스트리밍 서비스업체 스포티파이의 경우 당신이 좋아하는 노래 제안 등) 고객 경험을 개선할까? 지난 5년 동안 S&P 500대 기업 가운데 겨우 13개 기업만 해마다 S&P지수를 상회하는 성과를 냈다. 이는 승자독식 경제를 보여주는 증거라고 할 수 있다.[17] 이들 기업이 공통적으로 소유한 것이 있는데 그게 무얼까? 그들은 수용자(사용자)와 지능(서비스 개선을 위해 서비스 사용 내역을 추적하는 알고리즘)의 '땅콩버터-초콜릿' 조합을 사용한다.

이것은 주행거리가 늘어날수록 가치가 더 높아지는 자동차와 같다. 지금 우리에게는 나이를 거꾸로 먹는 벤저민 버튼(스콧 피츠제럴드의 단편소설 《벤저민 버튼의 시간은 거꾸로 간다》The Curious Case of Benjamin Button에서 주인공 벤저민은 70세 노인으로 태어나 태아 상태로 죽음을 맞이한다.—옮긴이) 같은 제품들이 있다. 나이키 신발은 신을수록 그 가치가 점점 줄어든

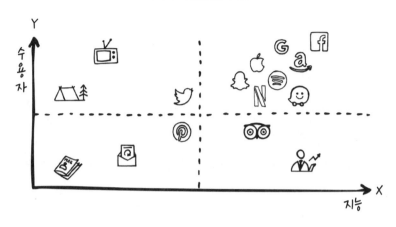

가치의 새로운 알고리즘

다. 그러나 당신이 나이키 신발을 신고 있는 사진을 찍어 페이스북에 올리면 올릴수록 페이스북의 가치는 점차 커진다. 이것이 이른바 네트워크 효과 혹은 민첩한 대응Agility이다. 사용자는 페이스북이라는 네트워크를 보다 강력하게 만들며(거의 모든 사람이 페이스북을 한다), 웨이즈Waze(소셜 기반 길 안내 음성 서비스 앱. 2013년 페이스북이 인수했다.─옮긴이)를 켜서 그것이 자신의 위치에 맞게 교통 흐름을 정밀 조정하게 함으로써 모든 사람에게 이로워지도록 한다.

어디에 취직해야 할까? 또 어디에 투자해야 할까? 대답은 간단하다. 벤저민 버튼 같은 회사에 취직하고 투자하라.

다시 한 번 표를 보자. 오른쪽 위 사분면은 승자의 자리로 여기에는 아마존, 구글, 페이스북이 있다. 각 플랫폼이 수행하는 사업의 핵심은 사용자 등록과 데이터 처리 및 반복을 현금화하는 데 있다. 그 플랫폼 알고리즘이 수행하도록 설계한 이것은 지금까지 인간이 창조한 것 가운데 가장 가치가 있다.

신문사는 수백만 명에게 다가간다. 그런데 그들의 이야기를 위의 세 개 플랫폼에서 어떻게 올려놓느냐에 따라 더 많은 사람에게 다가 갈 수 있다. 물론 신문사는 독자와의 접촉에서 거의 아무런 지능도 획득하지 못한다. 다시 말해 세 개의 지배적인 플랫폼은 나를 속속들이 알지만 〈뉴욕 타임스〉가 아는 것이라고는 내 주소와 아주 기본적인 사항뿐이다. 어쩌면 그게 아닐지도 모른다. 이 신문사가 내 휴가 일정을 추적해 꿰고 있으려고 노력할 수도 있다. 그들은 내가 읽고 다른 사람과 공유한 기사가 무엇인지 알고 있다. 하지만 이것은 나를 표적으로 설정해 내게 특화한 플랫폼을 만들려고 하는 게 아니라 나를 포함한 어떤 '집단'을 표적으로 설정하려 하는 것뿐이다.

페이스북 알고리즘은 지리적으로 거리가 멀고 다른 사람과 뚜렷이 구분되는 사람들을 대상으로 하는 맞춤형 마케팅을 구사하는 데 사용할 수도 있다. 예를 들면 어떤 광고업체가 "포틀랜드 거주자 중 자동차를 구매할 생각이 있는 밀레니얼 세대 여성의 전체 명단을 주시오."라고 페이스북에 요구할 수 있다. 데이터 회사 케임브리지 애널리티카Cambridge Analytica는 브렉시트(영국의 유럽연합 탈퇴—옮긴이)와 트럼프 선거 유세를 놓고 데이터 작업을 했다. 2016년 미국 대통령 선거를 앞두고 미국인 수백만 명의 소셜 미디어 계정에서 추출한 데이터로 유권자들의 '사이코그래픽'Psychographic(심리특성 지도. 성격, 개성, 라이프 스타일 같은 소비자행동 심리를 파악하는 것—옮긴이) 프로필을 만든 것이다. 이 회사는 개인적인 이유로 특정 유권자들에게 반향을 불러일으킨 특정 트럼프 지지 메시지를 퍼뜨리기 위해 유권자 개인별 맞춤형 유세 활동microtargeting을 벌였다.[18] 어떤 사람이 150개의 '좋아요'를 눌렀을 경우 이 회사가 사용한 알고리즘은 그의 개성을 그 사람의 배우자보다 더 잘 파악할 수 있었다. 300개의 '좋아요'를 누른 사람에 대해서는 그 사람 자신보다 그를 속속들이 더 잘 알았다.[19]

〈뉴욕 타임스〉는 다른 전통 매체와 마찬가지로 구글이 자사의 검색 기능을 수행하도록 허용했다가 나중에 실수였음을 깨달았다. 그렇지만 이미 돌이킬 수 없을 만큼 늦었다. 페이스북은 나를 속속들이 잘 알지만 〈뉴욕 타임스〉가 15년 독자인 나에 관해 아는 것이라고는 기본적인 인적사항뿐이다. TV 방송국은 더 말할 것도 없다. 21세기 동안 이들은 그야말로 멍청이로 살았다. 이 기준으로 볼 때 멍청한 기업과 패배자로 전락하는 기업의 상관성은 매우 높다. 멍청하게 행동한 대가를 치러야 하니 말이다. 지출하는 광고비 가운데 어느 쪽 절반을 낭비하고 있는지 파악해 이를 줄일 수 있었음에도 불구하고 그렇게 하지 않았던 것이다.

몇몇 디지털 기업도 뒤처지기는 마찬가지다. 예를 들어 트위터에는 자기 고객 정보가 많지 않다. 수백만 명의 사용자가 가명을 쓰고 전체 사용자의 15퍼센트인 4,800만 개가 봇bot(특정 작업을 반복 수행하는 프로그램—옮긴이) 계정이다.[20] 결국 이 회사는 세계 여러 지역의 취향과 분위기가 어떻게 다르고 또 어떻게 바뀌는지 계산할 수 있으면서도 개인별 맞춤형 광고 설정에는 어려움을 겪는다. 트위터는 인류 차원에서는 A학점을 받지만 개별 인간 차원에서는 C학점밖에 받지 못한다. 트위터가 위키피디아나 미국 공영 방송망PBS과 비슷하게 시장 가치가 일반적인 기대치보다 낮은 이유가 여기에 있다. 이런 일은 세상을 위해서는 좋지만 트위터 주주들에게는 당연히 좋지 않다.

그 어떤 기업도 앞의 도표에서 페이스북보다 높거나 오른쪽에 놓이지 않는다. 페이스북은 수용자 수와 지능 면에서 모두 다른 기업들보다 앞선다. 그런 이유로 디지털 시대에 페이스북은 막강한 경쟁력을 발휘한다. 그리고 현명한 사람은 영향력이 막강한 회사에서 일하고 싶어 한다. 모기가 득실거리는 시장에서 말라리아 치료제 키니네를 갖춘 페이스북은 디지털적으로 기민하게 대응한다. 그만큼 전망이 밝은 페이스북 앞에는 해결해야 할 흥미로운 과제가 널려 있고 이회사는 기회를 포착하려 눈을 부릅뜨고 있다. 더구나 이 회사는 터무니없을 정도로 엄청나게 많은 돈을 주무른다. 창립한 지 5년에 불과한 왓츠앱을 인수하려고 200억 달러를 쏟아 부울 수 있는 기업이 대체 몇이나 되겠는가 말이다.

내가 설립한 L2는 전통 컨설팅업체들을 포함해 여러 대기업과 네개의 거인기업에서 발생하는 직원 이직 현상에 어떤 특별한 양상이 있는지 살펴보았다. WPP는 세계에서 가장 큰 광고 회사인데 이곳 직원 가운데 약 2,000명이 페이스북이나 구글로 이직했다. 반면 페이스북이나 구글에서 일했던 직원 중 WPP로 이직한 사람은 124명에 불과했다.

여기서 반대 방향으로 자리를 옮긴 124명을 좀 더 살펴보자. 124명 가운데 다수는 페이스북이나 구글에서 인턴으로 일하다가 두 곳에서 더 일할 기회가 주어지지 않자 WPP로 자리를 옮긴 사람들이다.[21] 디지털 거인들에게 퇴짜 맞은 '찬밥'들이 광고업계에서 일하는 현상은 점점 더 가속화하고 있다.

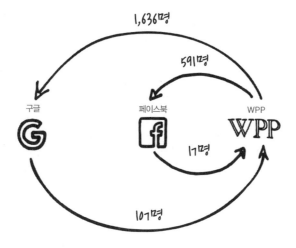

WPP와 페이스북, 구글 사이의 이직자

1,636명

591명

구글

페이스북

WPP

17명

107명

이 사실은 오늘날 디지털 거인들의 지배력이 얼마나 강력한지 보여준다. 이는 단지 그 거인들의 데이터 분석 기계가 사용자 데이터를 게걸스럽게 먹어치우며 하루가 다르게 더 똑똑해지기 때문만은 아니다. 이들 기업은 가장 똑똑한 최고의 인재들에게 아주 매력적인 존재다. 구글의 취업 지원자들을 상대로 한 지능 테스트는 악명 높기로 유명하다. 그래도 구직자들은 구글 입사라는 바늘구멍을 뚫기 위해 그 힘든 시련을 기꺼이 받아들인다. 페이스북에 입사하는 것 역시 구글 입사만큼이나 어렵다. 단지 얼마나 어렵고 힘든지 덜 알려져 있을 뿐이다.

뇌와 체력
그리고 피

처칠은 제2차 세계대전의 승리는 영국인의 뇌와 미국인의 체력, 러시아인의 피로 일군 것이라고 말했다. 뇌와 체력 그리고 피 이 세 가지를 모두 가질 수는 없을까? 페이스북에는 세 가지가 모두 있다. 그럼 페이스북 사용자인 당신은 그 셋 가운데 어디에 속하느냐고? 정답은 '피'다.

사진 공유 앱 스냅챗을 생각해보자. 많은 분석가가 널리 성공을 거둔 이 앱을 네 개의 거인기업 대열에 낄 잠재적 후보로 바라보았다. 즉석 사진이나 동영상을 친구들에게 보내는 이 앱은 스탠퍼드 대학교 대학원생들이 만들었는데 2011년 첫 서비스를 시작했다. 이 앱이 기존의 비슷한 여타 앱과 다른 특징은 전송한 사진과 동영상이 몇 초나 몇 시간 뒤 소멸한다는 점이다. 실수로 보내도 저절로 지워지니 실수한 사람의 입장에서는 마음이 놓인다. 나아가 이 앱의 사용자는 민감한 내용의 사진도 나중에 직장상사나 가족이 볼지도 모른다는 걱정 없이 콘텐츠를 자유롭게 다른 사람과 공유할 수 있다. 콘텐츠 수명 제한은 일종의 긴박감을 조성하는 까닭에 사용자들은 보다 더 집중한다(이 점은 광고주들이 침을 흘릴 수밖에 없는 특성이다). 결국 스냅챗은 까다롭기로 악명 높고 영향력도 강한 시장인 10대들에게 열렬한 환영을 받았다.

스냅챗은 첫 출시 이후 몇 달 동안 여러 가지 특성을 추가했다. 심지어 TV 영역으로까지 밀고 들어가 모바일 동영상 채널도 만들었다. 2017년 현재 이 회사는 트위터를 바짝 추격하는 중이며 기업공개(2017년 3월—옮긴이) 무렵에는 하루 사용자가 1억 6,100만 명에 달했다.[22] 덕분에 기업공개 당시 스냅챗의 시가총액은 330억 달러까지 치솟았다.[23]

곧 알겠지만 페이스북은 이미 이 어린 기업을 짓밟을 위치를 선점했다. 스냅챗의 최고전략책임자 이므란 칸Imran Khan은 "스냅챗은 카메라 회사지 소셜 회사가 아니다."라고 말했다.

이것이 페이스북이 넌지시 인수를 제안했을 때 에반 스피겔Evan Spiegel(스냅챗의 공동 창업자—옮긴이)이 거절한 뒤 저커버그가 느꼈을 경멸 때문인지, 아니면 외부 위협에 따른 당연한 반응인지 나는 모른다. 아무튼 나는 마크 저커버그가 아침에 눈을 뜨며 가장 먼저 생각하는 것과 밤에 잠자리에 들면서 눈을 감기 전에 가장 마지막으로 생각하는 것이 '저놈의 스냅 주식회사Snap Inc.를 지구에서 지워버리고 말 거야'일 것이라고 믿는다. 그는 실제로 그렇게 할 것이다.

저커버그는 이미지야말로 페이스북의 비장의 카드이며 그 이미지를 자신의 소셜 제국 인스타그램 날개 아래 통제해야 한다고 생각한다. 인간은 이미지를 단어에 비해 6만 배 빨리 받아들인다.[24] 즉, 이미지는 심장에 가장 빠르게 닿는 매개물이다. 그런데 스냅챗이 이 시장의 파이 가운데 상당 부분을 뚝 떼어간다면? 더 나아가 이 시장의 선두 주자가 된다면? 페이스북 입장에서 이런 일은 절대 일어나면 안 되므로 당연히 그 위협을 철저히 제거해야 한다.

이를 위해 페이스북은 아일랜드에서 카메라를 우선시하는 새로운 인터페이스를 개발하고 있다. 흥미롭게도 그것은 스냅챗의 복제물이다. 2016년 저커버그는 어느 수익 평가 자리에서 이렇게 말했다.

"카메라는 우리가 무언가를 공유하는 방법이 될 것입니다."

어쩐지 많이 들어본 것 같다는 느낌이 들지 않는가. 페이스북은 벌써 스냅챗의 다른 특성(구체적으로 말하면 퀵 업데이트Quick Updates, 스토리스 Stories, 셀카 필터, '한 시간 메시지' 등)을 무단으로 전용했다(말하자면 훔쳤다). 정부가 개입하지 않는 한 이 추세는 앞으로도 계속 이어질 것이다. 페이스북은 황소까지도 삼켜버리는 버마왕뱀이다. 삼킨 황소를 다 소화하고 나면 이 뱀은 원래의 모습으로 돌아간다. 한층 더 커진 모습으로 말이다.

이 거대한 괴물은 2012년 사진 공유 앱 인스타그램을 10억 달러에 삼켰다. 이는 역사상 최대 규모를 기록한 몇몇 인수 가운데 하나다. 직원이 19명에 불과한 회사를 10억 달러에 인수한다고? 이런 조롱에도 저커버그는 흔들리지 않았다. 자신이 지불하는 금액의 50배가 넘는 가치가 있음을 간파했기 때문이다. 인스타그램이 시장에서 프리미어 플랫폼임을 당신이 믿든 말든 지난 20년 동안 이뤄진 수많은 기업 인수 사례 가운데 페이스북의 인스타그램 인수가 단연 최고라는 말은 결코 과장이 아니다(2년 뒤 저커버그는 그때만큼 운이 좋지 않았다. 인스타그램과 직원 수가 비슷한 왓츠앱을 그보다 스무 배나 많은 200억 달러에 인수했다).

이 인수가 얼마나 탁월했는지 평가하는 한 가지 방법은 인스타그램의 '콘텐트 영향력 지수'Content Power Index를 살펴보는 일이다. 어떤 플랫폼의 사용자 수와 참여engagement 수준을 복합적으로 고려해 산출하는 이 지수는 인스타그램이 세계에서 가장 강력한 플랫폼임을 드러낸다. 페이스북 사용자의 3분의 1 규모인 4억 명의 사용자를 확보했지만 참여 수준은 페이스북의 15배에 달하기 때문이다.

플랫폼별 전 세계 사용자 수와 참여 수준 비교(2016년)

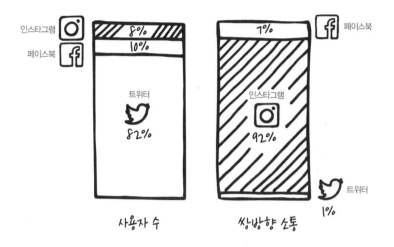

인스타그램 🔲 8%

페이스북 ⓕ 10%

트위터 🐦 82%

사용자 수

페이스북 ⓕ 7%

인스타그램 🔲 92%

트위터 🐦 1%

쌍방향 소통

페이스북이 인스타그램으로 거둔 성공은 자사를 시장에 맞춰 속도를 조정한 것과 많은 관련이 있다. 새로운 특성을 내세우며 치고 나아가는 페이스북의 능력은 그 어떤 기업도 상대가 되지 않는다. 이들 특성 가운데 메신저, 모바일 앱, 개인별 맞춤형 뉴스 제공 같은 몇몇은 제대로 먹혔고 자신의 구매를 친구들과 공유하게 하려다 단명한 비콘Beacon, 실패작으로 끝난 바이 버튼Buy Button 같은 몇몇은 실패했다. 이 새로운 제품과 서비스의 탄생 및 소멸이 페이스북을 세계에서 가장 혁신적인 대기업으로 만들어주었다.

상대적으로 덜 추앙받긴 해도 여전히 중요한 사실은 페이스북이 사용자나 정부에게 적극 환영받지 못할 때는 언제나 곧바로 발을 뺄 태도를 갖추고 있다는 점이다. 페이스북은 자사의 사용자 장악력이 여전히 미약하다는 것을 알고 있다. 물론 사용자들은 페이스북 페이지를 구축하고 유지하는 데 상당한 노력을 들이지만 언제든 보다 매력적인 경쟁자가 나타나 수백만 명의 사용자를 빼앗아갈지 모를 일이다. 실은 페이스북도 마이스페이스의 사용자를 그렇게 빼앗았다. 수많은 수익 모델이 사용자를 즐겁게 해주지 못하고 오히려 지겹게 만들면(대표적으로 비콘이 그랬다), 페이스북은 재빨리 그 모델을 철회하고 기다리면서 또 다른 혁신적 제품이나 서비스로 가능성을 탐색한다. 제프 베조스가 쓴 투자확인서(특정 사업에 투자했음을 확인 및 증명해주는 문서―옮긴이)는 매우 유명한데 그중 하나에서 그는 성숙한 기업을 죽이는 것은 건강하지 않은 방식으로 과정에 집착하는 것이라고 강조했다. 유나이티드 항공의 CEO 오스카 뮤노즈Oscar Munoz가 그런 실패 사례를 보여준다. 이 항공사 직원들이 어떤 승객을 적절치 못한 방식으로 비행기에서 끌어내렸고, 이 일로 말썽이 일어나자 뮤노즈는 자사 직원들을 옹호하고 나섰다. 그 직원들이 "그 같은 상황에 대처하도록 미리 마련한 절차를 충실히 따랐기 때문"이라는 것이 그가 내세운 이유였다.[25]

페이스북이 실행하는 혁신 가운데 많은 것이 아무 비용도 들지 않는다. 페이스북의 기본 전략은 코를 풀되 손에 코를 묻히지 않는 것이다. 장차 페이스북은 세계 최대 미디어 기업으로 거듭나고 구글과 비슷한 방식으로 자사 사용자들의 데이터를 기반으로 콘텐츠를 취할 것이다. 이는 10억 명이 넘는 페이스북 사용자가 돈 한 푼 받지 않고 페이스북을 위해 일한다는 얘기다. 반면 대형 엔터테인먼트 기업들은 원본 콘텐츠를 만들기 위해 수십억 달러의 돈을 쓴다. 넷플릭스는 드라마 〈더 크라운〉의 각 시즌을 제작하는 데 1억 달러 넘게 쓰고 있고 2017년에는 60억 달러가 넘는 돈(NBC나 CBS에 비해 50퍼센트 더 많다)을 책정했다.[26] 하지만 우리의 관심을 사로잡으려 노력하는 페이스북은 생후 14개월짜리 어린아이 맥스가 비즐라종 반려견과 함께 찍은 사진을 내세워 결국 이 경쟁에서 이긴다. 이런 사진은 기껏해야 200~300명 규모의 소집단에게만 매력을 발산하지만 그것으로 충분하다. 페이스북 기계가 그 콘텐츠들을 종합하고 세분화해 표적을 선정하는 일은 식은 죽 먹기니 말이다. 여기서 잠깐 한 가지 가정을 해보자. 만일 CBS, ESPN, 비아콤의 MTV, 디즈니의 ABC, 컴캐스트의 NBC, 타임워너의 HBO 그리고 넷플릭스가 돈 한 푼 들이지 않고 콘텐츠를 만들 수 있다면 이들 회사의 기업 가치는 얼마나 될까? 답은 간단하다. 이들 각 기업의 가치는 현재 페이스북의 가치와 같아진다.

두 업체의
시장 독점

구글과 페이스북은 지금 미디어계의 지형을 새로 그리고 있다. 궁극적으로 두 기업은 역사상 다른 어떤 기업보다 많은 미디어 관련 지출을 장악할 가능성이 크다(구글과 페이스북을 합친 게 아니라 각각 따로 계산해도 말이다). 적어도 10년 내에 미디어 관련 지출의 근간은 모바일일 것이라는 전망에 대다수가 동의한다. 그런데 페이스북과 구글 두 기업이 전 세계 모바일 광고의 51퍼센트를 장악하고 있고, 두 기업의 점유율은 하루가 다르게 늘어나고 있다. 2016년 두 기업은 미국 전체 디지털 광고 수익 성장률의 103퍼센트

미국 디지털 광고의 전년 대비 성장률(2016년)

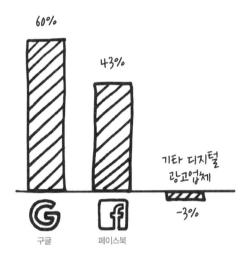

를 차지했다.[27] 페이스북과 구글을 합쳐 100퍼센트가 넘는다는 것은 이들을 제외한 신문과 라디오, 방송국의 디지털 광고는 오히려 감소했다는 뜻이다.

대담한 투자
그리고 실수

　　　　　페이스북과 구글이 시장 지배자의 위치를 놓고 싸움을 벌이는 상황에서 두 기업 모두 미래에 대담한 투자를 할 것이라고 예상하는 것은 지극히 타당하다. 특히 가상현실에 이르는 값비싼 경로가 있는데 이것으로 페이스북은 업계의 다른 경쟁자들보다 앞서가기 시작했다. 2014년 저커버그는 20억 달러를 들여 선도적인 가상현실 헤드셋 제조업체 오큘러스 리프트_{Oculus Rift}를 인수했다.[28] 이 인수를 마무리한 뒤 그는 "가상현실이 새로운 세계를 열어줄 것이다."라고 열변을 토했다. 여기에 스포일러를 투척하자면 지금까지 그런 일은 실제로 일어나지 않았다.

사람들이 가상현실 회의를 한다면? 뉴욕과 도쿄에서 동시에 진행하는 수술이 동일한 가상현실 극장에서 이뤄진다면? 할아버지와 할머니가 멀리 떨어져 있는 손자·손녀들과 즐거운 시간을 함께 보낸다면? 페이스북은 이것이 우리의 머릿속으로 들어갈 것이라고 예상한다. 즉, 페이스북이 의사소통 차원을 넘어 가상세계에서 함께 시간을 보내는 차원까지 열어주는 새로운 플랫폼을 제공하리라고 보는 것이다. 이 사업의 가능성과 기회는 무궁무진하다!

벤처 투자자들은 저커버그가 인도하는 대로 수억 달러의 돈을 가상현실 신생기업에 쏟아 부었다. 얼마 지나지 않아 네 개의 거인기업을 포함한 다른 기술 기업들이 이 기술에 깊이 파고들었다. 다음 차례의 거대한 사업을 구경만 하고 있는 기업은 없었다.

가상현실은 모든 헤드 페이크_{Head Fake}(본래 미식축구에서 상대 선수의 방향을 헷갈리게 만드는 속임수인데, 어떤 것이 초기에 어느 한 방향으로 움직이다 이후 정반대 방향으로 끝나는 현상을 일컫는다.—옮긴이)의 어머니다. 우주에서 가장 강력한 힘은 평균으로의 회귀다. 태어난 사람은 누구나 죽으며 우리는 살아가면서 많은 실수를 한다. 마크 저커버그는 그동안 많은 점에서 매우 옳았지만, 다른 한편으로 그는 엄청나게 잘못된 판단을 할 수도 있다. 실제로 그는 그런 실수를 했다.

아직까지 기술 기업은 공식적인 자리에서 무슨 옷을 입어야 할지 몰라 난감해하는 사람들 대신 의사결정을 해주는 기술을 보유하지 못했다. 사람들은 자신이 다른 사람에게 어떻게 보일지에 신경을 쓴다. (그것도 매우 많이!) 남자는 대부분 자신이 여자와 키스를 한 번도 해본 적 없는 사람처럼 보이기를 바라지 않는다. 구글 글라스를 기억하는가? 구글 글라스를 착용한 사람들은 남들에게 멋있어 보이고 싶어 했지만 실은 엄청난 망신을 당했다. 중요한 것은 모든 사람이 가상현실 헤드셋을 쓰고 있는 모습은 우스꽝스러워 보인다는 사실이다. 가상현실은 저커버그에게 처칠의 평생 굴욕으로 남은 갈리폴리 전투와 같을 가능성이 크다. 이것은 저커버그가 엄청나게 잘못 판단할 수 있음을 보여주는 거대한 실수다. 그러나 이 실수가 승리를 향한 그의 발걸음을 늦추지는 못할 것이다. 페이스북은 여전히 전 세계 미디어 시장을 지배하고 있으며 이전과 다른 모습의 21세기 광고를 보여주고 있다.

만족을 모르는 욕망

뭐든 게걸스럽게 먹어치우는 괴물 페이스북은 앞으로도 무지막지한 식욕을 보일 확률이 높다. 전 세계 사용자와 무한대에 가까운 자본 동원 능력, 끊임없이 진화하는 데이터 분석 인공지능 기계를 갖춘 페이스북은 구글과 손잡고 기존 아날로그와 디지털 미디어 세상을 파괴할 것이다. 최근 전 세계 미디어업계에 앞으로 어떤 일이 벌어질지 짐작할 만한 현상이 일어났는데, 그것은 전통 미디어 기업이 산 채로 기술 미디어 기업에 잡아먹힌 일이다. 요컨대 지금은 낡은 미디어가 더는 생존할 수 없는 환경이다. 그런 기업은 일하거나 투자하기에 너무 형편없는 곳으로 전락할 테니 말이다.

그래도 몇 개의 기업은 살아남으리라고 본다. 《이코노미스트》와 《보그》, 〈뉴욕 타임스〉 같은 매체는 적어도 당분간 이득을 볼 가능성이 크다. 이들보다 더 허약한 경쟁자들이 버티지 못하고 죽어갈 것이기 때문이다. 이런 상황과 '진실'은 엄격하다는 갑작스러운 인식 덕분에 그 매체들은 시장점유율 면에서 일시적으로 이득을 보겠지만, 여기서 중요한 것은 '일시적'이라는 단어다.

그러는 동안에도 페이스북은 전통 매체들을 꾸준히 거세할 가능성이 크다. 예를 들어 〈뉴욕 타임스〉의 전체 온라인 구독 가운데 페이스북이 차지하는 비율은 약 15퍼센트다.[29] 이 신문사는 페이스북에 자사 기사를 자동 게시하는 데 합의했다. 이는 누군가가 페이스북에서 나와 〈뉴욕 타임스〉 사이트에 접속하지 않아도 이 신문의 모든 기사를 볼 수 있다는 뜻이다. 이로써 〈뉴욕 타임스〉가 얻는 보상은 고작 광고 수익 유지다. 어쩐지 낯익은 모델로 들리지 않는가?

이것은 〈뉴욕 타임스〉에 상당히 괜찮은 거래로 보이지만 실은 〈뉴욕 타임스〉가 기사의 전체 통제권을 페이스북에 넘기는 꼴이다. 즉, 페이스북은 신문기사의 노출 수준을 마음대로 결정하는 것은 물론, 〈뉴욕 타임스〉 기사를 자기 입맛에 맞게 다른 미디어의 콘텐츠로 대체할 수도 있다. 미국 최고 브랜드를 자랑하던 신문사가 페이스북의 일개 콘텐츠 제공업체 혹은 협력업체 수준으로 전락한 셈이다. 페이스북은 어떤 콘텐츠가 광고를 실어 나르기에 가장 좋은지, 누가 그 콘텐츠를 볼지 판단해서 결정한다. 페이스북의 인스턴트 아티클스Instant Articles(페이스북이 주요 언론 기사를 모아 구독자의 관심사에 따라 뉴스를 제공하는 서비스―옮긴이)로 인해 〈뉴욕 타임스〉를 비롯해 여기에 참여하는 다른 언론사들은 총구를 자기 목구멍 안에 쑤셔 박고 있는 꼴이나 다름없다. 여기에서 우리는 아무것도 배운 게 없다. 2016년 말 〈뉴욕 타임스〉는 페이스북의 인스턴트 아티클스에서 빠져나왔다. 거기에 따른 수익이 중요하지 않았기 때문이다.[30] 이후 〈뉴욕 타임스〉는 다시 한 번 더 자신의 미래를 기꺼이 팔아치우려 했으나 다행히 제시받은 가격이 그리 매력적이지 않았다.

페이스북의 연료는
사용자의 신상 정보

지금 당신이 사우디아라비아의 어떤 유전에서 석유를 뽑아내려면 어떻게 해야 할까? 간단하다. 땅에 파이프를 박기만 하면 된다. 파이프를 통해 지상으로 올라온 석유는 곧바로 자동차 연료통에 넣어도 될 정도로 순수하다. 시행착오가 거의 없는 이 굴착 덕분에 석유 생산비용은 배럴당 약 3달러에 불과하다. 그리고 경기 불황에도 이 석유는 배럴당 약 50달러에 팔린다.

펜실베이니아의 유니언 타운에는 미국에서 점점 커져가는 셰일가스 벨트가 있다. 이곳에서 어떤 석유 회사가 채굴권을 놓고 농부와 실랑이를 벌인다고 해보자. 드디어 그 석유 회사는 셰일층을 제대로 포착하길 기대하며 굴착을 시작한다. 이 회사는 지하 3킬로미터에서 굴착 방향을 바꿀 수 있는 드릴을 장착한 멋진 장비에 투자해왔다. 물론 이 장비는 무척 비싸다. 만약 이 회사가 셰일층을 발견하면 본격적인 생산 설비를 갖추고 염분을 머금은 엄청난 양의 물을 거대한 압력으로 분사해 혈암을 잘게 부순 뒤 그 틈에서 새어나오는 천연가스를 포착한다. 이 모든 과정에 드는 비용은 석유를 기준으로 할 때 1배럴당 30달러가 넘는다.

과연 이 상황에서 사우디아라비아의 국립석유회사 아람코는 자원 확보의 다양성을 꾀하기 위해 펜실베이니아 서부로 눈을 돌리는 게 옳을까? 그렇지 않다. 적어도 경제적 차원의 이유에서라면 말이다. 그렇게 하는 것은 배럴당 약 20달러의 수익을 포기하는 꼴이다. 누가 그렇게 하겠는가?

페이스북이 바로 이와 비슷한 질문에 직면해 있다. 페이스북의 기본 자원(석유)은 수십억 사용자의 신상 내용이다. 이것은 얼마든지 쉽게 파악할 수 있다. 사용자 스스로 작성해서 올려놓은 자기소개에 담긴 확실한 사항들이야말로 페이스북이 가장 손쉽게 벌 수 있는 돈이다. 그런데 가상현실 고글, 죽음 치료, 케이블 설치, 자율주행자동차, 그 밖의 사업기회는 데이터에 비해 수익 전망이 훨씬 더 크다. 사람들이 어떤 것을 정말 좋아하거나 싫어한다는 본심을 클릭과 '좋아요', 포스팅으로 분명히 드러내면 이들을 상대로 어떤 제품과 서비스를 팔기가 한결 쉽다. 누워서 떡 먹기다. 마치 사우디아라비아에서 땅에 파이프를 꽂아 석유를 뽑아내는 것처럼 말이다.

만일 내가 페이스북에 들어가 버니 샌더스Bernie Sanders(사회주의자를 자처하는 미국의 상원의원—옮긴이)에 관한 어떤 기사를 클릭하고 척 슈머 Chuck Schumer(미국의 민주당 상원 원내대표 —옮긴이) 관련 기사를 '매우 좋다'고 평가하면, 페이스북의 기계는 조금도 주저하지 않고 나를 민주당 지지자로 분류한다. 만일 기계가 처리 과정에서 연산 에너지를 아주 조금만 더 쏟으면 내 약력에서 '버클리'라는 단어를 찾아낼 수도 있다(저자는 버클리 대학교를 졸업했다.—옮긴이). 그러면 이 기계는 확신을 담아 나를 급진적인 환경보호주의자 범주로 분류한다.

그 뒤 페이스북 알고리즘은 내게 진보적인 성향의 기사를 더 많이 보내주고 내가 그런 기사에 클릭할 때마다 페이스북은 돈을 번다. 뉴스 피드News Feed(뉴스 내용을 한 뉴스 서버에서 다른 뉴스 서버로 전달하는 것 —옮긴이)의 가시성은 생산자, 인기, 포스트 유형 그리고 데이터라는 네 가지 기본 변수와 자체 광고 알고리즘을 토대로 한다.[31] 내가 어떤 콘텐츠를 소비할 경우 그것이 〈가디언〉의 기사든 민주당 상원의원 엘리자베스 워런Elizabeth Warren이 무언가에 화를 내는 유튜브 동영상이든 혹은 정치 문제에 열을 내는 페이스북 친구든 페이스북 알고리즘은 내게 무엇을 제공해야 할지 안다. 나를 이미 진보주의자로 분류했기 때문이다.

그러면 자신의 정치적 색깔을 뚜렷이 드러내지 않은 사람들에게는 어떻게 할까? 이들에게는 어떤 방식으로 정치 관련 콘텐츠를 팔까? 그들 가운데 다수는 중도적 성향이다. 실은 미국인 대다수가 그렇다. 이들의 성향을 알아내는 것은 훨씬 더 어렵다. 페이스북 기계가 이들 개개인의 친구관계, 다양한 행보, 우편번호, 사용하는 어휘, 자주 찾는 뉴스 사이트를 분석하려면 훨씬 더 정교한 알고리즘이 필요하다.

여기에다 이 모든 작업을 거친 뒤 도출한 결과도 여전히 확실하지 않다. 광고업자에게 팔아넘길 중도적 성향의 각 집단이 직접 드러낸 신호가 아니라 일련의 상관성을 토대로 한 것이니 말이다. 그래서 이것은 늘 실수를 동반한다. 내가 사는 뉴욕 맨해튼섬 남부의 그리니치 빌리지 주민은 민주당 지지자 일색이다. 트럼프에게 투표한 사람은 겨우 6퍼센트에 불과하다.[32]

중도적 성향인 사람을 어떤 일에 참여하도록 유도하거나 이들의 행동을 예측하기란 무척 어렵다. 가령 카디건 스웨터를 입고 미국과 멕시코가 체결한 자유무역협정의 좋은 점과 나쁜 점을 차분한 목소리로 얘기하는 어떤 사람을 동영상으로 찍어 페이스북에 올렸다고 치자. 이 동영상은 얼마나 많은 조회수를 기록할까? 중도적 성향인 사람들을 대상으로 마케팅을 하는 것은 셰일을 파쇄해 셰일가스를 뽑아내는 것과 같다. 단지 더 쉬운 대안이 없기에 그렇게 할 뿐이다. 이 경우 우리가 접하는 콘텐츠는 평온하고 합리적인 것과 점점 더 거리가 멀어진다.

그래서 페이스북이나 다른 알고리즘으로 돌아가는 미디어들이 중도적 성향인 사람들을 성가시게 괴롭히는 일은 거의 없다. 반면 당신이 만약 공화당 쪽으로 기울었음을 알아낼 경우 당신이 브레이트바트Breitbart 같은 공화당 지지자들의 분노를 대변하는 극우 성향 매체를 지지할 때까지 온갖 관련 콘텐츠를 제공한다. 심지어 당신은 그들이 제공하지 않았다면 듣지 않았을 알렉스 존스Alex Jones(미국 극우 인터넷 라디오 방송 진행자—옮긴이)가 진행하는 프로그램을 들을 수도 있다. 진정한 신봉자는 좌파든 우파든 그 미끼를 덥석 문다.

많은 클릭을 받는 포스트는 대개 분노를 자아내고 날이 바짝 선 내용이다. 어떤 포스트의 클릭 수가 늘어날 경우 그 포스트의 적중률$_{hit\ rate}$은 높아지며, 그것은 구글과 페이스북에서 모두 그 포스트의 순위를 높여준다. 이렇게 순위가 높아지면 다시 보는 사람이 늘어나 더 많은 클릭과 공유를 촉진한다. 최상의(혹은 최악의) 경우 우리는 그 콘텐츠를 날마다 볼 수도 있다. 이때 그 콘텐츠는 수천만 명, 심지어 수억 명에게 전달된다. 결국 우리는 모두 자신이 믿는 정치적 성향만 옳다는 격리된 거품 속에 점점 더 깊이 갇힌다.

알고리즘들은 이런 방식으로 사회의 양극화를 조장하고 강화한다. 우리는 스스로를 합리적이고 이성적이라고 생각하지만 우리의 뇌 깊은 곳에 자리 잡은 생존 충동은 세상을 '우리'와 '그들'로 나눈다. 이럴 때 분노는 쉽게 촉발된다. 많은 사람이 백인 우월주의자 리처드 스펜서$_{Richard\ Spencer}$가 두들겨 맞는 동영상을 클릭한다. 흔히 정치인들이 극단적으로 보일 수 있지만 그들은 단지 대중의 요구에 반응하는 것뿐이다. 페이스북이 우리에게 제공하는 뉴스를 보고 우리가 날마다 일으키는 분노, 다시 말해 극단으로 치닫는 우리의 발길에 그저 반응하는 것에 불과하다.

클릭이냐
책임감이냐

미국인의 44퍼센트와 전 세계의 많은 사람이 페이스북에서 뉴스를 읽는다.[33] 그러나 페이스북은 자사가 미디어 회사로 여겨지길 바라지 않는다. 구글도 마찬가지다. 시장의 전통적인 생각은 이들이 자사 주식 가치를 염려해 이런 딱지 붙이기에 저항한다는 것이다. 왜 그럴까? 미디어 회사들은 다소 제정신이라 보기 어려운 평가밖에 받지 못하지만 네 개의 거인기업은 수천억 달러라는 시가총액 평가에 중독되어 있기 때문이다. 이 소수 기업은 그저 평온하거나 번성하는 상태로는 만족하지 않고 무지무지하게 부자여야 한다는 목표의식에 젖어 있다. 그래서 언제나 커다란 인기를 얻는 리텐션 전략Retention Strategy(기존 고객의 잔존율을 높여 이익을 극대화하는 전략—옮긴이)을 쓴다.

미디어 회사로 비춰지기 싫어하는 또 다른 이유는 이보다 더 비뚤어진 생각에 있다. 뉴스 부문에서 존경받는 기업은 공공 책임성을 인식하고 전 세계 소비자의 세계관을 형성하는 데 일정 정도 역할을 수행하려 노력한다. 편집의 객관성, 사실 확인, 언론 윤리, 시민 차원의 담론 등은 모두 그런 책임성과 관련이 있다. 이 책임을 다하려면 많은 일을 해야 하는데, 이것은 수익 창출에 오히려 걸림돌로 작용한다.

개인적으로 내게 가장 익숙한 미디어는 〈뉴욕 타임스〉이다. 이 신문의 편집자들은 올바른 기사를 쓰기 위해 애쓸 뿐 아니라 독자에게 제시하는 기사가 편향적이지 않도록 노력한다. 만일 좌파 진영에 호응하는 것처럼 보이는 뉴스(예를 들어 외국인 불법체류자 추방, 녹고 있는 남극 대륙 뉴스)가 많으면 보수적 성향의 기사를 보충해(가령 전 국민의 건강보험 가입 의무를 골자로 한 의료보험 개혁 법안 오바마 케어를 공격하는 데이비드 브룩스의 칼럼으로) 균형을 맞춘다.

물론 많은 사람이 책임 있게 행동해야 할 미디어가 실제로 균형을 유지하며 '제대로' 하는 게 맞느냐며 의혹을 보이기도 한다. 그럼에도 불구하고 미디어들은 노력하고 있다. 편집자들이 어떤 내용을 전면에 내세울지 토론할 때 이들은 적어도 정확한 정보 전달이라는 과제를 진지하게 생각한다. 모든 것이 다 클릭이고 돈은 아니라는 말이다.

페이스북의 경우에는 다르다. 이 회사는 명백히 자기 탐욕을 계몽주의적인 태도와 겉모습 뒤로 숨기려 한다. 이런 모습은 기본적으로 기술 경제 분야의 다른 승자들과 동일하다. 페이스북 외에 나머지 세 개의 거인기업도 다르지 않다. 이들은 리더십에서 진보적인 브랜드를 강화하고 다문화주의를 옹호하며 재생가능 에너지 사용에 적극적이다. 그렇지만 다른 한편으로 약육강식의 진화론적이고 탐욕적인 경로를 따라 수익을 추구하며 자기 손이 날마다 일자리를 파괴하는 현상을 무시한다.

진실을 똑바로 봐야 한다. 페이스북의 유일한 과제는 돈 버는 일이다. 회사의 성공을 클릭 수와 수익이 결정하는데 굳이 올바르지 않은 이야기보다 올바른 이야기를 선호할 이유가 있을까? 그저 '미디어 감시견'Media Watchdog 역할을 하는 회사를 고용해 눈 가리고 아웅 하면 그만이다. 알고리즘으로 작동하는 기계의 눈에 1회 클릭은 어디까지나 1회 클릭일 뿐이다. 전 세계에서 이 페이스북 기계의 정보 처리에 최적화한 이야기를 생산하는 온갖 편집 활동은 보수적이든 진보적이든 가리지 않고 이들의 클릭을 유혹하는 미끼를 던지려 온갖 황당한 가짜 이야기를 만들어낸다.

워싱턴 D. C.에 있는 피자가게 '카밋 핑퐁'에서 일어난 이른바 피자게이트 사건은 미국의 2016년 대통령 선거 때 엄청난 사회적 물의를 일으켰다. 당시 민주당 후보 힐러리 클린턴의 선거본부장 존 포데스타의 한 형제가 이 피자가게 뒷방에서 소아 성매매 업소를 운영한다는 가짜 뉴스가 흘러나왔다. 이 소문을 많은 사람이 믿었고 그들 가운데 한 명이 피자게이트를 직접 조사해 감금당한 채 학대받는 아이들을 구출해야 한다는 일념으로 소총을 들고 가게로 난입해 실탄을 발사했다. 이 사건으로 다친 사람은 없었지만 그는 체포되어 징역 4년을 선고받았다.[34]

고약한 사실은 진짜 뉴스 옆에 가짜 뉴스를 나란히 배열하는 탓에 페이스북이라는 플랫폼이 한층 더 위험하다는 점이다. 황색 잡지라면 자기들끼리 모여 무슨 얘기를 하더라도, 심지어 힐러리가 외계인이라고 해도 당신은 믿지 않을 것이다. 그런데 페이스북은 〈뉴욕 타임스〉나 〈워싱턴 포스트〉 기사를 가짜 뉴스와 나란히 게재함으로써 가짜 뉴스가 진짜로 둔갑하도록 만들어 사람들을 속인다.

그저 플랫폼일 뿐이라고?

페이스북은 어떻게 편집권을 행사하게 되었을까? 증오에 따른 범죄가 좋은 출발점으로 작용한다. 그런 범죄 앞에서 올바른 편에 서는 것은 아주 쉽다. 증오 범죄를 직접 저지르고 싶어 하는 사람도 많지 않다. 페이스북도 겉으로는 "증오 범죄는 이제 그만!"이라고 말한다. 다른 세 개의 거인기업도 마찬가지지만 페이스북 경영진은 진보주의의 가면을 쓰고 약자의 편에 서는 민주당 상원의원 엘리자베스 워런보다 약육강식의 철학을 주장한 다윈에게 더 친밀감을 느끼는 행동, 즉 탐욕적이고 보수적이며 세금을 포탈하고 일자리를 파괴하는 행동을 한다.

사실 가짜 뉴스는 흰색 두건을 뒤집어쓴 미치광이들(KKK 단원을 비롯한 백인우월주의자―옮긴이)보다 우리 사회의 민주주의에 훨씬 더 위협적이다. 하지만 가짜 뉴스는 여러 사업 번창 요소 가운데 하나다. 가짜 뉴스를 제거하려면 페이스북이 세상에서 가장(혹은 두 번째로) 영향력 있는 미디어 회사의 편집자라는 책임성을 인정하게 해야 한다. 그 출발점은 진실과 거짓을 판별하는 일이다. 이 경우 페이스북은 주류 미디어들이 직면한 것과 같은 분노와 의심을 촉발할 수밖에 없다. 더 중요한 것은 가짜 뉴스를 없앨 때 페이스북이 수십억 건의 클릭과 거기에 따른 수익도 함께 포기해야 한다는 점이다.

페이스북은 콘텐츠 내용을 향한 비판을 회피하고자 자사는 '콘텐츠를 생산하는' 미디어 회사가 아니라 그저 '콘텐츠를 위한' **플랫폼**일 뿐이라고 주장한다. 언뜻 들으면 그럴듯하다. 그러나 '플랫폼'은 지금 페이스북이 실제로 저지르고 있는 것처럼 사회에 끼치는 어떤 위해에 책임을 **면제해줄 목적**으로 만들어진 게 아니다. 만일 맥도날드가 자사 제품에 들어가는 쇠고기의 80퍼센트가 가짜이며 소비자를 병들게 만든다는 사실을 발견하고도 자사는 패스트푸드 식당이 아니라 패스트푸드의 플랫폼일 뿐이므로 그 일은 자사 책임이 아니라고 주장한다면 어찌 되겠는가? 과연 우리가 그런가 보다 하고 받아들일 수 있을까?

페이스북의 한 대변인은 가짜 뉴스 논란 속에서 이렇게 말했다.

"우리가 직접 진실의 최후 결정권자가 될 수는 없다."[35]

그렇지만 최대한 노력할 수는 있지 않은가? 페이스북이 미국 성인의 67퍼센트가 접속하는 최대 소셜 네트워크 사이트고[36] 점점 더 많은 사람이 날마다 페이스북에서 뉴스를 접한다면, 페이스북은 이미 세계 최대 뉴스 미디어 회사다. 문제는 이 뉴스 미디어에 진실을 추적하고 감독하는 보다 큰 책임성이 있느냐 하는 점이다. 뉴스 미디어의 핵심이 바로 거기에 있으니 말이다.

사회적 반발이 이어지자 페이스북은 가짜 뉴스와 싸울 여러 도구를 도입했다. 가령 사용자가 어떤 콘텐츠를 접한 뒤 이것이 가짜 같다면 이의를 제기할 수 있다. 이의 제기가 있을 때 페이스북은 사실 확인을 하는 서비스를 제공한다. 또 페이스북은 지금 잠재적인 가짜 뉴스를 포착하는 소프트웨어를 사용하고 있다.[37] 그래봐야 문제의 가짜 뉴스에 고작 진짜인지 가짜인지 아직 판정이 나지 않았다는 뜻의 '논란이 있는'이라는 딱지만 붙을 뿐이다. 오늘날의 정치 풍토 양극화와 '역효과 현상'Backfire Effect(분명한 증거가 있어도 자신의 실수를 받아들이기보다 자기 방어를 위해 노력하는 현상—옮긴이)을 고려한다면 '논란이 있는'이라는 딱지만으로는 많은 사람을 설득하지 못한다. 사람들이 속고 있음을 깨우쳐주는 것보다 사람들을 속이는 게 더 쉽기 때문이다.

우리는 소셜 미디어가 이런저런 콘텐츠를 중립적으로 제공할 거라고 생각한다. 또한 자신이 생각할 줄 아는 독립적인 개인이고 진실과 거짓을 얼마든지 구분할 수 있다고 본다. 믿어야 할 것과 믿지 말아야 할 것, 다른 사람들과 소통하는 방법도 알아서 잘 선택한다고 여긴다. 한데 연구 결과에 따르면 그렇지 않다. 우리가 무언가를 클릭하는 과정은 깊은 잠재의식에서 이뤄진다. 생리학자 벤저민 리벳 Benjamin Libet은 뇌전도EGG를 사용해 사람이 어떤 동작을 하겠다는 의사결정을 내렸음을 느끼기 300밀리세컨드(0.001초─옮긴이) 전에 뇌의 운동피질이 이것을 감지한다는 것을 확인했다.[38] 그러니까 우리가 어떤 콘텐츠를 보고 클릭할 때 이는 논리적 판단 결과가 아니라 충동에 따른 것이다. 다시 말해 소속감을 느끼고 인정받거나 안전을 보장받고 싶은 욕구가 잠재의식 깊은 곳에서 우리의 행동을 좌우한다. 페이스북은 이 욕구를 이용해 우리에게 보다 많은 '좋아요'를 줌으로써 더 많은 시간을 자사 플랫폼에 머물도록 만든다(페이스북의 성공에서 핵심 요소는 사이트에 머무는 시간이다). 또 페이스북은 누군가가 당신이 올린 사진에 '좋아요'를 눌렀다는 사실을 즉각 알려주는데, 그 바람에 당신은 집이나 직장에서 하던 일을 잠깐 멈춘다. 그뿐 아니라 당신이 자신이나 친구들의 정치적 성향에 맞는 어떤 기사를 공유할 때 당신은 다른 사람들이 '좋아요'를 눌러주길 기대한다. 그 기사가 열정적일수록 당신이 받는 반응은 그만큼 더 많아진다.

구글에서 기술윤리 전문가로 재직했고 기술이 인간심리의 약점을 파고드는 현상을 연구한 트리스탄 해리스Tristan Harris는 소셜 미디어의 알림 기능을 슬롯머신과 비교했다.[39] 두 가지 모두 보상 규모는 다양하다. 사람들은 과연 내가 '좋아요'를 두 개만 받을지 아니면 200개를 받을지 궁금해 한다. 당신은 슬롯머신 앱의 아이콘을 누르고 바퀴가 돌아가는 동안 기다린다. 1초, 2초, 3초⋯. 기대하면 할수록 보상은 더 달콤하다. 자, 당신이 19개의 '좋아요'를 받았고 다시 한 시간이 지났다. 그 숫자가 더 늘어났을까? 얼마나 더 늘어났을까? 이 궁금증을 해소하려면 당신은 또 확인해야 한다. 그런데 당신이 페이스북에 머무는 동안 봇이 생성한 가짜 뉴스가 버젓이 올라와 있어 당신의 눈에 띈다. 당신은 이것을(심지어 읽지도 않은 채) 친구들과 자유롭게 공유한다. 당신이 진실이라 믿는 것을 다른 사람과 공유함으로써 당신이 자신의 '종족'으로부터 인정받는다고 생각하기 때문이다.

페이스북은 그 과정에 인간이나 어떤 실질적인 판단을 개입시키지 않으려 조심한다. 그러면서 이것을 공정성을 유지하기 위한 자사의 노력이라고 주장한다. 특정 방향의 편향적 이슈를 트렌딩 토픽Trending Topic(페이스북의 뉴스 서비스—옮긴이) 목록에 선정하지 않는 정책을 편다는 의혹을 받자, 트렌딩 토픽 편집팀 전체를 해고한 것도 같은 맥락에서 나온 조치다. 사람이 편집 과정에 개입하면 편견이 포함될 수밖에 없다는 이유에서다. 인공지능이라고 편견에서 자유로운 것은 아니다. 페이스북의 인공지능은 페이스북 사용자가 가장 클릭하기 좋은 콘텐츠를 가려서 뽑도록 인간이 프로그래밍한 것이다! 이 인공지능이 우선적으로 고려하는 요소는 클릭 수, 접근하는 사용자 수 그리고 페이스북 사이트에 머무는 시간이다. 인공지능에 가짜 뉴스를 가려낼 능력은 없다. 애초의 설계를 바탕으로 기껏해야 의심스럽다고 판정할 뿐이다. 사실을 확인하는 팩트 체커Fact Checker가 나서야 어떤 콘텐츠가 진짜이고 가짜인지, 신뢰도 수준이 어느 정도인지 판단할 수 있다.

디지털 공간에는 규칙이 필요하고 페이스북에는 규칙이 있다. 벌거벗은 어린 소녀가 불타는 마을을 뒤로하고 공포에 질려 달아나는 베트남 전쟁 당시의 유명한 사진을 페이스북이 삭제해버린 일은 유명하다. 노르웨이 수상이 페이스북의 조치를 비판한 포스트도 삭제했다. 기계가 아닌 인간이 편집했다면 문제의 그 사진이야말로 전쟁의 참상을 보여주는 훌륭한 작품이라 인정했겠지만 인공지능은 그런 판단을 하지 않았다.

페이스북이 인간 편집자 체제로 돌아가지 않는 데는 비록 공표하진 않았지만 보다 큰 이유가 있다. 그것은 바로 비용이다. 그만큼 비용이 더 많이 들기 때문에 그렇게 하지 않는다. 사용자가 할 수 있는 것을 왜 페이스북은 하지 않을까? 페이스북은 언론의 자유라는 명분을 내세우며 그 뒤로 숨는다. 이것은 인파가 꽉 들어찬 자기 소유의 극장에서 누군가가 두려움과 분노로 "불이야!" 하고 외칠 때조차 그렇게 하는 것이나 마찬가지다. 그래서 더욱더 나쁘다. 물론 페이스북은 결코 자사를 미디어 회사로 바라보려 하지 않는다. 미디어 회사로 규정하면 해야 할 일이 늘어나고 걸림돌이 많아 그만큼 성장 속도가 느려지기 때문이다. 이런 이유로 네 개의 거인기업은 스스로를 미디어 회사로 바라보지 않는다.

유토피아냐
디스토피아냐

하나의 콘텐츠이자 제품으로 존재하는 미디어 플랫폼들은 수십억 인구 사이에 보다 큰 공감을 만들어내고 각각을 연결해 쉽게 소통하도록 했다. 가치의 무게 중심이 낡은 미디어 회사에서 새로운 미디어 회사로 바뀐 결과는 일자리 파괴로 이어지고 장차 어떤 격변기가 오든 온갖 위험을 초래할 것이다.

사람이든 운동이든 현대 문명을 가장 심각하게 위협하는 것에는 하나의 공통점이 있다. 외부의 협박으로부터 보호받고 오로지 진실만 추구해야 할 제4부(입법부, 사법부, 행정부와 동격이라는 의미)인 언론부가 제 역할을 하지 못하도록 미디어를 통제하고 왜곡하는 일이다. 오늘날 미디어를 과점하는 페이스북과 구글을 바라보며 우리가 당혹감을 느끼는 것은 이들이 "우리를 미디어라고 부르지 마라. 우리는 플랫폼일 뿐이다."라고 말하기 때문이다. 이것은 사회적 책임을 내팽개치는 행태로 사악한 독재자나 권력층이 가짜 뉴스를 교묘히 생산해 유통하도록 허용하는 셈이다. 또 장차 인류의 가장 큰 미디어가 우리를 그 옛날 원시 사회처럼 동굴 벽으로 되돌아가게 만들지도 모르는 위험을 조장하는 일이다.

제5장

현대판 신, 구글

모든 것을 알고, 모든 것에 응답하는
21세기의 새로운 신

"현대 과학이 밝혀낸 우주의 장엄함을 강조하는 종교는 기존 신앙이 거의 손대지 못한 차원의 존경과 경이로움을 이끌어낼지도 모른다. 조만간 그런 종교가 등장할 것이다."

미국 천문학자 칼 세이건Carl Sagan은 이렇게 말했는데 **그 종교**가 바로 여기 있다. 그것은 구글이다.

사람은 인류 역사 대부분의 기간 동안 보다 크고 높은 힘의 존재를 믿어왔다. 끔찍한 자연재해를 겪으면 사람들은 상상 속에서 자연재해를 관장하는 어떤 존재를 만들어내 자신이 잘못한 행동 때문에 벌을 받는 것이라고 생각했다. 종교는 사람들에게 심리적 편익을 안겨주었고 그것은 지금도 마찬가지다. 사찰과 교회, 모스크에 가는 사람들은 낙관주의나 다른 사람과의 협력을 높이 평가하며 이것을 번영으로 나아가는 길로 여긴다.[1] 신앙이 있는 사람은 무신론자에 비해 오래 사는 경향이 있다.[2]

그런데 오늘날 경제 체제가 성숙한 여러 사회에서 종교가 죽어가고 있다. 미국에서 종교단체에 소속되어 있지 않다고 밝힌 사람은 지난 20년 사이 2,500만 명이나 늘어났다. 사람들이 신앙을 멀리한다는 것을 보여주는 가장 강력한 지표는 인터넷 사용 정도다. 인터넷은 미국인이 종교에서 떨어져 나가는 이유의 4분의 1 이상을 차지한다.[3] 정보와 교육에 접근하기가 쉬워지면서 신앙은 철저히 비판을 받아왔다. 대졸자는 고교 졸업자에 비해 종교에 덜 귀의한다.[4,5] 또한 지능지수가 높은 사람일수록 종교가 없을 확률이 높다. 지능지수가 140 이상인 사람 가운데 종교에서 만족감을 느끼는 사람의 비율은 여섯 명 가운데 한 명꼴에 불과하다.[6]

신은 죽었다고 했던 니체의 선언은 승리의 함성을 노래한 것이 아니라 도덕적 잣대의 상실을 탄식한 것이었다. 전 세계인이 보다 빠른 속도로 더 오래, 더 잘 살 때 우리를 인류 공동체의 구성원이라는 동질감으로 단단하게 묶어줄 끈은 무엇일까? 무엇이 보다 나은 삶을 살도록 우리를 도와줄까? 어떻게 하면 우리는 더 많은 것을 배우고, 더 많은 기회를 포착하며, 우리를 매혹하거나 괴롭히는 온갖 질문에 올바른 대답을 찾을 수 있을까?

안다는 것은
좋은 것

인류는 선사시대 때부터 '안다는 것'에 마음을 빼앗겼다. '너 자신을 알라'(소크라테스가 인용해 유명해진 이 문장은 델포이의 아폴론 신전에 새겨져 있었다는데 지금은 볼 수 없다.—옮긴이)는 가르침은 델포이의 신탁을 꾸짖었다. 계몽시대에 들어서자 그때까지 세상을 지배해온 여러 신화에 의문을 제기해도 괜찮았을 뿐 아니라 그런 행동은 오히려 고귀하기까지 했다. 이것이 자유와 관용, 역사 진보의 기초였기 때문이다. 과학과 철학은 번성했고 '과감히 알려고 하라!' Dare to know(라틴어 원문은 Sapere Aude. 로마의 시인 호라티우스의 시에 나오는 구절—옮긴이)라는 단순한 구호는 종교적 도그마에 강하게 도전했다.

우리는 다른 무엇보다 '앎'을 원한다. 가령 내 배우자가 여전히 나를 사랑하는지 알고 싶어 한다. 내 아이들이 안전한지도 알고 싶어 한다. 자식을 키우는 사람은 아이가 아플 때 하늘이 무너져 내리는 것 같은 심정이 어떤 건지 경험한다. 아침에 일어난 아이가 열이 나서 몸이 불덩이처럼 뜨거울 때나 아이가 갑자기 벌집을 건드렸을 때, 우리는 "과연 내 아이는 괜찮을까?" 하는 질문에 간절히 답을 구한다. 뇌에서 논리적인 부분을 담당하는 대뇌는 충동적 공포에 휩싸인 뇌를 객관적인 실제 사실을 조목조목 들어 (거의 대부분) 진정시킨다.

우리의 이교도 조상들은 거의 언제나 신비로운 수수께끼 속에서 살았다. 신은 사람들이 바치는 기도를 듣지만 그 기도 가운데 많은 것에 대답하지 않았다. 만일 신이 누군가에게 말했다면 그것은 그 사람이 어떤 목소리를 들었다는 뜻이고 이는 심리적 차원에서 적신호다. 신앙이 있는 사람은 대개 누군가가 자신을 지켜본다고 느끼지만 여전히 무엇을 해야 할지 늘 모른다. 그런데 우리는 과거의 조상들과 달리 객관적인 사실 속에서 안전함을 찾을 수 있다. 구글이 모든 질문에 대답해주기 때문이다. 우리가 하는 질문에 즉각 대답이 돌아오고 우리는 안전을 확인한다.

"일산화탄소를 어떻게 포착하나요?"

"거기에는 다섯 가지 방법이 있습니다."

심지어 구글은 최상의 대답을 강조하기까지 한다.

"현재 당신이 중독 상태라면 반드시 알아둬야 하는 게 있습니다."

인간의 본능 가운데 가장 우선적인 것은 생존 본능이다. 신은 우리에게 안전을 제공하는 존재다. 하지만 신이 안전을 제공하는 대상은 올바르게 행동하고 자신의 모든 욕망을 내려놓는 사람이다. 신의 보호를 받고 신에게 대답을 듣기 위해 간청하고 애원하고 금식하고 자기 몸을 스스로 매질한 신자들은 역사에 차고 넘친다. 페르페리콘Perperikon(고대 불가리아의 원주민 트라키아인의 도시로 디오니소스의 사원이 있었다.—옮긴이) 신전에서는 디오니소스 주신酒神에게 포도주를 부으며 "다른 부족이 우리를 공격하려고 준비하고 있지 않은지요? 누가 우리의 가장 큰 적입니까?"라는 질문을 했을 것이다. 어쩌면 그 질문은 현재 북한이 핵탄두를 완성했는지 어떤지 최종적으로 판단하는 것보다 더 어려웠을지도 모른다. 우리는 지금 검색창에 '북한 핵탄두'라고 쓰고 엔터키만 누르면 우리가 알고 싶은 대답을 들을 수 있다.

기도하면 반드시
응답하는 구글

과학은 지금까지 줄곧 신이나 그보다 지능이 높은 존재를 찾아왔다. 지난 100년 동안 많은 예산을 투입해 우주에서 방출한 에너지를 포착함으로써 외계 생명체의 존재를 알아내려는 시도는 수없이 있었다. 버클리 대학교 전문학벌의 세티Search for Extra-Terrestrial Intelligence, SETI 프로젝트가 그 사례 가운데 하나다. 천문학자 칼 세이건은 이런 노력을 기도에 비유했다. 멀리 하늘을 바라보며 데이터를 보내고 지적 생명체로부터 어떤 반응이 있을지 기다리는 행위라는 점에서 그 노력과 기도를 다르지 않게 본 것인데, 이 비유는 무척 설득력이 높다.

에이즈 위기가 한창일 때 캘리포니아 대학교 샌프란시스코 캠퍼스의 정신과의사 엘리자베스 타그Elisabeth Targ는 심령치료사들에게 의뢰해 에이즈 중증환자 10명을 위해 무려 1,500마일(약 2,400킬로미터—옮긴이)이나 떨어진 곳에서 기도를 하게 했다. 그리고 역시 에이즈 중증환자인 다른 10명을 통제집단으로 설정해 심령치료사들의 치유 기도를 받지 않게 했다. 《웨스턴 저널 오브 메디슨》Western Journal of Medicine에 발표된 그 결과는 무척 놀라웠다. 실험을 진행한 여섯 달 사이에 환자 네 명이 사망했는데 그들은 모두 통제집단에 속했다. 후속 연구를 진행한 타그는 또다시 에이즈 바이러스 항원 수용체로 기능하는 CD4+ 항원 수에서 실험집단과 통제집단 사이에 통계적으로 의미 있는 차이가 발생했음을 확인했다.

안타깝게도 타그 박사는 연구 결과를 발표한 직후 사망했다. 그때 그녀는 겨우 마흔 살이었고 뇌암 진단을 받은 지 넉 달 만에 사망한 것이었다. 그녀는 한창 연구를 진행하던 중 혼돈에 둘러싸인 채, 즉 주술사, 선댄스Sundance(미국 원주민의 전통 의식으로 개인과 부족의 무사함을 기원하며 추는 춤—옮긴이)를 추는 라코타 원주민들 그리고 러시아의 심령

술사들이 제시한 온갖 가르침의 불협화음 속에서 사망했다. 그녀가 죽은 뒤 그녀의 연구는 추가로 이뤄진 정밀 심사를 통과하지 못했다. 첫 번째 관찰 실험에서 사망한 네 명의 환자는 전체 피실험자 가운데 가장 나이가 많았다는 사실이 추가 심사에서 드러난 것이다. 정밀 심사는 기도 효과는 확정된 사실이 아니라 하나의 의견일 뿐이라고 최종 결론을 내렸다.[7]

그렇지만 구글에 기도하면 반드시 대답이 돌아온다. 구글은 모든 사람에게 지식을 제공해준다. 물론 배경이나 교육 수준에 따라 제공받는 지식이 다를 수 있다. 예컨대 스마트폰을 갖고 있거나(소비자의 88퍼센트가 그렇다)[8] 인터넷에 연결되면(소비자의 40퍼센트가 그렇다)[9] 어떤 질문을 해도 대답을 얻는다. 사람들이 구글에 던지는 질문이 얼마나 다양한지 실시간으로 조금이라도 알고 싶다면 google.com/about 에 들어간 다음 스크롤을 내려 '세상은 지금 무엇을 검색하는가'를 클릭해보라.

현대인은 하루 35억 번이나 고개를 들어 하늘을 바라보는 게 아니라 고개를 숙여 전자기기 화면을 들여다본다. 잘못된 질문을 해도 누가 뭐라고 타박하지 않는다. 머리가 깡통처럼 텅 비고 무식해도 환영해준다. "브렉시트가 뭔가요?"나 "열은 언제 위험한가요?" 같은 질문도 괜찮다. 그냥 궁금한 마음에 "오스틴에서 문신을 가장 잘하는 집은?"이라고 물어도 상관없다. 실제로 우리는 이 시대의 신에게 "왜 그 사람은 내게 전화하지 않을까요?"나 "이혼을 해야 할지 말아야 할지 어떻게 알 수 있나요?"처럼 자신의 마음 깊은 곳에 있는 질문을 마구 쏟아낸다.

정말 신비롭게도 모든 질문에 대답이 나온다. 구글의 알고리즘은 유용한 정보를 모아놓은 곳에서 연관이 있는 적절한 정보를 소환한 다(이것은 대부분 사람들의 눈에 성스러운 존재가 개입한 결과로 비춰진다). 미국 캘리포니아의 마운틴 뷰Mountain View에 있는 검색 회사 구글은 사소하 든 심각하든 우리를 성가시게 하는 온갖 것이 유발하는 고통을 말끔 히 지워준다. 그 검색 결과는 우리가 받는 은총이다.

"가거라. 새롭게 획득한 지식으로 보다 더 나은 삶을 살지어다."

신뢰로 쌓은
커다란 영향력

사람들은 애플을 세상에서 가장 혁신적인 회사라고 생각한다.[10] 아마존은 가장 평판이 좋은 회사(그 평판이 구체적 으로 무엇을 의미하든)로 알고 있다.[11] 페이스북은 일하기에 가장 좋은 회 사라고 여긴다.[12] 그러나 사람들이 구글에 주는 신뢰는 다른 거인기 업들이 받는 신뢰와 견줄 수 없을 정도로 크다.

오늘날 구글이 현대적인 신으로 추앙받는 이유 중 하나는 구글이 우리의 가장 내밀한 비밀을 알고 있기 때문이다. 구글은 천리안이라 도 있는 것처럼 우리의 마음속 생각과 의도를 모두 꿰뚫어본다. 우리 는 구글에 질문할 때 성직자나 어머니, 가장 친한 친구 혹은 의사에 게도 선뜻 말하지 못하는 것까지 스스럼없이 털어놓는다. 가령 헤어 진 여자 친구를 스토킹하는 방법이나 갑자기 몸에 나타난 발진의 원 인, 자신에게 변태적 취향이 있는지 아니면 그냥 사람들의 발에 유독 관심이 많은 것뿐인지도 알아볼 수 있다. 우리는 아무리 이해심이 많은 친구도 눈이 휘둥그레져 뒷걸음치게 할 만한 은밀한 이야기까지 구글에 털어놓는데, 구글은 그 모든 이야기를 그 어떤 편견 없이 다 들어준다.

사람들은 구글을 어마어마한 수준으로 신뢰한다. 구글에 하는 질문 여섯 개 가운데 하나꼴로 질문자가 다른 누구에게도 하지 않은 질문, 즉 처음 하는 질문이다.[13] 과연 다른 어떤 기관이나 사람이(아무리 해당 분야 전문가이거나 성직자인들) 맨 처음 하는 질문을 그토록 많이 받을 만큼 높은 신뢰를 받을까? 과연 어떤 현자가 구글처럼 질문자가 난생 처음 하는 질문을 기꺼이 하도록 마음을 자극할 수 있을까?

구글은 어떤 것이 일반검색(유료 광고를 포함하지 않는 검색—옮긴이) 결과이고 또 어떤 것이 유료검색(유료 광고를 포함하는 검색—옮긴이) 결과인지도 분명히 밝힘으로써 신을 닮은 자세를 한층 더 강화한다. 이런 설정은 검색의 신뢰도를 더 높여준다. 검색이 시장의 영향력에 휘둘리지 않는 것처럼 보이기 때문이다. 그 결과 구글의 검색물은 다른 검색엔진 검색물과 비교가 되지 않을 정도로 높은 수준의 진실성을 담고 있다. 구글은 두 개의 경로 모두에서(일반검색은 자연적인 순수성을 보존하는 차원에서, 유료 콘텐츠는 광고 수익을 허용하게 함으로써) 이 수준에 도달한다. 물론 여기에 아무도 불평하지 않는다.

신은 자신에게 던져진 질문에 대답할 때 아무런 편견도 없는 것으로 비춰진다. 신은 전능하고 공평해서 자신의 모든 자식을 똑같이 사랑한다. 구글의 일반검색은 질문자가 누구인지, 어디에 사는지 전혀 따지지 않고 공정하고 공평한 정보를 제시한다. 일반검색 결과는 오직 질문자가 써넣은 검색어와의 연관성을 근거로 제출한다. 검색엔진 최적화SEO를 하면 낭신의 사이드를 쉽게 검색할 수 있고 검색 목록에서도 상위에 놓인다. 이 검색엔진 최적화는 여전히 무료이고 검색어와의 연관성을 근거로 한다.

사용자는 일반검색 결과를 신뢰한다. 우리는 이것의 공정함을 사랑하며 광고보다 일반검색 결과를 더 자주 클릭한다. 차이점은 구글이 우리의 희망과 꿈과 걱정을 엿듣고자 하는 모든 업체에게(예를 들어 네스프레소나 스니커즈 회사 케즈Keds에게) 통행료를 받아 돈을 벌며 또 이런 것을 드러내는 방법에 관해 이런저런 아이디어를 우리에게 제공한다는 점이다.

애플 이전에도 개인용 컴퓨터가 있었고 아마존 이전에도 온라인 서점이 있었으며, 페이스북 이전에도 소셜 네트워크가 있었던 것처럼 구글 이전에도 검색엔진은 있었다. 가령 애스크 지브스Ask Jeeves도 있었고 오버추어Overture도 있었다. 네 개의 거인기업은 겉보기에 사소한 듯한 각각의 특성에서 다른 기업들과 뚜렷한 차별화를 이뤄 세계를 정복했다(예를 들면 애플2에서 잡스의 디자인과 워즈니악의 시스템 구성, 아마존의 평점 매기기와 리뷰, 페이스북의 사진 등). 마찬가지로 우아하리만치 단순한 홈페이지 구성과 광고업자들이 일반검색 결과에 영향력을 행사하지 못하도록 차단한 설정은 구글을 독보적인 검색 기업으로 우뚝 서게 만들었다.

그 어떤 특성도 20년 뒤에는 중요해 보이지 않을 것이다. 그렇지만 당시 이것들은 각각 하나의 계시였다. 이 특성들은 신뢰를 창조하는 쪽으로 먼 길을 걸어갔다. 색색으로 알록달록한 구글의 깔끔한 홈페이지는 웹 검색 초보자에게조차 친숙하게 다가갔다.

"한번 시도해보시라. 당신이 알고 싶은 것은 뭐든 검색어로 입력하시라. 여기에는 그 어떤 복잡한 것도 없고 전문성도 필요하지 않다. 우리는 **모든 것**을 다룬다."

자신이 원하는 최고의 답변을 얻었을 때(그것도 무료로!) 사용자의 기분은 마치 길과 진리와 빛을 보는 것 같다. 곧바로 형성된 신뢰의 유대감은 한 세대 동안 이어졌고 이는 구글을 네 개의 거인기업 중에서도 가장 영향력 있는 기업으로 만들었다.

이 신뢰는 단지 구글 사용자에게만 국한된 것이 아니라 그들만큼 중요한 구글의 기업고객에게까지 이어졌다. 구글에는 경매 공식이 있어서 광고업자들이 트래픽을 원할 경우 개별 클릭에 따라 가격을 설정한다. 수요가 줄어들어 가격이 떨어지면 원하는 사람은 누군가가 지불하고자 하는 금액보다 조금만 더 지불하면 된다. 이렇게 해서 구글은 상냥하다는 신뢰를 얻었다. 즉, 구글의 기업고객들은 구글이 탐욕이 아니라 수리적 원리에 따라 사업을 한다고 믿었다.

이런 신뢰를 다른 미디어들과 비교해보자. 대다수 미디어는 처음부터 의도적으로 최초의 호가와 종가가 얼마인지 말해주지 않고 마치 사설과 광고 사이에 만리장성이라도 놓여 있는 것처럼 군다. 몇몇은 상대적으로 좀 더 투명하지만 대부분 돈이 모든 것을 말해준다. 예를 들어 어떤 사람이 《보그》의 지면에 정기적으로 실리기를 원한다고 치자. 그러면 그 사람은 먼저 광고업자를 유혹하는 《보그》의 입맛에 맞춰 광고를 할 필요가 있다. 언젠가 《보그》는 야후의 CEO 마리사 메이어Marissa Mayer를 특집기사로 다루면서 최고의 패션 사진작가를 동원해 그녀의 사진을 찍었다. 얼마 뒤 야후는 《보그》의 메트 갈라Met Gala(뉴욕 메트로폴리탄 박물관의 의상연구소 기금 마련을 위한 대대적인 자선 파티—옮긴이)에서 공동의장직을 맡으며 이 행사를 후원했다.

야후의 CEO를 엄청나게 멋진 존재로 띄우고 그녀를 그해 최대 패션 스펙터클 현장에서 《보그》의 편집장 안나 윈투어Anna Wintour와 가까운 자리에 앉도록 만드는 일에 들어간 비용은 고스란히 야후의 주주들이 부담했는데, 그 비용이 무려 300만 달러였다.[14] 이에 비해 구글은 자사 홈페이지를 오로지 검색만을 위한 공간으로, 또 로고 구글 두들스Google Doodles를 공익 목적의 애니메이션으로 활용하기 위한 공간으로 순결하게 유지한다. 아무리 많은 돈을 줘도 구글의 홈페이지 공간을 살 수 없다는 말이다. 구글은 인터넷 시대에는 신뢰 경제가 필요하리라는 것을 예견했고 이것을 구축하는 데 힘을 기울였다.

2016년 삼사분기에 구글의 유료 클릭은 42퍼센트 증가했다. 그러나 클릭당 지불 방식Cost Per Click, CPC(사용자가 온라인 광고를 클릭한 횟수를 기준으로 광고주가 미디어에 광고비를 지불하는 광고단가 산정법—옮긴이)에 따른 수익은 11퍼센트 줄어들었다. 분석가들은 이것을 구글의 사세가 기우는 증거라고 오인했다. 가격 하락은 시장에서 발휘하는 영향력이 줄어드는 것을 반영한다는 게 통상적 인식이다. 어떤 회사든 일부러 가격을 내리지는 않기 때문이다. 사실 그들이 놓친 것이 있는데 구글은 그해 수익증가율을 23퍼센트까지 달성할 수도 있었다. 핵심적인 것은 광고업자들이 부담하는 비용을 11퍼센트나 낮췄다는 사실이다.[15] 당신이 〈뉴욕 타임스〉든 클리어 채널 아웃도어Clear Channel Outdoor(세계 최대 옥외광고 회사—옮긴이)든 당신이 속한 산업에서 어떤 경쟁자가 가격을 11퍼센트 내리면 당신은 어떨까? 아마 죽을 맛일 것이다.

자기 일을 훌륭히 해내면서도 전혀 절박하지 않은 경우도 있다. 만일 BMW가 해마다 가격을 11퍼센트 내리면서 차량 성능은 극적으로 개선한다면 어떨까? 자동차업계의 다른 기업은 계속 죽을 지경에 놓이고 만다. 실제로 미디어업계의 나머지 기업들(페이스북을 제외하고)은 구글 때문에 죽을 지경이다.

2016년 구글은 900억 달러를 수금 쟁반에 챙겼고 360억 달러의 현금흐름을 주물렀다.[16] 의회는 S&P지수를 엄청난 격차로 뛰어넘는 부문의 몇몇 기업에 특별조세부담을 안겨야 하는 것 아니냐는 논의를 여러 차례 했다. 그러나 지금까지 구글에 추가로 세금을 부과하자고 주장한 사람은 아무도 없었다. 어떤 종교에서든 신의 얼굴을 똑바로 바라보는 것은 죽음을 의미한다. 마찬가지로 구글의 일에 이런저런 간섭을 하는 의원이 있다면 그는 경력에 반드시 죽음 같은 징벌이 뒤따를 것이다.

다른 거인기업들처럼 구글은 가격을 올리는 게 아니라 꾸준히 내리는 경향이 있다. 대다수 기업은 이와 반대다. 자신이 매길 수 있는 최대 가격이 얼마인지, 즉 소비자 가치를 초과해 확보할 수 있는 이득이 얼마인지 산정하는 데 많은 시간을 들인다. 구글은 다르게 일한다. 구글이 해마다 놀라운 성장률을 꾸준히 기록해온 이유가 여기에 있다. 또한 구글은 다른 거인기업들과 마찬가지로 다른 산업 부문이 아닌 자신이 속한 산업 부문에서 수익을 빨아들인다. 구글에게 수익을 '빨리는' 희생자 기업들이 구글을 불러들여 결국 스스로 쪼그라들

시가총액(2016년 2월)

(단위: 달러)

구글
G
5,320억

디즈니	컴캐스트	20세기 폭스	타임 워너	WPP	기타
DISNEY	COMCAST	20 CENTURY FOX	Time Warner	WPP	933억
1,596억	1,418억	530억	520억	268억	

고 만다는 사실은 아이러니다. 이렇게 해서 현재 구글의 시가총액은 동일 부문 2위부터 9위까지 기업들의 시가총액을 모두 합한 금액과 비슷하다.[17]

 구글이 어떻게 돌아가는지 설명할 수 있는 사람은 별로 없다. 2015년 창립해 구글, 구글벤처스, 구글엑스, 구글캐피털 등을 자회사로 거느리고 있는 구글의 모회사 알파벳도 마찬가지다.[18] 사람들은 애플을 어느 정도 알고 있다. 컴퓨터 칩 주변의 아름다운 물건을 만드는 회사라고 말이다. 아마존도 저렴한 가격의 온갖 물건을 주문하면 거대한 창고에서 사람들이(로봇이) 물건을 찾아내고 포장해 빠르게 배송해주는 회사로 알고 있다. 페이스북은 광고로 연결되는 친구들의 네트워크로 알고 있다. 그러나 어쩌다 거대한 검색엔진을 '움켜쥔'hold 알파벳 안에서 무슨 일이 일어나고 있는지 제대로 아는 사람은 거의 없다.

구글은 이미 우리의 생각을 알고 있다

2002년 개봉한 톰 크루즈 주연의 영화 〈마이너리티 리포트〉Minority Report는 예지자라는 돌연변이 인간 세 명이 미래의 범죄 행위를 예견하는 세상을 묘사한다. 예지자가 어떤 범행을 예견하면 경찰은 실제 현실에서 그 범죄가 일어나기 전에 개입해 사건을 예방한다. 이 예지자 가운데 한 명은 다른 두 명보다 예지력이 뛰어나 이따금 드러나지 않은 미래의 대안을 본다. 그녀의 더 나은 예지 내용은 '마이너리티 리포트'(소수파의 반대 의견서―옮긴이)라는 이름으로 분류·보관된다.

구글은 더 나은 예지력을 갖추고 있다. 아래에 열거한 내용은 사람들이 살인을 저지르기 전에 구글 검색창에 입력한 것인데, 불행히도 당국은 실제로 범행이 일어난 뒤에야 이것을 발견한다.

"목을 한번에 부러뜨리는 방법."

"누군가가 당신을 엄청나게 열 받게 했다면 그 인간은 죽어도 싸겠죠?"

"살인일 때와 과실치사일 때의 평균 형량."

"디곡신(심부전 치료제―옮긴이) 치사량."

"잠든 사람을 죽이고 아무도 그 사람이 살해당한 걸 모르게 할 수 있을까요?"

구글의 예지력이 점점 더 높아지면서 2016년 애플의 사생활 관련

분쟁은 앞으로 사소해 보일 것이다. 사용자가 입력하는 검색어와 개개인의 모든 움직임을 포함한 데이터 스트림스data streams(데이터가 열을 지어 흐르는 것처럼 입력되는 것—옮긴이) 외에도 인공지능이 범죄와 질병, 주가를 예견하는 데 효과적으로 쓰일 때 이런 일은 현실화한다. 이미 스마트폰에 담긴 정보만으로도 어떤 범죄자를 교도소에 보낼 수 있다. 우리의 도마뱀 뇌lizard brains(인간의 뇌에서 충동을 담당하는 부분을 가리킨다.—옮긴이)가 마구 분출하는 일련의 검색어를 얼마든지 확인할 수 있기 때문이다. 정부나 해커 그리고 사악한 생각에 사로잡힌 회사 직원은 의도와 행동 사이의 예측적 연결점을 알아내려는 유혹을 도저히 떨쳐내지 못할 것이다.

당신이 최근 구글에서 검색한 목록을 살펴보라. 누구에게도 알리고 싶지 않은 내용을 구글에 모두 털어놓지 않았는가. 그런데 우리는 순진하게도 누구도 자신의 생각을 훔쳐볼 수 없을 거라고 믿는다.

사실 구글은 우리의 생각을 모두 보고 있다.

지금까지 구글은 이런 공포를 억제하며 자사의 알고리즘이 보유한 예지력을 (우리가 알고 있는 한) 다른 일에 이용하지 않았다. 심지어 구글의 일차적인 모토 '사악해지지 말자'Don't be evil는 거의 신에 가까운 이 기업의 성스러운 자비심을 강화한다.[19] 더구나 구글은 고리대금업자나 백인우월주의자 혹은 36퍼센트를 초과하는 이자율을 부과하는 모든 회사를 자사 영역 밖으로 추방해왔다. 이런 개인과 조직은 누구도 알아보지 못하는 '어둠의 세계로 추방'당한다.

어쩌면 가장 큰 죄악은 신을 속이는 것, 즉 구글의 검색 알고리즘에 장난을 치는 것인지도 모른다. 하루에 구글 검색창에 올라오는 검색어는 35억 개에 달한다.[20] 누군가가 무언가를 검색할 때마다 검색엔진은 35억 분의 1의 작업을 수행하는 셈이다.[21] 물론 언제나 그런 것은 아니었다. 2011년 〈뉴욕 타임스〉 탐사팀은 JC페니의 의뢰를 받은 어떤 컨설팅업체가 JC페니 사이트가 관련 사항을 더 적절히 알려주는 것처럼 즉, 이 사이트가 실제보다 더 많은 사이트 링크를 갖춘 것처럼 보이게 하려고 수백만 개의 가짜 링크를 만들었음을 밝혀냈다. 이 가짜 링크 때문에 구글 알고리즘은 JC페니 사이트를 검색 결과 목록의 맨 위에 올려놓았고, 덕분에 JC페니는 매출액 증대 효과를 톡톡히 보았다. 그러나 〈뉴욕 타임스〉가 검색엔진 최적화 조작 사실을 폭로한 뒤 JC페니는 신의 분노가 얼마나 크고 무서운지 처절히 깨달아야 했다. JC페니의 이름은 검색 결과 목록에서 두 번째 페이지에 놓이게 되었고 그 위치는 요단강의 먼 강둑에 내버려진 것이나 다름 없었다.[22] 다시 말해 JC페니라는 이름은 망각의 세계로 떨어지고 말았다.

신은 경이롭게도 우리가 하는 것뿐 아니라 우리가 **하고 싶어 하는 것**까지 알아낸다. 누구에게도 털어놓지 않은 사실이지만 신은 우리가 쇼핑몰 통로를 걸을 때 토리 버치Tory Burch의 졸리 펌프스Jolie Pumps 구두나 보스Bose의 콰이어트컴포트QuietComfort 헤드폰을 무척 갖고 싶어 한다는 사실을 알고 있다. 또한 신은 당신이 문신한 여자를 좋아한다는 사실도 안다. 신이 목격하고 차곡차곡 등록해놓은 이 모든 것은 당신이 느끼는 유혹이다.

우리는 검색어로 자신의 은밀한 의도를 노출함으로써 구글의 검색엔진이 광고 분야에서 초자연적 힘을 발휘하게 만든다. 기존의 전통 시장은 우리를 라티노Latino(미국에 사는 라틴아메리카계 사람들—옮긴이), 시골뜨기, 은퇴자, 스포츠 팬, 자식 교육에 관심이 많은 학부모 등의 **종족**tribe으로 분류했다. 특정 종족 안에서 우리는 다른 사람들과 동일하게 비춰진다. 2002년 교외에 사는 부유한 백인 독신자는 모두 카고바지를 입었고, 테크노 뮤지션 모비Moby의 음악을 들었으며 아우디자동차를 탔다.

하지만 구글이 등장하면서 우리가 입력한 검색어(사진, 이메일, 그 밖에 우리가 제공하는 모든 데이터도)는 개개인을 독특한 문제·목표·욕망이 있는 한 **개인**으로 인식하게 만들었다. 이 지능 덕분에 구글은 광고사업에서 훨씬 더 유리해졌다. 더 정확하고 관대한 광고, 이를테면 개인의 행복에 맞춘 맞춤형 광고로 마케팅 대상에 접근할 수 있기 때문이다.

마케팅의 많은 부분은 어떻게 하면 행동 변화를 가장 잘 유도할지를 다루는 과학으로 위장한 기술이다. 마케팅은 우리가 이것 아니면 저것을 사게 만들거나 이것은 멋지고 저것은 별로라고 생각하도록 유도한다. 구글은 힘들고 비용이 많이 드는 일은 다른 사람에게 넘기고, 그저 개개인이 디지털 손을 들어 "나는 이것을 원해요!"라고 말하면 그것을 줄 뿐이다.

나아가 구글은 애드워즈AdWords(구글이 제작한 셀프 서비스 광고 프로그램. 애드워즈에 가입한 광고주는 구글 웹사이트와 애드센스에 가입한 웹사이트에 광고를 낼 수 있다.—옮긴이)로 사람들을 기업과 짝지어준다. 심지어 구글은 사람들이 자신이 원하는 것이 무엇인지 알기도 전에 그 사람이 원하게 될 것을 미리 일러준다. 예를 들어 어떤 사람이 검색엔진에서 사소한

212

호기심으로 아크로폴리스 여행이나 그리스에 있는 여러 섬들을 검색하면 구글은 그 약간의 내면 노출에 반응해 그 사람에게 델타 항공 이용을 권한다.

20세기의 신이었던
〈뉴욕 타임스〉

구글이 인터넷 시대 정보의 신이라면 구시대 경제에서 저녁 뉴스를 제외하고 우리가 가장 가깝게 지낸 것은 〈뉴욕 타임스〉다. 이 신문사가 오랜 세월 유지해온 '발행하기에 적합한 모든 뉴스'All The News That's Fit To Print(이 문구는 신문 1면 왼쪽 상단에 써 있다.—옮긴이)라는 모토는 이 신문이 지향하는 것을 분명히 말해준다. 〈뉴욕 타임스〉는 날마다 무엇이 중요하고 또한 사람들이 무엇을 마땅히 알아야 하는지를 놓고 신중하게 판단을 내린다. 물론 이 신문에도 편견은 있다(사실 인간이 만든 모든 조직과 기구에는 편견이 담겨 있다). 그렇지만 이 신문사의 기자들은 자신의 판단이 적절한 통제 아래 이뤄지고 있다는 사실에 자부심을 보인다. 그들은 자신의 가치관이 진보적이고 서구적이라 생각하며 포르노나 정치적 선동, 뉴스로 위장한 광고처럼 발행하기에 적합하지 않은 뉴스는 독자들이 접하지 않도록 걸러낸다.

〈뉴욕 타임스〉의 편집자들은 사람들의 세계관을 올바른 방향으로 이끌려고 한다. 이들은 신문 1면에 놓을 기사를 선택할 때 TV와 라디오 뉴스 그리고 주류 세계관을 위해 어젠다를 설정한다. 이 과정에서 선택받은 이야기들은 구세계(세계 정상 중 40퍼센트는 아침마다 〈뉴욕 타임스〉를 읽는다)와 신세계(페이스북과 트위터)를 누비며 돌아다닌다.

저널리즘이 진실과 상업성 추구 사이에서 균형을 잡는 일은 어렵기도 하지만 때로 위험하기도 하다. 〈뉴욕 타임스〉는 이 일을 다른 어떤 미디어 회사보다 잘 수행한다. 그런데 아쉽게도 보도국에서 이뤄지는 작업, 즉 위험을 감수하고 온갖 수완으로 가치를 뽑아내는 일이 종이신문에서는 예전과 달리 점점 빛을 잃고 있다. 사실 〈뉴욕 타임스〉의 기자들이 갖춘 풍부한 역량에서 상업적 가치를 뽑아내는 일은 〈뉴욕 타임스〉의 경영진보다 구글과 페이스북이 더 잘한다. 만약 〈뉴욕 타임스〉가 이 사실을 직시하고 자사 기사를 페이스북이나 구글 플랫폼에 제공하기를 거부했다면 역사가 짧은 두 기업의 가치는 현재 가치의 1퍼센트에 불과할 것이라고 나는 믿는다. 〈뉴욕 타임스〉의 기사는 구글과 페이스북에 엄청난 신뢰도를 부여한다. 그 대가로 〈뉴욕 타임스〉가 돌려받는 것은 얼마나 될까? 믿기 힘들게도 거의 없다.

〈뉴욕 타임스〉는 어쩌다
신의 자리를 내주었나

2008년 한창 성장하던 구글과 쇠퇴의 길을 걷던 〈뉴욕 타임스〉 사이의 격차는 지금보다 훨씬 더 작았다. 탄력을 받은 구글은 성큼성큼 걸어가 시가총액 2,000억 달러를 돌파했다. 비록 쇠퇴의 길을 걷긴 했어도 그때는 〈뉴욕 타임스〉도 상당 수준으로 존재 가치가 있었다.[23] 아이폰이 처음 등장하고 태블릿의 본격적인 등장을 2년 앞둔 시점에 플랫폼과 개인 전자장비는 콘텐츠를 필요로 했고 이때 〈뉴욕 타임스〉는 그나마 좋은 시절을 누렸다. 〈뉴욕 타임스〉의 콘텐츠가 없었다면 구글은 이 신문사를 등에 업은 어떤 경쟁자와 싸워도 불리했을 것이다. 〈뉴욕 타임스〉와의 경쟁도 힘들었을 테고 말이다.

나는 디지털 시대에도 〈뉴욕 타임스〉의 콘텐츠는 수십억 달러의 가치를 누릴 수 있고 또 당연히 그래야 한다고 생각했다. 회계학을 전공한 뉴욕 대학교 경영대학원 학생 두 명과 함께 뉴욕 타임스 컴퍼니The New York Times Company(1851년 설립된 복합 미디어 기업. 〈뉴욕 타임스〉를 포함해 총 18개 신문을 발행한다.—옮긴이)의 모든 자산을 정밀하게 평가한 나는 50억 달러짜리 회사가 30억 달러의 덫에 갇혀 있다는 결론을 내렸다.

나는 하빈저 캐피털 파트너스Harbinger Capital Partners의 설립자 필립 팔콘Philip Falcone을 찾아갔다. 팔콘과 나는 예전에 동업자 관계를 맺은 적이 있다. 그가 내게 투자해준 덕분에 나는 상당한 주식을 소유하고 일정 수의 이사진을 확보해 변화를 추구할 수 있었다. 내성적이고 집중력이 뛰어난 필립 팔콘은 2006년 많은 사람이 회의적으로 바라보던 신용 시장에 배짱 두둑하게 대규모로 투자한 여섯 명의 투자자 중 한 명이었다. 그 투자로 그와 그의 투자고객들은 수십억 달러의 돈을 벌었다.

나는 내 구상을 팔콘에게 설명했는데 거기에는 항복과 투쟁이 포함되어 있었다. 항복에 해당하는 것은 뉴욕 타임스 컴퍼니가 지분의 10퍼센트를 구글의 전 CEO 에릭 슈미트에게 팔면 그가 신문사의

CEO가 되도록 할 수 있다는 것이었다. 슈미트에게 그 정도 지분을 살 경제적 여유가 있고 그가 그 일에 관심도 있었기 때문이다. 사실 슈미트는 구글의 회장이 될 수도 있었지만 제 발로 그 자리를 차고 나와 래리 페이지Larry Page가 CEO가 되도록 길을 열어주었다.

나는 그가 미국의 저널리즘을 살린다는 색다른 발상에 전보다 더 마음이 열려 있을 가능성이 높다고 봤다. 또 네 개의 거인기업에 비하면 아무것도 아니지만 그로서는 상당한 돈을 벌 기회이기도 했다(나는 만약 그때 〈뉴욕 타임스〉가 슈미트를 CEO로 임명했다면 뉴욕 타임스 컴퍼니의 시가총액이 지금보다 훨씬 더 클 것이라고 확신한다).

그다음에 이어진 단계는 투쟁이었다. 뉴욕 타임스 컴퍼니는 곧바로 구글과의 관계를 끊어야 한다는 게 내 생각이었다. 즉, 구글과 다른 플랫폼이 〈뉴욕 타임스〉가 콘텐츠를 사용하지 못하게 해야 했다. 만일 구글과 다른 인터넷 기업이 〈뉴욕 타임스〉 콘텐츠의 인터넷 저작권을 원하면 그것을 원하는 다른 경쟁자보다 더 많은 돈을 내고 사가게 해야 한다. 구글, 빙Bing, 아마존, 트위터, 페이스북은 아무런 제한 없이 사용자에게 〈뉴욕 타임스〉 콘텐츠를 제공하겠지만 어디까지나 최고액으로 입찰한 기업만 그런 권리를 누리게 하자는 얘기였다.

그때 내 계획은 이 전략을 〈뉴욕 타임스〉 외에 다른 매체로 확대하는 것이었다. 나는 〈뉴욕 타임스〉, 〈워싱턴 포스트〉, 뉴하우시스The Newhouses, 챈들러스The Chandlers, 피어슨Pearson 그리고 독일의 악셀 슈프링어Axel Springer 같은 매체 소유주로 컨소시엄을 구성할 계획을 세워두고 있었다. 서구 세계에서 언론사로서 최고의 품질을 대표하는 이들이라면 가장 차별성 있는 미디어 콘텐츠를 제공할 수 있으리라고 내다본 것이다.

이는 우리가 종이매체 저널리즘의 쇠퇴를 막고 주주 가치 측면에서도 수십억 달러(당시 기준으로)를 벌 유일한 기회였다. 물론 그런 저항을 영원히 유지할 수 없음은 알고 있었다. 그렇지만 마이크로소프트의 빙 같은 낙오자 처지의 검색엔진에게는 구글에 맞설 강력한 무기를 제공받을 기회일 수 있었다. 당시 빙이 검색 시장에서 차지한 점유율은 약 13퍼센트였다. 유명 브랜드를 등에 업고 〈뉴욕 타임스〉나 《이코노미스트》 혹은 〈데어 슈피겔〉Der Spiegel 같이 지명도 높은 매체의 차별화된 콘텐츠를 독점적으로 확보할 경우 점유율이 몇 퍼센트포인트 올라가리라는 것은 확실한 전망이었다. 이러한 차별화 수단은 그야말로 수십억 달러의 가치가 있었다.

전문가들은 현재 검색 산업의 전체 가치를 5,000억 달러로 추산한다. 물론 어떤 사람은 이보다 더 후하게 평가한다. 아마존을 창고를 갖춘 일종의 검색엔진 기업으로 바라보기 때문이다. 그렇다면 이 시장에서의 점유율 1퍼센트포인트는 50억 달러 이상의 가치를 지닌다. 내 계획은 컨소시엄을 구성한 뒤 우리의 콘텐츠를 기반으로 수십억 달러의 주주 가치를 구축한 기술 기업을 시장에서 밀어내자는 것이었다.

주택 거품이 꺼질 기미를 보이고 또 광고가 계속 온라인에서만 떠돌아도 종이매체 사업은 강건했고 자산은 살아 있었다. 2007년 루퍼트 머독Rupert Murdoch(52개국에서 780여 종의 사업을 펼치는 미디어 재벌 대표―옮긴이)은 〈월스트리트 저널〉을 50억 달러에 인수했고 그러한 분위기 속에서 〈뉴욕 타임스〉 주식은 시장에서 훨씬 더 낮은 가격에 거래

되고 있었다.

그러자 다른 인수 희망자들이 냄새를 맡으며 어슬렁거렸다. 전 뉴욕시장 마이클 블룸버그(종합 미디어 그룹 블룸버그 설립자— 옮긴이) 역시 〈뉴욕 타임스〉 인수를 고려하고 있다는 정보를 나는 두 군데 출처에서 들었다. 뉴욕 시 법규는 선출직 공무원의 임기를 4년 중임으로 제한했고 그의 시장 임기는 2009년 끝날 예정이었다. 따라서 뉴욕의 거부인 그에게 〈뉴욕 타임스〉 인수는 최적의 사업이라고 나는 생각했다. 그는 금융 관련 정보를 꾸준히 분석했고 디지털 시대를 열었으며 그 과정에서 수십억 달러의 주주 가치를 창출한 인물이니 말이다(당시 나는 블룸버그에게 '임기 제한' 규정은 실질적인 제한 조치라기보다 얼마든지 바꿀 수 있는 하나의 규정에 불과하다는 것을 미처 알지 못했다. 결국 그는 시의원들의 손목을 비틀어 규정을 바꿨고 2013년까지 뉴욕시장으로 재임했다).

마지막으로 다른 모든 시도가 실패하더라도 뉴욕 타임스 컴퍼니는 팔거나 팔 의지가 있던 상당한 자산을 보유했기 때문에 적어도 우리가 시도하는 사업이 손해를 볼 일은 없었다. 그 자산에는 다음과 같은 것이 포함되어 있었다.

-미국에서 세 번째로 높은 건물
-어바웃닷컴About.com
-보스턴 레드삭스의 지분 17퍼센트

이 각각의 자산은 금융 시장에서 평가액이 상대적으로 낮은 신문사 자산으로 취급했는데, 이는 이들 자산을 뉴욕 타임스 컴퍼니의 자산으로 평가하면 평가액이 훨씬 더 높아질 수 있다는 뜻이었다. 각각의 자산 처분은 주주들에게 더할 나위 없이 좋은 돈벌이 기회였다. 평가가치합산Sum-of-the-Parts(기업 가치를 사업별로 평가해서 이를 합산하는 방식—옮긴이) 방식으로 분석할 경우 뉴욕 타임스 컴퍼니 주식의 지분을 사들이는 것은 다른 자산 가치를 토대로 할 때 신문사를 거의 공짜로 얻는 것이나 다름없었다.

여기에다 나는 로비를 해서 주주들에게 돌아가는 연간 약 2,500만 달러의 배당금 지급을 중단할 생각이었다. 뉴욕 타임스 컴퍼니에는 혁신에 재투자할 현금이 필요했다. 내가 아는 바로 그 배당금은 단순히 아서 슐츠버거 주니어Arthur Sulzberger Jr.와 댄 골든Dan Golden이 가족 모임에서 살해당하지 않도록 하기 위한 일종의 보호비나 뇌물일 뿐이었다(아서 슐츠버거 주니어는 자기 아버지 아서 옥스 슐츠버거에게 회사를 물려받았다. 그는 현재 뉴욕 타임스 컴퍼니의 회장이고 발행인은 그의 아들 아서 그레그 슐츠버거다.—옮긴이). 왜냐하면 그들은 할아버지의 회사를 말아먹고 부트로스 부트로스갈리Boutros Boutros-Ghali(이집트의 정치가. 1992년부터 1996년까지 유엔사무총장 역임—옮긴이)와 점심을 먹는 역할이나 하면서 한 해에 300~500만 달러를 받았는데 다른 사촌들 역시 자기 몫을 원했기 때문이다.

필립 팔콘의 투자를 받아 내가 설립한 회사 파이어브랜드 파트너스Firebrand Partners는 팀을 구성해 뉴욕 타임스 컴퍼니의 주식을 약 6억 달러어치 사들였다. 이것은 뉴욕 타임스 컴퍼니 전체 주식의 약 18퍼센트였고 이로써 우리는 최대 주주가 되었다. 당시 우리는 이사진 구성원 중 네 명의 지명권을 원하며 개혁적 성향을 보이는 사람들을 이

사진으로 구성하도록 투표하라고 주주들을 독려할 것이라고 발표했다. 우리는 뉴욕 타임스 컴퍼니가 비핵심 자산을 매각하고 디지털 부문에 집중하길 원했다. 이때 필립 팔콘의 회사 하빈저는 자본으로 팔다리 역할을 수행했다. 파이어브랜드는 두뇌로 위임장 쟁탈전(대립관계에 있는 개인이나 집단이 주주의 위임장을 더 많이 받기 위해 벌이는 경쟁―옮긴이)을 이끌면서 이사회에 진입해 자본투자 관련 의사결정과 전략 수립에 영향력을 행사하며 잠재 가치를 실제 가치로 구현하는 역할을 맡기로 했다.

우리의 계획은 회사 내에서 당연히 저항에 부딪혔다. 경영진과 처음 만나 회의할 때 그리고 우리가 계획을 내놓았을 때, 아서 슐츠버거는 벌컥 화를 내며 이렇게 천명했다.

"당신네들이 하자고 하는 것 가운데 우리가 이미 생각해보지 않은 것은 단 하나도 없소!"

완강한 저항에도 불구하고 우리는 경영진이 우리의 도움을 필요로 한다고 여전히 확신했다. 41번가에 있는 회사 건물 바깥은 아수라장이 따로 없었다. 사실 나는 이 회사가 빠져 있는 자아도취 수준을 과소평가했다. 우리의 전략을 발표하고 24시간이 채 지나지 않아 내가 강의하던 뉴욕 대학교 강의실 바깥에는 파파라치가 진을 쳤다.

언론은 〈뉴욕 타임스〉의 발행인이자 회장인 아서 슐츠버거를 마구 두들겨댔다. 슐츠버거 집안 내에서 일어나는 일을 캐고 있던 로이터 통신의 한 기자는 어느 날 밤 내 휴대전화로 전화를 했다. 그것도 자정이 가까운 시간에 말이다. 그는 우리가 〈뉴욕 타임스〉와 벌이는 전쟁과 관련해 어떤 것이든 기사거리로 제공하지 않으면 다음 날 자기는 해고될 것이라고 말했다. 그 기자는 미술용품을 동원해 슐츠버거 집안의 4촌은 말할 것도 없고 6촌까지 포함해 정교한 가계도를 그려 놓고 있었다. 소름이 끼칠 정도로 시시콜콜한 사항까지 담고 있는 가계도였다. 그 회사는 세상 사람들이 자사 소유주에게 어떤 감정을 느끼는지 이해하지 못하는 게 분명했다.

아서 슐츠버거와 나는 서로를 거의 본능적으로 지독히 싫어했다. 우리는 세상을 다른 눈으로 바라보았고 또 전혀 다른 각도로 세상에 접근했다. 나는 평생 적합성(연관성)을 추구하면서 혹시라도 그것을 붙잡지 못할까 봐 전전긍긍하며 살았으나, (비록 내 생각일 뿐이지만) 그는 그것을 잃어버릴지도 모른다는 공포에 떨며 살았다. 더구나 그는 CEO였는데 그 직함은 재닛 로빈슨Janet Robinson에게로 넘어갔다. 그래서 그는 직원 해고나 수익 결산 등 CEO가 해야 하는 '골치 아픈' 일을 할 필요가 없었다. 다만 그는 굵직굵직한 의사결정을 맡아 처리하며 CEO급 보상을 받고 있었다.

슐츠버거 가문은 다른 많은 미디어 기업 가문과 마찬가지로 기업의 소유권을 확실히 장악하기 위해 차등의결권제도dual class stock(보통주보다 의결권을 더 많이 가진 주식 발행을 허용하는 제도. 주로 적대적 M&A에서 경영권을 방어하는 수단으로 활용한다.—옮긴이)를 채택했다. 물론 미디어는 사회에서 특별한 역할을 하므로 주주들의 단기적 판단이나 이익에 휘둘려서는 안 된다. 그런데 대부분의 기업 소유주가 이 제도를 채택해 (예를 들면 구글, 페이스북, 케이블비전Cablevision이 그렇다) 자기 주식을 시장에 파는 등 자산을 다양화하면서도 기업 경영권을 유지하는 책략으로 활용한다.

뉴욕 타임스 컴퍼니는 그런 회사가 아니다. 이 회사 소유주 가문은 저널리즘에 깊이 헌신한다는 점에서 그들 회사와는 차원이 다르다. 나는 아서 슐츠버거를 알고 난 뒤 〈뉴욕 타임스〉의 재무 상태가 건전하긴 하지만 그것은 오로지 심오한 것을 추구하는 데서만 그렇다는 사실을 분명히 깨달았다. 어쩌면 그는 밤에 잠을 자다가 〈뉴욕 타임스〉를 잃어버릴지도 모른다는 공포 때문에 식은땀을 흘리며 잠에서 깨어나는지도 몰랐다.

슐츠버거 가문은 다른 미디어 그룹 가문처럼 18퍼센트라는 적은 지분만 소유했으나 이사회 정원 15명 가운데 10명을 통제했다. 이는 나 같은 선동자는 그들의 가족 구성원이나 친구 가운데 많은 사람을 뒤흔들어 우리 쪽으로 돌아서게 해야 한다는 뜻이었다. 디지털 분야의 심상찮은 동향과 자본 할당에 관해 이런저런 의견을 나눈 뒤 우리는 주주들이 누구를 지지하는지 알아내려고 계속 그들을 만났다. 연차총회 자리는 마치 정치판 선거와도 같은데 주주들(이 경우 우선주를 소유한 주주다)은 누가 자신을 대표해 이사회에서 의결권을 행사할지를 놓고 투표를 한다. 우리가 만난 주주들은 대부분 뉴욕 타임스 컴퍼니의 경영진이 회사를 잘못 경영한다고 평가하며 여기에 진저리를 쳤다. 모든 것을 놓고 볼 때 뉴욕 타임스 컴퍼니에서 변화가 일어날 조건은 성숙한 상태였다.

그다음 주 뉴욕 타임스 컴퍼니의 CEO 재닛 로빈슨과 이사 빌 케너드는 양측이 어떤 식으로든 합의에 도달할 수 있을지 떠볼 심산으로 나를 뺀 상태에서 필립 팔콘에게 만나자고 했다. 이는 주주총회에서 자신들이 패배하리라는 것을 스스로 알고 있다는 뜻이었다. 나는 팔콘에게 이사회의 네 자리를 요구해야 한다고 말했다. 그러나 팔콘은 그들에게 우선 성의를 보여주는 게 좋으니 두 자리로 조정하자고 했다. 이것은 실수였다. 아서 슐츠버거나 재닛 로빈슨이 실질적인 리더십을 발휘하지 못하도록 그들의 손을 묶으면서도 이사회의 사려 깊은 발언들이 빚어내는 불협화음을 돌파할 여러 개의 목소리가 필요했는데 그 목소리를 제대로 확보하지 못한 것이다.

뉴욕 타임스 컴퍼니는 한 가지 조건을 내세우며 우리의 수정 제안에 즉각 합의했다. 우리가 확보한 두 개의 이사직에 나는 절대로 앉으면 안 된다는 것이었다(앞서 말했지만 아서와 나는 서로를 본능적으로 싫어했다). 필립 팔콘은 내가 이 일을 매우 중요시하고 있고, 또 급료와 옵션을 합해 20만 달러를 지급받는 닉 크리스토프Nick Kristoff나 토머스 프리드먼Thomas Friedman(두 사람 모두 〈뉴욕 타임스〉의 칼럼니스트다.―옮긴이)을 분기별로 한 번씩 만나 이사회 비용으로 저녁을 함께하는 정도로는 성에 차지 않을 것임을 알았다. 팔콘은 내가 변화를 위한 압박을 계속 가해야 한다고 생각했고 나를 반드시 이사 자리에 앉혀야 한다는 주장을 굽히지 않았다. 결국 그들은 이 요구를 받아들였다.

2008년 4월 주주총회에서 짐 콜버그와 내가 이사로 선출되었다. 총회가 끝난 뒤 아서 슐츠버거가 단둘이 얘기를 나누고 싶다면서 나를 어느 방으로 데려가더니 어떤 사진사를 데리고 총회장에 왔느냐고 물었다. 나는 아무도 데려오지 않았다고 대답했다. 그는 그 질문을 한 번으로 끝내지 않았다. 그 뒤 한 시간 동안 두 번이나 더 나를 조용한 방으로 데려가 "이번에는 진짜 솔직하게 대답해달라."며 똑같은 질문을 했다. 나는 약간 짜증스런 목소리로 대답했다.

"거참, 무슨 말씀을 하는 것인지 모르겠습니다. 정말 아무도 데려오지 않았으니 그만 물어보십시오."

그가 죽은 사람의 유령을 보았거나 아니면 껄끄러운 인물이 자기 이사회장에 들어오자 스트레스를 너무 많이 받은 나머지 정신이 오락가락한 게 아닌가 싶다. 아무튼 내가 데려간 사진사는 없었다.

이렇게 서로를 불신하고 경멸하는 심리를 반영하는 우스꽝스러운 일화를 시작으로 우리의 관계는 이어졌다. 그는 나를 '그레이 레이디' Grey Lady(〈뉴욕 타임스〉는 그레이 레이디란 별명으로 통한다. 지면을 화려한 사진 대신 촘촘한 활자로 채운다고 해서 붙은 별명이다.—옮긴이)의 이사회에 참여할 자격을 갖춘 인물이 아니라고 보았다. 한마디로 그는 나를 땟국이 줄줄 흐르는 잡종 개쯤으로 여겼다. 반면 나는 그를 경영자 자질이 변변찮은 멍청한 부자로 바라보았다. 그 뒤 우리는 2년 동안 각자 첫인상에서 받은 판단이 서로 틀리지 않았음을 확인했다.

아서 슐츠버거에게는 〈뉴욕 타임스〉가 삶이고 호흡이었다. 그의 DNA는 신문처럼 회색빛이었고 그것은 신문 포장봉투인 파란색 비닐봉투 안에 담겨 있었다. 심지어 그가 신문사 건물 바깥에 있는 모습을 상상하기조차 어려웠다. 한 번은 독일의 어느 컨퍼런스에 참석한 그를 보고 나는 묘한 충격을 받았는데, 6호선 지하철 플랫폼에서 기린을 봤을 때의 충격이 바로 그렇지 않을까 싶었다.

독자도 이미 짐작하겠지만 나는 이사회에서 재닛 로빈슨을 CEO 자리에서 몰아내고 그 자리에 기술과 미디어 사이의 상호작용을 깊이 이해하는 에릭 슈미트를 임명하자고 주장했지만 그것은 먹히지 않았다. 그저 조롱만 받다가 밀려났을 뿐이다. CEO 재닛 로빈슨이나 아서 슐츠버거 회장과 맞설 배짱이 있는 사람은 이사회에 단 한 명도 없었다. 더구나 나는 내 주장의 신뢰성을 입증할 근거가 거의 없는 신참이었으므로 그들은 내 제안과 주장을 쉽게 묵살했다.

이런 일은 이 쇠약한 신문사에 기술 분야의 CEO가 취임할 때까지 여러 해 동안 이어졌다. 2013년 아마존의 제프 베조스는 〈워싱턴 포스트〉를 인수했다. 이 일은 〈워싱턴 포스트〉에서 분기별로 발생하던 환각 상태를 제거하는 유익한 효과를 냈다. 전에 이 신문사의 경영진은 분기마다 한 번씩 불안하게 뚝뚝 떨어지는 재무 관련 수치를 투자자들에게 보고한 뒤, 곧바로 보도국에서 피를 빼내며 환각 상태에서 통증을 잊곤 했다(몸에서 피를 빼내는 것은 과거에 시행한 치료의 한 방법이었다. ─옮긴이). 이 관행을 베조스가 깨부순 것이다. 베조스는 흔들리는 배에 자금을 쏟아 부어 균형을 잡기보다 이 신문사를 인터넷 쪽으로 맹렬히 밀어붙였다. 결국 온라인 구독률이 3년 만에 두 배로 늘어나면서 〈뉴욕 타임스〉를 훌쩍 뛰어넘었다. 더구나 〈워싱턴 포스트〉는 콘텐츠 관리 시스템Content Management System, CMS을 개발했는데 지금 이 시스템을 다른 뉴스 매체에 임대해주고 있다. 《컬럼비아 저널리즘 리뷰》Columbia Journalism Review에 따르면 콘텐츠를 관리하는 이 시스템은 한 해에 1억 달러의 수익을 창출한다.[24]

〈워싱턴 포스트〉는 아마존이 누리던 축복의 혜택을 똑같이 누렸다. 그것은 바로 막대한 투자금과 이 신문사에 공격적으로 투자하겠다는 투자자들의 자신감이다. 더구나 그 투자는 미래를 바라보는 장기적인 투자였다. 마치 이 신문사가 아직 열여덟 살 청춘이기라도 한 것처럼 말이다.

뉴욕 타임스 컴퍼니 이사실의 내 동료 이사들은 이런 유형의 불안함 따위에는 끄떡도 하지 않았다. 온라인에서 잘나가는 신문사가 등장하면 그 신문사를 인수해 온라인 세계로 확장하는 것이 눈앞에서 펼쳐지는 온라인의 도전에 대처하는 훨씬 더 쉬운 길이라고 일찌감치(내가 이사회 구성원이 되기 전에) 결론을 내렸기 때문이다.

신에게 버림받은 어바웃닷컴

2005년 뉴욕 타임스 컴퍼니는 어바웃닷컴 About.com을 인수했다. 어바웃닷컴은 나무 가지치기부터 전립선 치료에 이르기까지 온갖 것에 관해 상세하고 전문적인 정보를 제공하면서 한창 성장하던 수백 개 사이트를 하나로 묶은 회사였다.[25] 즉, 종합적인 전문가 사이트로 이른바 '콘텐츠 팜'Content Farm(콘텐츠로 사용자를 유혹하기 위해 온갖 곳에서 긁어모은 콘텐츠를 제공하는 웹사이트─옮긴이)이었다. 콘텐츠 팜의 성공 공식은 특별히 중요한 어떤 한 목표를 위해 사이트들을 제작하는 것인데, 그 목표란 사용자가 구글에 최적화한 콘텐츠를 이용해 구글의 검색 목록 최상단에 올려 조회수를 높이고, 이어 그 콘텐츠에 광고를 끼워 파는 것이었다.

〈뉴욕 타임스〉가 혁신자가 아니었다고 말하는 것은 공정하지 않다. 이 신문의 온라인 사이트는 눈을 사로잡는 그래픽과 데이터, 동영상을 갖춘 선도적인 사이트로 발전했다. 그러나 〈뉴욕 타임스〉가 온라인에서 거둔 성장의 많은 부분은 어바웃닷컴으로 구글 조회수를 늘려주는 그저 그런 평범한 콘텐츠들이었다. 아프리카에서 코뿔소 등에 하루 종일 눌러앉아 진드기를 쪼아 먹는 새처럼 〈뉴욕 타임스〉는 네 개의 거인기업 가운데 하나의 등에 올라타 있었다. 신문사 사람들은 전혀 의심하지 않았지만 구글의 검색 알고리즘에 기생하는 것은 정말이지 보잘것없는 삶이었다. 코뿔소가 철썩하고 꼬리를 휘두를 때 한 번이라도 잘못 맞으면 곧바로 죽은 목숨일 수밖에 없는 것이 새의 운명이니 말이다.

〈뉴욕 타임스〉는 어바웃닷컴을 인수하며 4억 달러를 지불했다. 어바웃닷컴의 하부 사이트들이 구글 검색으로 수십억 건의 조회수를 기록했으므로 이 인수는 한눈에 봐도 민첩한 행보였다. 내가 뉴욕 타임스 컴퍼니의 이사진에 합류할 무렵 어바웃닷컴의 시장 가치는 약 10억 달러까지 치솟았다. 즉, 어바웃닷컴은 전망이 좋은 자산이었다.

나는 어바웃닷컴을 팔거나 지분을 쪼개 주식시장에 공개하려 했다. 당연한 일이지만 어바웃닷컴에 몸담은 사람들은 이것을 기막히게 멋진 발상이라고 생각했다. 그들은 어바웃닷컴이 뉴욕 타임스 컴퍼니라는 아날로그 회사를 지탱하는 데 신물을 냈고 자신들도 인터넷 세계에서 독자적인 자리를 확보해 존중받기를 갈망했다. 그런데 어느 한 시점에 나는 중대한 실수를 저질렀다. 어바웃닷컴의 고위 경영진이 참석한 어떤 자리에서 이 회사를 팔거나 주식시장에 공개하는 게 어떠냐는 제안을 한 것이다. 이는 명백히 무책임한 행동이었다. 일곱 살짜리 아이들로 가득한 어떤 방에 들어가 티켓 구하기가 하늘의 별 따기인 '몬스터 잼(세계 최대 모터스포츠 쇼—옮긴이)'에 가고 싶은 사람은 누구니? 내가 티켓을 줄게!'라고 말한 것이나 다름없었기 때문이다.

재닛 로빈슨과 아서 슐츠버거는 자신의 온라인 기반이자 자랑거리인 어바웃닷컴을 놓치고 싶어 하지 않았다. 그들은 디지털 수익을 안겨주는 어바웃닷컴을 아날로그의 재무 결과에 액세서리 장식처럼 활용하는 데 재미를 붙이고 있었던 것이다. 투자자나 (나를 제외한) 이사진은 어바웃닷컴의 존재로 인해 〈뉴욕 타임스〉가 디지털 전략에서도 수익을 창출하며 계속 성공적으로 성장하리라고 판단했다. 그것은 착시이자 자기기만이었다. 하지만 그들은 자신이 미래에 눈을 감는 게 아니라 미래를 똑바로 바라본다고 혼잣말을 했다. 디지털은 회사 전체 수익 가운데 겨우 12퍼센트에 불과했으나 어바웃닷컴을 팔면 뉴욕 타임스 컴퍼니는 그저 종이신문사로밖에 보이지 않는다는 것이었다.

한편 나는 이사회에서 구글의 〈뉴욕 타임스〉 콘텐츠 사용을 중단해야 한다고 계속 주장했다. 구글의 검색엔진이 이미 뉴욕 타임스 컴퍼니의 주주 가치를 파괴하고 있었으니 말이다. 그 상황을 내버려두면 구글은 결국 느리지만 확실하게 우리를 말려죽일 터였다. 그러나 나를 제외한 모든 사람이 인터넷 시대에 구글은 전기처럼 필수적인 존재라고 믿었고, 우리가 구글에 콘텐츠를 제공하는 대가로 구글의 조회수를 확보하므로 구글과 맺는 관계는 긍정적인 공생관계라고 생각했다.

이사회 회의 중 특별히 내 기억에 남은 어떤 회의가 있다. 아프가니스탄에서 납치당한 〈뉴욕 타임스〉 기자 한 명을 나중에 영국 특공부대가 구출했는데, 안타깝게도 그 과정에서 병사 한 명이 사망한 일이 있었다. 그때 그 부대의 지휘관이 아서 슐츠버거에게 자기 부하의 희생이 왜 가치가 있는지 설명하는 감동적인 편지를 보내왔다. 간단히 말하면 그 요지는 저널리즘이 그만큼 중요하다는 것이었다. 그 편지 전문을 이사회 자리에서 낭독한 슐츠버거는 참석자들이 문구 하나하나를 가슴에 새기도록 중간 중간에 뜸을 들여가며 천천히 읽었다. 저널리즘, 희생, 경의, 평판, 지정학, 격식…. 그때 슐츠버거는 수단의 초원에서 아카시아와 듬성듬성 돋아난 토착 식물을 먹고사는 한 마리 늑대 같았다. 그야말로 그는 언론인 본연의 모습 그대로였다.

그런데 우리가 저널리즘의 중요성과 저널리즘을 위한 희생에 취해 있을 때, 구글 크롤러Google Crawler(웹페이지에서 각종 정보를 자동으로 끌어다 저장하는 소프트웨어—옮긴이)는 우리의 기지로 살금살금 기어 들어와 서버의 콘텐츠를 몽땅 긁어갔다. 아이러니하게도 그 시각에 우리 이사들은 미국에서 일곱 번째로 큰 〈뉴욕 타임스〉 건물의 17층에서 화려한 만찬을 즐겼다.

구글은 우리의 콘텐츠를 공짜로 긁어갔을 뿐 아니라 그 콘텐츠를 이리저리 쪼개 사용자들에게 제공했다. 예를 들어 사람들이 파리의 어떤 호텔을 검색할 때 구글은 파리를 소재로 한 〈뉴욕 타임스〉의 여행 관련 기사 링크를 제시했다. 그 기사의 맨 위에는 포시즌스 호텔을 소개하는 구글의 자체 광고가 놓여 있었다. 이렇게 배열하면 〈뉴욕 타임스〉의 조회수가 올라가고 구글은 광고업자들에게 배너광고를 팔 수 있으니 상생하는 윈윈 전략이라는 것이었다. 언뜻 멋진 소리로 들리지만 실은 공동묘지를 쓸고 가는 휘파람 같은 소리일 뿐이었다.

바로 여기에 어려움이 있다. 구글은 검색을 실행하는 동시에 종이 신문의 독자가 현재 무엇을 원하는지, 미래에 무엇을 원할지 정확히 학습하는데 그 학습을 〈뉴욕 타임스〉보다 더 잘한다. 결국 구글은 〈뉴욕 타임스〉 독자를 〈뉴욕 타임스〉보다 훨씬 더 정확히 표적으로 삼는 것을 넘어 각각의 광고로 더 많은 돈을 번다. 무려 10배나 더 많은 돈을 말이다. 이것은 우리가 바가지로 퍼주고 국자로 돌려받는다는 뜻이기도 하다. 이런 짓을 하고 있었으니 우리는 정말 바보였다.

우리의 영업팀은 평균 수준의 성과를 거두었고 사업 모델은 죽어가고 있었다. 우리에게 여전히 가치를 안겨준 경쟁력은 콘텐츠와 그것을 생산하는 전문가들이었다. 어처구니없게도 우리는 이 콘텐츠를 희소하게 만드는 대신(즉, 우리의 콘텐츠가 바깥으로 새어나가는 문을 닫고 콘텐츠를 무단 사용하는 디지털 플랫폼에 소송으로 대응하는 대신) 콘텐츠를 어디에든(정말 어디에든!) 헐값에 마구 퍼주더라도 조회수를 약간 더 올릴 수 있다면 그렇게 해야 한다는 판단을 내렸고 그것을 실행했다. 이것은 프랑스의 명품 브랜드 에르메스가 버킨백을 월마트닷컴에서 판매해 에르메스닷컴의 조회수를 늘리겠다는 것이나 마찬가지였다. 그러니까 우리는 현대 기업사에서 가장 위대한 실수 가운데 하나로 꼽힐 어리석은 짓을 했다. 비유가 좀 과격하지만 우리는 명품 브랜드를 하수관 같은 유통 채널에 올리는 바람에 하수관 주인이 우리 매장에서 매긴 가격보다(즉, 구독료보다) 더 싼 가격을 매기도록 허용한 셈이었다.

결심을 굳힌 나는 온갖 데이터로 무장하고 최대 주주를 대변했다. 그때 나는 미래의 어느 날 스콧 갤러웨이라는 분노한 교수가 〈뉴욕 타임스〉를 비롯한 저널리즘을 어떤 방식으로 도왔는지 심층적으로 파헤치는 사례 연구가 이뤄지리라는 공상을 했다. 나는 이사회에서 당장 구글 크롤러를 차단하고 프리미엄 콘텐츠의 글로벌 컨소시엄을 만들어야 한다고 주장했다. 그 뒤 제법 진지한 논의가 이어졌지만 그들은 대부분 중년의 나이였고 기술을 손톱만큼도 알지 못하는 옹고집쟁이였다. CEO 재닛 로빈슨은 내 제안을 진지하게 받아들이며 경영진 차원에서 검토해보겠다고 말했다.

몇 주 뒤 그들은 이사회 앞으로 '〈뉴욕 타임스〉는 검색엔진이 콘텐츠를 검색하고 게시하는 것을 막지 않겠다'는 내용의 쪽지를 전달했다. 이유인즉 어바웃닷컴의 조회수가 구글에 의존하고 있으므로 굳이 구글에 '밉보일' 위험을 감수할 필요가 없다는 것이었다. 만일 우리가 구글에 등을 돌리면 구글은 알고리즘을 조작해 어바웃닷컴을 검색엔진의 지옥으로 떨어뜨릴 것이라는 게 그 판단의 근거라고 했다. 무척이나 빌어먹게도 사려 깊은 판단이었다.

간단히 말해 이것은 거대기업이 안고 있는 문제로, 이른바 '혁신가의 딜레마'Innovator's Dilemma(시장을 선도하는 기술을 갖춘 기업이 어느 시점에 더는 혁신을 이루지 못해 후발기업에 잠식당하는 현상—옮긴이)다. 종종 전체가 부분의 합보다 적은 경우가 있다. 〈뉴욕 타임스〉와 어바웃닷컴이 바로 그랬다. 어찌 보면 우리와 구글은 서로를 이용하는 셈이었다. 구글은 우리 콘텐츠로 수십억 건의 조회수를 올렸고, 우리는 구글의 검색엔진으로 어바웃닷컴의 조회수를 올렸다. 그러나 구글은 우리보다 힘이 훨씬 더 강했다. 구글은 인터넷의 결정적인 구역을 지배하는 군주처럼 호령했지만, 우리는 인터넷이라는 광대한 농장의 작은 구역 하나를 빌려 농사를 짓는 소작농에 지나지 않았다. 우리의 운명은 처음부터 정해져 있었다.

제법 시간이 흐른 뒤인 2011년 2월, 마침내 구글은 어바웃닷컴을 포함한 콘텐츠 팜들의 위험한 행동에 싫증을 느끼고 이들을 때려잡기 시작했다. 이 검색업계 거물은 소위 구글 '판다 알고리즘 업데이트'Panda Algorithm Update를 실행했는데 이는 콘텐츠 질을 판단하는 알고리즘 업데이트로, 결국 콘텐츠 팜들이 누리던 조회수 혜택은 대폭 줄어들었고 이들의 사업도 망각의 늪으로 빠져들었다. 구글은 단 한 번의 이 채찍질로 〈뉴욕 타임스〉에 큰 타격을 가했다. 뉴욕 타임스 컴퍼니의 온라인 매출은 수백만 달러나 줄어들었고 어바웃닷컴의 가치도 뚝 떨어졌다. 구글은 우리와 달리 장기적인 기업 가치를 토대로 의사결정을 내렸다. 어바웃닷컴은 문제의 그 업데이트를 실행하기 전에는 10억 달러의 가치가 있었지만, 업데이트를 실행한 다음 날에는 가치가 절반 이하로 줄어들었다. 그리고 1년 뒤에는 가치가 더 떨어졌다. 결국 〈뉴욕 타임스〉는 처음 인수한 가격인 4억 달러에서 25퍼센트나 줄어든 3억 달러에 그 콘텐츠 팜을 매각했다. 추정하건대 장기적으로 자사 주주들에게 가장 유리한 것을 실행하려는 구글의 의사결정 과정에서 어바웃닷컴의 모회사 뉴욕 타임스 컴퍼니는 아무런 변수로 작용하지 않았다.

신은 조언하고 영향력을 행사하며 필요할 때는 통제한다. 그리스 신화에서 우리가 수없이 배우듯 신과 가까이해서 결국 행복하게 끝나는 일은 절대 없다.

뉴욕 타임스 컴퍼니에서 이사로 재직한 일은 내게 성공적이지 않았다(이 표현이 절제된 것임을 참고하기 바란다). 나는 이사회에서 많은 주장을 했지만 내가 바꾼 것은 거의 없었다. 뉴욕 타임스 컴퍼니는 2009년 비핵심 자산을 매각하고 배당금 지급을 중단하기로 결정했으나 2013년 9월 다시 배당금을 지급하기 시작했는데, 이는 이사회가 대주주 슐츠버거 가문의 완벽한 통제를 받는다는 뜻이었다. 대침체 (2008년 금융위기 이후 미국과 전 세계가 겪은 경기침체—옮긴이)로 회사의 수익이 줄어들고 주가가 곤두박질치자 필립 팔콘은 손실을 최소화하기 위해 뉴욕 타임스 컴퍼니의 주식을 매각하기로 결정했다. 그가 지분을 유지해야 내가 계속 이사회에 남을 수 있었지만 상황은 그렇게 돌아가지 않았다. 그의 지분이 점차 줄어들기 시작하자 두 명의 다른 이사가 내게 이사직에서 물러나야 할 것이라고 말했다. 마침내 아서 슐츠버거가 음성메시지로 전화를 달라고 했고 그 뒤 나는 이사직에서 물러났다.

나는 다른 사람들의 돈 6억 달러를 3억 5,000만 달러로 만들어버렸다. 그런 상황에서도 이사회 구성원들은 보상의 일부로 옵션을 받았다. 내게도 옵션이 있었고 당시 1만~1만 5,000달러를 받을 수 있었지만 나는 그것을 받지 않기로 했다. 내게 그럴 자격이 없다고 봤기 때문이다.

구글이 꿈꾸는 미래는 어떤 모습인가

신은 훨씬 더 위대한 존재다. 모든 것을 알고 모든 것을 할 수 있으며 또 영원불멸하다. 이 세 가지 가운데 구글은 오로지 첫 번째, 즉 모든 것을 알기만 할 뿐이다. 애플은 명품 회사로 변신해 어느 정도 영원불멸성을 얻었지만 구글은 애플과 반대 방향으로 나아갔다. 자사를 '공익 기업'으로 만든 것이다.

도처에 존재하는 구글은 우리의 일상에 꼭 필요한 존재가 되었고 코크Coke, 제록스Xerox, 와이트아웃Wite-Out(미국의 유명한 수정액 브랜드 —옮긴이)처럼 일반명사(혹은 동사)가 될지도 모른다는 두려움에 브랜드의 법률적 보호막을 강화할 필요를 강하게 느끼고 있다. 시장 지배력이 어찌나 큰지 구글은 국내외에서 늘 반독점 행위로 제소당할 위험에 노출되어 있다. 유럽연합EU은 구글에 특별한 반감이 있기라도 한 듯 2015년 이후 무려 네 차례나 공식적으로 혐의를 제기했다. 유럽연합집행위원회는 광고 부문 경쟁에서 불공정 행위를 했다는 혐의로 구글을 제소했다.[26] 유럽연합 전체 검색 시장의 90퍼센트를 차지하는 구글은 본사가 유럽이 아닌 미국이기에 시장 감독자에게 매력적인 표적일 수밖에 없다.

구글은 최근의 이의신청서에 마치 신처럼 성스럽게 대꾸했다.

"우리의 혁신과 제품 개선 덕분에 유럽 소비자들의 선택폭이 넓어지고 경쟁도 한층 촉진되었다고 믿는다."[27]

무지막지한 시장지배력(네 개의 거인기업 중 구글의 시장지배력이 가장 크다)에도 불구하고 특이하게 구글은 위험에 많이 노출되어 있다. 어쩌면 구글이 네 개의 거인기업 중 가장 내성적으로 굴면서 가급적 스포트라이트를 피하는 이유가 여기에 있는지도 모른다.

메이저리그의 전설적인 선수 테드 윌리엄스Ted Williams가 은퇴를 앞둔 마지막 타석에서 홈런을 친 뒤 곧바로 1루 덕아웃으로 들어가자

홈팬들은 그의 이름을 부르며 커튼콜을 원했지만 그는 끝내 모습을 드러내지 않았다. 그 모습을 보고 미국 작가 존 업다이크가 유명한 말을 남겼다.

"신은 커튼콜에 응하지 않는다."

최근 구글의 행보를 보면 챙이 긴 모자를 눈썹 아래까지 푹 눌러쓰고 다니는 대인기피증 연예인 같다.

구글의 천재성은 1998년 9월 1일부터 시작되었다. 그날 스탠퍼드 대학교 학생이던 세르게이 브린Sergey Brin과 래리 페이지는 핵심 단어들을 찾아 인터넷을 누비고 다닐 수 있는 새로운 웹 도구 검색엔진을 설계했다. 그렇지만 구글이 다음 단계로 성장한 결정적 계기는 에릭 슈미트를 CEO로 영입한 데 있었다. 슈미트는 과학자 출신의 기업가로 선 마이크로시스템스Sun Microsystems와 노벨Novell에서 CEO로 재직한 인물이다. 두 회사는 모두 마이크로소프트를 인수했다가 매각했다. 슈미트는 다시는 그런 일이 일어나지 않을 것이라고 맹세했다. 슈미트는 위대한 기업가에게 필요한 핵심 덕목, 즉 호전성을 지니고 있었다. 빌 게이츠가 자신이 잡아야 할 거대한 고래로 성장하자 슈미트는 자기 집념을 전략으로 승화했고, 그가 책임진 피쿼드호인 구글은 빌 게이츠라는 모비딕을 표적으로 삼았다(허먼 멜빌의 소설《모비딕》에 등장하는 포경선이 피쿼드호이고 이 배가 추적하는 고래의 이름이 모비딕이다.─옮긴이).

지금은 잊고 있지만 구글이 나타나기 전까지만 해도 마이크로소프트는 불패 신화를 자랑하고 있었다. 사실 마이크로소프트야말로 원조 거인기업이자 기사騎士였다. 수백 개의 기업이 마이크로소프트에 도전했다가 모두 실패하고 목숨을 잃었다. 심지어 기술 분야에서 가장 독창적인 제품을 신보인 넷스케이프도 예외가 아니었다. 마이크로소프트는 다시 기지개를 켜고 일어나 코끼리도 얼마든지 춤을 출 수 있음을 입증했다.

구글은 단 하나의 제품에만 전념할 수도 있었다. 그런데 그것이 세계를 바꾸면서 구글은 옳은 일은 무엇이든 다 해보기로 했다. 바보같은 이름과 단순하기 짝이 없는 홈페이지, 광고업체에 휘둘리지 않는 정직한 검색, 다른 시장에 관심이 없는 태도, 호감을 주는 창업자들 등의 요소 덕분에 구글은 사용자들에게 매력적으로 보였고 잠재적 경쟁자들(예를 들면 〈뉴욕 타임스〉)에게까지 겉으로는(경쟁자들에게 닥친 위험이 돌이킬 수 없는 수준으로 진행되기 전까지는) 전혀 위협적으로 보이지 않았다. 구글의 '사악해지지 말자'는 사랑스럽고도 철학적인 모토나 직원들이 자유분방한 직장 분위기 속에서 반려견을 데리고 함께 잠을 자는 이미지 등은 이러한 상황을 더 강화했다.

그러나 구글은 장막 뒤에서 기업사에 아주 야심찬 전략 가운데 하나로 꼽히는 것, 즉 전 세계 모든 정보를 하나로 꿰겠다는 전략을 수행하고 있다. 그 목적은 현재 인터넷상에 있거나 앞으로 나올 생산적인 정보의 모든 캐시cache(데이터를 저장해두는 임시 장소—옮긴이)를 포착하고 통제하는 데 있다. 지금까지 구글은 오로지 이 목적만을 위해 일해 왔다. 물론 인터넷에 존재하는 것은 이미 작업을 시작했다. 인터넷의 모든 정보를 소유할 수는 없지만 그것으로 접근하는 문의 문지기는 될 수 있기 때문이다. 그런 다음 위치 정보(구글맵), 천문학 정보(구글스카이), 지리(구글어스와 구글오션)로 계속 나아갔다. 이어 절판된 모든 책의 콘텐츠(구글라이브러리 프로젝트)와 저널리즘 관련 저작 콘텐츠를 확보하는(구글뉴스) 일을 진행했다.

정보 검색과 축적은 워낙 조용하면서도 서서히 이뤄지는 작업이라 구글이 공개적으로 전 세계 정보를 빨아들였음에도 불구하고 잠재적 피해자들은 자신이 피해를 본다는 사실조차 알아차리지 못하는 듯했다. 물을 뒤집어쓰기 전까지는 자기 몸이 서서히 젖고 있음을 깨닫지 못하는 법이다. 그 결과 지금 구글이 지식을 완벽히 통제하고 또 경쟁자들이 진입하기에 장벽이 워낙 높아(이는 마이크로소프트의 '빙'조차 제한적인 성공밖에 거두지 못한 데서 확인할 수 있다) 앞으로도 여러 해 동안 이 상태가 유지될 것 같다.

전 세계 모든 기업은 디지털 시대의 중심지에 자리 잡은 구글을 부러워한다. 사실 구글은 생각만큼 행복하지 않다. 언젠가 구글이 낡은 뉴스가 되면 의회와 법무부가 구글 검색엔진을 공익 차원의 도구로 여겨 구글을 규제 대상에 넣을지도 모른다는 우려를 논외로 치더라도 그렇다.

구글이 이런 운명을 맞이하기까지는 아직 갈 길이 멀다. 그렇지만 구글 역시 기본적으로는 한 가지 특출한 재능밖에 없음을 알아야 한다. 검색엔진에다 유튜브도 있고 안드로이드도 있다고? 안드로이드는 슈미트가 아이폰에 대적하기 위해 고안한 것으로 스마트폰 산업에서 하나의 표준일 뿐이다. 안드로이드를 가장 잘 사용하는 주체는 다른 기업들이다. 자율주행자동차나 드론 같은 다른 모든 소재는 소비자를 비롯해 자사 직원들의 마음을 들뜨게 하고 바람을 불어넣어 시선을 분산하는 하찮은 것에 지나지 않는다. 지금까지 그들이 기여한 것은 마이크로소프트의 사라져가는 웹브라우저인 인터넷 익스플로러가 한 것보다 적다.

구글과 마이크로소프트 사이에는 또 다른 평행선이 존재한다. 설정기에 마이크로소프트 직원들이 참을 수 없을 만큼 고약한 인간이었음은 유명한 사실이다. 거만하게 잘난 체했고 운과 타이밍과 성공은 모두 천재성의 결과라고 확신했다(이런 확신은 하이테크 산업에 종종 나타나는 고전적 실수다). 그런데 마이크로소프트가 주식시장에 상장하고 장기 근속자들이 막대한 스톡옵션을 행사하게 되자 수천 명의 직원이 또 다른 천재성을 찾아 회사를 떠났다. 마이크로소프트로서는 상반된 결과를 동시에 맞이한 셈이다.

그러다가 마침내 증권거래위원회와 법무부가 마이크로소프트를 소환하고, 마이크로소프트가 활기 넘치는 신생기업을 차례로 쓰러뜨리자 이 회사 직원들은 자신이 '사악한 제국'을 위해 일하고 있다는 당혹스러운 사실을 인정할 수밖에 없었다. 결국 마이크로소프트는 막대한 인적자산 손실을 경험했다. 기존의 유능한 직원들은 회사를 떠났고 젊은 인재들은 회사에 들어오기를 꺼렸기 때문이다. 그러자 심지어 좋은 제품 아이디어가 있을 때조차 그 아이디어를 시장 출시까지 이어갈 수 있을지 의심하는 분위기가 팽배했다. 그들의 뇌는 살아 있었지만 팔다리가 말을 듣지 않았다. 심지어 빌 게이츠도 세상을 구하러 회사 밖으로 나가고 없었다(2008년 CEO에서 물러난 빌 게이츠는 2014년 기술고문직에서도 손을 뗐고 이후로 자선활동을 하고 있다.—옮긴이).

물론 구글은 마이크로소프트가 아니다. 아직은 그렇다. 구글은 여전히 세계 최고의 두뇌를 한자리에 모아놓고 있음을 자랑한다. 구글

직원들은 자신이 다른 사람보다 더 똑똑하다는 사실을 알지 못한다. 그들이 스스로 의식하지 않아도 그들은 정말 똑똑하다. 구글이 직원들에게 근무시간의 10퍼센트를 할애해 새로운 아이디어를 생각하는 데 쓰라고 권장한다는 것은 널리 알려진 사실이다. 6만 명에 달하는 천재가 머리를 짜내고 있으니 앞으로도 흥미진진한 일이 얼마나 많이 생기겠는가?

궁극적인 관점에서 이것은 중요하지 않다. 무엇보다 인터넷은 아직 모든 곳에 도달하지 않았다. 구글은 자사의 핵심 사업 부문에서 계속 성장할 테고 그 성장 속도는 점점 빨라질 것이다. 앎을 향한 사람들의 갈망은 만족을 모른다. 그리고 사람들이 그 앎을 얻기 위해 고개 숙여 기도할 때 구글은 그 기도에 관한 한 독점권을 갖고 있다.

제6장

성공한
거짓말들

그들은 어떻게
비범한 도둑질과 사기로 제국을 이뤘나

높은 성장률을 기록하는 기술 기업들은 공통적으로 핵심 요소를 도둑질한다. 물론 우리는 이 사실을 믿고 싶어 하지 않는다. 미국 문화에서 이들 기업가는 특별하면서도 높은 지위를 누리기 때문이다. 그들은 풍차 같은 위용을 자랑하는 기존의 거대기업들을 공격하려 돌진하는 기백 넘치는 돈키호테이자 인류에게 새로운 기술이라는 불을 가져다준 헐렁한 티셔츠 차림의 프로메테우스로 비춰진다. 그렇지만 진실은 그렇게 낭만적이지 않다.

　네 개의 거인기업이 처음부터 전 세계적인 지배력을 거머쥔 거대괴물로 시작한 것은 아니다. 그들은 그저 하나의 아이디어에서 출발했을 뿐이다. 그것도 누군가의 차고나 대학교 기숙사에서 말이다. 그들이 걸어온 경로를 돌이켜보면 너무도 명백하고 심지어 필연적으로 보인다. 그러나 그 길은 거의 언제나 행동과 그 행동에 따른 대응, 그것도 즉흥적인 행동과 대응의 연속이었다. 프로 운동선수의 경우 우리는 성공한 몇몇의 이야기에 초점을 맞추는 경향이 있다. 마이너리그의 관문을 통과하지 못한 수천 명의 무명 선수 이야기에는 전혀 관심을 기울이지 않는다. 한편 돈이 넘쳐나고 강력한 힘을 자랑하는 거인기업은 춥고 배고프던 시절의 지리멸렬한 모습과는 거리가 멀어 보인다. 기업의 홍보부서가 설립 신화를 새로 쓴 뒤에는 더욱더 그렇다. 창업자들은 처음 기업을 설립할 때의 그 젊고 패기만만한 에너지를 유지하기 위해 엄청나게 노력하지만 이런 변신(혹은 탈색)은 늘 일어난다.

어쨌거나 변화는 필연적이다. 일단 시장이 끊임없이 바뀌므로 기업도 여기에 적응하지 않으면 도태되는 탓이다. 사실 잃을 게 아무것도 없는 젊은 기업은 보호할 명성과 시장, 자산을 보유한 기업이 도저히 하지 못하는 속임수나 도둑질 혹은 노골적인 거짓말도 얼마든지 할 수 있고 또 실제로 한다. 물론 법무부는 자잘한 신생기업의 그런 짓까지 일일이 신경 쓰지 않는다. 그러나 승자가 되어 역사를 새로 기술할 때, 기업은 그 도둑질과 잘못된 행위를 '~에 고무되어'나 '~을 벤치마킹해서'라는 점잖은 표현으로 포장한다.

네 개의 거인기업이 저지른 범죄는 크게 두 가지 사기 유형으로 분류할 수 있다. 첫 번째 사기 유형은 취득Taking이다. 이것은 흔히 다른 기업에서 정보제공자Information Provider, IP를 **훔친** 다음 이것을 수익 목적이나 다른 목적에 맞게 용도를 고치는 것을 말한다. 두 번째 사기 유형은 다른 사람이 구축한 자산에서 이득을 취하면서도 원래 창작자에게 그 이득을 조금도 떼어주지 않는 일이다.

첫 번째는 미래의 거인기업이 혁신적 발상을 실현하는 데 굳이 자기만의 독창적인 천재성에 의존하지 않는 반면, 후발 경쟁자들이 자신과 똑같이 행동할 때는 그들에게 잡아먹히지 않으려고 대규모 소송으로 대응함을 뜻한다. 두 번째는 이른바 '선발진입자 이점'First-Mover Advantages이 실제로는 대개 이점으로 작용하지 않음을 뜻한다. 어떤 업계에서든 개척자는 등에 칼을 맞는다. 네 개의 거인기업은 뒤늦게 나타나(페이스북은 마이스페이스, 애플은 최초 개인용 컴퓨터 개발자들, 구글은 초기의 여러 검색엔진, 아마존은 최초의 온라인 유통업체들 뒤에 각각 나타났다) 선구자들이 저지른 여러 실수를 교훈 삼아 그들의 자산을 사들였고, 그들의 고객을 자사 고객으로 만들었다. 요컨대 선구자들의 시체를 파먹고 성장한 셈이다.

첫 번째 사기 유형,
도둑질과 적반하장

대기업은 예전에 상상도 할 수 없던 속도와 규모로 가치를 획득하기 위해 흔히 어떤 종류의 거짓말이나 IP 도둑질에 의존하는데, 네 개의 거인기업도 예외가 아니다. 이들은 대부분 다른 기업과 정부를 속여 가치를 이전하게 함으로써 힘의 균형을 자신에게 유리하도록 급격히 바꿔놓거나 보조금을 지급받기 위해 거짓말을 해왔다(테슬라가 태양에너지 자동차와 전기자동차를 개발한다는 명목으로 정부 보조금을 받으려고 과거 몇 년 동안 어떤 행동을 했는지 살펴보기만 해도 이런 사실을 금방 알 수 있다). 한데 이들은 일단 거인기업으로 부상하면 언제 그랬냐 싶게 얼굴을 싹 바꾼다. 즉, 다른 후발기업이 하는 이런 종류의 행동에 분노하며 자신의 성과물을 보호하겠다면서 팔을 걷어붙이고 나선다.

이러한 행태는 국가들 사이에 한층 더 뚜렷하게 나타난다. 지정학적 맥락에서 볼 때 '거인기업'은 미국이라는 나라 하나밖에 없는데 미국의 역사가 이를 잘 보여준다. 독립 직후 미국은 기회는 많았지만 그 기회를 활용할 역량은 거의 없던 변변찮은 '신생기업'이었다. 유럽에서 산업적 차원의 혁신(즉, 산업혁명)은 상대적으로 평화로운 시기 동안 이뤄져 꽃을 피웠고, 미국의 제조업체들은 유럽 제조업체의 경쟁 상대가 되지 않았다. 특히 당시에 중요했던 섬유 산업은 선진적인 직기와 관련 기술을 사용한 영국 방직업체들의 지배를 받았다(사실 영국의 그 선진적 직기도 프랑스의 직기를 베낀 것이었다). 영국은 법률을 동원해 이 산업을 보호하려 했는데 예를 들면 설비와 설비 계획, 심지어 그 설비를 제작하거나 운영하는 인력조차 해외로 내보내는 것을 법률로 금지했다.

유럽이 선진 기술 유출을 가로막자 미국인은 그것을 훔쳤다. 알렉산더 해밀턴 재무부장관은 수출을 금지하는 영국 법률을 아무렇지도 않게 인정하면서 '적절한 조치와 응분의 고통'을 통해 유럽의 산업 기술을 확보해야 한다는 보고서를 냈다.[1] 그는 기꺼이 미국으로 건너오겠다는 기술자들에게 두둑한 장려금을 지급했는데, 이것은 미국의 이민법까지도 직접 위배하는 조치였다. 미국 특허법은 1793년 미국 시민에게 특허 보호 규제를 느슨하게 풀도록 수정했고, 결국 관련 지적재산권을 소유한 유럽인은 이런 도둑질에 법률적 문제 제기를 할 수 없었다.

이 일련의 조치 덕분에 미국 산업은 빠른 속도로 성장했다. 미국 산업혁명의 요람으로 알려진 매사추세츠주의 로웰은 프랜시스 로웰 Francis Lowell의 후손들이 세운 도시다. 프랜시스 로웰은 영국으로 건너가 그저 호기심 많은 고객 행세를 하며(다른 목적이 있긴 했으나 전혀 틀린 말은 아니다) 영국의 여러 직물 공장을 둘러보았고 공장과 방직기의 설계 및 배치를 꼼꼼하게 기억했다. 그는 미국으로 돌아오자마자 보스턴 매뉴팩처링 컴퍼니Boston Manufacturing Company를 설립해 미국 최초의 공장을 지었다. 그리고 현대적인 기술 산업과의 멋진 연결 속에서 미국 최초로 기업공개를 했다.[2] 로웰의 이 도둑질로 수십억 달러 규모의 컨설팅 산업 부문이 생겼다. 세계에서 컨설팅 회사가 가장 많은 나라가 바로 미국이다. 미국인의 DNA에는 도둑질이 녹아 있다고 봐도 된다.

오늘날 미국은 산업계로 치면 거대기업이며 보호해야 할 기술적 강점과 여러 시장을 보유하고 있다. 우리는 지금 브로드웨이에서 알렉산더 해밀턴을 찬양하지만(미국 건국의 아버지 알렉산더 해밀턴의 일생을 그린 뮤지컬 〈해밀턴〉이 2015년 개막 이후 브로드웨이를 뜨겁게 달구고 있다. ─옮긴이) 법률은 지적재산권에 관한 그의 태도를 잘못된 것으로 규정한다. 미국은 현재 다른 어떤 나라보다 특허 보호를 강력하게 주장한다. 대표적으로 미국 정치인들은 중국이 미국의 기술을 훔치는 행위를 강하게 비판하면서 그 비판을 당연한 것으로 인식한다. 그러나 중국의 입장에서도 할 말은 많이 있다. 중국은 세계무대에서 '거인기업'으로 우뚝 서고 싶기에 중국판 프랜시스 로웰들을 다른 나라에 직접 파견하거나 사이버 공간에서 활약하게 해 번영으로 나아가는 길을 조금이라도 단축해줄 온갖 것을 수집하고 있다. 수십 년에 걸쳐 중국은 전 세계 특허를 도둑질한 끝에 이제는 IP에 관한 한 충분히 강해졌다고 생각한다. 그러자 언제 그랬느냐는 듯 과거의 도둑질에는 시치미를 뚝 떼고 미국과 마찬가지로 특허 관련 법률을 지지하는 목소리를 내고 있다.

알고 있다시피 기술 분야에서 역사적으로 가장 유명한 '도둑질'은 애플의 도둑질이다. 스티브 잡스는 산업 전체를 뒤바꿔놓은 매킨토시를 제작할 때 제록스가 처음 만든 마우스 조작 방식의 그래픽 데스크톱을 훔쳤다.[3]

영국인이 해놓은 설계를 개선하고 여기에 광대한 자원과 점점 늘어나던 인구를 시장에 결합한 로웰이나 그의 동시대 사람들처럼 스티브 잡스도 제록스의 GUIGraphical User Interface(사용자가 컴퓨터에서 그래픽을 통해 작업할 수 있는 사용자 인터페이스—옮긴이)에 애플2가 거둔 거대한 성공조차 압도할 정도로 개인용 컴퓨터 시장을 폭발적으로 확장할 잠재력이 있음을 알아보았다. 이와 관련해 애플이 했던 "GUI를 통해 모두를 위한 컴퓨터를 만들 수 있다."라는 표현은 널리 알려져 있다.[4] 사실 이 작업은 제록스가 결코 할 계획이 없던 것이고 또한 그렇게 할 제도적·전략적·철학적 능력도 없던 것이었다.

애플은 다른 회사가 개발한 혁신을 가져다가 거기에 담긴 보다 나은 '마케팅 강점'을 활용한다. 현재 최강자라는 애플의 지위를 떠받쳐주는 여러 기술은 애초에 애플이 개발한 게 아니었다. 애플은 그중 많은 것을 사들이거나 사용권을 취득했다. 제록스의 GUI부터 시냅틱스Synaptics(생체인식 기술 분야의 글로벌 선두 기업—옮긴이)의 터치스크린 방식, 반도체 회사 피에이 세미_{P.A. Semi}의 전력 효율적인 칩 등이 모두 그렇다. 핵심은 신생기업의 경우 대기업이 되기 위해 단지 '훔치기'만 하는 게 아니라 다른 기업들이 놓치는 가치를 알아채거나 그들이 뽑아내지 못하는 가치를 뽑아낸다는 점이다. 그 과정에서 그들은 필요할 때면 언제든 수단과 방법을 가리지 않는다.

두 번째 사기 유형, 빌린 다음에 팔기

네 개의 거대기업이 구사하는 또 하나의 수법은 당신에게 정보를 무료로 빌리고는 다시 당신에게 돈을 받고 파는 것이다. 이 짓은 구글이 가장 잘한다.

애초에 구글은 웹 구조와 검색 특성을 수학적으로 통찰하면서 출발했다. 그런데 구글은 정보는 무료로 제공할 수도 있지만 다른 한편으로 좋은 돈벌이 수단이라는 창업자들(이들이 CEO로 초빙한 에릭 슈미트도)의 통찰을 바탕으로 거대기업 중 하나로 성장했다. 당시 구글의 부사장이던 마리사 메이어는 의회 청문회에 출석해 나이 든 백인 남자가 대부분인 청문회 위원들 앞에서 신문과 잡지는 구글을 통해 누구나 쉽게 접근할 수 있고 잘게 쪼개질 수 있으며 검색이 가능한 형태의 정보를 제공할 마땅한 의무가 있다고 말했다.[5] 또한 그녀는 "구글뉴스가 전하는 기사는 정치적 관점이나 이념과 무관하게 분류하며 사용자는 어떤 쟁점이든 다양한 관점에서 선택할 수 있다."라고 했다.[6] 그녀는 구글이 미국의 혁신 DNA를 유지하는 것을 하늘에 천 개의 꽃봉오리를 활짝 피우는 것에 비유했고, 도시의 아이들은 독후감을 스스로 끝낼 수 있을 것이라고 말했다. 그녀의 이 모습은 미국 공영방송 PBS 가 정부 지원금을 더 받으려고 빅버드(PBS의 유아 대상 프로그램 〈세서미 스트리트〉Sesame Street에 나오는 크고 노란 새—옮긴이)를 들먹인 것과 비슷하 다. 순진무구한 그 새를 죽이고 싶어 하는 사람이 어디 있겠는가?

메이어는 또 구글이 "온라인 신문에 접속하게 해주는 가치 있는 무료 서비스를 관심이 있는 독자들의 사이트에 제공했다."라고 증언했다.[7] 그러면서 〈뉴욕 타임스〉나 〈시카고 트리뷴〉 같은 신문들을 위해 자사가 많은 수고를 했음에도 불구하고 그들이 고마워하지 않는다는 실망감도 드러냈다. 그 신문들이 구글에 고마워하지 않은 이유는 구글의 '가치 있는 무료 서비스'가 실제로는 미국 미디어의 광고 기반을 빠르게 파괴하는 한편 모든 수익의 물꼬를 구글로 돌렸기 때문이다.

또한 메이어는 구글을 두려워할 필요가 없다며, 구글은 비록 무료 는 아니지만 지불 가치가 있는 유료 서비스도 제공한다고 말했다. 조 회수를 높이기 위해 구글에 점점 더 의존하는 출판업자는 구글애드 센스에 가입할 수 있는데, 이 서비스는 '출판업자가 자사 콘텐츠에서 또 다른 차원의 수익을 창출하도록 돕는' 것이라고 설명했다.[8]

그러나 실제 현실에서는 달랐다. 2016년 대통령 선거 무렵 사용자 의 '정치적 관점과 이념'을 불과 수백만 분의 1초 사이에 결정하는 알 고리즘으로 인해 정보가 양극화되어 있었다.[9] 메이어가 이 청문회 증 언을 마친 뒤 뉴스 생산자들은(구글이 등장하기 전까지 이들은 수익 창출에 그 어떤 '도움'도 받을 필요가 없었다) 빠른 속도로 사라졌다. 그 반대편에서 구 글은 우리와 우리의 버릇, 우리가 사는 세상에 관한 모든 정보를 진

공청소기처럼 빨아들이며 그 정보가 우리에게 보다 '가치 있는 무료 서비스'를 제공하도록 사사의 알고리즘을 느슨하게 풀었다.

10년 전 페이스북과 구글은 정보를 저장고에(페이스북은 인스타그램에, 구글은 지메일과 유튜브와 더블클릭에) 담아두기만 하고 공유하지 않을 것이라고 말했다. 결과적으로 둘은 거짓말을 했다. 사생활 관련 정책을 교묘하게 바꿔 당사자가 자신의 위치 정보나 검색 정보를 공유하길 원치 않는다고 특별히 요청할 경우에만 그렇게 한 것이다. 물론 데이터를 보다 정확한 표적을 설정하는 마케팅 수단으로 사용하기 위해 '의도적'으로 그런 조치를 취했다는 증거는 없다. 그러나 디지털 마케팅에서 오싹함과 정보 연관성은 강력한 상관관계가 있다. 지금까지 소비자와 광고업자는 직접적인 행동으로 자기 의사를 표시했고 정보 연관성 내지 적합성을 위해 오싹함이라는 가격을 지불할 가치가 있다는 견해를 표명해왔다.

정보의
가격표

해커들의 모토는 '정보는 무료로 제공되길 원한다'이다. 이 모토는 인터넷 시대에 두 번째 황금기 무대를 마련했다. 그런데 이 모토가 처음 어디에서 비롯되었는지 살펴볼 가치가 있다. 이 말은《더 홀 어스 카탈로그》The Whole Earth Catalog의 발행인 스튜어트 브랜드Stewart Brand(해커의 아버지로 불리는 인물―옮긴이)가 1984년 열린 해커총회Hackers Conference에서 처음 했다. 그때 그는 이렇게 말했다.

"한편으로 보면 정보는 비싼 대가를 원한다. 그만큼 가치가 있기 때문이다. 올바른 정보가 올바른 곳에 놓일 때 어떤 사람의 인생이 바뀐다. 다른 한편으로 보면 정보는 무료로 제공되길 원한다. 정보를 얻는 데 들어가는 비용이 점점 더 줄어들기 때문이다. 따라서 이 두 경향은 서로 부딪혀 싸운다."[10]

정보는 사람과 마찬가지로 매력적이고 독특하며 좋은 대우를 받고 싶어 한다. 정보는 고가품이길 바란다. 구글과 페이스북을 제외하고 미국에서 가장 성공한 미디어 기업은 블룸버그다. 이 기업의 창업자 마이클 블룸버그는 단 한 번도 정보를 무료로 제공한 적이 없다. 그는 다른 사람들의 정보를 자산 데이터proprietary data와 섞고 여기에 어떤 고급 정보를 덧씌운 다음, 그 정보를 '희소'하게 만들었다(이 부분이 정말 중요하다). 그래서 그의 정보는 비쌌고 그에게는 블룸버그 단말기라는 자체 직통 배포망도 있었다. 만일 당신이 매입한 어떤 주식 가격에 커다란 영향을 미칠 중요한 기업계 소식을 원한다면 블룸버그와 계약하고 사무실에 그 단말기를 설치한 뒤 단말기의 스크린에 끝없이 흐르는 뉴스와 금융 데이터를 보면 된다.

그러나 위에 인용한 스튜어트 브랜드의 말에서 '정보는 비싼 대가를 원한다'라는 부분은 마치 트로츠키(러시아 혁명의 주역이지만 나중에 스탈린에 의해 축출당한다.—옮긴이)의 사진이 지워진 것처럼 콘텐츠를 무료로 받아보길 원하는 기업들에 의해 지워져버린 것 같다. 실제로 스튜어트 브랜드가 말하고 싶었던 것은 그 둘 사이의 긴장이었고 그가 혁신을 예견한 것도 그 긴장 속에서였다. 구글은(다른 맥락에서 페이스북은) 이 긴장에 통달했다. 구글은 과거에 비싼 대가를 지불해야 했던 정보

세계의 문을 사용자에게 열어젖혀 정보를 배포하는 비용을 없앴고, 여기서 발생한 이득을 활용해 스스로 그 문의 문지기가 되어 수십억 달러의 가치를 뽑아내고 있다.

페이스북 역시 한층 낮아진 정보 취득 비용과 정보에 담긴 높은 가치 사이의 긴장을 잘 활용하고 있다. 페이스북의 수법은 구글보다 한층 더 극적이다. 페이스북은 사용자들이 콘텐츠를 생산하게 한 다음 그 콘텐츠를 광고업자들에게 팔아 사용자들을 대상으로 광고하게 해준다. 페이스북은 우리 아기 사진이나 누군가의 정치적 아우성을 '훔치는' 게 아니라, 사용자의 손이 닿지 않는 기술과 혁신을 이용해 그 사진과 아우성에서 수십억 달러를 뽑아낸다. 이것이 바로 세계 최고 수준의 '빌리기'다.

페이스북은 자사의 세일즈 군단과 세계 최대 소비자 브랜드의 수많은 초기 모임에서 수천 번이나 반복했던 두 번째 거짓말 위에 자사의 기반을 만들었다. 그 거짓말은 "거대한 커뮤니티를 만들어라. 당신은 그 커뮤니티를 소유할 것이다."이다. 수백 개 브랜드가 페이스북에 수억 달러를 투자해 페이스북이 주관자인 거대한 종합 브랜드 커뮤니티를 만들었다. 그 각각의 브랜드는 소비자가 자사 브랜드에 '좋아요'를 누르게 함으로써 페이스북에 어마어마한 규모의 무료 광고를 제공하게 했다. 브랜드들이 그 비싼 집을 짓고 입주할 준비를 마치자 페이스북은 갑자기 브랜드들에게 말했다.

"웃기는 소리 하시네. 그들은 당신의 팬들이 아니야. 당신은 돈을 내고 그 팬들을 나한테서 빌려야 해."

그때 어느 브랜드 콘텐츠는 유기적 도달Organic Reach(어떤 페이스북 페이지가 발행한 콘텐츠가 유료 광고를 하지 않는 상태에서 그 페이지에 '좋아요'를 누른 사용자에게 자연적으로 도달하는 수—옮긴이)이 100퍼센트에서 한 자릿수로 줄어들었다. 그 브랜드가 자신의 커뮤니티에 도달하고 싶으면 페이스북에 광고를 해야(즉, 돈을 내야) 했다. 브랜드 입장에서는 황당한 노릇이었다. 어떤 사람이 자기가 살 집을 다 짓고 나서 마무리하려 하는데 갑자기 당국자가 나타나 잠금장치의 비밀번호를 바꾸고는 "이제부터 당신은 이 집을 내게 임대해야 합니다."라고 말하는 것이나 비슷한 상황이었다.

많은 기업이 페이스북의 주인이 되는 줄 알았는데 알고 보니 그들은 세입자일 뿐이었다. 나이키는 페이스북에 자사의 커뮤니티를 만들기 위해 돈을 지불했지만, 페이스북에 돈을 내고 광고하지 않는 한 나이키의 포스트가 그 커뮤니티에 도달하는 비율은 전체의 2퍼센트도 채 되지 않는다.[11] 만일 나이키가 이것이 마음에 들지 않으면 20억 명의 회원을 확보한 다른 소셜 네트워크로 가서 우는 소리를 하면 된다. 그런데 잠깐, 이와 비슷하게 브랜드들은 페이스북보다 더 '핫한' 누군가와 데이트를 하면서 계속 이용당하고 있지 않은가. 그러니까, 아마존 말이다.

위대한 사기의
관건

아마존이 나아가고자 하는 방향은 분명하다. 첫째, 전 세계 소매유통업 부문과 미디어 부문을 인수한다. 둘째,

그 모든 제품 배송을 자사 소유의 비행기와 드론, 자율주행자동차로 수행한다(UPS, 페덱스, DHL과는 영원히 각별이다). 물론 그 과정에서 그들은 계속 과속방지턱을 만날 테고 그때마다 충격을 받을 것이다. 그러나 그 과속방지턱은 혁신 문화와 무한한 규모의 자본 동원력을 갖춘 아마존에 상대가 되지 않는다. 자국의 온라인 유통업체 알리바바를 보호하는 중국을 제외하고 그 어떤 나라가 여기에 저항할 수 있겠는가?

영화 〈스팅〉The Sting에서 폴 뉴먼Paul Newman이 설명했듯 위대한 사기의 관건은 사기당하는 사람이 자신이 사기를 당한다는 걸 알아채지 못하도록 하는 데 있다. 실제로 영화에서 주인공에게 속는 사람은 마지막 순간까지도 자신이 일확천금을 얻을 것이라고 철썩 같이 믿는다. 신문들은 현실로 다가온 미래가 우연히 그렇게 된 것뿐이라고 여긴다. 즉, 자사가 이미 '구글'된 사실에 여전히 어리둥절해한다. 구글이 그들에게 사기 치지 않은 데서는 그들 스스로의 어리석음 때문에 제풀에 고꾸라졌다. 예를 들면 이베이를 쉽게 먹을 수 있을 때 먹지 않았고 크레이그리스트Craigslist(전 세계에 서비스하는 온라인 벼룩시장—옮긴이)가 신생기업일 때 얼른 낚아채지 않았다. 여기에다 유능한 인재들을 인터넷 쪽으로 돌리지 않고 종이신문 쪽에 묶어둠으로써 그들은 스스로 나락의 길로 들어섰다. 만일 그들이 사이버 공간에 등장한 여러 기회 가운데 절반이라도 제대로 포착했다면 대다수 신문사는 지금도 기세등등할 것이다.

다른 거인기업들도 모두 비슷한 방식으로 피해자들을 속였다. 브랜드들은 열심히 돈을 퍼 날라 페이스북 커뮤니티를 만들었지만, 시간이 흐른 뒤 그 커뮤니티가 자사 소유가 아님을 깨달았다. 상품 판매자들은 아마존이라는 플랫폼이 자신에게 새로운 무리의 소비자 접근권을 제공할 것이라 믿고 서둘러 이 플랫폼에 가입했으나, 결국 자신들이 아마존과 경쟁해야 한다는 사실을 깨달았다. 심지어 제록스도 자신들의 GUI를 스티브 잡스에게 한 번 구경시켜주는 것만으로 당시 가장 '핫한' 기업인 애플의 주식 10만 주를 거저 얻을 수 있을 거라고 생각했다.(스티브 잡스는 1979년 제록스 PARC에 방문하여 최초의 GUI 기반 컴퓨터인 알토Alto를 보게 된다. 제록스는 공개상장 전에 100만 달러 상당의 애플 주식을 받는 조건으로 3일간 애플 기술자들이 제록스 PARC에 접근하는 것을 허가했다.—옮긴이)[12] 이런 일을 두고 사람들은 흔히 자업자득이라고 말한다.

야심에 찬 거인기업들은 늘 기존 업체가 따라올 수 없는 방식으로 시장에 접근한다. 가령 우버는 많은(어쩌면 거의 모든) 시장에서 과감하게 법을 위반하는 방식으로 사업을 진행한다. 우버는 독일에서 활동 금지 상태고 프랑스에서는 우버 기사가 벌금형을 선고받으며(이 벌금은 우버가 대신 지급한다)[13] 미국에서도 여러 주의 재판정이 우버에 사업을 중단하라고 명령하고 있다.[14] 그런데 정부를 비롯한 기관과 개인 투자자들은 우버에 돈을 투자하겠다고 줄을 서고 있다. 왜 그럴까? 결국에는 법률도 우버의 행진을 막지 못할 것임을, 즉 우버가 불가피한 대세임을 투자자들이 알기 때문이다. 아마 이들의 판단이 옳을 것이다. 한편에는 법률이 존재하지만 다른 한편에는 혁신자가 존재하는데 선한 자금은 혁신자들의 편에 선다.

우버는 기존의 택시 서비스에 적용하는 규제를 피해갈 뿐 아니라, 자사를 독립적인 운전자들을 하나로 이어주는 어떤 앱으로 규정함으로써(이 부분은 어느 누구도 진지하게 생각하지 않는다) 노동법도 피해간다. 아무튼 이 모든 것에도 불구하고 우비 기사와 승객 가입자 수는 무서운 속도로 늘어나고 있다(고백하건데 실은 나도 우버 회원이다). 우버의 기본 서비스와 단순한 앱이 법률로 과잉보호를 받는 택시라는 대중 운송 모델보다 훨씬 더 우월하기 때문이다. 어떤 산업이 충분히 무너지면 소비자는 훨씬 더 나은 서비스를 받고자 기존 법률을 철폐하려 들 것임을 우버는 잘 알고 있다. 장기적으로 볼 때 의회가 진정으로 월스트리트와 수백만 명의 소비자를 상대로 끝까지 싸우리라고 전망하는 사람은 많지 않다.

아마존 역시 5억 명의 소비자와 효과적으로 공모해 브랜드들이 통상적으로 떼던 이윤을 최대한 깎은 뒤, 소비자가 그 돈을 돌려받는 알고리즘을 사용하도록 유도했다. 소매유통업체가 자사의 영향력을 활용해 보다 큰 이윤을 남기는 업체로 성장하는 사례는 새로운 것이 아니다. 다만 이런 일을 아마존처럼 멋지게 해내는 기업을 우리가 지금까지 못 봤을 뿐이다. 미국 동맹국들은 미국이 세계 지도자들의 전화 통화 내용을 엿듣는다는 사실에 충격을 받았지만, 사실 그들은 모두가 서로를 염탐한다는 것을 알고 있다. 그들을 정말 화나게 만드는 것은 미국이 자신들보다 염탐을 훨씬 더 잘 한다는 사실이다. 아마존과 소비자, 알고리즘 사이의 동맹은 소비자에게 막대한 규모의 가치를 제공하고 이에 따른 아마존의 맹렬한 성장은 직원과 투자자에게 돌아갈 주주 가치 수억 달러를 불러 모은다. 소비자인 우리는 역대 최고의 강력한 동맹자 관계로 어마어마한 이득을 얻고 있다. 이런 이유로 시민, 임금노동자, 경쟁자로서 우리는 우리가 아마존에 이용당하고 있음을 알면서도 그 '핫한' 아마존과의 관계를 쉽사리 끊을 수 없다.

엄연히 사법제도가 존재하지만 이것도 돈 앞에서는 종이 호랑이다. 현행범으로 잡혀도 네 개의 거인기업만큼 부자이면 아무 문제가 없다. 모바일 메신저 왓츠앱을 인수할 때, 페이스북은 페이스북과 왓츠앱이라는 두 사업체가 단기간에 데이터를 공유하는 것은 불가능하다고 말했다. 이것은 빤한 거짓말이었다. 데이터가 얼마나 빠르게 움직일 수 있는지 페이스북은 잘 알고 있었다. 사생활 침해를 우려하던 유럽연합의 감독자들은 페이스북의 말을 곧이곧대로 믿고 인수를 승인했으나 나중에 진실을 알고 페이스북에 1억 1,000만 유로(약 1,450억 원—옮긴이)의 벌금을 매겼다. 페이스북의 입장에서 이는 15분마다 100달러를 내야 하는 미터기가 있음에도 불구하고 달랑 10달러만 내고 주차권을 끊은 것이나 마찬가지다. 차라리 법을 어기고 벌금을 내는 편이 유리하다는 말이다.

제7장

기업과 신체

그들은 어떻게
우리의 본능을 지배하는가

벤 호로비츠Ben Horowitz, 피터 틸Peter Thiel, 에릭 슈미트, 살림 이스마
일Salim Ismaiel, 그 밖의 많은 사람이 자신의 베스트셀러 저서에서 예외
적일 만큼 뛰어난 사업적 성공에 필요한 것을 조언한다. 구체적으로
말하면 클라우드 컴퓨팅(자신의 컴퓨터가 아니라 인터넷으로 연결된 다른 컴퓨
터로 정보를 처리하는 기술—옮긴이)과 가상화Virtualization, 경쟁자를 압도하
도록 10배의 생산성을 달성하게 해주는 네트워크 효과 등으로 이뤄
진 저비용 구조가 필요하다고 주장한다.[1] 그런데 이런 설명은 기술과
아무 관련이 없는 보다 깊은 차원의 어떤 측면을 무시하는 처사다.
진화심리학 관점에서 볼 때 **성공한 모든 사업은 뇌, 심장, 생식기라
는 신체의 세 부위 가운데 적어도 하나에 반드시 자신의 매력을 호소
한다.** 이들 신체 부위는 생존에 필요한 여러 기능 중 각기 다른 측면
을 하나씩 떠맡고 있다. 어떤 기업체를 이끌면서 자사가 어디에서 놀
아야 하는지(즉, 세 부위 가운데 어디에 초점을 맞춰야 하는지) 아는 사람이면

누구나 올바른 사업 전략을 구사하며 어려움을 극복해간다.

기업의 최종 경쟁자, 인간의 뇌

뇌는 연산이라는 이성적 기능을 수행한다. 이 일을 위해 뇌는 잃는 것과 얻는 것, 즉 비용과 편익의 경중을 100만 분의 1초 사이에 따진다. 시장에서 뇌는 무시무시하게 빠른 속도로 가격을 비교하고 제동을 건다. 하기스 기저귀가 팸퍼스 기저귀보다 50퍼센트 싸다는 사실을 뇌가 확인했다고 치자. 그러면 뇌는 두 제품을 사용해본 경험을 포함해 복잡한 비용-편익 분석을 수행하고 마지막으로 둘 중 어느 것이 더 좋은 선택인지 계산한다. 이것을 기업계 용어로 바꾸면 소비자는 업체의 이윤이 조금이라도 낮은 쪽을 찾아간다. 대다수 기업에서 소비자의 뇌는 최종적으로 찬물을 끼얹는 경쟁자다. 링컨은 모든 사람을 잠시라면 몰라도 영원히 속일 수는 없다고 말했다. 사실 수많은 기업이 그런 헛된 시도를 하려다 시장에서 사라졌다. 사람의 뇌는, 적어도 몇 차례 실수한 뒤라면 우리가 너무 바보 같은 의사결정을 내리지 않도록 막아준다.

몇몇 기업은 소비자의 뇌에 접근해 합리적인 자아에 호소하고 결국 설득에 성공한다. 월마트를 보자. 월마트에서 수백만 소비자는 자신이 선택할 수 있는 조건을 따져 쇼핑한다. 가치 제안 차원에서 '더 적은 돈으로 더 많은 물품을'이라는 구호는 오랜 기간 동안 시장에서 폭탄으로 기능해왔다. 우리의 원시 조상들이 다람쥐와 들소 가운데 어떤 것을 절벽 쪽으로 몰아갈지 판단할 때, 다람쥐보다 훨씬 더 다루기 위험한 늘소를 선택한 이유도 여기에 있다.

월마트는 세계적으로 효율적인 공급망 중 하나를 다른 어떤 회사와도 비교가 되지 않을 만큼 거대한 규모로 운영한다. 그 결과 월마트는 상품화한 제품을 대량생산하는 공급업체들의 급소를 움켜쥐고 있다. 월마트는 이들 공급업체를 쥐어짜 비용을 낮추고 그렇게 절감한 금액을 소비자에게 돌려주며 시장점유율을 높이고 있다. 현재 월마트는 미국에서 이뤄지는 소매유통업 매출 가운데 약 11퍼센트를 차지한다.[2] 즉, 월마트는 낮은 이윤에도 불구하고 매출 규모가 커서 어마어마한 순수익을 올린다. 월마트의 고객들은 뇌를 잘 사용한다. 이들은 위신과 체면 때문에 더 많이 지출하는 부자들보다 뇌를 더 잘 사용하는 게 확실하다.

뇌를 상대로 싸워 이기면 막대한 주주 가치를 창출할 수 있다. 그런데 여기에는 승자독식 원칙이 적용된다. 뇌가 어떤 선택을 최선이라고 결정하면 뇌는 그 선택을 좀처럼 바꾸지 않는다. 그만큼 단호하게 일편단심이며 충성심이 강하다. 소비자의 뇌를 공략하는 전투의 모범은 월마트와 아마존, 심지어 중국이다. 이들은 오로지 가격으로 승부한다. 반면 대다수 기업은 저비용의 선두 주자가 아니며 또 그렇게 할 수도 없다. 이들은 입회가 까다로운 클럽의 구성원들로, 장기적인 성공을 위해 규모로 승부한다.

사랑에 가격 매기기,
심장

가장 범위가 넓은 시장은 심장이다. 왜 그럴까? 상품 구매를 포함해 인간이 하는 행동은 대부분 감정에 따른 것이기 때문이다. 뇌에 부탁해 비용−편익 분석을 하는 것보다(이 경우 "내가 이 물건을 꼭 사야 할까?"라고 물으면 대답은 거의 언제나 "아니지!"다) 감정에 따르는 편이 훨씬 더 쉽고 재미있다. 또한 심장은 인류 역사에서 가장 위대한 힘인 **사랑**으로도 움직인다.

우리는 서로서로 사랑하고 위해주고 보살필 때 기분이 좋아진다. 그래야 더 오래 살기도 한다. 일본 오키나와의 100세 이상 노인을 대상으로 연구한 논문Okinawa Centenarian Study에 따르면 이 지역의 100세 이상 노인은 날마다 콩을 많이 먹고 적당량의 술을 마신다고 한다.[3] 여기에다 그들은 날마다 운동을 하며 서로 친분이 두텁다.[4] 마지막으로 그들은 대규모 집단에 속해 있고 서로 사랑하며 돌봐준다.[5] 존스홉킨스 대학교 노화·건강센터는 최근 진행한 연구조사에서 누군가를 돌봐주는 사람은 그렇지 않은 사람에 비해 18퍼센트 더 오래 산다는 사실을 확인했다.[6] 사랑은 사람을 살아 있게 해준다. 그야말로 다윈의 학설 그대로다. 인간이라는 종이 멸종을 피하려면 누군가를 돌보며 살 필요가 있다.

심장은 비이성적일 수도 있지만 경영 전략상 소비자의 심장을 표적으로 삼는 것은 기민하고도 건전한 전략이다. 실제로 제2차 세계대전이 끝난 뒤 소비자 시장이 폭발적으로 늘어난 것은 당시 마케팅이 소비자의 심장을 표적으로 삼는 전략을 구사했기 때문이다. 그 무렵 브랜드, 선전 문구, 광고방송용 노래는 모두 소비자에게 가장 중요한 것, 즉 소비자가 사랑하는 것에 초점을 두었다. 예를 들면 인기 드라마 주인공의 실제 생활 모습에 정밀하게 초점을 맞춰 소비자의 심장에 호소했다. 식품업체 제이엠 스머커J.M. Smucker는 '까다로운 어머니는 지아이에프Jif(땅콩버터 브랜드— 옮긴이)를 선택한다'Choosy moms choose Jif라는 슬로건을 내세워 자식 사랑은 아이에게 주는 땅콩버터와 깊은 상관성이 있다며 부모를 설득했다. 사랑은 계절 변화에 따른 판매촉진 프로그램의 관건이기도 하다. 크리스마스를 비롯한 여러 휴일에 브랜드들은 사랑을 마케팅에 활용한다. 이를테면 '당신이 어머니를 얼마나 사랑하는지 어머니에게 보여주세요!' 같은 선전 문구가 그렇다. 석 달 치 월급을 몽땅 털어야 살 수 있는 다이아몬드 약혼반지는 '영원'의 상징이다. 적어도 우리 가운데 절반에게는 확실히 그렇다.

마케팅 담당자의 관점에서 소비자의 심금을 울리는 것은 모두 이윤으로 바뀐다. 아름다움, 애국심, 우정, 남성적 강인함, 헌신 그리고 무엇보다 중요한 사랑이 그것이다. 이는 가격을 매길 수 없는 덕목이지만 마케팅 담당자들은 여기에 가격을 매긴다. 나아가 가격은 심장에 호소하는 시장에 완충 공간을 제공한다. 설령 경쟁자들이 운송이나 가치 측면에서 어떤 강점을 확보해도 소비자의 비이성적 심장과 지속적으로 연관성을 유지하는 한 살아남는 것은 물론 훨씬 더 크게 번창할 수 있다.

이런 얘기가 피상적으로 들린다 해도 어쩔 수 없다. 원래 그러니까. 이것이 열정의 특성이다. 특히 심장은 이성적인 의사결정을 무시

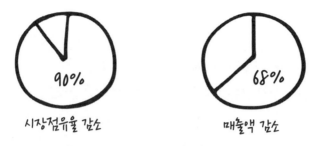

상위 생활소비재 브랜드의 전년 대비 성적표(2014~2015년)

90%

시장점유율 감소

68%

매출액 감소

할 수 있는 몇 안 되는 힘 가운데 하나다.

디지털 시대는 투명성과 혁신을 내세워 심장에 선전포고를 했다. 예를 들어 검색엔진과 사용자 후기는 구매 결정에서 감정이 차지하던 부분을 잠식해 투명성 수준을 점점 더 높이고 있다. 구글과 아마존은 바야흐로 브랜드 시대가 끝나가고 있음을 알렸다. 실제로 전지전능한 신(구글)과 그의 사촌(아마존)이 소비자에게 어리석게 듀라셀 배터리를 살 게 아니라 아마존 브랜드의 배터리(인터넷 전체 배터리 판매량의 3분의 1을 차지)를 사라고 말하면서 소비자들은 예전과 달리 감정에 덜 휘둘리고 있다. 세계 최대 소비재 부문인 생활소비재CPG는 심장에서 구매로 이어지는 관계를 토대로 한다. 한데 2015년 생활소비재 브랜드의 90퍼센트가 시장점유율이 줄어들었고 약 3분의 2가 매출이 감소했다.

소규모 브랜드는 어찌해야 할까? 죽거나 아니면 덜 이성적인 신체 기관이 있는 아래쪽으로 내려가야 한다.

참을 수 없는 욕망,
성기

심장에 호소하는 것이 어려워지면서 생식기에 호소하는 브랜드가 점점 더 번성하고 있다. 이 기관은 욕망과 참을 수 없는 생식 본능을 충동질한다. 생존을 확보한 상태인 인간의 귀에 섹스보다 더 크게 들리는 소리는 없다. 마케팅 담당자들에게는 다행스럽게도 섹스와 짝짓기 의식은 위험이나 지출을 경고하는 뇌의 지시를 압도한다. 열여섯 살 청소년이나 쉰 살 중년 중 아무나 붙잡고 스포츠카를 사라고 말한 다음 그들의 반응을 살펴보라.

마음이 온통 짝짓기에 사로잡혀 있을 때 우리는 이성적인 뇌의 소음을 차단할 장치를 찾는다. 그래서 술을 마시거나 마약을 한다. 여기에다 불빛은 뇌의 도구로 쓰이므로 조명등의 밝기를 낮추고 음악을 튼다. 섹스를 포함해 가벼운 성적 만남을 즐긴 남녀를 대상으로 한 어떤 연구 결과를 보면 이들 중 71퍼센트가 당시 술에 취해 있었다.[7] 이들은 의도적으로 화학 성분에 의존해 뇌의 스위치를 내리고 강제로 '부주의한 상태'를 조장했다.[8] 다음 날 아침 "내가 도대체 무슨 생각으로 그렇게 행동했을까?" 하고 의아해하지만 사실 전날 밤에는 아무 생각도 하지 않았다. 술에 취한 사람치고 칵테일 바에서 스마트폰을 꺼내 고급 보드카나 소다수의 가격을 비교하는 사람은 거의 없다. 평소 멀쩡한 정신으로 네스프레소 커피메이커를 살 때 이것저것 꼼꼼하게 따지던 모습은 온데간데없이 사라지고 만다.

술에 취하면 우리는 이성을 잃고 너그러워진다. 술기운과 젊은 혈기가 한데 합쳐질 경우 우리는 호르몬과 욕망의 늪에서 허우적거린다. 그럴 때 다른 생각은 하지 않고 오로지 현재만 생각한다. 사치품 브랜드들은 이 사실을 수백 년 전부터 알고 있었다. 그래서 그들은 인지(뇌)와 사랑(심장)을 우회해 섹스는 물론 그보다 폭넓고 즐거움으로 가득한 짝짓기 의식의 생태계와 사업을 연결한다. 동굴 생활을 하던 시절부터 남자는 자신의 씨를 지구의 구석구석에까지 퍼뜨리려는 충동에 사로잡혀 있었다. 이에 따라 남자는 부와 권력을 뽐내며 여자에게(어떤 경우에는 다른 남자에게) 원하는 것을 뭐든 주겠다고, 자신과 함께 있으면 생존 가능성이 더 높아진다고 신호를 보내려 애썼다. 가령 당신이 파네라이 시계를 손목에 차고 있다고 치자. 이 시계는 어떤 여자든 당신과 짝을 이루면 둘 사이에 태어나는 후손은 그녀가 스와치 시계를 찬 남자와 짝을 이뤘을 때 태어난 후손보다 더 생존 가능성이 높다는 신호를 보낸다.

이에 비해 여자는 가급적 자기 주변에 구혼자가 많이 꼬이도록 매력을 발산하는 쪽으로 진화했다. 그래야 가장 전망이 밝은(즉, 가장 힘이 세고 가장 빨리 달리고 가장 똑똑한) 짝을 선택할 수 있기 때문이다. 이러한 목적 아래 여자는 착용감이 편안하고 좋은 20달러짜리 평평한 신발보다 인체공학적으로 볼 때 도저히 신을 수 없을 것 같고 가격도 무려 1,085달러나 되는 크리스찬 루부탱 플랫폼 신발을 신으려 한다.

이것도 의사결정이라면 이는 소비자와 상품 제공자를 일종의 공생관계로 만든다. 이 경우 소비자의 지출은 더 늘어나는데 그 이유는 소비행동 자체가 취향, 재산, 특권, 욕망을 전달하기 때문이다. 당연한 얘기지만 기업은 거꾸로 소비자에게 그 소통 도구를 제공함으로써 그러한 제안에 헌신한다. 기업은 자사 제품이 짝짓기 브랜드로 기능하면(이때 시장은 수컷 공작이 암컷 공작을 유혹할 때 활짝 펼치는 깃털에 해당하는 것을 판다) 더 높은 이윤과 수익이 뒤따른다는 것을 알기에 소비자의 뇌를 혼란에 빠뜨리고 심장이 질투심에 불타도록 만든다. 크리스찬 디올이든 루이비통이든 티파니든 테슬라든 사치품은 비이성적이며 그렇기에 사치품 사업은 세계 최대 산업으로 자리 잡았다. 2016년 기준으로 화장품 회사 에스티로더의 기업 가치는 세계 최대 통신사 WPP보다 더 높다.[9] 까르띠에와 반 클리프 앤 아펠 등을 소유한 리치몬트의 기업 가치는 영국의 통신업체 티모바일보다 더 높다.[10] 또 루이비통 모에 헤네시의 기업 가치는 미국의 투자은행 겸 증권 회사인 골드만삭스보다 더 높다.[11]

거인기업들과 신체기관

뇌와 심장과 생식기라는 신체기관은 네 개의 거인기업이 거둔 비범한 성공과 직접적으로 연결된다. 먼저 구글을 보자. 구글은 어마어마한 양의 전 세계 정보에 접근해 뇌에 말하고 뇌를 보조하며 인간의 장기기억을 거의 무한대 수준으로 확장한다. 더 중요한 사실은 구글이 우리 뇌의 복잡하고도 단일한 검색'엔진'(뇌 신경단위의 수상돌기 속에서 놀라운 속도로 지름길을 찾아가는 뇌의 능력도)을 대체한다는 점이다. 구글은 이 생리적 능력에 초고속 처리 능력뿐 아니라 올바른 서버에서 우리가 원하는 정확한 정보 조각을 찾고자 전 세계를 내달리는 고속 광대역 네트워킹까지 추가한다. 물론 인간도 똑같은 것을 할 수 있다. 그렇지만 동일한 결과를 얻으려면 여러 주가 걸리고 곰팡내 나는 도서관을 수없이 들락거려야 한다. 구글은 이 모든 것을 1초도 걸리지 않고 해내며 그 검색 결과와 연관이 있는 어떤 모호한 사실을 더 찾아보라고도 권한다. 그 결과를 놓고도 또다시 모호한 사실을 더 찾아보라고 권하는 과정이 끝없이 이어진다. 그러면서 절대 지치는 법이 없고 시차 적응에 애를 먹지도 않는다. 구글은 우리가 원하는 모든 것을 찾아주며 우리가 관심을 보일 만한 다른 수십만 개도 찾아서 보여준다.

무엇보다 중요한 것은 우리가 구글 검색 결과를 **신뢰**한다는 사실이다. 심지어 우리는 가끔씩 끊어지는 자신의 기억보다 구글의 검색 결과를 더 신뢰한다. 우리는 구글의 알고리즘이 어떻게 작동하는지 알지도 못하면서 자기 직업과 목숨까지 검색 결과에 걸 정도로 구글을 신뢰한다.

구글은 우리가 공유하는 인공두뇌의 신경 중심으로 자리 잡았다. 월마트와 아마존이 각각 오프라인과 온라인의 소매유통업을 지배하듯 구글은 지식 산업을 지배한다. 설령 구글이 우리의 주머니를 탈탈 털지라도 푼돈에 불과하므로 구글 때문에 우리가 재정적으로 큰 낭패를 볼 일은 없다. 구글은 사치품 브랜드의 반대 지점에 서 있다. 부자든 가난뱅이든 천재든 멍청이든 누구나 모든 곳에서 구글을 사용할 수 있다. 우리는 구글이 얼마나 덩치가 커졌고 또 얼마나 우리를 지배하는지 상관하지 않는다. 왜냐하면 우리가 경험하는 구글은 작고 친숙하고 개인적인 존재이기 때문이다. 구글이 우리에게 긁어간 푼돈으로 수백억 달러의 매출을 올리고 시가총액이 수조 달러를 기록해도, 구글이 우리의 질문에 대답해주고 우리의 뇌가 좀 더 똑똑해 보이도록 만들어주는 한 우리가 마음 상할 일은 없다. 구글은 역사상 다른 어떤 조직이나 기관보다 신속하게 더 적은 돈을 받고 소비자에게 최고의 대답을 해준다. 뇌는 구글을 사랑하지 않을 수 없다.

구글이 뇌를 대변한다면 아마존은 소유욕 넘치는 우리의 손가락(더 많은 것을 획득하려 하는 우리의 수렵-채집 본능)과 뇌 사이의 연결점 역할을 한다. 인류 역사가 막 시작될 무렵 더 나은 도구의 등장은 삶의 질이 보다 나아지고 수명도 길어진다는 뜻이었다. 역사적으로 우리는 더 많은 것을 소유할 때 보다 안전하고 성공했다고 느꼈다. 즉, 적으로부터 더 안전하고 친구나 이웃사람보다 더 우월하다고 생각했다. 누가 더 많은 것을 요구할 수 있을까? 사람들은 스타벅스의 성공을 단순히 '중독자들에게 카페인을 공급하는 일'로 의미를 축소한다. 하지만 그 카페인이 마약에 버금가는 중독성을 가진 행위인 쇼핑을 절제시켜주는 금연패치로 작동한다면 얘기가 달라진다.

페이스북은 우리의 심장에 호소한다. 그렇다고 표백제 브랜드 타이드처럼 모성 본능을 자극하는 것이 아니라 우리를 친구나 가족과 연결해주는 방식이다. 페이스북은 우리의 행동 관련 데이터와 구글처럼 거대한 기업을 지탱해주는 광고 수익을 하나로 묶는 전 세계적 연결조직이다. 단, 페이스북은 구글과 달리 오로지 감정에만 호소한다. 인간은 사회적 동물로 혼자서는 살 수 없다. 가족이나 친구와 분리되면 우울증을 비롯한 정신적 질병에 걸릴 확률이 높고 수명도 짧아진다는 것은 이미 여러 연구조사가 밝혀낸 사실이다.

페이스북의 천재성은 사람들이 자신의 정체성을 수립할 또 하나의 공간을 인터넷상에 마련해준 점뿐 아니라, 그 정체성을 풍부하게 만들고 자신이 어울리는 집단에 손을 뻗어 닿도록 **여러 도구**를 제공한다는 점에 있다. 사람은 구성원의 수가 유한한 특정 규모의 여러 집단 속에 동시에 존재한다. 그 구성원 규모는 로마군단 크기부터 중세의 어떤 마을 인구, 오늘날 페이스북 친구 숫자에 이르기까지 다양하게 나타난다. 이들 숫자에는 인간적인 원천이 있다. 우리에게는 통상 짝이나 배우자가 한 명씩 있고(2명) 가까운 친구, 가령 내가 몸을 움직여 무언가를 할 때 도와줄 사람들이 있다(6명). 또 함께 팀을 이뤄 효율적으로 일할 사람들이 있으며(12명) 얼굴을 보면 누군지 알아볼 정도의 사람들도 있다(1,500명). 페이스북의 보이지 않는 힘은 우리가 그 집단과 맺고 있는 연결성을 심화하는 것을 넘어 보다 강력한 의사소통 도구를 제공해 그 연결성을 더 많은 사람에게로 확장한다는 데 있다. 결국 페이스북은 우리가 누군가에게 받아들여지고 사랑받는다는 느낌과 함께 행복감을 안겨준다.

애플은 애초에 머리, 즉 기술 부문 실행 분야에 초점을 맞춰 출발했다. 애플은 자사의 효율성을 광고 문구에 이렇게 자랑하기도 했다.

"1903년 포드가 많은 기간을 할애해 다룬 문제를 오늘날 당신은 애플로 불과 몇 분 만에 해치울 수 있다."

매킨토시는 사람들이 '다르게 생각하도록' 도왔다. 그러다가 애플은 머리에서 몸통 쪽으로 더 내려가 초점을 잡았다. 애플의 과시적인 사치품 브랜드는 우리의 성적 욕구에 호소한다. 생식 욕구를 자극함으로써 애플은 다른 동료 기업에 비해 터무니없을 정도로 높은 이윤을 거두며 역사상 가장 수익성 높은 기업이 되었다. 내가 게이트웨이의 이사로 있을 때 우리는 겨우 6퍼센트의 이윤밖에 거두지 못했다. 반면 애플 컴퓨터의 마진율은 28퍼센트였다(당시 애플은 지금처럼 썩 강력한 회사가 아니었다). 게이트웨이는 줄곧 뇌에 집중했고(누군가가 게이트웨이를 소유한다고 해서 그 사람이 한층 더 섹시하게 보이지는 않았다는 말이다) 결국 그 분야는 델이 '이성적' 규모의 게임에서 승리를 거두었다. 무인지대에 있었던 게이트웨이는 그야말로 푼돈벌이밖에 하지 못했다. 여러 해 전, 주당 가격이 75달러였던 게이트웨이를 중국의 에이서Acer가 주당 1.85달러에 인수했다.

애플 브랜드 제품을 향한 갈망은 애플을 숭배 대상의 지위로 올려놓았다. 그 숭배자 집단은 애플의 인체공학적 설계와 탁월한 운영체계, 바이러스나 해커에 대한 대비 등의 강점을 보고 애플 제품을 구매한 자신의 선택을 자랑스럽게 여겼다. 그들은 애플 제품 제조자와 마찬가지로 자신을 '천재'나 시대를 꿰뚫어보는 철인哲人, 다시 말해 기존 관념을 깨고 무언가 다르게 생각하면서 세상을 바꾸는 애플 군단의 보병이라 여긴다. 무엇보다 그들은 애플 제품을 구매하면 자신이 **멋있어진다**고 생각한다.

반면 숭배자 집단 바깥에 있는 사람들은 이 현상을 있는 그대로 바라본다. 그저 갈망하던 어떤 것을 구매하는 행동을 합리화하는 것뿐이라고 말이다. 이처럼 안드로이드 사용자는 이성적 자아로 질투심을 누그러뜨린다. 애플 제품을 사는 것은 비이성적이라는 얘기다. 이들에게는 비슷한 제품을 99달러에 살 수 있는데 굳이 749달러나 주고 애플 제품을 사는 건 바보짓이라는 이성적 논리가 작동한다. 이들의 말이 맞을 수도 있다. 이들은 건전한 의사 판단을 내리기 때문에 차세대 아이폰을 사려고 애플 매장에서 줄을 서서 기다리지 않는다.

애플의 마케팅과 판촉 활동이 전통적으로 '섹시'했던 적은 한 번도 없었다. 홍보 메시지는 애플 제품을 구입하면 이성에게 더 매력적으로 보일 것이라는 내용이 아니다. 오히려 위대한 사치품 브랜드가 공통적으로 그렇듯 '성적 경쟁자'보다 당신이 '더' 멋지고 우아하고 빛나고 열정적으로 보일 것이라는 내용이다. 한마디로 당신은 애플 제품을 통해 세속적 삶의 궁극적 풍요로움을 누리며 신에게 더 가까이 다가서는 기분을 느낀다. 적어도 기업계의 예수 그리스도이자 성공의 화신이며 누구와도 견줄 수 없는 천재로 섹시한 괴물인 스티브 잡스에게 더 가까이 다가가는 기분을 느낀다!

기업의 성장과
생물학

네 개의 거인기업은 이미 인체의 핵심 기관을 독점하고 있다. 그러면 남은 것은 무얼까? 만약 거대한 시장 기회가 더는 남아 있지 않다면 당신은 그들과 어떻게 경쟁해야 할까?

뒤의 질문부터 먼저 살펴보자. 현재의 거인기업들은 거대하고 돈이 많고 시장 지배력이 막강해 이들을 직접 공격하는 것은 불가능해 보인다. 어쩌면 그게 사실일지도 모른다. 그렇지만 역사는 직접적인 공격 말고 다른 전략도 있음을 일러준다. 어쨌거나 이 각각의 거인기업도 처음에는 시장을 지배하던 기존의 거인들과 맞붙어야 했고 결국 그 싸움에서 이긴 게 아니던가.

애플을 예로 들어보자. 애플이 처음 시장에 진입할 때 이들 앞에는 여러 개의 거대한 경쟁자가 있었다. 우선 세계 최대 기업 IBM이 전자 업계를 지배했다('IBM 제품을 구매하면 회사에서 해고될 일이 없다'는 말이 있을 정도였다). HP도 IBM만큼이나 덩치가 크고 지금까지 최고로 잘 운영해온 HP 휴대용과 탁상용 계산기 사업을 지배했다. 디지털 이큅먼트 Digital Equipment는 소형 컴퓨터 부문에서 위의 두 회사와 대등하게 경쟁한 끝에 결국 이겼다. 그런데 꾀죄죄한 폰 해커 두 사람이 차고에서 시작한 애플이 어떻게 이들 거인과 경쟁할 수 있었을까?

애플의 경쟁 무기는 두려움을 모르는 투지, 우월한 디자인 그리고 행운이었다. 투지와 디자인은 잘 알고 있겠지만 세 번째 요소인 행운은 낯설지도 모른다. 스티브 잡스는 워즈니악의 탁월한 시스템 구성과 자신의 우아한 디자인 덕분에 애플2가 세계적인 수준의 제품이 될 수 있음을 알아보았다. 문제는 어떤 기업이든 성능이 좀 떨어져도 적당한 컴퓨터를 저렴하게 대규모로 구매할 수 있으면 굳이 잡스의 애플2를 구매할 이유가 없다는 데 있었다.

잡스는 기업고객 쪽은 포기하고 개인고객을 찾아 나섰는데 다행히 그 시장에는 거리낄 게 없었다. 소규모 경쟁자들은 평균적인 사람들을 아예 신뢰하지 않거나 그들이 이해하지도 못하는 하비머신Hobby Machine(취미생활을 위해 특별히 설계한 컴퓨터—옮긴이)에 몰두하고 있었기 때문이다. 여기에다 IBM은 개인용 컴퓨터 부문과 거리를 두고 있었다. 이들은 주력 제품 컴퓨터가 반독점법을 위반했다는 혐의 때문에 싸움을 벌이는 중이었고, 디지털 이큅먼트는 소비자의 개인용 컴퓨터라는 발상을 포기한 상태였다. HP 역시 엔지니어나 전문가가 사용할 컴퓨터에 초점을 맞추기로 결정했다(심지어 워즈니악이 애플을 빌 휴렛에게 제시했음에도 불구하고). 이러한 행운 속에서 잡스와 애플은 창업한 지 3년 만에 개인용 컴퓨터 시장을 장악했다.

한데 흥미롭게도 애플 컴퓨터를 구매한 사람들이 그 컴퓨터를 자기 사무실로 몰래 들고 들어와 작업을 했다. 얼마 지나지 않아 이 거대한 반란은 사무실마다 물결쳤다. 온갖 기업의 직원들이 회사의 IT 부서에서 마련한 보안 규정을 무시하면서까지 사무실에서 애플 컴퓨터를 사용한 것이다. 이것이 바로 '멋진 애플'이라는 이미지의 시작이었다. 사용자들은 자신을 개성이 강한 독립적인 인물이자 기업 내의 게릴라로 느끼기 시작했다. 이들은 경영정보시스템MIS 부서 사람들과 맞서 싸웠다. 결국 IBM이 개인용 컴퓨터를 출시하면서 그나마 남아 있던 개인용 컴퓨터 시장을 일시에 평정한 이유도 여기에 있다. 애플은 거대한 공룡의 발아래에서 종종걸음 치는 작은 포유류 동물처럼 생존했고 결국 승리를 거두었다.

구글도 단순한 홈페이지를 내세워 작고 귀엽고 정직한 척하며(심지어 모든 검색엔진을 깨부순 뒤에도 그랬다) 애플과 똑같이 행동했다. 우리는 구글이 야후를 기반으로 시작했음을 기억해야 한다. 야후는 검색 부문을 구글이라는 작은 회사에 아웃소싱 형태로 맡겼다. 이렇게 시작한 구글은 마침내 야후보다 100배나 더 커졌는데 사실 야후는 그 미래를 미처 알지 못했다.

페이스북은 성범죄자들이 얼씬도 하지 못하는(적어도 그들로 인한 공포를 차단하는) 멋지고 안전한 대안으로 자리를 잡음으로써 기존의 지배 기업이던 마이스페이스를 무너뜨렸다. 페이스북의 뿌리가 아이비리

그 대학교 캠퍼스라는 사실은 페이스북을 한층 더 고급스럽고 안전한 공간으로 느끼게 해주었다. 페이스북이 사용자로 등록할 때 아이비리그 대학생임을 증명하는 닷에듀.edu 이메일 주소를 요구했기 때문이다. 사용자의 정체성 공개를 요구하고 이를 공유하게 하자 예전과 전혀 다른 점잖은 예의가 페이스북에 자리를 잡았다. 트위터에 올라오는 내용은 페이스북에 게시하는 내용에 비해 적대적 반응을 불러일으킬 가능성이 더 크다. 일상생활과 마찬가지로 익명성의 가면 아래 숨으면 쉽게 '미친 개'가 될 수 있으니 말이다.

아마존은 오프라인 서점들을 경쟁자로 묘사하지 않으려고 굉장히 조심했다. 심지어 공개적으로 오프라인 서점들이 훌륭하게 생존하기를 바란다고 말했다. 그들은 거대한 비단구렁이가 작고 귀여운 동물을 한 입에 집어삼킬 때 느낄 법한 측은한 마음을 똑같이 느끼지 않았을까? 아마존은 최종마일 배송 분야에 수십억 달러를 투자할 때도 UPS나 DHL, 페덱스를 대체할 의도는 전혀 없으며 다만 그런 배송업체들을 '보완'할 뿐이라고 말했다. 그렇게 아마존과 제프 베조스는 오프라인 서점들을 도우려는 것뿐이라고 했다.

이러한 전략, 즉 반란, 가짜 겸손, 보안, 단순함과 할인이 오늘날 네 개의 거인기업과 맞서 싸우는 전투에서 통하지 않을 거라고 믿을 이유는 전혀 없다. 거인기업들은 각자 시련 과제를 끌어안고 있다. 다시 말해 최고의 인재를 더 많이 보상해주는 신생기업에 빼앗기고 있고, 오프라인 공장은 점점 노후화하고 있으며, 제국이 너무 커져 구석구석까지 섬세하게 통제하지 못하고 있다. 또 질투하거나 신경을 곤두세우는 정부가 이런저런 조사를 하는 바람에 정신이 산만하다. 여기에다 규모 확장을 위한 일련의 과정 때문에 여러 공정이 예전처럼 빠르게 돌아가지 않고, 관리자들은 훌륭한 의사결정보다 주어진 지침을 고수하는 것이 더 중요하다고 여기고 있다.

베조스는 사업을 시작한 이후 두 번째 날은 결코 존재하지 않는다고 말한다[12](베조스는 "우리는 지구상에서 가장 소비자 중심적Customer-Centric인 회사다. 하지만 우리는 여전히 사업을 시작한 '첫날'Day 1에 불과하다."라고 말했다.─옮긴이). 아마존이 미래의 어느 시점에 길을 잃는 일은 일어나지 않을 것처럼 보이지만 분명 그런 일은 일어날 것이다. 기업은 생물학을 모방하므로 어떤 기업이 언젠가 죽을 확률은 100퍼센트다. 오늘날 시장을 호령하는 네 개의 거인기업도 예외는 아니다. 이들도 언젠가는 죽는다. 문제는 그 '언젠가'가 정확히 언제이고, 누구의 손에 죽는가에 있다.

제8장

T 알고리즘

1조 달러 기업이 되기 위한
필수 스펙

미래의 어느 시점에 자기 영역을 확고히 구축하기에 충분한 시장 지배력을 갖춘 시가총액 1조 달러짜리의 다섯 번째 기사, 즉 제5의 거대기업이 분명 나타날 것이다. 사실 가능성이 더 높은 것은 기존의 네 개 거인기업 중 하나가 다른 기업으로 대체되는 일이다. 혹시 이 엘리트 집단에 진입할 기업이 누구인지 미리 알아볼 수 있을까?

소설가 마크 트웨인은 역사 그 자체는 반복되지 않지만 역사의 흐름은 반복된다고 말했다. 네 개의 거인기업은 공통적으로 다음에 설명할 여덟 개 요소를 갖고 있다. 그것은 제품 차별화, 선견지명이 있는 투자, 세계 시장 진출, 호감을 주는 이미지, 수직적 통합, 인공지능, 최고의 인재 그리고 지정학적 위치다. 이들 요소는 1조 달러짜리 기업이 되는 데 필요한 것을 정리한 규칙인 어떤 알고리즘을 제공한다. 내가 설립한 컨설팅 회사 L2는 'T(trillion) 알고리즘'이라는 용어를 사용해 기업들이 자사 자산을 보다 효율적으로 할당하도록 돕는다.

그럼 지금부터 그 여덟 개 요소를 차례대로 살펴보자.

제품
차별화

소매유통업 부문에서 주주 가치를 창출하는 핵심 요소는 과거와 지금이 다른데, 과거에 그것은 '위치'였다. 사람들이 물건을 사러 먼 곳까지 가기가 쉽지 않았기 때문이다. 위치 다음으로는 '유통'이었다. 철도는 소비자에게 다양한 제품을 대규모로 누릴 기회를 주었고 덕분에 제품 가격이 낮아지면서 사람들이 의존하는 브랜드들이 나타났다.

그다음으로 우리는 '제품' 시대로 넘어갔다. 자동차 산업과 설비 산업에서는 더욱더 그랬다. 이 시대의 주된 동력은 제2차 세계대전을 거치며 축적한 혁신인데 이때 소비자는 보다 좋은 자동차와 식기 세척기, TV, 심지어 더 좋은 옷을 소유했다. 예를 들어 가죽 보머 재킷은 제2차 세계대전 때 등장한 제품이다(미국 공군 조종사들이 처음 입었다.—옮긴이). 장난감 찰흙의 일종인 실리퍼티, 레이더, 전자파, 트랜지스터, 컴퓨터도 마찬가지다.

제품 시대에 이어 '금융' 시대가 열렸다. 이 시기 한 무리의 기업이 자본을 이용해 다른 기업들을 인수하면서 거대 복합기업으로 덩치를 키웠는데 ITT가 대표적이다(통신 회사 ITT가 1960년대와 1970년대에 각 부문에서 인수한 회사는 300개가 넘는다.—옮긴이). 1980년대와 1990년대에 '브랜드' 시대가 열렸고 이제 주주 가치를 창출하는 관건은 신발, 맥주,

비누 같은 평균 생산물을 가지고 야심찬 무형의 어떤 실체를 만드는 것으로 바뀌었다.

앞서 제2장에서 살펴보았듯 우리는 지금 다시 제품 시대로 돌아가 있다. 새로운 기술과 플랫폼 덕분에(페이스북이든 아마존의 사용자 후기든 간에) 소비자는 실제 오프라인 매장에 갈 때 소비하는 시간에 비해 아주 짧은 시간 안에 다양한 상품을 두루 살펴볼 수 있다. 상품을 둘러보는 일이 이보다 더 쉬웠던 적은 없었다. 이에 따라 어떤 브랜드나 명성(평판)을 무조건 믿을 필요도 줄어들었다. 이는 **좋은 제품**이 시장의 진입장벽을 쉽게 뛰어넘을 가능성이 높아졌음을 의미한다(과거에는 아무리 좋은 제품도 마케팅의 뒷받침을 받지 못하면 아무도 거들떠보지 않았다). 더구나 정적이고 비활성 상태로 머물 수도 있던 제품에 디지털적 '두뇌'를 주입하면서 새로운 정보 물결이 흘렀고, 그 속에서 개인은 자신에게 맞춤형으로 특화한 여러 앱을 신속하게 내려받거나 업그레이드할 수 있다. 물론 그 과정에서 원래 가지고 있던 기기를 바꿀 필요도 없다.

당신이 아이패드와 어떤 기본적인 기술을 손에 넣기 전까지 매트리스는 그냥 매트리스일 뿐이다. 하지만 아이패드와 그 기술만 있으면 매트리스에 당신의 '최적 수면 시간'을 입력할 수 있다. 혹은 매트리스 가게라는 축축한 창고형 가게에 가지 않아도 온라인에서 최상의 매트리스를 주문해 배달받을 수 있다. 배달받은 매트리스를 상자에서 꺼냈을 때 동그랗게 말려 있던 매트리스가 가볍게 펼쳐지는 것을 볼 수도 있다.

자동차 엔진을 정비할 때 나는 내 자동차를 카센터로 가져가야 한다. 반면 이웃집 사람은 무선 인터넷을 이용해 테슬라 운영체계로 튠업을 내려받는다. 그러면 엔진이 업그레이드되면서 속도조정기를 제거하라는 지시를 받는다. 이 경우 자동차의 최고속도는 원격으로 시속 225킬로미터에서 시속 240킬로미터로 바뀐다. 혹시 당신은 칩과 와이어리스 세트가 등장하기 전에 유선전화를 발명한 사람이 누구인지 기억이라도 하는가?

상품화한 것처럼 보이는 제품과 서비스를 포함해 세상 거의 모든 제품은 값싼 센서, 값싼 온갖 장치, 인터넷, 네트워크, 디스플레이, 검색엔진, 소셜 네트워크 등이 등장함에 따라 가능해진 새로운 차원과 소비자 가치를 강화해왔다. 오늘날 생산과 배송을 뒷받침하는 대다수 공급망에는 새로운 차별화 수단이 있다. 느닷없이 기술과 보안을 확보한 IP가 추동하는 제품들은 폭탄이나 다름없다.

그렇지만 제품 차별화가 당신이 팔고 있는 어떤 위젯 유형이라고 생각하는 오류에 빠져서는 안 된다. 차별화는 소비자가 제품을 발견하는 곳, 제품 구매 방식, 제품 그 자체, 제품 배송 방식 등에서도 나타난다. 당신의 회사가 제공하는 제품과 서비스의 가치 사슬을 원재료 단계부터 생산, 유통, 사용, 폐기에 이르는 전 과정을 통합 정리한 다음, 신기술을 도입할 때 가치를 추가하거나 불필요한 손실을 제거하는 과정이 있는지 파악해보기 바란다. 그러면 그 가치가 모든 단계에 영향을 준다는 사실을 깨닫는다. 그런 영향을 받지 않는 어떤 단계를 확인했다면 그 지점에서 새로운 사업을 시작할 수도 있다. 아마존은 고객 경험을 최대한 충족시키는 일에 기술과 수십억 달러를 투입하는데, 이 노력이 아마존을 세계에서 가장 가치 높은 기업으로 만들어주고 있다. 아마존이 등장하기 전 소비자는 윌리엄스소노마에서 제품을 구매하고 배송받는 데 일수일이 걸렸고 배송료로 34.95달러가 들었다. 지금은 이틀 만에 받으면서도 배송료가 무료다. 전체 공급망 가운데 가장 밋밋하던 부분이 지금은 기업계 역사에서 가장 뜨겁고 가치 있는 부분으로 떠올랐다.

불편을 덜어낼수록 가치는 높아진다

새로운 아이디어를 구하려고 브레인스토밍을 할 때 기업가는 고객 경험에서 무언가를 덜어내 어떤 고통을 제거할까가 아니라 추가할 가치는 없을까에 초점을 두는 경향이 있다. 그러나 지난 10년 동안 창출한 주주 가치는 대부분 '제거' 과정에서 나왔음을 알아야 한다. 인간은 인간을 행복하게 해주는 것을 거의 다 찾아냈다. 사랑하는 사람과 함께하는 시간, 정신적·물리적 자극, 그 감정을 높여주는 물질, 넷플릭스 같은 것이 그것이다.

인터넷 시대의 경쟁력은 단순히 '더 적은 돈으로 더 많은 물품을'에 있지 않다. 아마존이 이 전략으로 확실한 경쟁력을 확보했으니 그 구호가 완전히 틀린 건 아니다. 그러면 애플은 어떤가? 애플은 언제나 프리미엄 가격 브랜드로 군림해왔다. 비록 애플 제품은 경쟁사 제품보다 좋지만 그렇다고 애플이 책정한 그 높은 가격에 걸맞을 정도로 항상 뛰어나지는 않다. 나는 아마존이 자사 제품에 오프라인 경쟁업체들이 매기는 가격을 매겨도 여전히 시장을 지배할 수 있다고 본다. 근거가 뭘까? 자동차를 운전해 시내의 쇼핑몰로 가서 주차장에 차를 세우고 매장 안까지 1킬로미터쯤 걸어간 다음, 온갖 상품에 압도

당한 뒤 물건을 구매해 다시 자동차를 몰고 집으로 돌아오는 것보다 클릭 몇 번으로 책이나 가구를 사는 게 훨씬 더 쉽기 때문이다. 아마존은 그 모든 저항 요소를 **제거**하고 고객이 자동차로 왕복할 때 드는 기름 값보다 적은 비용으로 주문받은 물품을 고객의 문 앞까지 배송한다.

기술 혁명이 불러온 가치 폭발은 새로운 특성과 기능 추가로 발생한 것처럼 보일지 모르지만, 사실 그것은 일상생활에서 우리를 성가시게 하며 시간을 잡아먹던 것을 제거함으로써 발생한 비율이 훨씬 더 높다.

저항 요소는 도처에 존재한다. 예를 들어 우버는 GPS 시스템과 문자메시지, 온라인 결제라는 도구로 기회를 포착하면서 자동차를 제공할 때 받을 수 있는 고통과 불안을 제거했다. 이제 우버 사용자는 자신이 타고 갈 자동차를 찾을 때 "자동차가 도대체 어딨다는 거야? 젠장!"이라며 투덜거릴 필요가 없고, 도착지에서 주섬주섬 지갑을 꺼내 돈을 지불하는 성가시고 어색한 상황에 놓이지 않아도 된다. 최근에는 저항 요소가 대폭 줄어든 우버 택시에 익숙해진 사람들이 일반 택시를 이용한 뒤 돈을 내지 않고 그냥 내리는 경우가 허다하다.

결론은 이렇다. 돈을 지불하는 과정은 저항 요소고 이것은 점차 사라지고 있다. 호텔 체크아웃이 10년 전에 사라진 것과 마찬가지로 체크인도 10년 내에 과거의 일이 될 것이다. 유럽의 몇몇 호텔에서 손님은 식당에서 식사한 뒤 따로 계산하지 않는다. 식당은 식사한 사람이 누구인지 알고 있으므로 그 사람에게 식사비를 청구한다. '제거의 원리'를 적용할 때, 덜어낼수록 늘어난다는 역설이 성립한다.

네 개의 거인기업은 제각각 탁월한 제품을 보유하고 있다. 구닥다리처럼 들릴지 모르지만 구글에는 탁월한 검색엔진이 있다. 애플의 아이폰은 앞서가는 스마트폰이다. 페이스북 피드의 깔끔함은 네트워크 효과, 새로운 특성의 끊임없는 흐름과 맞물려 페이스북을 한층 더 나은 제품으로 만들어준다. 아마존은 단 한 번의 클릭만으로 이틀 내에(조만간 드론이나 UPS가 소유한 트럭으로 한 시간 안에 가능해질) 물건을 받게 함으로써 소비자의 구매 경험과 구매 관련 기대를 완전히 새롭게 정리했다.

이 모든 것이 손으로 만질 수 있는 구체적인 혁신이자 제품 차별화 요소다. 이것은 날랜 기술 혁신에 기대고 투자자들의 막대한 자본이 투입된 결과로 성취한 일이다. 지금 '제품'은 르네상스를 경험하는 중이고 이는 T 알고리즘의 첫 번째 요소이기도 하다. 만일 어떤 기업에 진정으로 차별화한 제품이 없으면 매력이 점점 떨어져 광고라는 비싼 도구에 의존할 수밖에 없다.

선견지명이 있는 투자

네 개의 거인기업이 공통적으로 갖춘 두 번째 경쟁 요소는 이해하기 쉬운 대담한 전망을 명쾌하게 제시해 **자본을 끌어 모으는 능력**이다. 제2장에서 우리는 선견지명이 있는 투자가 어떻게 아마존의 성장을 이끌었는지 살펴보았는데, 이 점은 나머지 세 개의 거인기업도 마찬가지다.

구글이 내세우는 전망은 '전 세계 정보를 조직하는 것'이다. 이는 단순하고 매력적이며 구글 주식을 매입할 훌륭한 근거이기도 하다. 구글은 역사상 다른 어떤 미디어 회사보다 더 많은 돈을 엔지니어들에게 투자할 수 있다. 덕분에 구글은 자율주행자동차를 포함해 더 많은 '물건'을 설계하는 일이 가능하다.

페이스북의 전망은 '전 세계를 연결하는 것'이다. 그것이 얼마나 중요한지 또 얼마나 놀라운 일인지 생각해보라. 2017년 상반기에 페이스북은 시장 가치로 월마트를 추월했는데, 페이스북의 시가총액은 4,000억 달러가 넘는다.[1] 구글과 비슷하게 페이스북도 많은 돈을 직원에게 베풀고 있다. 관대한 육아휴직, 더 많은 통근차량 배차 그리고 사무실 건물 옥상을 공원화하는 것은 기본이다. 심지어 페이스북은 직원들이 자녀 출산을 나중으로 미루고 인간의 삶에 **실질적으로** 기여하는 활동, 즉 전 세계를 연결하는 일에 전념하도록 난자를 냉동 보관하는 비용까지 대준다.

2016년 추수감사절 주말 아마존은 인터넷 사용자들이 최고의 선물 목록을 검색할 때 무료 검색Organic Search 부문에서 종합 최대 점유율을 기록했다.[2] 아마존은 구글의 가장 큰 고객이다. 검색은 하나의 기술 역량일까? 아마존이 검색 분야에서 위대하다는 것은 말할 필요도 없다. 만약 아마존이 검색엔진 최적화 분야에 수천억 달러를 투자하지 않았다면 아마존의 이 기술은 스틱을 빼앗긴 웨인 그레츠키 Wayne Gretzky(캐나다의 유명한 아이스하키 선수—옮긴이)처럼 되었을 것이다. 여섯 명 가운데 한 명이 구글에서 검색하는데[3] 이는 구글이 세계에서 두 번째로 큰 소매유통 검색창이라는 뜻이다. 이 분야 선두 주자는 아마존으로 아마존에서 물품을 구매하는 사람들 중 55퍼센트가 다른 검색 사이트가 아닌 아마존에서 검색을 시작한다. 가령 크리스마스 때 메이시스 백화점의 쇼윈도를 에베레스트나 K2 크기로 만들면 어떨까? 이것이 바로 가장 빠르게 성장하는 유통 채널인 전자상거래에서 구글과 아마존의 검색 결과가 제시하는 창이다. 누구든 이 거대한 창 안에서 어떤 위치를 구매할 때 구글 검색 결과 목록의 상위에 자리 잡을 수 있다. 예를 들어 어떤 사람이 '스타워즈 액션 피규어'라는 검색어로 검색할 경우 가장 많은 금액으로 입찰한 소매유통업체가 유료 검색 결과 목록의 맨 위에 놓인다. 아마존은 정기적으로 이 1위 자리를 구입하는데 그만큼 돈이 넉넉하기 때문이다. 또한 경쟁자보다 막대한 자본을 보유한 아마존은 다른 어떤 경쟁자도 대적할 수 없는 거대한 규모의 구매도 진행한다. 아마존은 통상적인 것과 다른 규칙을 바탕으로, 또 때론 전혀 다른 종류의 카드로 게임을 하자고 들이민다. 제이시크루의 회장 밀러드 드렉슬러가 지적했듯 "목표를 돈벌이에 두지 않은 어떤 대기업과 경쟁하는 것은 애초부터 승산이 없다."

선견지명이 있는 투자의 힘은 경쟁력을 낳는다. 왜 그럴까? 자기 자산에 끈기 있게 영양을 주고(즉, 자본을 투자하고) 혁신 성취에 보다 많은 자금을 투입하기(즉, 업계의 판 자체를 바꿔놓을 미친 짓을 시도하기) 때문이다. 물론 궁극적으로는 거대한 전망으로 한 걸음씩 다가서는 구체적인 성과를 주주들에게 보여주어야 한다. 그런데 만약 어떤 사람이나 기업이 빛의 속도로 성장하고 시장이 그에게 왕관을 씌워준다면, 거기에 따른 보상은 한껏 부풀려진 가치 평가이자 투자금에서 비롯된 자기충족적 예언("우리가 넘버원이야.")이다. 디지털 시대에 우리가 기대하는 궁극적인 선물은 한편으로는 시장의 상상력을 포착할 스토리텔링 재능을 갖추고, 다른 한편으로는 날마다 그 전망을 향해 조금씩 나아가는 모습을 보여주는 사람들을 자기 주변에 둔 CEO다.

글로벌 시장으로의
진출

           T 알고리즘의 세 번째 요소는 **세계 시장으로 진출하는 능력**이다. 진정 크고 의미 있는 회사가 되려면 지역적 한계를 뛰어넘어 전 세계인이 매력을 느낄 제품을 보유해야 한다. 이는 단순히 더 큰 시장으로 들어가야 한다는 의미가 아니라, 투자자들이 돈을 들고 투자하겠다고 줄을 설 만큼 다양한 시장성을 확보해야 한다는 뜻이다. 특히 경기대응적countercyclical 시장, 즉 전 세계 어느 한 지역에서의 매출 감소를 견뎌낼 시장 전망을 확보해야 한다. 만일 세계 시장으로의 진출을 고려하는 제품이 있다면 중국의 14억이나 미국과 유럽연합의 3억 소비자에 국한하는 것이 아니라 전 세계 70억 소비자를 확보해야 한다는 얘기다.

굳이 세계 시장을 지배하지 않아도 괜찮다. 당신 회사의 제품과 서비스가 확실히 '디지털적'이라 문화적 마찰이라는 통상적 원리를 적용받지 않는다는 사실만 분명하면 된다. 우버가 미국 이외의 다른 나라에서 거둔 매출 성장은 이 기업의 가치에 이른바 '추격자 효과'Chaser Effect를 일으켰고, 미국 외의 국가에서 벌어들인 그 최초의 1달러는

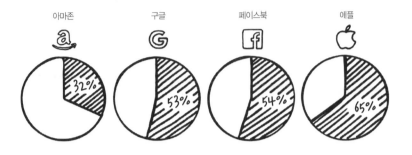

전체 수익 중 미국 이외의 지역 수익이 차지하는 비율(2016년)

아마존   구글   페이스북   애플
32%   53%   54%   65%

우버의 가치를 수십억 달러로 높여주었다. 어떤 기업이 거인기업이 되고자 한다면 그 기업 제품은 먼저 여권부터 마련해야 한다. 그런 다음 대여섯 살이 되면 유치원에 다녀야 한다. 네 개의 거인기업도 처음 출발할 때 그랬을까? 구글은 예외였다. 그렇지만 지금은 네 개의 거인기업이 이미 존재하는 까닭에 그때와는 게임 규칙이 다르다.

현재 애플은 세계 시장으로 진출한다는 것이 무슨 뜻인지 잘 보여주고 있다. 한마디로 애플 브랜드는 전 세계에서 폭넓게 받아들여지고 있다. 구글도 성숙한 시장에서 강한 힘을 발휘하고 있으나 중국은 그렇지 않다. 페이스북 전체 사용자의 3분의 2는 미국 이외의 나라에 거주하는데[4](전체 수익의 절반은 미국에서 발생한다)[5] 사용자 측면에서 보자면 페이스북의 가장 큰 시장은 아시아다.[6] 아시아가 강력한 성장 기회를 제공하기 때문이다. 아마존은 미국보다 유럽에서 더 빠르게 성장하고 있으며[7] 아시아에서는 아직 크다고 할 수 없지만 세계적인 기업임은 분명하다.

호감을 주는
이미지

상거래 세계는 규제를 받는다. 정부와 민간 감시단체, 미디어는 기업 성장에 커다란 영향을 준다. 만약 어떤 기업의 이미지가 좋으면 다시 말해 나라·시민·직원·제품 공급망 안의 여러 협력업체를 잘 대하는 선량한 시민으로 받아들여지면, 이 기업은 일단 자사를 향한 나쁜 평판을 막아주는 장벽 하나를 세운 셈이다. 미국 반도체 회사 어플라이드 머티리얼즈Applied Materials를 위해 이런 장벽을 세우는 일을 했던 실리콘밸리의 마케팅 전문가 톰 헤이스Tom Hayes는 이렇게 말했다.

"자사와 관련된 뉴스가 부정적일 때 경영진은 공통적으로 자사가 원래 좋은 회사인데 어쩌다 나쁜 일을 당한 것처럼 세상이 인지해주길 바란다."

이미지는 매우 중요하다. **사람들이 인식하는 기업 이미지는 곧 그 기업의 실체가 된다.** 따라서 호감을 얻고 심지어 귀엽다는 인상을 주는 것이 좋은데, 바로 이 점이 T 알고리즘의 네 번째 요소다.

마이크로소프트의 창업자 빌 게이츠와 이 회사의 전 CEO 스티브 발머Steve Ballmer는 호감이나 귀여움과는 거리가 먼 사람들이었다. 오히려 두 사람이 어떤 방에서 한동안 머물다 밖으로 나가는 순간 그 방이 밝아지는 느낌이 들 정도였다. 그래서 마이크로소프트가 상당 수준의 영향력을 행사할 만큼 성장했을 때, 주지사나 의원이 되고 싶어 한 유럽 전역의 지방검사와 감독자는 선거에서 당선되는 가장 쉬운 길이 '레드먼드의 마법사들'(마이크로소프트의 본사는 워싱턴 주 레드먼드에 있다.—옮긴이)의 뒤를 캐는 것이라는 결론을 내렸다. 어떤 기업의 호감도가 낮을수록 반독점이든 사생활 침해든 당국의 규제 관련 개입이 빨라진다. 그 기업에 관한 문제를 비이성적으로 채택하거나 적용해 제기하기 때문이다. 보통 이 과정이 심사숙고한 끝에 이뤄지고 법률을 근거로 형평성에 맞게 진행될 거라고 생각하지만 이는 환상일 뿐이다. 법은 결과를 놓고 판단할 뿐이며 어떤 기업을 법정으로 끌어내는 움직임이나 상황은 지극히 주관적이다. 그리고 이 의견과 여론은 주로 그 기업이 쌓아올린 호불호의 이미지로 형성된다.

기억할지 모르겠지만 인텔과 마이크로소프트가 반독점 규정을 위반했다는 혐의로 연방정부 당국으로부터 동시에 조사받은 적이 있다. 인텔의 CEO 앤드루 그로브Andrew Grove는 미국 기업사에 보기 드문 훌륭한 인물이었다. 당시 그는 연방정부에 "내 탓이오."라며 모든 것을 증권거래위원회의 처분에 맡겼다. 그 후 그는 용서를 받았다. 이에 비해 훨씬 덜 위협적인 인물이던 빌 게이츠는 연방정부와 맞서 싸우기로 했고 결국 10년 뒤 도덕성에 흠집이 난 인물로 비춰졌다.

구글은 마이크로소프트보다 훨씬 더 호감도가 높다. 세르게이 브린과 래리 페이지도 빌 게이츠와 스티브 잡스보다 호감도가 높다. 특히 세르게이 브린은 이민자에다 호남형이고 살아온 이력이 멋지다. 당시 구글의 부사장이던 마리사 메이어는 위스콘신 출신의 매력적인 여성 엔지니어로《보그》표지를 장식하기도 했다. 신문사들을 죽음의 계곡으로 몰아넣은 일 때문에 상원 청문회에 출석했을 때, 구글은 근엄한 상원의원들에게 매 맞을 인물로 메이어를 보냈다. 그녀는 "구글이 신문사들을 다 죽이려 들면 국가의 제4부인 언론이 어떻게 견뎌

내겠는가?"라는 질문을 받고 이렇게 대답했다.

"그렇게 판단하기에는 아직 이릅니다."[8]

아직 이르다고? 그랬다. 신문사들의 사사분기가 끝나려면 아직 시간이 남아 있다며 지금은 심판이 '2분 경고'(미식축구에서 전반전과 후반전에 각각 2분이 남았을 때 심판이 양 팀에게 하는 통지—옮긴이)를 했을 뿐이라고 했다. 은발의 상원의원들은 그녀가 하는 말을 흐뭇하게 즐겼다.

보험설계사로 일하다가 하원의원이 된 어느 의원이(하원의원이 되기에 가장 유리한 직업이 보험설계사라고 한다)[9] 손을 번쩍 들고 자리에서 일어나 "나는 이해하지 못하겠습니다. 나는 애플을 좋아하지 않습니다."라고 말할 수 있을까? 애플은 미국 기업사에서 가장 규모가 큰 탈세 기업이다.[10] 그렇지만 애플은 최신 유행을 선도하고 있고 모든 사람이 이 '멋진 녀석'과 친구가 되고 싶어 한다. 아마존의 경우도 마찬가지다. 전자상거래는 최신 트렌드로 구닥다리 소매유통업에 비해 훨씬 깔끔하고 멋지다. 2017년 3월 아마존은 모든 주에서 판매세를 납부하기로 결정했다.[11] 이로써 아마존은 2014년까지 겨우 다섯 개 주에서만 판매세를 납부한 월마트보다 훨씬 더 가치가 높아졌다. 정부 지원금 혜택은 10억 달러를 넘어섰다. 과연 아마존에 10억 달러의 정부 지원금이 필요할까? 아마존은 일부러 손익을 조정하면서까지 손익 균형을 맞춰 지금까지 5,000억 달러짜리의 튼튼한 회사를 만들어 왔다. 법인소득세를 거의 내지 않고 말이다.

페이스북도 그렇다. 누구도 페이스북과 등진 사람으로 비춰지기를 바라지 않는다. 늙은 CEO들은 마크 저커버그처럼 후드티를 입고 연단에 오르고 싶어 한다. 저커버그에게 매력이 없다거나 그가 달변가가 아니라는 점은 전혀 문제가 되지 않는다. 그는 젊음을 대표하는 스키니 청바지 같은 존재다. 페이스북을 하는 회사는 모두 실제보다 더 젊어 보인다. 페이스북의 최고운영책임자 셰릴 샌드버그Sheryl Sandberg 역시 페이스북이 성공의 길을 걸어오는 데 핵심적인 역할을 했다. 그녀가 대중에게 엄청난 호감을 받는 것은 성공한 현대 여성의 전형적인 인물로 비춰지기 때문이다. 그녀는 이렇게 말했다.

"자, 모두들! 적극 달려봅시다!Hey everybody! Lean in!"(Lean in은 모터사이클 경주에서 코너를 돌 때 최소 반경으로 빨리 돌려고 트랙 안쪽을 향해 자세를 기울이는 것을 뜻한다.—옮긴이)

페이스북도 마이크로소프트가 받은 정도의 호된 조사는 받지 않았다. 그 이유는 간단하다. 마이크로소프트보다 호감도가 높기 때문이다. 최근 페이스북은 자사는 "미디어 회사가 아니고 일개 플랫폼일 뿐"이라며 가짜 뉴스와 관련된 책임을 지지 않으려는 시도를 하고 있다. 사실 페이스북은 언론과 표현의 자유 뒤에 숨어 유례없는 규모로 진실에 대해 과실치사 행위를 저질러왔을지도 모른다.

여하튼 매력을 갖추는 것은 좋은 일이다.

고객 경험의
수직적 통합

T 알고리즘의 다섯 번째 요소는 수직 통합으로 **구매 시점의 고객 경험을 통제하는 능력**이다.

네 개의 거인기업 모두 배송 업무를 자사 통제 아래에 두고 있다.

이들은 아웃소싱으로 제품 공급자를 찾고 제품을 상품화해 유통하며 그 제품을 지원한다. 리바이스는 1995년부터 2005년까지 기업 가치가 70억 달러에서 40억 달러로 뚝 떨어졌는데 이는 자사 배송망이 없어서다. JC페니 매장을 걸을 때 리바이스 청바지가 무더기로 쌓여 있는 모습을 보는 건 썩 유쾌하지 않다. 까르띠에는 고객이 매장에서 보다 긍정적인 경험을 하도록 하는 데 크게 투자해 롤렉스를 따라잡거나 추월했다. 어디에서 어떻게 시계를 사는지는 어떤 테니스 선수가 그 시계를 차고 있는지 만큼이나(어쩌면 그보다 더) 중요하다는 사실은 이미 밝혀졌다.

구매 이전 과정(광고)의 투자수익률은 꾸준히 줄어들고 있다. 성공한 브랜드들이 직영 매장을 개설하거나 쇼퍼 마케팅Shopper Marketing(실제 구매자인 쇼퍼들이 더 많이 구매하고 더 자주 상점을 방문하게 하는 마케팅 활동—옮긴이)에 전향적 태도를 보이는 이유가 여기에 있다. 나는 조만간 P&G가 채소 소매유통 부문을 인수할 것이라고 생각하는데, 그 이유는 점점 배송 분야를 확대하는 아마존이 비록 P&G를 친구처럼 대하지만 사실은 적이기에 아마존에 대한 의존에서 벗어나야 하기 때문이다.

구글은 제품 구매 시점을 통제한다. 2000년 구글이 어찌나 빠르게 성장했던지 당시 최대 검색엔진인 야후가 구글 검색엔진을 야후 홈페이지에 제공하는 권리를 사들였을 정도다. 물론 지금은 그렇지 않다. 페이스북도 수직 통합을 이뤘고 아마존도 마찬가지다. 이들은 모두 자사 제품을 생산하지 않는다. 그러나 두 기업 모두 아웃소싱과 생산을 제외한 나머지 사용자 경험 전체 과정을 직접 통제한다. 사람들은 애플이 이룬 최대 혁신을 아이폰이라고 생각하지만, 사실 애플을 1조 달러짜리 기업으로 나아가는 여정에 안정적으로 올려놓은 것은 배송과 브랜드 통제권을 장악해 소매유통업으로 진출한 천재적인 행보였다. 당시만 해도 이 결정은 허황된 일로 보였다.

시가총액 5,000억 달러짜리 기업으로 성장하려면 수직 통합을 이뤄야 한다. 한데 이것을 실제 행동으로 옮기는 것은 굉장히 어렵다. 대다수 브랜드가 다른 업체의 힘을 빌려 배송 업무를 수행하는데, 이는 배송망 구축에 많은 비용이 들기 때문이다. 만일 당신 회사가 의류·잡화 브랜드 레베카 밍코프Rebecca Minkoff라면 전 세계 10개국 이상에 독자적 직영 매장을 두지는 않을 것이다. 그렇게까지 할 만한 자본이 없어서다. 당신 회사는 어쩔 수 없이 메이시스나 노드스트롬 안에 매장을 두고 상품을 판매할 수밖에 없다. 나이키 역시 독자적인 직영 매장을 세우기보다 풋 로커Foot Locker(미국의 스포츠웨어와 신발 유통업체—옮긴이)를 통해 제품을 팔 확률이 높다.

이와 달리 네 개의 거인기업은 수직 통합적이다. 자사 제품을 소비자에게 전달하는 과정의 중요한 부분을 통제하지 않고도 꾸준히 성장을 유지한 브랜드는 별로 없다. 삼성이 앞으로도 계속 AT&T와 버라이즌Verizon, 베스트바이Best Buy의 매장에 의존하는 한 거인기업이라는 멋진 지위로 결코 올라서지 못할 것이다. 15년 전 당신이 애플 컴퓨터를 수리하러 어디로 갔는지 기억하는가? 그 수리점에는 여자와 단 한 번도 키스해본 적 없어 보이지만 판타지 모험 게임만큼은 프로처럼 잘할 것 같은 어떤 남자가 온갖 컴퓨터 부품이 수북이 쌓인 카운터에 서 있고, 그 남자 곁에는 《맥월드》Macworld(애플 제품과 소프트웨어를 취급하는 월간지—옮긴이)가 잔뜩 있었다.

변화 양상을 알아차린 애플은 제품에 생명을 불어넣는 공간을 마련했고, 기술자들에게 '천재'라는 직함을 붙여 그 공간에 배치했다. 오늘날 애플 제품의 특별함과 우아함을 강화해주는 애플 매장은 의도적으로 아름답게 꾸며져 있다. 이 매장은 애플과 애플 제품을 사는 사람들이 '무언가를 성공으로 이끌었다'고 인식하게 만든다.

인공지능의
활용

T 알고리즘의 여섯 번째 요소는 기업이 **데이터에 접근하는 것과 이를 위한 도구**다. 1조 달러의 가치가 있는 기업은 인간이 입력한 것으로 학습하고 데이터(산출물의 품질 개선을 위해 알고리즘에 투입할 수 있는 엄청난 양의 데이터)를 알고리즘적으로 등록하는 기술을 갖춰야 한다. 이 기술은 100만분의 1초 만에 고객의 특성과 즉각적인 필요에 대응하도록 제품을 맞춤형으로 조정할 뿐 아니라, 사용자가 해당 플랫폼에 로그인할 때마다 현재 그 플랫폼을 사용하거나 나중에 사용할 고객을 위해 제품의 성능을 조금씩 개선하는 수학적 최적화mathematical optimization를 이룬다.

마케팅 시대는 잠재고객을 어떻게 표적으로 삼는가에 따라 크게 세 시대로 나눌 수 있다. 첫 번째 시대는 '인구통계학적 표적설정'Demographic Targeting이 특징이다. 가령 도시에 사는 마흔다섯 살 백인 남성은 이론적으로 거의 비슷하게 행동하고 냄새를 맡고 소리를 내므로 이들은 모두 동일한 제품을 좋아할 거라 가정하고 마케팅 전략을 편다. 광고 매체를 구매할 때는 대개 이런 전략을 토대로 한다.

그다음으로 상당히 긴 시간 동안 이어진 시대의 전략은 '사회적 표적설정'Social Targeting이다. 예를 들어 페이스북은 만일 두 집단이 인구 통계학적 특성과 상관없이 페이스북에 올라온 동일한 브랜드에 '좋아요'를 누를 경우, 두 집단은 비슷하다고 봐야 하며 이 기준으로 소비자를 집단별로 나눠 표적을 설정해야 한다면서 광고업자들을 설득한다. 이것은 완전히 엉터리로 밝혀졌다. 사람들은 페이스북의 브랜드 페이지에서 무조건 '좋아요'를 누르는 경향이 있기 때문이다. 즉, 어떤 브랜드 페이지에서 '좋아요'를 눌렀다고 모두 동일한 제품이나 서비스에 열광하는 것은 아니라는 말이다. 사회적 표적화를 토대로 한 전략은 완전히 실패했다.

뒤이어 나타난 새로운 마케팅이 '행동적 표적설정'Behavioral Targeting이다. 이것은 제대로 먹히고 있다. 어떤 사람의 현재 행동만큼 그 사람의 미래 구매를 잘 예측하게 해주는 지표는 없다. 만일 내가 티파니 웹사이트에서 약혼반지를 검색하고 또 특정 매장에서 그런 반지를 하나 구매하겠다고 약속했다면, 나는 머지않은 시점에 결혼할 가능성이 높다. 만일 내가 아우디 사이트에 들어가 이것저것 살피며 오랜 시간 머문다면 이것은 내가 지금 3~4만 달러짜리 럭셔리 세단 자동차를 사려 한다는 뜻이다.

인공지능 덕분에 우리는 과거에 상상도 하지 못한 수준과 규모로 사람들의 행동을 추적할 수 있다. 내가 아우디 사이트에 들락거린 뒤 내게 아우디 광고가 부쩍 많이 날아들기 시작한 것은 절대 우연이 아니다. 행동을 특정 정체성과 연결하는 능력을 두고 지금 미디어들 사이에 소리 없는 전쟁이 벌어지고 있다. 물론 아직도 갈 길이 멀다. 이 글을 쓰던 기간에 나는 뮌헨에서 엄청나게 유쾌한 'DLD 컨퍼런스'에 참석해 강연을 했다. '디지털 삶의 설계'라는 의미의 DLD_{Digital Life Design}는 일종의 히피 버전 다보스 포럼으로, 혁신이라는 종교의 추종자들이 현대판 사도들(우버의 공동창업자 트레비스 캘러닉Travis Kalanick, 넷플릭스의 공동창업자 리드 헤이스팅스Reed Hastings, 페이스북의 마크 저커버그, 알파벳 회장 에릭 슈미트 등)의 발 앞에 무릎을 꿇기 위해 뮌헨으로 순례여행을 와서 벌이는 행사다. 물론 나는 방금 언급한 위인들과는 경쟁 상대가 되지 않는다. 이때 내가 청중을 더 많이 모으고 내 DLD 강연 유튜브 동영상의 조회수를 높이기 위해 어떤 전략을 채택했을까? 가발을 쓰고 춤을 추는 것이었다. 농담이 아니라 진짜로 나는 그렇게 했다. 한마디로 나는 공정한 방식으로 게임에 임하지 않았다. 공정하지 않게 임하는 것은 모든 좋은 전략의 기본이다.

요컨대 내 경영 전략 메시지는 "어렵긴 하지만 당신이 정말 잘할 수 있는 것은 무엇인가?"라는 질문으로 압축된다.

나는 무언가를 주장할 때 분명하게 말한다. 가령 애플은 세계 최대 탈세 기업임을 강조한다. 애플이 그처럼 탈세할 수 있는 이유는 입법자들이 애플을 캠퍼스에서 가장 인기 있는 예쁜 여학생처럼 대하기 때문이다. 그들은 그녀가 자신에게 조금이라도 관심을 보이면 황홀경을 헤매면서 기꺼이 부적절한 관계 속으로 걸어들어간다. 또한 나는 우버가 사회에 끔찍하게 해로운 어떤 사업 윤리를 선동한다고 말한다. 우버에서 일하는 160만 명의 운전기사는 임금이 뚝 떨어지고 근로조건이 점점 나빠지는 상황이지만, 4,000명의 우버 직원과 투자자들은 800억 달러를(혹은 그 이상을) 즐거운 마음으로 나눈다. 우리는 지금까지 수십만 개의 중산층 일자리를 창출하는 기업을 찬양해왔다. 그러나 지금 우리가 영웅이라 찬양하는 기업들은 수십 명에 불과한 영주와 수십만 명의 농노를 동시에 만들어내고 있다.

DLD 컨퍼런스 같은 자리에 참석하는 CEO들은 이런 내 주장에 대응할 수 없다. 그랬다가는 시장이 내 주장에 오히려 더 귀를 기울일 테고 그러면 파급 효과가 엄청나게 커질 것이기 때문이다. 그들은 어쩌다 실수로 미공개 중요 정보를 발설이라도 했다가는 실제로 심각한 법률적 문제에 발목이 잡힐 수도 있다. 그래서 내 연설은 자유롭게 이뤄지는 반면 그들의 연설 원고는 세심하게 재검토해 투자자 관리 부서에서 배포한 보도자료에 나와 있지 않은 의미 있는 것은 걸러낸다. 사람들이 내 강연을 들으러 모이는 이유가 여기에 있다. 내가 자유롭게 진실을 말하기 때문이다(솔직히 나는 늘 틀린다. 방금 한 말도 수정해야겠다). 적어도 나는 진실을 추구하기 때문이다.

그 CEO들은 내 강연을 들으며 미소를 짓는다. 그것은 포커판에서 여러 장의 에이스를 쥐고 있는 사람이 짓는 미소다. 그 에이스 각각은 바로 데이터다. 지난 10년 동안 세계적인 기업들은 모두 데이터에 관한 한 수집, 분석, 사용 측면에서 내로라하는 전문가가 되었다. 빅데이터와 인공지능이 휘두르는 막강한 힘은 표본과 통계의 종말이 가까워졌음을 뜻한다. 지금은 전 세계 모든 매장에서 전체 고객의 쇼핑 양상을 실시간으로 확인해 할인가격 책정, 재고 변화, 매장의 상품 배치 등에 즉각 대응할 수 있다. 그것도 하루 24시간, 365일 내내 말이다. 심지어 1초 간격으로 자동 대응하는 기술을 구축할 수도 있다. 내가 즐겨 사용하는 인공지능 기능은 넷플릭스의 드라마 자동 이어보기인데 지금 이것을 다른 플랫폼들이 그대로 모방하고 있다.

이제 고객(아니, 인간의 특성 그 자체) 이해 수준이 과거에는 상상도 할 수 없던 수준으로 높아졌다. 인공지능은 규모가 더 작고 지역적인 기업에 본질적 특성상 타의 추종을 불허하는 경쟁우위를 제공한다. 네 개의 거인기업은 인공지능의 힘을 빌려 이미 마법사가 되었다.

데이터 관련 능력과 제품을 실시간으로 업데이트하는 기술은 앞으로 나타날 제5의 거인기업이 갖춰야 할 핵심적 소양이다. 소비자의 선호를 드러내는 '의도 데이터'Intention Data를 구글만큼 많이 긁어모은 기업은 지금까지 없었다. 구글은 당신이 오는 것을 볼 뿐 아니라 당신이 어디로 가고 있는지도 안다. 살인 사건을 조사하는 수사관은 범죄 현장을 살펴보고 사건 용의자가 있을 경우 맨 먼저 용의자가 구글에서 어떤 의심스러운 검색(예를 들어 '남편을 독살하는 방법에는 어떤 것이 있나요?' 같은 검색)을 하지 않았는지 살펴본다. 같은 맥락에서 나는 미국의 정보기관들이 상품 구매자가 세제에 관해 보편적 사고를 넘어서는 어떤 의도를 품고 있는지 포착하려고, 다시 말해 폭탄 제조 원료로 쓸 목적으로 화학 제품을 찾는 테러리스트 세포 조직을 적발하려고 구글을 은밀히 뒤진다는 사실이 나중에 드러나리라는 의심을 떨쳐버릴 수 없다.

구글은 거대한 양의 행동 관련 데이터를 통제한다. 이때 개별 사용자의 신상을 익명으로 처리하는 것은 물론 데이터를 집단 차원으로 분류하고 분석해야 한다. 구글 검색창에 어떤 검색어를 입력할 때 그 목록에 자신의 이름과 사진이 따라다닌다면 당연히 찜찜할 수밖에 없다. 이는 충분히 근거 있는 우려다.

여기서 잠깐, 당신이 구글에서 무슨 검색을 하든 그 검색어에 당신의 이름과 사진이 따라다닌다는 상상을 해보자. 당신이 검색한 내용중에는 그 사실이 다른 사람에게 알려지지 않았으면 하는 것도 분명있을 것이다. 따라서 구글은 데이터를 종합한 뒤 특정 연령대나 집단평균으로 볼 때 이러저러한 내용을 주로 검색한다는 사실만 말해야한다. 구글은 특정 개인과 관련된 것은 아니어도 특정 집단과 관련된것으로 언제나 접속 가능한 방대한 양의 데이터를 소유하고 있다. 그러니 구글이 필요하면 얼마든지 당신과 관련된 데이터를 캐낼 수 있다는 점을 명심해야 한다. 구글은 늘 자사가 수집한 자료를 주기적으로 폐기한다고 말해왔지만 그래서 과연 어떻게 되었는가?

페이스북은 특정 활동을 특정한 사람과 연결한다. 날마다 페이스북을 활발하게 사용하는 사람들은 10억 명에 달한다. 사람들은 자신이 살아가는 모습을 페이스북에 큰 소리로 떠들어대면서 자신의 행동, 바라는 것, 친구, 인맥, 자신이 느끼는 공포, 어떤 상품을 구매할때의 의도 등을 시시콜콜 기록한다. 그 결과 페이스북은 구글보다 더구체적으로 사용자의 일상을 추적한다. 특정 집단에 다가서는 페이스북의 이런 능력은 광고업자들에게 한층 더 매력적이고 페이스북의경쟁력은 그만큼 더 강력하다.

만약 내가 홍콩에 있는 어느 호텔을 소유하고 있고 그 호텔이 가족단위 고객에게 적합하다면, 나는 페이스북의 광고 담당 부서에 연락해 홍콩으로 한 해에 적어도 두 번씩 여행하는 특정 소득대의 가족을표적으로 한 광고를 실어달라고 요청할 수 있다. 그러면 페이스북은 내가 호텔 객실을 판매할 수 있는 소비자 집단을 과거에는 상상도 하지 못한 규모로 정확히 알아낸다. 페이스북은 사용자의 신상과 관련된 데이터에 접속할 수 있는데 이는 사용자 스스로 공개한 정보이므로 이 점을 크게 두려워하지 않는다.

아마존은 3억 5,000만 개의 신용카드 정보와 상품 구매자 신상을 확보하고 있다. 즉, 아마존은 당신이 무엇을 원하는지 지구상의 그 어떤 회사보다 많이 알고 있다. 자사가 축적한 데이터에 접속하기만 하면 아마존은 개인의 신상과 구매 습관, 행동을 금세 알아낼 수 있다. 10억 개의 신용카드 정보를 확보한 애플은 당신이 즐겨 찾는 미디어가 무엇인지 알고 있고 애플페이Apple Pay(애플의 모바일 결제 서비스 —옮긴이)로 그보다 더 많은 것을 알아낸다. 애플도 구매 관련 데이터를 특정 개인과 연동할 수 있다. 이런 데이터를 갖고 있다는 것은 칠레의 금광이나 사우디아라비아의 유정을 소유한 것이나 마찬가지다.

중요한 사실은 이들 기업이 소프트웨어와 인공지능을 이용해 특정 패턴을 파악하고, 자사 제품과 서비스를 개선하는 특수한 기술을 보유하고 있다는 점이다. 아마존은 소비자에게 무엇이 가장 잘 먹히는지 알아보기 위해 A/B 테스트(두 가지 이상의 방법을 진행한 뒤 결과를 보고 더 나은 방법을 선정하는 테스트 방식—옮긴이) 이메일을 보낸다. 구글은 당신이 하고자 하는 무언가를 다른 누구보다 먼저 알고 있다. 페이스북은 어떤 행동과 인간관계의 특성, 교차점 등을 역사상 그 어떤 기업보다 정확히 꿰고 있다. 인간의 재능과 종합적인 데이터의 이 위대한 축적의 최종 단계는 무엇일까? 캡슐커피 머신 큐리그Keurig와 캡슐커피 포티시오 룽고Fortissio Lungo를 더 많이 파는 것이다.

선망의 대상이 되는
기업

T 알고리즘의 일곱 번째 요소는 기업이 **최고의 인재를 끌어들이는 능력**이다. 어떤 기업이 이 능력을 확보하려면 그 기업 자체가 취업 지원자에게 경력 개발의 훌륭한 발판으로 여겨져야 한다.

지금 기술 분야에 재능이 있는 인재를 확보하려는 전쟁은 그야말로 뜨겁게 달아올랐다. 최고의 인재를 끌어들여 계속 데리고 있는 능력은 네 개 거인기업 모두에게 가장 뜨거운 관심사다. 실제로 젊은 소비자들뿐 아니라 자사 직원이 될 수도 있는 사람들 사이에서 평판을 잘 관리하는 능력이 기업의 성공을 좌우할 정도다. 현재와 미래의 직원 사이에 통용되는 브랜드 자산이 소비자 자산consumer equity보다 더 중요하다는 주장도 일리가 있다. 왜 그럴까? 최고의 인재로 구성된 팀은 투자금을 끌어들이고 혁신을 수행하며 경쟁사를 멀리 따돌릴 기하급수적 성장의 불꽃을 피워내기 때문이다.

만일 당신이 대학교를 졸업할 때 졸업생 대표로 나서서 연설을 했다면 당신은 등에 제트팩을 멘 것이나 마찬가지다. 지능지수나 감성지수 등 모든 면에서 당신이 객관적으로 인정받은 인재라는 뜻이니 말이다. 비록 당신은 제트팩을 메고 하늘을 날지만 미처 비행법을 익히지 못한 아이언맨처럼 날아가는 곳이 어디인지 모른 채 무작정 날기만 한다. 역량과 열정은 있어도 그다지 큰 성과는 거두지 못한다는 의미다. 그러니 당신은 자신을 올바른 방향으로 날아가게 해주고 경력 개발에 가속도를 붙여줄 제대로 된 플랫폼을 찾을 필요가 있다.

네 개의 거인기업이 바로 그런 회사라는 평판을 받고 있다. 재능이 있는 스물다섯 살 청년이 서른 살이 될 무렵 직무, 수입, 특권, 기회 측면에서 이들 거인기업에서보다 더 많은 것을 누리게 해주는 회사는 별로 없다. 그러다 보니 이들 가운데 하나에 들어가려는 경쟁이 어마어마하게 치열하다. 육군사관학교에 입학한 생도들은 처음 맞는 저녁식사 자리에서 흔히 성장기에 뚜렷하게 달성한 업적이 무엇이냐는 질문을 받는다. 졸업생 대표로서 연설한 일? 학교를 대표해 경기에 나간 일? 이글스카우트 대원으로 선발된 일? 전국장학생 중 한 명이 된 일? 각 생도들이 한 명씩 자기 업적을 밝힐 때 거기에 모인 사람들에게 영예로운 업적이 몇 개씩 있다는 사실에 모든 생도가 깜짝 놀란다. 네 개의 거인기업에서도 마찬가지다. 커다란 업적은 네 개의 거인기업에 입사하는 데 있어 충분조건이 아니라 그저 기본적인 전제일 뿐이다. 구글은 입사 지원자에게 도저히 답을 구할 수 없는 기괴한 질문을 포함해 어렵고 까다로운 질문을 하는 것으로 악명이 높다. 그런데 그 과정 자체가 지원자들에게 주는 메시지가 있다. 그것은 바로 '만약 당신이 살아남는다면 당신은 당신 세대의 최고 엘리트 집단의 일원이 된다'는 것이다.

지정학적
위치

위치 역시 매우 중요하다. 지난 10년 동안 기업 가치를 100억 달러 이상 늘린 회사 가운데 회사에서 자전거로 갈 수 있는 거리 안에 세계적인 수준의 기술·공학 대학교가 없는 회사는 거의 없다. 블랙베리의 전신인 림RIM과 노키아는 각각 캐나다와 핀란드의 자랑거리였고 그 나라 최고의 공과 대학교 가까이에 있었다. 세계 최고로 꼽히는 공과 대학교 출신 인재들을 안정적으로 확보하고 개발하는 능력은 T 알고리즘의 여덟 번째 요소다.

네 개의 거인기업 가운데 애플과 페이스북, 구글은 스탠퍼드 대학교와 관계가 긴밀하고 캘리포니아 대학교 버클리 캠퍼스도 자전거를 타고 오갈 수 있을 정도로 가까운 거리에 있다(두 대학교의 세계 순위는 각각 2위와 3위다).[12] 또 많은 사람이 아마존이 가깝게 위치한 워싱턴 대학교도 일류 공과 대학이라고 주장한다(워싱턴 대학교의 순위는 23위다).

평범한 기업을 거인기업으로 만들려면 원재료부터 제대로 갖춰야 한다. 화력발전소는 보통 석탄 광산 가까이에 짓는데 오늘날의 원재료는 공학과 경영학 그리고 교양과목을 충실하게 익힌 졸업생이다. 기술, 특히 소프트웨어가 세상을 잡아먹고 있다. 당신의 기업은 소프트웨어를 만들고 자사와 소비자에게 가치를 보탤 무언가와 기술의 교차점이 어디인지 아는 인재를 필요로 한다. 이 일을 해내는 최고의 엔지니어와 관리자는 최고 대학 출신이 압도적으로 많다.

덧붙여 앞으로 50년 동안 세계 GDP의 3분의 2는 도시에서 발생할 것이다. 도시는 최고의 인재를 불러들일 뿐 아니라 이러한 인재를 만들어내기도 한다. 경쟁과 기회는 테니스계의 전설 크리스 에버트Chris Evert와 랠리를 주고받는 것과 비슷하다. 세계적인 수준에서 놀면 거기에 맞게 자신의 수준도 높아진다. 영국과 프랑스 등 많은 나라에서는 도시 하나가 국가 전체 GDP의 50퍼센트를 차지한다. 대기업의 75퍼센트는 세계적으로 손꼽히는 대도시에 있다. 향후 20년 동안 이 추세는 점점 더 강해질 것이다. 인재가 기업을 찾는 게 아니라 기업이 재능 넘치는 젊은 인재를 찾아 확보해야 하기 때문이다. 과거에 명성을 떨친 기업들은 지금 도시 근교에 어반 캠퍼스urban campus(주변 커뮤니티에서 인턴십과 과외활동 기회를 쉽게 얻고 다양한 문화권 사람들을 만난다는 특징이 있다.—옮긴이)를 열고 있는데, 이들은 아이가 있는 사람보다 턱수염을 기르고 문신을 하고 공학 분야 학위가 있는 젊은이를 선호한다.

지정학적 위치라는 T 알고리즘을 적용하는 것은 꽤 쉬운 편이다. 나는 나이키에 1조 달러짜리 기업이 되는 지름길을 걷고 싶으면 다음 세 가지를 할 필요가 있다고 말해줬다.

- 직영 매장 네트워크를 통해 소비자와 직접 대면하는 판매 비중을 앞으로 10년 안에 전체 판매의 40퍼센트 수준까지 끌어올린다(2016년에는 이 비율이 약 10퍼센트였다).
- 데이터 관련 능력을 키우고 이것을 제품 특성에 통합한다.
- 포틀랜드에 있는 본사를 다른 곳으로 이전한다.

알고 보면 지정학적 위치라는 알고리즘은 쉬운 부분이다. 정작 어려운 부분은 그들이 "포틀랜드에 있는 본사를 다른 곳으로 이전하라."라는 말에 귀를 기울이게 하는 일이다.

제9장

새롭게
떠오를 승자

어떤 기업이 다음 순서의
플랫폼 제국인가?

이제부터 우리가 정리한 네 명 기사의 특성을 제5의 기사, 즉 다섯 번째 거인기업이 될 잠재력을 안고 뜨겁게 떠오르는 여러 회사에 적용해보자. 이들에게는 어떤 강점과 약점이 있을까? 또 제5의 기사가 되려면 무엇이 필요할까? 나는 가급적 이 주제를 포괄적으로 다룰 수 있고 여러 가지 생각을 진지하게 해보기에 적합한 기업을 기준으로 다섯 번째 거인기업이 될 후보군 목록을 정리했다.

　네 개의 거인기업에는 공통점이 많지만 디지털 시대에 제각각 자기만의 역할이 뚜렷하며 다양한 경로로 현재의 위치에 올라섰다. 페이스북과 구글은 25년 전만 해도 아예 존재하지 않던 범주를 지배하고, 아마존과 애플은 잘 구축되어 있던 부문에 존재한다. 아마존은 독보적일 만큼 효율적인 운영 기술과 투자자들을 끌어들이는 능력을 앞세워 경쟁자들을 압도한 반면, 애플은 제품 혁신을 이끌어 최고 수준의 리더십을 확보했다. 페이스북은 창업자가 서른두 살이 채 되기도 전에 10억 명의 사용자를 확보했으나 애플은 지금처럼 세계를 지배하는 기업으로 성장하기까지 한 세대가 걸렸다.

우리는 제5의 기사가 반드시 디지털 시대 산업에서 나올 것이라고, 또 대학을 중퇴한 특이한 인물이 그 기업을 이끌 것이라고 단정해서는 안 된다. 제5의 기사가 미국에서 나오리라는 보장도 없다. 비록 성공의 길을 걸어가려면 미국 시장을 정복해야 하지만 말이다.

현재의 네 개 거인기업이 앞으로 수십 년 동안 현재의 지위를 유지할 것이라고 생각해서도 안 된다. IBM만 해도 1950년대와 1960년대 내내 전자업계를 지배했지만 결국 하드웨어 부문에서 근거를 잃은 뒤 놀라운 리더십 아래 컨설팅 부문으로 재빨리 자리를 옮겼다. HP는 10년 전만 해도 세계 최대 기술 기업이었으나 허약한 리더십 때문에 몰락했다(HP는 2013년 다우지수 종목에서 퇴출되었다.—옮긴이). 마이크로소프트는 1990년대에 전체 기업계, 특히 기술 부문 기업계를 공포로 몰아넣으며 끝없이 무적의 행진을 할 것처럼 보였다. 지금은 어떤가? 마이크로소프트는 여전히 대기업이지만 지금은 누구도 이 기업을 세계를 지배할 무소불위의 괴물로 생각하지 않는다.

현재 네 개의 거인기업에는 몇몇 강점이 있다. 가령 제품, 시장, 주식 가치, 인재 선발 그리고 경영진 등에서 강점이 있다. 모두 힘든 투쟁을 딛고 지금의 자리에 올라선 네 개의 거인기업은 현재 확보한 선두 자리를 쉽게 포기하지 않을 것이다. 심지어 이들은 이해관계가 상충할 때조차 경쟁이 지나치게 과열되지 않도록 완충 공간을 마련한다(적어도 그렇게 하는 것처럼 보인다). 그들은 누구 하나가 죽어나갈 때까지 서로 싸우기보다 공존하는 편이 낫다고 보는 것 같다. 어쨌거나 지금은 그렇다.

그럼 지금부터 제5의 기사 후보를 하나씩 살펴보자.

전례가 없는 사업 모델, 알리바바

2016년 4월 놀라운 일이 일어났다. 월마트가 세계 최대 소매유통업체가 되는 것을 어떤 나라의 국내 온라인 전자상거래업체가 저지한 것이다. 월마트가 뒤처지는 것은 필연적인 일이었지만 벤턴빌의 그 거대 괴물을 누른 강적이 아마존이 아니라는 사실은 놀라웠다. 그 무서운 기업은 바로 마윈馬雲이 이끄는 중국의 알리바바다.[1] 정확히 말하면 그것은 부분적으로 알리바바의 사업모델과 관련이 있다. 즉, 알리바바는 다른 소매유통업체(이를테면 전자상거래업체, 온라인 경매업체, 환전업체, 클라우드 데이터 서비스업체, 그 밖에 다른 수많은 회사)의 시장 기능을 수행한다. 알리바바의 제품 총거래액Gross Merchandise Volume, GMV은 4,850억 달러였고 이 액수로 그 회사는 월마트를 눌렀다. 이 금액 가운데 알리바바의 자체 수익은 2016 회계연도 기준 150억 달러였다.

하지만 규모가 중요하다. 그 어떤 기업도 알리바바보다 더 많은 소매유통 거래를 관리하지 않는다. 알리바바의 소매유통은 중국 전체 소매유통의 63퍼센트, 중국 거점을 경유하는 전체 화물 포장의 54퍼센트를 차지한다.[2,3] 또한 알리바바는 4억 4,300만 명의 실제 사용자, 즉 액티브 유저active user를 거느리고 있고 스마트폰으로 알리바바에

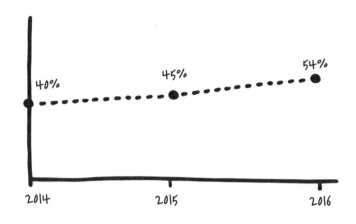

알리바바의 전년 대비 성장률(2014~2016년)

40%

45%

54%

2014

2015

2016

접속하는 월 사용자는 이보다 더 많은 4억 9,300만 명에 이른다.[4] 다른 거인기업들처럼 알리바바도 전통적으로 독신자의 날로 인식하던 11월 11일을 세계 최대 쇼핑일인 광군제로 정해 중국 소매유통업 부문 지형을 완전히 새롭게 형성해왔다. 2016년에는 광군제 하루 동안 총거래량이 174억 달러에 달했고 이 가운데 82퍼센트가 모바일 기기로 이뤄졌다.[5]

알리바바는 지금까지 서술한 대부분의 성공 요소를 달성한 덕분에 성공할 수 있었다. 우선 알리바바는 세상 밖으로 나가려고 필사적으로 노력하는 수백만 중소업체로 가득한 중국이라는 어마어마한 시장에서 시작했다. 그리고 곧바로 전 세계 거의 모든 나라 시장에 진출했다. 여기에다 빅데이터와 인공지능에 통달해 이 분야에서도 서비스를 제공했다. 시장은 알리바바의 가치를 엄청 높게 평가했고 덕분에 알리바바에 투자하겠다는 투자자가 줄을 서 있다. 더구나 어찌나 빠르게 성장했던지 중국 내에서는 아예 경쟁자가 없다. 아마존의 입장에서도 알리바바와 싸우기보다 협력하는 편이 훨씬 낫다. 중국에 있는 많은 서구 브랜드가 알리바바나 알리바바 산하의 오프라인 매장 티몰Tmall에서 존재감을 드러내고자 소비자를 직접 만나는 사이트를 폐쇄했는데, 이는 미국이나 유럽에서는 상상도 하지 못할 조치다.

투자자들은 줄곧 알리바바를 주목해왔다. 2014년 알리바바는 미국 증시에서 역사상 최대 규모의 기업공개를 해 250억 달러를 조달했고 시가총액 2,000억 달러를 기록했다.[6] 그때 이후 알리바바 주식은 계속 저조한 상태로 2017년 초 현재 바바BABA(뉴욕 증시에서의 알리바바 거래 코드—옮긴이) 지수는 기업공개 시점보다 15퍼센트 떨어진 반면 같은 기간 동안 아마존은 100퍼센트 상승했다.[7]

비록 규모는 어마어마하지만 알리바바가 기존 네 개의 거인기업과 어깨를 나란히 하며 디지털 시대의 세계적인 강자로 부상하려면 몇 가지 의미 있는 도전에 성공해야 한다. 우선 보다 본질적인 차원에서 국내 시장을 확실히 뛰어넘어 세계 시장에 뿌리를 내려야 한다. 더 중요한 것은 현재처럼 미국에서 거의 투자자로만 운영하는 것이 아니라 물질적·상업적 존재감을 확실하게 마련하는 일이다. 지금 중국 시장은 해가 갈수록 유동성이 커지고 있는데 이런 중국 시장이 알리바바 사업에서 80퍼센트라는 높은 비중을 차지하고 있기 때문이다.[8]

알리바바는 현재 세계적인 기업으로 나아가는 과정에 많은 노력을 기울이고 있다. 사실 중국의 소비자 브랜드가 세계적인 브랜드로 부상한 역사적 사례는 전혀 없다. 전 세계 소비자는 미국, 유럽을 비롯해 최근 한국과 일본에서 탄생한 세계적 브랜드에는 익숙하지만 중국산 브랜드에는 익숙하지 않다. 세계의 소비자들은 중국 기업 하면 노동자 착취, 짝퉁 상품, 특허 도용, 정부 간섭 같은 부정적 이미지를 떠올린다. 이러한 이미지는 세계적인 브랜드를 지향하고 지탱하는 서구적 가치와 일치하지 않는다. 알리바바가 초기에 드날린 명성은 알리바바에 둥지를 튼 소규모 소매유통업자들의 평판이 좋지 않다는 것을 포함해 이런저런 일로 흠집이 나 있는 상태다.

어쩌면 알리바바는 애플이 중국산 제품의 품질을 우려하는 목소리를 극복하는 과정에서 거둔 성공의 덕을 볼지도 모른다. 또 세계 시장에 진출하려 노력하는 위챗WeChat 같은 중국 기업의 좋은 영향을 받을 수도 있다. 그러나 궁극적인 브랜드 파워, 즉 리더십과 사치품 수준의 품질, 성적 매력 등을 발산하는 야심찬 브랜드로의 도약은 아직 멀었다. 《포브스》가 2016년 가장 가치 있는 100대 브랜드 목록에 알리바바를 포함하지 않은 이유가 여기에 있다.'

알리바바는 아직 전망이라는 자산을 확보하는 데까지 미치지 못하고 있고(소비자뿐 아니라 투자자에게도) 어떤 스토리를 전달하는 측면에서도 고전을 면치 못하고 있다. 알리바바의 불투명한 관리 방식이 그 스토리를 덮어 흐릿하게 만들기 때문이다. 반면 네 개의 거인기업은 모두 자사 스토리를 말하면서 전망을 팔고, 주주들에게 자사의 '위대한 성전'에 참여하라고 설득하는 데 통달했다는 인정을 받고 있다. 비록 알리바바는 대기업이지만 지속적으로 성공을 이어간다는 것 외에는 아직 남에게 이야기해줄 진정한 스토리가 없다. 앞서 살펴보았듯 이것만으로는 부족하다.

마지막으로 알리바바의 장기적인 성공을 결정적으로 제한하는 요소는 이 회사가 중국 정부와 복잡하게 얽혀 있다는 점이다. 중국 정부는 이 회사를 다양한 방식으로 지원해왔는데 그 과정에서 중국 내 미국 경쟁업체들의 운영을 심각할 정도로 제한했다.[10] 서구 투자자들도 정부 개입을 어느 정도까지는 용인하지만 속임수나 속임수의 결과로 이어지는 시장 왜곡 같은 것은 결코 반기지 않는다.

정부와의 이런 관계는 알리바바가 성장하는 동안 우호적인 자산으로 기능했을 것이다. 그러나 전 세계 주주들의 이익이 중국 정부의 이익과 일치하지 않을 때는 투자자들이 자신의 이익을 염려할 게 분명하다. 실제로 외국인은 중국 내 자산을 취득하지 못하도록 법으로 규정하고 있어서 외국인 투자자들은 알리바바 주식을 소유하지 못한다. 대신 알리바바가 거두는 이익과 관련해 계약서상의 권리가 있는 셸 컴퍼니Shell Company(실제 자산이나 인력 없이 서류상으로만 존재하는 회사. 페이퍼 컴퍼니—옮긴이)의 주식을 소유하는데, 이 '계약서상의 권리'는 오로지 중국 법정에서만 집행이 가능하다.[11] 더구나 알리바바가 더는 중국 정부의 지원에 의존할 수 없다는 여러 징후까지 나타나고 있다. 2015년 이후 중국 내의 여러 미디어에 등장하는 이 회사 관련 이야기들이 그 결정적인 징후다.[12,13]

유능한 인재 확보 측면에서도 문제가 없지 않다. 중국이나 개발도상국에서는 알리바바에서 근무한다는 것이 대단한 일이다. 그러면 서구 사람들도 그렇게 생각할까? 중국과 개발도상국 사람들만큼 그걸 그리 대단하게 여기지 않는다. 알리바바라는 이름은 어쩌면 강점이 아니라 약점일 수도 있다. 즉, 알리바바가 서구 시장으로 진출해 유능한 인재를 확보하려 할 때 어려움을 겪을 테고, 그럴 경우 이 회사의 지적자산은 표준 이하로 떨어질 가능성이 크다.

알리바바가 중국 정부와 밀접한 관계를 맺고 있는 탓에(정부와 독립적인 민간기업이 아니라) 미국과 유럽 각국 정부를 포함한 외국인 주체가 지정학적 관점에서의 규제나 조사 등을 포함한 여러 장애물로 이 회사의 활동을 가로막을 수도 있다. 굳이 정치적 차원이 아니어도 문제의 소지는 얼마든지 존재한다. 최근 마윈도 미국 증권거래위원회가 알리바바의 복잡하기 짝이 없는 문어발식 구조와 관련해 여러 가지 문제를 조사하고 있음을 인정했다. 그는 이렇게 덧붙였다.

"미국에서 알리바바의 사업 모델은 전례가 없다. 그러므로 미국이 알리바바의 사업 모델을 이해하기까지는 제법 많은 시간이 걸릴 것이다."[14]

이건 그다지 설득력이 없다. 또한 데이터의 사생활 보호 관련 우려는 알리바바에 두고두고 약점으로 남을 가능성이 높다. 세계 시장으로 진출해도 T 알고리즘 중 하나인 인공지능 활용에 제한을 받기 때문이다.

종합하면 알리바바에는 부모 브랜드 '중국'이 가진 "우리는 근사하지 않을 수도 있다. 우리는 분명 비도덕적이다."라는 달갑지 않은 후광 효과가 작용한다. 내 경우 고등학생 시절 변변찮으면서도 '나쁜 아이'는 이성에게 인기가 없었다. 지금 알리바바가 그런 셈이다.

색다른 고객 경험을 주는
테슬라

기업계 역사의 뒤안길에는 거대 자동차 회사를 꿈꾸다가 스러져간 창업자들의 해골이 널려 있다. 영화에 이들이 등장하는 경우가 상당히 많다. 예를 들어 영화 〈터커〉Tucker: The Man And His Dream(이상적인 자동차를 만들기 위해 모든 것을 바친 프레스톤 터커의 삶을 소재로 한 영화—옮긴이)를 생각해보라. 만약 지금 당장 테슬라의 CEO 일론 머스크를 소재로 한 영화를 만든다면, 불량한 복장과 여배우 기네스 펠트로Gwyneth Paltrow의 음울한 표정이 나올 것만 같다.

테슬라는 몇 가지 시련을 앞두고 있다. 그러나 테슬라는 이 시대에 다른 어떤 신생 자동차 회사가 이룬 것보다 더 많은 것을 성취했고, 전기자동차 시장의 선두 주자 지위를 효과적으로 선점하고 있다. 비록 실리콘밸리의 부자들을 위한 럭셔리 자동차를 만드는 데 머물고 있긴 하지만 말이다. 에디슨처럼 선견지명이 있는 이 회사의 리더 일론 머스크는 제외하더라도 테슬라 자동차의 디자인과 디지털 제어 부문 혁신, 대규모 인프라 설비 투자(네바다 주 레노에 어마어마하게 큰 배터리 공장을 건설 중이다) 등을 종합해볼 때 테슬라가 현재의 특수한 틈새시장을 박차고 나와 일반 대중을 위한 대량생산에 주력할 가능성은 얼마든지 있다.

테슬라의 첫 번째 자동차 모델S는 자동차업계의 상이란 상은 죄다 휩쓸었다. 《모터 트렌드》Motor Trend는 유례없이 만장일치로 '올해의 자동차'에 선정했으며 《컨슈머 리포츠》Consumer Reports는 역대 최고 점수를 부여했다. 또 《카 앤 드라이버》Car and Driver는 '세기의 자동차'라며 찬사를 보냈고 《톱 기어》Top Gear는 '역대 가장 중요한 자동차'라고 평가했다.[15] 2015년 이 자동차는 경쟁 자동차보다 두 배 가격이었음에도 불구하고 미국에서 가장 많이 팔린 플러그인 전기자동차였다(충전용 플러그가 있는 차량을 '플러그인'이라 부른다. — 옮긴이).[16]

테슬라를 자동차업계의 강자로 바꿔놓을 잠재력이 있는 자동차는 머지않아 거리에 모습을 드러낼 모델3다. 2016년 4월 모델 발표회를 하고 3만 5,000달러로 가격을 책정한 이 자동차는 발표 한 주 만에 32만 5,000명이 예약했다(예약자는 사전 예치금 1,000달러를 내야 하는데 이 예치금은 환불이 가능하다).[17] 사전 예치금 명목으로 3억 2,500만 달러를 무이자로 1년 동안 동원할 수 있는 회사는 별로 없을 것이다. 이 점은 네 개의 거인기업과 견줄 만한 스토리다.

그렇지만 테슬라가 미래의 어느 시점에 제5의 기사가 되려면 몇 가지 변수라는 난관을 넘어야 한다. 실제로 테슬라는 전통 자동차 회사들이 맞닥뜨린 시련과 질적으로 다른 일련의 시련 앞에 서 있다. 우선 배터리 충전이나 자동차 수리와 관련해 방대한 규모의 네트워크를 구축하고 세계 시장 배급망을 마련해야 한다. 또 정부 지원금과 정부 지침 및 관련 사항, 자동차업계 정부 당국자도 관리할 필요가 있다. 그중 일부는 지금 당장은 장애물로 보이지만 나중에는 경쟁자로부터 거인의 안전을 지켜주는 해자가 될 수도 있다. 테슬라는 현재 다른 여러 회사만큼이나 T 알고리즘을 잘 수행하고 있다.

그러면 테슬라를 앞서 설정한 기준에 비춰 살펴보자. 테슬라 제품은 질적으로나 기술 혁신 면에서 다른 어떤 자동차보다 월등하다. 테슬라는 그저 그런 전기자동차가 아니라 여러 차원에서 보다 나은 자동차다. 대표적으로 테슬라 모델3는 크고 사랑스러운 터치스크린 방식의 대시보드, 무선 방식의 소프트웨어 업데이트(빅데이터와 인공지능), 업계를 이끌어가는 자율주행 모드, 고객이 사랑할 수밖에 없는 디자인 감각(가령 반응형 도어 핸들) 등의 강점을 지니고 있다.

테슬라는 기존에 없던 방식, 앞으로도 비용을 많이 들여 근본적인 변화를 꾀하지 않는 한 도저히 할 수 없는 방식으로 고객 경험을 통제한다. 자동차 회사들은 대개 수직 테스트를 하지 않는다. 이들은 지금까지 회사 직영이 아닌 독립적인 대리점 방식을 채택해 자본을 적게 들이는 전략을 구사해왔다. 이러한 제3자 방식의 대리점 네트워크, 공장에서 자동차를 출고한 뒤 개조나 성능을 높일 기회가 제한적인 점, 쇳덩어리를 가급적 빨리 처분하는 것에 초점을 둔 자동차업계의 타성 등으로 인해 자동차 회사와 고객 사이에는 커다란 간극이 있었다.

테슬라가 자동차업계에 일으킨 가장 혁명적인 변화는 전기 엔진이 아니다. 그런 것은 누구나 다 만들 수 있다. 혁명적 변화는 고객에게 가까이 다가선 점이다. 혼을 불어넣는 듯한 머스크의 제품 발표부터 직영 매장과 제품을 상대로 한 정기적인 무선 업데이트까지 테슬라는 고객이 5~10만 달러를 내고 차량을 처음 구매하는 것은 그들이 자사와 여러 해 동안 맺을 관계의 출발점임을 잘 알고 있다. 만일 테슬라가 빠르게 성장하는 와중에도 고객지원 품질을 유지한다면 고객의 재구매는 빠른 속도로 늘어날 것이다. 이것이 투자자들을 끌어모으는 스토리로 정착할 경우 궁극적으로 고객 경험을 한층 드높일 자원을 마련하기가 용이해진다. 그리고 이것은 다시 고객의 재구매를

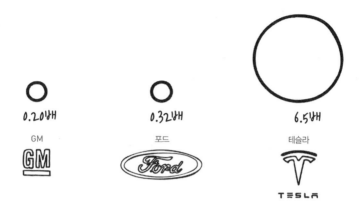

주가매출액 비율 비교(2017년 4월 28일)

0.20배   0.32배   6.5배

GM   포드   테슬라

유발하는 선순환으로 이어진다.

테슬라의 주가수익률(주가가 한 주당 순이익의 몇 배가 되는지 나타내는 지표
—옮긴이)은 9인데 포드와 GM의 주가수익률은 0.5도 채 되지 않는다.
2017년 테슬라의 시장 가치는 포드의 시장 가치를 추월했다. 2016년
테슬라는 8만 대를 팔았고 포드는 670만 대를 팔았는데도 그랬다. 테
슬라는 2010년 기업공개를 한 이후 정기적으로 주식을 팔아 자금을
조달했고 최근에는 모델3 생산을 가속화하기 위해 1억 5,000만 달
러를 조달했다. 지금까지 테슬라는 단 한 분기도 흑자를 기록한 적이
없었음에도 불구하고 투자자들은 테슬라와 머스크의 전망에 기꺼이
투자했다.[18] 투자자들은 머스크의 전망에 투자하고 그의 스토리를 산
다. 로켓을 우주로 쏘아 올리는 머스크는 자동차 산업을 혁명적으로
바꾸고 전력 저장 산업도 뒤바꿔놓은 인물이다. 또한 그는 주말이나
저녁 시간대에 운행하도록 극초음속 기차를 도입하겠다고 했다. 당

신이 과거로 시간여행을 떠나 토머스 에디슨의 여러 아이디어에 투자할 수 있다면 얼마나 좋을까? 그건 불가능하지만 대신 머스크의 아이디어에 투자할 수는 있다. 당신에게는 그럴 기회가 주어져 있다.

테슬라 자동차 소유주들은 자신의 구매 결정을 신성한 행위로 묘사하면서 테슬라가 수행하려 하는 '성스러운 임무'를 그 자동차의 특장점보다 더 높이 평가한다.[19] 물론 테슬라는 자연을 찬미하는 히피 삼촌이 만들어낸 친환경 브랜드가 아니다. 테슬라는 사치품 브랜드인데 이 특성은 강력한 힘을 지니고 있다. 다른 브랜드의 모든 전기자동차는 독일의 캐주얼화 브랜드 버켄스탁Birkenstock처럼 보이지만 테슬라는 이탈리아의 고급카 브랜드 마세라티Maserati 같이 보인다. 다른 어떤 브랜드도 테슬라가 하듯 다음과 같이 말하며 자사 자동차를 사라고 말하지 못한다.

"당신에게는 10만 달러짜리 자동차를 소유할 여유와 굉장한 취미가 있고 **더구나** 지구 환경까지 걱정한다."

다른 식으로 표현하자면 테슬라는 소비자에게 "나는 정말 끝내주게 멋있으니까 너는 무조건 나와 데이트를 해야 해."라고 말한다. 한마디로 테슬라는 고객의 사타구니를 힘껏 걷어찰 능력을 애플보다 더 많이 갖추고 있다.

테슬라가 자동차 사업에만 스스로를 가둘 것이라고 단정하지 마시라. 이미 전력 포집과 저장, 운송에 상당 수준의 전문성을 개발하고 있다. 자율주행자동차 기술 부문만 해도 구글과 애플은 아직 연구조사라는 주차장에 서 있지만 테슬라는 수만 대를 도로 위에 올려놓았다. 테슬라의 앞서가는 기술은 개인적 차원의 자동차를 훌쩍 뛰어넘어 운송 분야의 다른 여러 시장, 대안적인 발전 분야 시장, 디지털 시대에 걸맞은 다른 전기 사용처에서 초기에 선두 자리를 굳힐 잠재력을 확보하는 기술이기도 하다.

그러나 테슬라가 안정적으로 질주하려면 두 가지의 커다란 장애물을 넘어야 한다. 첫째, 아직 테슬라는 세계적인 기업이 아니다. 즉, 대부분의 사업을 미국에서 진행하고 있다. 둘째, 테슬라의 고객이 아주 많은 편이 아니다. 그래서 아직은 개인별 행동양식과 관련된 데이터를 충분히 확보하지 못했다. 물론 테슬라 자동차 자체가 데이터 수집 기계이므로 테슬라 앞에 놓인 과제는 근원적 차원의 역량을 갖추는 것이 아니라 규모 확장과 실행이다.

미래의 모습을 보여주는 창, 우버

2017년 상반기 현재 약 200만 명이 우버 운전기사로 일하는데 그 수치는 델타 항공, 유나이티드 항공, 페덱스, UPS의 직원을 모두 합한 수보다 많다.[20] 여기에다 우버 운전기사는 한 달에 5만 명 넘게 계속 늘어나고 있다.[21] 우버 서비스는 81개국 581개 이상의 도시에서 이용이 가능하고[22] 우버는 그 시장에서 거의 대부분 이기고 있다.

로스앤젤레스의 2016년 통계를 보면 라이드헤일링Ride-Hailing(전화나 스마트폰 앱으로 택시를 직접 불러 이용하는 교통수단—옮긴이) 부문에서 기존 택시가 차지하는 비율은 30퍼센트에 불과하다.[23] 뉴욕에서는 기존 택시와 우버 이용량이 날마다 거의 비슷하게(각각 32만 7,000회와 24만 9,000회) 나타난다.[24] 전 세계 도시 외곽에 거주하는 많은 사람에게 우버는 기본적인 교통수단으로 자리를 잡았다. 예전에는 비슷한 유형의 지역 업자와 기존 택시 회사가 뒤죽박죽 섞였으나 이제는 우버가 지배적인 브랜드로 우뚝 섰다.

요즘 나는 어느 도시를 가든 아침에 가장 먼저 그리고 밤에 맨 마지막으로 우버에 돈을 지불한다. 예를 들어 당신이 어떤 도시나 국가에 가거나 떠나올 때마다 100달러를 낸다고 상상해보라. 이것이 바로 세계적인 기업가 집단(매력 넘치는 집단)이 우버와 맺고 있는 혹은 우버가 우리와 맺고 있는 관계다.

나는 강연을 위해 칸 크리에이티비티 페스티벌Cannes Creativity Festival(칸 국제광고제—옮긴이)에 갔을 때도 우버를 이용했다. 비행기에서 내린 나는 스마트폰을 열어 우버 앱을 찾았다. 내 눈에는 우버엑스UberX, 우버블랙UberBLACK, 우버콥터UberCopter가 보였다. 내 손가락이 반사적으로 우버콥터를 누르자 10초 뒤 전화가 왔고 상대방은 "수하물 찾는 데서 봅시다!"라고 말했다.

우버 기사는 나를 메르세데스 밴에 태우고 500미터쯤 떨어진 헬리콥터 이착륙장으로 데려갔다. 나는 프로펠러가 달려 있긴 해도 마치 잔디 깎는 기계처럼 생긴 탈것 안으로 들어가 앉았다. 조종석에는 우리 집으로 날마다 신문을 배달하는 소년처럼 생긴 한 청년이 앉아 있었는데 그는 핼러윈 조종사 복장 같은 차림이었다. 아무튼 택시를 탈 때보다 20유로 정도 더 드는 비용인 120유로(약 16만 원—옮긴이)를 내고 나는 코트다쥐르 상공을 날아 내가 머물 호텔에서 30킬로미터쯤 떨어진 곳에 내렸다. 잠시 동안이지만 나는 제임스 본드가 된 듯했다. 비록 멋진 외모와 온갖 격투 기술, 이런저런 최첨단 무기, 성적 매력, 고급 스포츠카, 살인 면허는 없지만 어딘지 모르게 제임스 본드가 된 듯한 기분이었다.

이것은 멋진 경험일 뿐 아니라 얼마든지 가능한 일이기도 하다. 우버가 선견지명이 있는 자본을 끌어들여 그 자본에 창의성이라는 옷을 입히는 한편, 고객 경험과 관련된 기존 규범을 상당 수준 무시했기 때문이다. 우버는 이 같은 미치광이 짓을 얼마든지 할 수 있다. 누구든 공항에서 헬리콥터에 태워 으리으리한 호텔로 데려다주거나 밸런타인데이에 새끼고양이를 배달해줄 수도 있다. 하지만 우버는 수직 통합에는 이르지 못했다. 운송에 사용하는 자동차는 기사가 소유한 것이며 기사들은 자주 우버의 경쟁자들과 협력한다. 물론 우버는 자동차를 소유하지 않은 덕분에 빠르게 덩치를 키울 수 있었다.

이런 상황은 위험으로 작용할 수도 있다. 아날로그 방어 수단(가령 해자)이 없기 때문이다. 충분히 짐작하겠지만 우버에는 상당 수준의 빅데이터 기술이 있다. 우버는 당신이 어디에 있는지, 어디로 가는지, 어디를 즐겨 찾는지 알고 있으며 이 데이터는 모두 당신의 신분과 연결되어 있다. 우버 앱은 당신이 그동안 우버를 이용해서 갔던 곳을 기반으로 당신이 자주 가는 목적지를 알고 있다. 우버 역시 나이를 먹을수록 점점 똑똑해진다. 나이를 거꾸로 먹는 셈이다.

우버는 개인의 경력 관리에 크게 도움을 주는 기업으로 알려져 있지 않다. 우버 본사에서 일하는 사람을 아는 사람이 거의 없기 때문이다. 수천 명의 똑똑한 직원만 거느린 우버는 영주들(8,000명)을 시간당 평균 임금이 7.75달러인 농노들(200만 명)과 떼어놓는 방법을 알아냈다. 덕분에 시급이 총 200만 달러일 때 4,000명 직원이 무려 700억 달러의 가치를 만들어냈다.[25] 우버는 전 세계 직원들에게 작지만 분명한 목소리로 말해왔다.

"고마워요. 그리고 엿이나 먹으세요."

그런데 자동차 서비스업이 과연 700억 달러라는 우버의 시장 가치를 설명할 수 있을까? 매우 의심스럽지만 우버는 단순히 자동차 서비스업만 하는 게 아니다. 사실 택시를 우버와 비교하는 것은 책을 아마존과 비교하는 것이나 마찬가지다. 물론 자동차 서비스업은 우버의 실질적인 사업이고 우버가 잘하는 사업이기도 하다. 그러나 그것은 빙산의 일각일 뿐이다. 우버의 강점은 거대한 운전기사 네트워크를(머지않아 거대한 자율주행자동차 네트워크를) 확보한다는 데 있다. 우버는 캘리포니아에서 음식 배달 서비스 우버프레시UberFRESH를, 맨해튼에서는 소포 배달 서비스 우버러시UberRUSH를 그리고 워싱턴 D.C.에서는 일상생활용품을 온라인에서 주문받아 배달하는 서비스 우버에센셜UberEssential을 시험 운영했다.[26] 지금 우버는 세계적인 사업의 토대가 될 (최종 소비자의 문 앞까지 다가가는) 혈관을 구축하는 것처럼 보인다. 즉, 사업의 '여러 신체기관'에 상업의 '혈액'을 공급하는 체계를 마련하고 있다. 그것도 전 세계에서 말이다.

배송은 기업이나 일반인에게 꽤 비중이 있는 일로 우버는 영화 〈스타트렉〉에 나오는 트랜스포터라고 할 수 있다. 그것은 비록 느리긴 해도 보다 안전하고 값도 싸다. 우리가 아직 분명히 깨닫지는 못하지만 언젠가 우버와 아마존이 최종마일을 두고 마지막 한 판 승부를 벌일 것이다. 그 와중에 페덱스, UPS, DHL은 혼란과 붕괴 속에서 어떤 교훈을 막 깨우칠 가능성이 크다.

우버는 T 알고리즘의 거의 모든 요소를 충족한다. 차별화한 제품, 선견지명이 있는 자본, 세계 시장으로의 진출, 빅데이터 관련 기술 등이 그렇다. 문제는 단 한 가지다. 1조 달러짜리 기업이 되기 위해 반드시 충족해야 하지만 그렇게 하지 못한 요소는 바로 호감이다. 호감 요소와 관련해 우버는 두 가지 측면에서 장애물과 맞닥뜨린 상태다.

먼저 CEO 문제다. 우버의 CEO는 '나쁜 놈'asshole이다. 적어도 그런 이미지로 남아 있다. 이 때문에 소비자가 우버 앱을 삭제하고 싶은 마음이 들도록 만드는 일이 적지 않게 일어난다(실제로 많은 사람이 이런 저런 사건을 접한 뒤 우버 CEO에게 반감이 생겨 우버 앱을 삭제했다). 불과 48시간 만에 우버의 시가총액이 100억 달러나 날아간 이유는 우버 앱을 삭제한 사람들 때문만은 아니다. 우버를 대체할 사업체, 가령 리프트Lyft(미국 2위의 차량공유 서비스업체—옮긴이)는 우버의 운전기사 가운데 많은 사람에게 다가갈 수 있다. 원인은 단지 CEO가 제 무덤을 판 데만 있지 않다. 2014년에는 우버의 고위 경영진 한 사람이 사람을 고용해 자사에 우호적이지 않은 기사를 쓰는 기자들의 뒤를 캐는 일을 맡겼다고 기자들의 면전에서 말한 일도 있다. 실은 그전부터 우버 경영진이 기자를 포함한 우버 서비스 사용자가 유흥이나 기타 개인적인 목적으로 이동하는 동선을 실시간으로 추적하는 기술을 확보했고 실제로 추적하고 있다는 일련의 보도가 나오고 있었다.[27] 또한 우버는 프랑스에서 우버야말로 매매춘을 포함해 가장 섹시한 에스코트 서비스를 받을 수 있는 최고의 방법임을 암시하는 광고를 했다.[28]

2016년에는 사용자의 위치 추적을 남용한 혐의로 뉴욕 검찰청의 조사를 받고 2만 달러의 벌금을 냈다.[29]

그다음으로 우버의 호감도에 최악의 강펀치를 날린 것은 수전 파울러Susan Fowler였다. 우버의 엔지니어로 일한 그녀는 2017년 2월 직장 내의 성차별 문제를 강력하게 제기했다.[30] 중간 간부와 하급 간부가 저지른 적절치 못한 행동 사례는 온갖 유형별로(그저 얼굴을 찌푸릴 만한 일부터 처벌받아 마땅한 일까지) 수십 가지나 되었다. 시장에 막 발을 들여놓은 신생기업도 아닌 업계의 거물기업에서 이런 것은 상상하기 어려운 일이다. 보다 성숙한 모습을 보여야 마땅하기 때문이다. 간부들은 당연히 물러나야 했고 몇몇은 실제로 그렇게 했다. 비록 몇 달 동안 질질 끌었지만 말이다.

2017년 6월 외부 컨설팅사가 CEO 트래비스 칼라닉Travis Kalanick이 책임을 져야 한다고 조언했지만 우버의 이사회는 그를 해고하지 않았다. 대신 그는 무기한 휴직하겠다고 발표했다. 이는 사태의 심각성을 제대로 판단하지 못한 미봉책이었고 사태는 더욱 악화되었다. 결국 투자자들의 압력을 견디지 못한 칼라닉은 그다음 주에 사임했다. 그에게 선견지명이 있고 어떤 면에서 그가 세상을 바꿔놓은 것만은 분명한 사실이다. 그렇지만 우버가 새로운 단계로 진입할 때 우버에 필요한 것은 새로운 초점에 집중하고 위기를 부르지 않는 경영 기술을 발휘할 CEO였다. 시가총액으로 보면 우버는 현재 폭스바겐, 포르쉐, 아우디보다 더 큰 기업이며 수천 명의 가족과 투자자가 이 회사나 경영자의 리더십에 의지하고 있다. 이것은 우버의 문제가 더는 트래비스 칼라닉의 개인 문제가 아니라는 의미다. 따라서 회사는 그가 막후에서 영향력을 행사하거나 복귀할 때 어떤 효과가 있을지 알려고도 하지 말아야 한다.

이런 논란이 우버에 상처를 줄까? 당연히 상처를 준다. 그래도 지금 당장이 아니라 제법 시간이 걸릴 것이고 어디에서 문제가 터질지는 모를 일이다. 소비자들은 기업의 사회적 책임을 따지면서도 직원들이 업무에 따른 스트레스로 자살하는 회사의 스마트폰이나 강물에 유해물질을 흘려보내는 공장에서 만든 검정색 드레스는 아무렇지도 않게 사기 때문이다. 우버에는 탁월한 제품이 있고 우버의 수익률은 앞으로도 가파르게 상승할 것이다. 우버가 상처를 입는 지점은 경영진이 집중하지 못할 때다. 이럴 때 최고의 인재들은 우버를 매력 없는 직장으로 여기므로 우버는 인재를 채용하지 못하고 또 기존 인재는 빠져나간다. 사실 디지털 시대에는 최고의 인재를 확보하느냐 아니냐가 승패를 가른다.

우버의 호감도 관련 위기는 경영진의 바람직하지 못한 행동보다 더 근본적인 차원에서 비롯된다. 우버는 의심할 나위 없이 실리콘밸리 파괴자들의 위대한 전통을 이어가는 파괴자다. 그런데 우버의 입장에서는 아쉽게도 우버가 파괴하는 시장이 규제가 엄격한 부문이다. 우버는 기존 택시업체들처럼 규제에 무조건 복종하지 않는 태도 덕분에 혜택을 보고 있다. 우버는 자사가 운전기사로 채용하고 싶은 사람은 누구나 채용하고 또한 자사가 원하는 것은 무엇이든 부과할 수 있다고 믿는다. 시장은 우버의 이 믿음에 보상을 해주고 있다.

반면 우버의 경쟁자인 택시업체들은 시장에서 이런 자유를 거의 누리지 못한다. 그렇다고 우버가 리프트 같은 경쟁업체와 반드시 공정하게 경쟁하는 것도 아니다. 우버 직원들이 경쟁업체에 허위 주문을 냈다가 취소하기를 반복하는 방식으로 경쟁업체의 영업을 조직적으로 방해했다는 보고가 지금까지 여러 차례 있었다. 그야말로 가상 공간이 아닌 현실에서 이뤄진 '서비스 거부 공격'denial of service attack(공격 대상 시스템에 다량의 트래픽을 보내 정상적인 서비스를 이용할 수 없게 만드는 공격—옮긴이)인 셈이다.[31]

더 폭넓은 차원에서 우버의 사업 모델은 고용관계를 훼손하고 불안정한 저임금 노동을 조장한다는 비판을 줄곧 받고 있다. 물론 우버는 자사가 자동차 서비스 사업이 아니라 운전자들이 일정 수수료를 받고 자기 소유의 자동차를 다른 사람과 '공유'하게 해주는 앱을 제공할 뿐이라고 주장한다.[32] 그뿐 아니라 우버는 운전자보험과 그 밖의 여러 쟁점에서 엄청난 우려를 야기해왔다. 그것은 우버가 과연 안전과 보안 의무를 제대로 수행하느냐 하는 우려다.

결국 2017년 2월 '#우버 삭제'#DeleteUber 운동이 봇물 터지듯 벌어졌고 JFK 공항에서 택시 운전기사들이 트럼프 대통령의 반反이민 행정명령에 저항한다는 뜻으로 파업을 벌이는 와중에 우버가 사용자를 착취한다는 주장을 펼치면서 약 20만 명의 우버 사용자가 우버와의 관계를 끊어버렸다(파업 공지 이후 우버는 트위터에 'JFK 공항 주변의 가격 상승을 막느라 대기가 더 길어질 수 있으니 인내심을 갖고 기다려 달라'는 내용의 공지를 띄웠다.—옮긴이). 우버가 택시 파업을 이용해 점유율을 확대함으로써 돈벌이를 하려 한다는 것이었다. 이 주장이 사실이 아니었다는 점은 전혀 중요하지 않다. 중요한 것은 충성스러운 사용자들까지도 우버의 방법에 불안감을 느꼈다는 사실 자체다.[33]

세상은 여전히 과연 우버가 이로운 존재인지, 아니면 해로운 존재인지 파악하려 애쓰고 있다. 우버는 디지털 시대의 미래, 즉 믿기 힘들 만큼 멋진 앱들이 높은 수익을 기대하며 황홀경에 빠진 투자자들이 제공하는 막대한 투자금을 받아 놀라운 고객 경험을 제공하는 미래가 어떤 모습일지 살짝 보여주는 창인지도 모른다. 한데 그 미래는 수백만 개의 저임금 일자리와 엄청난 횡재의 혜택을 누리는 극소수 집단이 동시에 존재하는 사회, 수천 명의 영주가 수백만 명의 농노를 거느리는 그런 사회이기도 하다.

공룡의 재발견, 월마트

월마트는 디지털 시대를 맞아 소매유통업계의 선두 자리를 이미 아마존에 내준 상태다. 그러나 아직 경주는 끝나지 않았다. 전 세계 28개국에 1만 2,000개의 매장이 있는 월마트는 2015년 기준으로 전 세계에서 가장 많은 수익을 창출한 기업이다 (미국에서는 2015년뿐 아니라 해마다 그런 기록을 세웠다).[34]

세계가 온라인으로 돌아갈 때 월마트는 곧 멸종을 맞을 공룡처럼 보였다. 그렇지만 기업들이 온라인 커머스가 매장 등을 포함한 오프라인 인프라를 확고하게 구축할 때라야 비로소 장기적으로 성공할 수 있음을 깨닫기 시작하면서 월마트는 여전히 중요한 변수로 재평가받고 있다. 월마트에는 수십 년에 걸친 정밀한 재고관리와 효율적인 배송체계 경험이 있고 월마트의 1만 2,000개 매장은 1만 2,000개

의 창고, 1만 2,000개의 고객서비스센터 혹은 1만 2,000개의 전시장
이 될 수 있다. 실제로 넷넷 고객은 월마트 주차장에 RV 차량을 세워
두고 거주하기도 한다. 이런 점까지 고려하면 월마트는 시장에서 흥
미롭고도 유리한 고지를 선점한 셈이다.[35]

　2016년 말 월마트는 제트닷컴을 33억 달러에 인수했다. 직원 한
사람당 650만 달러꼴이었다. 제트닷컴에는 이렇다 할 사업 모델이
전혀 없었고(손익분기점에 도달하려면 200억 달러의 수익을 올려야 했다) 인수
협상을 진행하는 동안 한 주에 500만 달러를 광고비로 지출하고 있
었다. 그래도 제트닷컴에는 거인기업이나 갖출 법한 기술이 있었는
데 그것은 바로 스토리텔링이었다. 아마존이 인수한 기업 퀴드시
를 비롯해 제트닷컴을 창업한 마크 로어는 가변적 가격 책정Dynamic
Pricing(상황에 따라 가격을 탄력적으로 바꾸는 가격 전략—옮긴이)을 제안해 잠재
적 구제자로 떠올랐다. 월마트가 제트닷컴을 인수한 것은 중년의 위
기를 맞이한 어떤 소매유통업체가 33억 달러짜리 두발이식을 한 것
이나 다름없다고 나는 믿는다. 공정하게 말하면 월마트는 전자상거
래와 관련해 예전의 모습을 찾은 것처럼 보인다. 로어는 운영 효율성
과 가격 투명성, 인스토어 픽업in-store pickup(인터넷에서 주문한 후 매장에서
받는 방식—옮긴이)을 기반으로 한 비용 절감을 줄곧 밀어붙여왔다.[36] 과
연 그 결과가 어떨지는 곧 알게 될 것이다.

　월마트가 보톡스 주사를 찾는 것은 단지 시작일 뿐이다. 비록 적지
않은 대가를 치러야 하긴 해도 월마트는 거대한 자본에 접근할 수 있
다. 월마트의 주가수익률이 몇 배나 되기 때문이다. 이것은 소매유통
회사의 전형적인 모습이지만 벤턴빌의 이 거대 괴물이 수익에 큰 타

격을 입었다고 발표하면, 설령 그것이 아마존과의 경쟁에 따른 투자 지출CAPEX 때문일지라도 그다음 날 이 회사의 시가총액에서 메이시스의 시가총액에 해당하는 금액만큼 증발한다.

더구나 월마트는 호감도가 높은 회사가 아니다. 월마트는 미국에서 다른 어떤 회사보다 최저임금 노동자를 많이 고용한 대기업인 반면, 미국 가구 하위 40퍼센트보다 더 많은 부를 차지한 '월튼네 가족'의 다수가 창업자 샘 월튼의 부를 물려받아 전 세계 최고 부자 목록에 이름을 올리고 있기 때문이다.

마지막으로 당신 주위에 스마트폰을 사용하지 않거나 광역인터넷 서비스를 이용하지 않는 사람 혹은 가정이 있다면 조금만 더 깊이 살펴보기 바란다. 그들은 바로 월마트 고객이다. 얼리 어댑터early adapter의 반대 개념인 레이트 어댑터late adopter(후기 수용자 — 옮긴이)가 바로 월마트 고객이다. 디지털 프로그래밍과 혁신도 이들 앞에서는 도무지 힘을 쓰지 못한다.

이제 막 기운을 차린 마이크로소프트

마이크로소프트는 이제 더는 '레드먼드의 괴물'이 아니다. 개인용 컴퓨터 시대를 완전히 지배하던 시절은 과거로 흘러갔다. 물론 지금도 전체 데스크톱 컴퓨터의 90퍼센트가 윈도우 운영체계를 사용하고 있다(비록 그중 절반은 여전히 윈도우7과 잘 맞지 않아 삐걱거리지만 말이다).[37] 오피스 제품도 전 세계에서 기본적인 도구로 사랑받고 있고 에스큐엘 서버SQL Server와 비주얼 스튜디오Visual Studio 같은 전문가 제품은 도처에서 유비쿼터스로 호환해 사용한다. 만약 윈도우폰이 그처럼 처참하게 실패하지만 않았다면 마이크로소프트는 이미 다섯 번째 거인기업으로서 강력하게 군림하고 있었을 것이다. 아직 기회는 남아 있다. 이 기업이 최근 인수한 링크트인을 망가뜨리지 않고 잘 성장시킨다면 제5의 기사가 될 확률이 아주 높다.

여기에다 마이크로소프트의 클라우드 서비스 애저Azure가 눈부시게 성장하고 있는데, 이러한 호조와 맞물려 젊은 CEO가 마이크로소프트의 스토리에 새로운 숨결을 불어넣고 있다. 이제 마이크로소프트는 예전처럼 최고의 인재가 모여드는 최고의 직장이 아니다. 그렇지만 네 개의 거인기업이 소비자에게 초점을 맞추는 것과 달리 기업에 초점을 두고 있어서 아직 소비자 기술 분야만큼 혁신과 경쟁이 이뤄지지 않은 이 시장에서 선두 주자 지위를 누리고 있다.

마이크로소프트의 또 다른 성장 스토리는 링크트인이다. 페이스북과 정반대 포지션을 취하는 링크트인은 다른 거대 소셜 기업들과 비교할 때 몇 가지 중요하고도 구체적인 강점을 지니고 있다. 예를 들어 페이스북은 수익의 많은 부분을 광고라는 단일 원천에서 거두는데 비해 링크트인의 수익 원천은 뚜렷이 세 개 범주로 나뉜다. 일단 자사 사이트에 비용을 받고 광고를 올린다. 또 지속적인 업데이트로 구직자를 찾는 기업과 구직자를 연결해주고 수수료를 받는다. 마지막으로 취업과 사업 개발에 도움을 주는 자료를 사용자에게 정기적으로 배부하고 프리미엄 구독료를 받는다. 이것이 바로 균형이다. 구독료 수익 덕분에 링크트인은 페이스북을 비롯한 다른 주요 소셜 미

링크트인의 수익 원천(2015년)

17%
프리미엄 솔루션

18%
마케팅 솔루션

65%
구인·구직 솔루션

디어 회사와 분명한 차별성을 보인다.

링크트인은 다른 회사들이 부러워할 정도로 경쟁력 있는 지형에 서 있다. 실은 링크트인의 경쟁자라고 할 만한 기업이 아직 존재하지 않는다. 특수 직업군에 초점을 둔 틈새시장 사이트가 있고 페이스북도 잠재적인 경쟁자 위상을 차지하려 애쓰고 있으나, 그 어떤 기업도 링크트인만큼 고용과 사업 네트워킹 부문을 폭넓게 아우르지는 못한다. 예컨대 당신은 페이스북을 버리고 인스타그램을 선택하거나 인스타그램을 버리고 위챗을 선택할 수 있다. 또 위챗을 버리고 트위터를 선택할 수 있다.

B2B 세계에서는 다르다. 당신이 취업하기 위해 이력서를 낼 곳은 단 한 군데 링크트인뿐이다. 당신이 링크트인에서 거절당하거나 반

대로 당신이 링크트인을 사용하지 않겠다고 마음먹었다고 치자. 그 상황에서 당신이 찾아갈 다른 곳이 있는가? 없다. 링크트인은 저 혼자 고고하다. 어쨌든 지금 이 부문에서는 링크트인 하나뿐이다. 더구나 다른 경쟁자의 모습은 지평선 끝까지 바라봐도 보이지 않는다.

사업의 속성상 링크트인은 남들이 부러워할 만한 고객 기반을 갖추고 있다. 4억 6,700만 명이 링크트인에 가입해 있는데 이들은 그냥 4억 명이 아니다.[38] 똑똑한 대졸자가 자신이 갖춘 스펙을 보여주려 하고 또 기업은 기업대로 유능한 인재를 찾으려 하는 데가 이곳이다. 세 명 가운데 한 명꼴로 링크트인 프로필을 갖고 있다고 할 정도다.[39] "링크트인에 누가 있는가?"라는 질문에 "중요한 사람은 모두"라고 대답하는 것이 얼마든지 가능하다. 베이비붐 세대 CEO 중 극히 일부는 아직도 링크트인에 가입하지 않았는데, 이들은 일자리를 찾는 사람들에게 시달림을 당할까 봐 겁을 내거나 자신이 쓰는 모토로라 레이저 휴대전화(2003년 처음 발매했다.—옮긴이)를 여전히 연구하는 중이기 때문이다. 이것 말고도 링크트인에는 사용자가 전 세계 거의 모든 사람을 망라한다는 강점이 있다(B2B 광고 시장은 B2C 광고 시장의 두 배인데, 링크트인의 유효 시장Addressable Market은 모든 B2C 소셜 플랫폼보다 크다).

그런데 링크트인이 수익 원천을 다양하게 확보하고 있다는 말은 역으로 어느 하나에 초점을 맞추는 데 제한이 따른다는 뜻이다. 현재 링크트인이 성공적인 것은 상대적으로 좁은 시장에 상대적으로 좁은 서비스 폭으로 대응하기 때문이다. 전 세계 모든 직업인의 거점이 되는 것은 엄청나게 큰 사업이다. 하지만 제5의 기사로서 기존 거인기업들과 어깨를 나란히 하겠다는 야망이 있다면 이는 단지 시작점일 뿐이다.

링크트인이 이 플랫폼을 기반으로 어떻게 성장해갈 것인가는 마이크로소프트가 풀어야 할 과제다. 아웃룩Outlook을 비롯한 마이크로소프트의 다른 앱들과 통합할 수 있다는 것은 커다란 강점이다. 물론 윈도우와 마이크로소프트가 오랜 세월 모바일에 힘든 노력을 쏟아왔다는 점도 당연히 중요한 강점이다. 반면 그 모든 기회는 링크트인이 독자적으로 지배적인 기업이 되겠다는 포부나 그 밖의 어떤 야망을 꺾어놓을 수도 있다. 링크트인은 마이크로소프트에 이익을 안겨주는 능력을 바탕으로 평가받기 때문이다. 더구나 마이크로소프트는 지금까지 무려 20년 동안 다른 모든 것을 희생하면서까지 윈도우와 오피스라는 제품을 어디에나 사용할 수 있게 유지해왔다.

현재 링크트인은 T 알고리즘 점검표에 모든 항목을 통과했다고 표기했으나 그것은 잉크가 아니라 쉽게 지워지는 연필로 되어 있다. 그래서 선견지명이 있는 자본을 끌어올 수 있지만 아마존처럼 많지는 않다. 여기에다 링크트인의 모기업은 비록 위세를 떨치긴 해도 10년 넘게 비틀거리다가 이제 막 기운을 차린 상태다. 종합하자면 링크트인은 미국의 전직 육상선수 브루스 제너Bruce Jenner에 비유할 수 있다. 그는 많은 것을 해낸 위대한 인물이다. 1976년 몬트리올 올림픽 10종 경기 종목에서 금메달을 땄고 무엇보다 내가 초등학생 때 즐겨 먹던 시리얼 포장 상자에도 얼굴 사진이 붙어 있었다. 그렇지만 제너는 개별 종목에서 단 한 번도 우승한 적이 없다. 오랜 속담 중에 이런 말이 있다.

"모든 걸 다 해도 특별히 뛰어난 한 가지가 없다."

가장 가능성 높은 후보,
에어비앤비

에어비엔비는 기껏해야 호텔판 우버에 불과하다고 낮게 평가하고 곧바로 다른 후보 기업으로 건너뛰기 십상이다. 그러나 에어비엔비에는 우버와 전혀 다른 독특한 경쟁력이 있고 전략과 자본 배분에 영향을 주기 위해 T 알고리즘을 이용하는 방식도 우버와는 다르다.

우버와 에어비앤비 모두 세계 시장에 진출해 있으며 많은 투자자들을 불러 모으고 있지만두 회사 상품은 본질적으로 다르다. 뉴욕 대학교 스턴 경영대학원의 소냐 마르치아노Sonia Marciano 교수(오늘날 전략 분야에서 가장 각광받는 인물이다)는 경쟁우위를 확보하는 관건은 실질적인 것이든 인지적인 것이든 커다란 변동성이 존재하는 차별성을 발견하는 것이라고 믿는다. 만일 당신이 10종경기 선수라면 당신에게 관건은 성적(기록)에서 가장 큰 차별성이 있는 것을 발견해 이를 갈고 닦는 데 있다. 우버는 위대한 제품이지만 나는 우버를 비롯한 차량공유 서비스 회사 리프트, 커브Curb와 디디추싱Didi Chuxing(중국의 차량공유 서비스) 사이에 어떤 차이가 있는지 찾아보라고 말하고 싶다.

이들은 일반 택시에 비해 서비스를 10배 정도 개선했지만 차량공유 회사들 사이의 차별성은 점점 줄어들고 있다. 지금까지 한동안 이런 추세가 이어져왔다. 특히 우버의 CEO가 저지른 구제불능 행위에 자극을 받은 사람들은 리프트가 우버와 별로 다르지 않음을 깨달았다. 에어비앤비 플랫폼은 이보다 더 큰 신뢰성을 갖추고 있다. 이와 비슷한 회사들의 제품 사이에는 엄청난 차이가 존재한다(예를 들면 호

338

화주택과 연립주택의 차이처럼 말이다).

제품과 관련해 에어비앤비는 또 다른 해자를 확보하고 있다. 그것은 제품 유동성이 높다는 점이다. 이 말은 공급자와 소비자가 충분히 많아 서비스가 얼마든지 가능하다는 뜻이다. 에어비앤비와 우버 모두 이 유동성을 확보하고 있지만 에어비앤비의 유동성이 한층 더 인상적이며 복제하기도 더 어렵다. 우버가 어떤 도시에서 사업을 진행하려면 많은 운전기사와 승객을 한꺼번에 확보해야 한다. 우버는 넉넉한 자금으로 사업을 진행할 도시를 늘려갈 수 있는데 이는 충분한 자금을 확보한 다른 차량공유 회사도 얼마든지 가능한 일이다.

반면 에어비앤비는 한 도시에서는 결정적인 수준의 공급을, 다른 많은 도시에서는 결정적인 수준의 수요를 확보했다. 예를 들어 전 세계 사람들이 암스테르담에 방문한다면? 우버는 모든 주요 도시에서 다른 회사와 경쟁해야 한다. 어떤 차량공유 회사든 일단 한 도시에서만 유동성을 확보해도 사업을 시작할 수 있기 때문이다. 이에 비해 에어비앤비는 대륙이나 세계적인 차원으로 확장해야 하고 실제로 그렇게 시장을 넓히며 규모를 키워왔다.

에어비앤비와 우버의 평가액은 2017년 상반기 현재 각각 250억 달러와 700억 달러다. 늦어도 2018년 말에는 에어비앤비가 우버를 추월할 것이라고 나는 믿는다. 우버의 제품 차별화가 부족하다는 소문이 퍼지고 지역 경쟁자들이 놀라운 성과를 내면, 우버의 평가절하는 최악으로 내리닫고 시간이 갈수록 우버의 상황은 더 나빠질 것이다.

에어비앤비는 제5의 기사가 될 가능성이 가장 높다. 이 회사의 가장 큰 약점은 수직 통합이 부족하다는 점인데(하나만 예로 들면 이 회사는 단 한 채의 아파트도 소유하고 있지 않다), 이는 이 회사가 네 개의 거인기업처럼 높은 수준으로 고객 경험을 통제하지 못한다는 뜻이다. 따라서 에어비앤비 경영진은 공급 채널을 보다 잘 통제하는 쪽으로(여행객과 공간 제공자를 연결하는 무선체계를 만들거나 대도시마다 안내인을 배치하는 등) 편의와 시설을 일관성 있게 제공함으로써 장기적으로 배타적 우위를 차지하는 방향으로 자본을 배분해야 한다.

여전히 미국을 대표하는
IBM

구글과 마이크로소프트 이전에, 심지어 이 책의 독자 중 누군가가 태어나기도 전에 기술 분야에서 가장 중요했던 어떤 기업이 있었다. 빅 블루Big Blue라는 별명으로 불린 IBM은 사실상 미국 재계의 표준이었고 인텔과 마이크로소프트가 등장한 이후에도 개인용 컴퓨터 시대 첫 사반세기를 지배했다.

내가 IBM을 이 목록에 올리는 것은 단지 향수를 불러일으키기 위해서가 아니다. 수익이 정점을 찍은 때부터 느리고 길게 지속적으로 줄어들고 있긴 하지만(2017년 일사분기 기준으로 19분기 연속 수익이 줄었다) 이 회사는 2016년 무려 800억 달러의 수익을 기록했다. 또 해마다 사업 비중이 컴퓨터 하드웨어 부문에서 마진율이 높은 서비스와 반복적인 고객관계 쪽으로 조금씩 이동하고 있다.[40] IBM은 자랑스러운 판매력 덕분에 지금도 《포천》 선정 500대 기업 안에 이름을 올리고 있고 여전히 미국 재계를 대표하는 기업이다. 여기에다 IBM은 한층 더 잘생긴 주연급 캐릭터 배우를 자사 스토리 안에 새롭게 편입했다. 그 배우는 바로 '왓슨'이라는 슈퍼컴퓨터다. IBM은 누가 뭐라 해도 세계적인 회사로 충분한 수직 통합을 이루고 있다. 그러나 먹이사슬이 서비스 부문 쪽으로 상향이동하면서 IBM은 법인세·이자·감가상각비 차감 전 영업이익$_{EBITDA}$을 바탕으로 한 평가를 상회하는 금액으로 거래함으로써 투자자들이 접근할 기회를 스스로 제한하고 있다. 그 결과 IBM은 야심과 다소 거리가 있는 '안전한 일자리'를 제공하는 회사로 비춰진다. 실제로 이 회사에 취업한 청년들은 구글에서 2차 면접까지 치른 사람들이다. IBM은 이제 예전처럼 야심이 있는 인재들이 화려한 경력을 쌓으려고 선택하는 회사가 아니다.

버라이즌, AT&T, 컴캐스트, 타임워너

이 책은 독자가 온라인 환경에 있다는 것을 전제로 한다. 당신이 미국에 살고 있다면 접속하는 케이블사와 통신사를 대부분 소유한 주체는 누구일까? 이들 네 기업 가운데 하나다. 케이블사와 통신사는 20세기의 합법적인 독점기업이며 수십 년간 인수합병으로 확장해온 이 네 개 기업은 디지털 시대의 핵심적인 참여자다.

그러나 이들이 자사 지위를 유리하게 활용하려면 몇 가지 장애물을 극복해야 한다. 특히 대다수가 이들을 미워하며 이들은 세계적인 기업으로 우뚝 설 경로를 확실하게 잡지 못하고 있다. 세계 각 지역에 분포한 통신 회사는 국가적 정체성의 원천으로 각국 정부는 다른 나라가 자국 시민의 통화나 데이터에 접근하는 것을 섬기시게 여긴다. 하긴 모든 사람이 철도 회사, 해운 회사, 더 옛날로 가면 역마차 회사를 미워했다. 하지만 그런 건 상관없다.

만일 당신의 회사가 전 세계 데이터가 오가는 파이프를 소유하고 있다면 늘 존재감이 크고 돈을 많이 버는 거물일 것이다. 그렇다고 당신의 회사가 거인기업에 필요한 조건을 모두 충족하는 것은 아니다. 어쩌면 그 기준 가까이 접근하는 것만으로도 충분할지 모른다. 그다음에 필요한 것은 오로지 '새로운 정신'으로 무장한 경영진이 등장해 당신의 회사를 폭발적인 성장 잠재력이 있는 회사로 인식하는 것뿐이다. 비록 가능성이 낮긴 하지만 완전히 불가능한 것도 아니다.

새로운 승자는 누구?

지금까지 말한 기업 가운데 어느 한 곳이 과연 제5의 기사, 즉 다섯 번째 거인기업이 될 수 있을까? 기존의 네 개 거인기업은 새로운 거인기업 등장을 허용할까? 젊은 기업 아마존은 자사가 지금까지 확보한 땅을 월마트가 되찾으려 할 때 월마트를 가만 내버려두지 않을 것이 확실하다. 구글 역시 자율주행자동차 사업을 추구하는 한 우버와 테슬라를 예의주시할 것이다.

어떤 우연적인 변수가 역사의 흐름을 바꿔놓을지는 아무도 모른다. 1970년만 해도 누구도 IBM을 저지할 수 없을 것처럼 보였다.

1990년에는 마이크로소프트가 업계를 공포로 몰아넣었다. 기업은 점점 나이를 먹고 성공은 태만을 낳으며 잘나가는 회사의 성공을 이끌던 최고 인재들은 새로운 대박을 꿈꾸며 모험거리를 찾아 떠나는 법이다.

전혀 뜻밖의 인물들이 나올 수도 있다. 지금 어느 연구소 실험실이나 대학교 기숙사에서 누군가가 디지털 세계를 다시 한 번 더 뒤집어 놓을 신기술을 연구하고 있을지도 모른다(1947년의 트랜지스터와 1958년의 집적회로는 그렇게 세상을 뒤집어놓았다). 또 다른 곳 예컨대 주방 식탁이나 스타벅스 테이블에서 차세대 스티브 잡스가 이끄는 어떤 신생기업 팀이 지금의 거인기업들을 과거의 유산으로 만들어버릴 새로운 기업을 구상하고 있을 수도 있다. 가능성은 높지 않지만 완전히 불가능한 일은 아니다. 100년에 한 번씩 발생한다던 홍수가 10년마다 한 번씩 발생하는 것처럼 말이다. 지금은 불가능해 보이는 것도 언젠가는 현실로 나타난다.

제10장

거인기업과
당신의 미래

열정을 좇지 말고,
재능을 따르라

네 개 거인기업의 시장 지배력은 경쟁 지형과 소비자의 삶에 중대한 영향을 미쳤다. 그러면 이것은 고등교육을 받은 사람들이 걸어갈 평균적인 경력 경로에 어떤 영향을 줄까? 감히 말하지만 오늘날의 젊은이치고 이 네 개의 거인기업과 그들이 경제를 완전히 바꿔버린 방식을 모르는 사람은 없을 것이다. 이들 거인기업 때문에 온건한 태도를 취하는 기업이 성공하거나 소비자대면consumer-facing 스타트업이 경쟁에서 생존하기가 한층 더 어려워졌다.

　사람들이 대부분 평균적이라는 것을 고려할(통계도 이 사실을 지지한다) 때 좋은 기업에서 강한 기업, 나아가 위대한 기업으로 도약하는 데 도움을 주는 교훈을 통해 우리는 무엇을 배울 수 있을까? 이 용감하고 새로운 세상에서 성공으로 이어질 경력 전략이 어떻게 보일지 관찰한 내용과 의견을 몇 가지 제시하는 것으로 이 책을 마무리하고자 한다.

성공과
불확실한 경제

한마디로 예외적인 존재가 되기에 지금보다 더 좋은 때는 없다. 그리고 평균적인 존재가 되기에 지금보다 더 나쁜 때는 없다. 이는 단 하나의 1위 기업이 디지털 기술로 전체 열매의 압도적 다수를 독식하도록 단일 시장을 창조하는 복권 경제를 형성하면서 나타난 파괴적 환경의 주요 효과 가운데 하나다. 별개로 존재하던 일련의 작은 연못과 사업, 지형이 세계화라는 폭우를 만나면 작은 연못은 거대한 호수로 바뀐다. 한데 여기에는 나쁜 소식이 뒤따른다. 그 호수에 악어가 많다는 사실이다. 물론 좋은 소식도 있다. 넓은 연못 속의 커다란 고기는 예전보다 훨씬 멋진 생활을 즐길 수 있다. 네 개의 거인기업이 이 현상을 엄청난 규모로 입증한다.

어떤 범주 안에서 일류 제품의 가치가 폭발할 때 그보다 못한 제품의 가치가 폭락하는 현상은 시장의 관점에서 당연한 결과다. 아마존은 희귀본 시장에서 과거에 찾기 어렵던 책을 전 세계 모든 사람에게 공개했다. 공급은 한정적인데 수요가 폭발적으로 늘어나면서 당연히 희귀본 가격은 상승했다. 정말 좋은 책은 이런 호기를 만난다. 마찬가지로 평범한 책들도 전 세계 사람들의 눈에 더 잘 띄었고 구매자는 일류가 아닌 책에서도 더 많은 선택권을 행사했다. 공급이 넉넉하고 구매자의 선택권이 늘어나 경쟁이 치열해지면 평범한 책은 희귀본과 달리 가치가 곤두박질친다.

똑같은 일이 노동 시장에서도 일어난다. 링크트인 덕분에 모든 사람이 전 세계 일자리 시장에 동시에 발을 담그고 있다. 그 안에서 예외적으로 재능이 특출한 존재는 전 세계 수천 개 기업이 붙잡으려 안달한다. 반면 그럭저럭 괜찮은 인재는 다른 '그럭저럭 괜찮은' 전 세계 수천만 명의 인재와 경쟁해야 하므로 임금이 제자리걸음을 하거나 하락한다.

뉴욕 대학교 스턴 경영대학원의 최고 교수 수십 명을 초빙하려는 전 세계 수요는 치열하다. 점심 한 끼를 함께 먹으며 대화하는 데만 해도 5만 달러 이상을 지불해야 한다. 이들의 1년 평균 수입이 100만 달러에서 최고 300만 달러에 이를 것이라고 나는 감히 추정한다. 나머지의 '괜찮은' 교수들은 비영리 교육 서비스인 칸 아카데미나 오스트레일리아의 아델라이드 대학교 교수들과 경쟁을 벌인다. 이 '괜찮은' 교수들은 많지 않은 추가수입을 벌고자 경영자 교육 프로그램에서 강의를 하거나, 자기보다 아주 조금 더 나은 다른 동료에 비해 자기가 받는 돈이 너무 적다며 온갖 불평불만을 쏟아낸다. 물론 괜찮은 것과 위대한 것의 차이는 10퍼센트 안팎일 수 있지만 그에 따른 보상의 차이는 무려 10배에 달한다. '괜찮은' 교수들의 연평균 소득은 12~30만 달러인데 실은 이것도 지나치게 많다. 이들을 대체할 사람이 널려 있으니 말이다. 대학교는 정년제를 지켜야 하므로 교수를 해고하지는 않지만 대학은 대개 이들을 무시한다. 가령 직위를 부여해 일을 맡기고 이런저런 위원회의 위원직을 떠안기며 평범한 교수임을 입증할 온갖 구실을 찾아낸다.

그러면 위대함을 타고나지 않았을 때는 어떻게 행동하는 것이 10퍼센트의 능력을 더 얻는 데 도움이 될까? 본질은 절대 변하지 않는다. 탁월함과 끈기, 공감은 동서고금의 모든 분야를 통틀어 성공한 사람들의 기본 덕목이다. 한데 업무 속도와 변동성이 증가할 경우 성공하는 사람과 실패하는 사람은 지극히 작은 차이로 갈린다.

내가 여섯 번째로 창업한 회사가 L2인데 이 회사는 7년 만에 직원이 140명 규모로 늘어난 비즈니스 인텔리전스Business Intelligence 회사다(데이터를 분석해 의미 있는 결과를 도출하는 '비즈니스 인텔리전스'라는 용어가 정말 멋지지 않은가?). 그 직원의 70퍼센트는 서른 살 미만이며 평균 나이는 스물여덟 살이다. 또 L2의 직원들은 야망이 있는 다른 기업으로 자주 스카우트된다. 나이가 어리고 거친 이들은 아직 일과 관련해 자신만의 개성을 형성할 시간을 누리지 못했다. 사람들을 관찰하면서 그들의 핵심적인 개성이 결국 어떤 식으로 귀결되는지 목격하는 일은 무척 흥미롭다. 그 관찰을 기반으로 나는 거인기업들이 주도적으로 이끌어가는 오늘날의 진화하는 경제 속에서 개인이 성공하는 데 필요한 것이 무엇인지 몇 가지 알아냈다.

변화에
적응하라

평균적으로 볼 때 열심히 일하고 다른 사람들을 잘 대하는 똑똑한 사람이 게으르거나 생각이 뒤죽박죽이거나 동료에게 좋은 인상을 주지 못하는 사람보다 더 성취율이 높다. 지금까지 늘 그랬고 앞으로도 그럴 것이다. 물론 아주 가끔은 괴짜가 나타나 예외가 있음을 증명하기도 한다. 여하튼 재능과 노력만이 지구 전체 인구 가운데 상위 10억 명 안에 들게 해준다. 그런데 디지털 시대의 최고 인재를 만드는 보다 미묘한 원심분리기 혹은 선별기가 몇 개 있다.

그중 정서적 성숙보다 더 중요한 것은 없다. 20대 때는 더욱더 그러하며 특히 이들 사이에는 정서적 성숙도 편차가 매우 크다. 어떤 사람이 단 한 명의 상사에게만 보고하거나 특정 업무만 수행하는 업무 분야는 점점 줄어들고 있다. 이러한 변수는 앞으로 더 늘어나고 변수의 범위도 한층 커질 전망이다. 디지털 시대 노동자는 수많은 이해 당사자를 상대하기 위해 하루 종일 온갖 역할을 바꿔가며 수행해야 한다. 이는 성숙한 사람에게 유리한 환경이다. 또한 경쟁력 유지 기간과 제품 주기가 짧아지면서 직장생활의 성공과 실패도 빠르게 요동치고 있다.

이러한 성공과 실패 주기 속에서 중요한 것은 자신의 열정을 얼마나 잘 관리하느냐 하는 점이다. 사람들이 상호작용하는 방식은 그들이 매달리는 프로젝트와 누가 그들과 함께 일할지, 누가 그들을 고용하고 싶어 할지를 결정한다. 뚜렷한 자기정체성이 있는 젊은이들은 스트레스 아래서도 평정심을 유지하면서 학습하고 그 학습한 것을 적용한다. 그러므로 이들은 쉽게 당황하거나 허둥대고 사소한 것에 발목이 잡혀 쩔쩔매며 외부 자극에 즉각 충동적 감정을 드러내는 사람들보다 일을 더 잘한다. 특히 지휘계통이 불명확하거나 조직구조가 유동적일 때 어떤 지시를 내리고 받는 일을 편안하게 하는 사람, 집단 속에서 자기가 해야 할 일을 잘 이해하는 사람은 다른 동료들보다 일을 더 잘한다.

이 효과는 학계 연구자들이 내놓은 저작물이 입증하고 있다. 사회적·정서적인 삶의 기술을 가르치는 학교 프로그램을 연구 평가한 668개의 논문을 대상으로 한 어느 메타연구는 여기에 참여한 어린이의 50퍼센트가 상대적으로 학업성취도가 높고, 잘못된 행동이 두드러지게 줄어들었음을 확인했다. 또한 '정서 지능'Emotional Intelligence이라는 용어를 널리 퍼뜨린 심리학자 대니얼 골먼Daniel Goleman도 자기인식, 자기규제, 동기부여, 공감, 사회성 관련 기술을 두루 갖춘 사람이 이끄는 글로벌 기업이 높은 성과를 낸다는 사실을 확인했다.

정서적 성숙이 갈수록 더 중요해진다는 사실과 관련해 흥미로운 결과가 하나 있다. 그것은 이 기술이 젊은이들 중에서도 남자보다 여자에게 더 유리하다는 점이다. 나는 지금 정치적 차원의 페미니즘을 둘러싼 논쟁에서 내가 옳다고 주장하는 게 아니다. 어쨌든 설문조사에서 질문을 받을 경우 남녀 모두 20대 여자가 또래 남자보다 '나이에 맞게 행동하는' 경향이 더 높다는 점에 동의했다. 사람이 성장해서 성인으로 진입할 때 여성의 뇌가 남성의 뇌보다 더 일찍, 더 빨리 발전한다는 신경학적 증거도 나와 있다.

회의에서든 어떤 자리에서든 내가 자주 접하는 상황이 있다. 젊은 남자 한 명 혹은 여러 명이 대화의 상식적 규범을 뭉개고 장황하게 설명을 늘어놓으며 대중 앞에서 한껏 위세를 부리다가도 젊은 여자가 그 방으로 들어오면(그 여자는 대개 입을 꼭 다물고 듣기만 한다), 금세 태도를 바꿔 적절하고 객관적인 사실만 차분하게 소개하고 비판적 쟁점을 요약한 뒤 다음 과제로 넘어가자고 제안한다.

남자는(심지어 어린 남자조차) 승진이나 출세와 관련해 자신이 동료 여자보다 우월하다는 문화적 편견을 여전히 즐긴다. 이는 자신이 남들에게 보다 단호해 보인다고 생각하기 때문이다. 이 점에서는 정서적 성숙을 배양한 소수의 젊은 남자도 예외는 아니다. 그렇지만 잘나가는 여성은 매우 희귀하고 가치 있는 부류다. 고교 졸업식에서 졸업생 대표로 나서서 연설하는 학생의 70퍼센트가 여학생이라는 사실만 놓고 봐도 미래는 여성의 것임을 기업들은 이미 파악하고 있다.

디지털 시대는 스테로이드를 복용한 헤라클레이토스('만물은 변한다' 라고 말한 그리스의 사상가―옮긴이)다. 변화는 특별한 변수가 아니라 일상적인 상수다. 우리는 거의 모든 직장 환경에서 10년 전, 심지어 1년 전만 해도 존재하지 않던 온갖 도구를 능숙하게 다뤄야 한다. 좋든 나쁘든(솔직히 말하면 나쁜 경우가 더 많다) 조직과 기관은 본질적으로 무한한 양의 데이터에 접속할 수 있고, 이 데이터로 혹은 이 데이터를 기반으로 분류 가능한 무한한 방식을 채택한다. 동시에 이런저런 아이디어는 전례 없이 빠른 속도로 현실화하고 있다. 아마존과 페이스북 그리고 이제 더는 새롭지 않은 자라 같은 회사도 공통적으로 자사가 '민첩하다'Agile(이것은 '빠르다'Fast를 대신하는 새로운 경제 생태계 용어다)고 생각한다.

호기심 역시 성공에 결정적인 요소다. 지금은 어제까지만 해도 잘 먹히던 것이 오늘은 통하지 않고 내일이면 잊히는 일이 부지기수다. 전혀 새로운 도구나 기술이 쉽게 대체하기 때문이다. 전화 사용자가 5,000만 명이 되는 데 75년이 걸렸다. TV가 5,000만 가구에 보급되기까지는 13년이 걸렸지만, 인터넷 사용자가 5,000만 명이 되는 데는 4년밖에 걸리지 않았다. 심지어 모바일 게임 '앵그리버드'는 35일 만에 5,000만 명이 게임을 즐겼다.

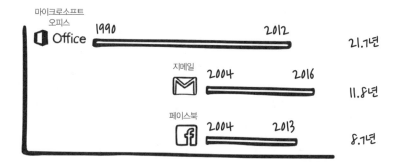

사용자 10억 명을 확보하기까지 걸린 기간

마이크로소프트
오피스
Office   1990   2012   21.7년

지메일   2004   2016   11.8년

페이스북   2004   2013   8.7년

 기술 시대에는 변화 속도가 한층 더 빨라지고 있다. 마이크로소프
트 오피스는 10억 사용자를 확보하기까지 22년이 걸렸지만 지메일
과 페이스북은 각각 12년과 9년밖에 걸리지 않았다. 이러한 변화 물
결에 저항하려다가는 익사하고 만다. 디지털 시대에 성공한 사람은
다음에 이어질 변화를 두려워하지 않고 날마다 "이런 식으로 해보면
어떨까?"라는 질문을 던지며 일한다. 프로세스나 우리가 지금까지
줄곧 해온 방식에 집착하는 것은 대기업들의 아킬레스건으로, 이는
개인의 경력에 염증으로 작용한다. 실천적이면서도 한 번쯤 논의하
고 시도해봄직한 '기상천외한' 발상을 똑 부러지게 제시하라. 적극적
이고 공격적으로 나아가라. 무언가를 요구받을 때마다 요구받지 않
은 제품이나 발상을 한 가지씩 더해서 제안하라.
 성공을 위한 또 다른 두드러진 기술은 소유다. 당신이 속한 팀 구
성원 중 누구보다 더 구체적인 세부사항과 수행해야 할 일, 그 일의
가능성, 시기, 방법에 집착하라. 당신이 모든 사람을 상대해 모든 것

을 끝내지 않는 한 성공으로 나아가는 발판은 아무것도 마련할 수 없음을 기억하라. 당신이 하는 업무, 딩신이 맡은 프로젝트, 당신이 하는 사업을 문자 그대로 당신의 것으로 소유하라.

웬만하면
대학에 가라

전문 교육은 여전히 강조할 가치가 있다. 디지털 시대에 성공한 화이트칼라가 되고 싶다면 대학에 진학하는 게 지름길이다. 대학에 진학하는 것과 진학하지 않는 것 사이의 차이는 매우 크다.

물론 저커버그와 게이츠, 잡스는 모두 대학을 졸업하지 않고 중퇴했다. 그렇지만 당신이나 당신의 자녀는 저커버그 같은 걸출한 인물이 아니다. 비록 이들은 대학을 졸업하지 않았으나 대학생 시절의 경험을 사업에 적용했고 이는 성공의 중요한 도구로 작용했다. 가령 페이스북은 처음 대학생들 사이에 활발하게 퍼져갔는데 이는 대학생활에서의 실질적인 필요성이 페이스북의 중요한 성장 동력이었기 때문이다. 빌 게이츠는 하버드 대학교에서 3년 동안 수학과 프로그래밍을 집중적으로 공부한 뒤 마이크로소프트를 창업했다. 25년 뒤 게이츠가 마이크로소프트의 지휘를 맡긴 스티브 발머를 만난 곳도 대학교였다. 리드 대학교 시절을 방황 속에서 보낸 잡스조차 그 대학교에서 설계에 열중했다는 것은 유명한 사실이다. 비록 대학 공부에 드는 비용이 만만찮고 또 자식이 4년 동안 성실히 대학생활을 마칠 때까지 부모가 감내해야 하는 스트레스가 엄청나게 클지라도 대학 졸업장은 충분히 그럴 만한 가치가 있다. 전체 생애를 기준으로 대학 졸업장이 있는 사람은 고교 졸업장이 있는 사람보다 10배 더 많은 돈을 번다.

세상은 물론 우리의 일생에는 똑똑하고 열의에 찬 밝은 청춘과 함께하는 시간, 성숙미를 갖추고 여러 과제 앞에서 깊이 생각하는 데 필요한 시간을 보장해주는 소중한 기회가 결코 흔하지 않다. 그러므로 대학에 진학해야 한다. 일단 들어가면 무얼 배워도 배운다. 설령 배운 게 없더라도 이력서에 써넣는 그럴듯한 대학교 이름은 당신이 실제로 어떤 구체적인 자산을 일굴 때까지 훌륭한 자산으로 기능하면서 당신 앞에 있는 문을 끊임없이 열어준다. 기업 홍보부나 대학원 입학사정위원회, 심지어 당신의 잠재적 배우자까지도 여러 선택권을 쥔 바쁜 사람들이고 당신은 그들이 선택할 수 있는 사람 가운데 하나다. 우리는 모두 살아가면서 누군가를 걸러낸다. 그렇게 걸러낼 때 선택을 좌우하는 것은 단순한 어림짐작이다. 예컨대 우리는 '예일 대학교 졸업생은 똑똑하지만 낯선 이름의 대학교 졸업생은 상대적으로 똑똑하지 않다'라고 생각한다. 그리고 디지털 시대에는 똑똑한 사람이 섹시하다는 평가를 받는다.

누구도 인정하고 싶지 않겠지만 미국에는 엄연히 신분 제도가 살아 있다. 대졸자와 그렇지 않은 자의 신분이 다르다. 2008년 금융위기로 대침체가 한창일 때 대졸자 실업률은 5퍼센트 미만이었지만 고졸자는 15퍼센트가 넘는 실업률 아래 고통을 당했다. 사람들이 거두는 성공 수준은 각자가 다닌 대학을 토대로 계층화한다. 상위 20개 대학 집단에 속하는 학생들은 훌륭하다. 이들은 융자받은 학자금을 금방 갚을 수 있다. 그렇지 않은 학생들은 비슷한 액수의 등록금을 내지만 상위 20개 대학 졸업생과 동일한 수익률을 실현할 기회를 쉽게 얻지 못한다.

최근 몇 년 동안 대학을 졸업할 때까지 들어가는 비용이 엄청나게 늘어났다. 인플레이션율은 1.37퍼센트에 불과하지만 대학 비용은 무려 197퍼센트나 증가했다.[1,2] 사실 교육은 이미 썩을 대로 썩었다. 그런데 사람들은 흔히 기술 기업, 특히 벤처투자금의 지원을 받는 기술 교육 기업들이 장차 교육을 망칠 것이라고 믿고 있다. 말도 안 되는 얘기다. 사실은 정반대다. 하버드, 예일, MIT, 스탠퍼드가 오히려 교육을 망치고 있다. 비이성적이고 비도덕적으로 엄청나게 쌓아두는 기부금에 정부가 지속적으로 무겁게 압력을 가할 때 이들이 교육을 망칠 가능성이 더 크다. 하버드 대학교는 전년도 입학생 수를 두 배로 늘려도 교육의 질은 조금도 떨어뜨리지 않을 수 있다고 주장한다. 그럼 그렇게 하라. 최고의 학교에서 더 많은 학생을 무료로 교육하면 교육제도가 파괴되지만, 평범한 대학교가 진행하는 온라인 대중 공개강좌MOOC는 전혀 그렇지 않다(애플을 다룬 제3장의 '무료 대학' 관련 내용을 참조하기 바란다. 나는 정말 현재의 교육제도가 파괴되었으면 좋겠다).

최고의 대학교에 입학한 학생이 얻는 것은 교육 내용과 그 대학 출신이라는 브랜드뿐만이 아니다. 교정에서 사귀는 친구들 역시 브랜드만큼이나 소중한 가치가 있다. 그들 가운데 몇몇은 어디에서 무엇을 하는지도 모르게 잠적해버리지만 몇몇은 자산과 기술을 획득하고 자기만의 인맥을 쌓는다. 바로 이 인맥이 당신이 어떤 분야에서 성공하는 데 꼭 필요하며 당신은 친구들에게 그 인맥을 빌릴 수 있다. 실제로 내가 가장 신뢰하고 자문을 구하는 몇몇 사람과 동업자는 내가 UCLA나 버클리 하스 경영대학원에서 만난 친구들이다. 이들의 경험과 우정이 없었다면 나는 지금과 같은 성공을 결코 거두지 못했을 것이다.

솔직히 인정하지만 이런 식의 조언에는 공정성과 관련된 문제가 있다. 즉, 이 조언은 공정하지 못하다. 대학교육을 받는 데 들어가는 비용을 감당하기 힘든 사람도 있다. 4년 동안의 등록금에다 기숙사비까지 고려하면 조금 저렴한 대학도 족히 25만 달러는 들어간다. 비록 많은 대학이 학생들에게 재정적 지원을 하고 있으나(사실 아이비리그 대학의 장학금 지원 규모는 아주 커서 평균적인 소득 가구의 아이들은 등록금 면제 혜택은 물론 기숙사도 무료로 제공받는다), 성적이 우수한 가난한 학생이 최고의 대학에 들어가지 못하도록 가로막는 것은 등록금뿐이 아니다. 재정 지원 프로그램의 혜택을 누리려면 성적이 우수한 학생이 먼저 입학 허가를 받아야 하지만 그 관문을 뚫기가 어렵다. 개인과외를 받거나 SAT 예비 강좌를 듣고 온갖 현장학습을 하는 부잣집 아이들과 경쟁해서 이겨야 하기 때문이다. 또한 이들은 부모가 그 학교 졸업생인 경우 그 자녀에게 주는 우선선발 특혜와도 경쟁해야 한다. 여기에 더해 그 대학에 많은 돈을 기부한 부모나 그 대학의 총장과 골프를 함께 치는 사람을 부모로 둔 학생에게 특혜를 주는 제도와도 경쟁해야 한다.

만일 당신이 원하는 좋은 대학에 입학하지 못했다면 어떻게 해야 할까? 편입제도를 활용하라. 대부분의 경우 2학년 때 좋은 대학에 편입하는 것이 훨씬 쉽다. 1학년 때보다 2학년 때 자퇴생이 많이 생겨 빈자리가 늘어나는 까닭이다. 어느 대학에 입학해도 괜찮다. 일단 대학에 입학해 높은 평점을 받고 이런저런 상도 받으며 봉사활동을 비롯한 여러 가지 활동을 열심히 하라. 그런 다음 원하는 대학에 편입하라. 이것은 비용이 훨씬 적게 먹히는 경로다.

내 가치를 높여주는
자격증

　　　　　　물론 모든 사람이 다 대학에 진학할 필요는 없다. 대학 진학을 포기해야 할 충분한 이유가 있다면 대학에 가지 않아도 괜찮다. 대학에 진학하지 않을 경우 무엇을 어떻게 해야 할까? 자격증을 취득하라. 공인재무분석사, 공인회계사, 노동조합원증, 계기비행면허증, 공인등록간호사, 요가강사자격증 등 당신이 관심이 있는 분야를 중심으로 자격증 취득 준비를 하라. 스마트폰과 운전면허증도 당신을 차별성 있는 인물로 만들어준다. 대학졸업장이 가장 튼튼하고 민첩한 자격증이지만 대학에 진학하지 않았다면 평균 시급이 1.3달러인 지구상의 다른 70억 명과 당신을 구분해줄 자격증을 취득할 필요가 있다.

성취도 반복 가능한
습관이다

　　　　　　어떤 영역에서 목표를 달성하는 사람은 다

른 영역에서도 목표를 달성한다. 필드하키 결승전에서 이기는 것이든, 초등학교 받아쓰기 대회에서 우승하는 것이든 혹은 육군 제복에 자랑스러운 청동무공훈장을 다는 것이든 성취도 연마해서 반복할 수 있는 하나의 습관이다.

승자가 되려면 무엇보다 치열한 경쟁심이 있어야 한다. 경쟁 현장으로 나서지 않으면 이길 수 없다. 또한 쓰라린 패배의 경험을 하게 될지도 모른다는(혹은 얼굴을 강타당하고 코피를 흘릴지도 모른다는) 위험도 감수해야 비로소 성취를 얻는다. 경쟁에는 용감함과 행동지향성이 필요하다. 세기가 바뀔 무렵 애플로 다시 돌아온 스티브 잡스는 '엘리트는 엘리트를 고용하고 평범한 사람은 평범한 사람을 고용하기 때문에 자기는 최고의 엘리트만 고용하겠다'고 발표해 많은 비난을 받은 바 있다. 하지만 그가 옳았다. 승자는 다른 승자의 인정을 받지만 낙오자는 경쟁자들의 위협을 받는다.

경쟁하려면 투지가 있어야 한다. 조정이나 체조, 수구, 육상 경기처럼 화려하지 않더라도 나아가 그것이 올림픽 경기가 아니라 대학교 경기일지라도 치열하게 경쟁하는 투지의 땀방울이 뜨겁게 튀어야 한다. 만일 당신이 조정에서 노를 저어 2,000미터를 주파했다고 치자. 800미터 지점에서 구토하고도, 1,400미터 지점에서는 기절할 뻔하고도 그 거리를 주파했다면 당신은 아무리 까다로운 고객도 능히 다룰 수 있고 어떤 것을 '좋은 것'에서 '위대한 것'으로 밀어 올릴 투지를 이미 갖추고 있는 셈이다.

도시로
거점을 옮겨라

오랜 세월 동안 우리는 디지털 시대가 오면 '어디서든 일할 수 있을 것'이라고 믿었다. 산속의 조용한 오두막집에서 노트북으로 정보 고속도로의 마법을 이용해 모든 일을 할 수 있는 유토피아가 오리라고 믿은 것이다. 실제 현실로 나타난 것은 그와 반대다. **부와 정보, 권력, 기회는 한 곳에 집중되었다.** 혁신은 온갖 발상이 뒤섞이며 새로움을 창조하는 것이기 때문이다. 발전은 전형적으로 개인적이다. 또한 우리는 수렵자-채집자로서 다른 사람과 함께 움직일 때 가장 행복하고 생산성도 높다.[3]

전 세계 GDP의 80퍼센트가 도시에서 창출되고 전체 도시의 72퍼센트는 해당 국가의 성장률보다 더 높은 성장률을 기록한다. 해마다 도시로 옮겨가는 GDP 비율이 점점 늘어나고 있으며 이 현상은 앞으로도 지속될 것이다. 세계 100대 경제권 중 36개가 미국 대도시 지역 경제권이고 2012년에는 전체 일자리의 92퍼센트와 GDP 성장률의 89퍼센트를 그 도시에서 창출했다.

도시라고 모두 같은 것은 아니다. 세계적인 경제 수도는 갈수록 덩치가 커지고 있다. 뉴욕과 런던은 세계에서 가장 강력한 도시는 아니지만 경제 수도로 꾸준히 꼽히고 있다. 개발업자들도 부유한 도시에 투자하려고 예의주시하는데 이는 부유한 도시에서 도시와 함께 성장하며 돈을 벌 수 있기 때문이다(맨해튼의 여러 기업이 브루클린 지역까지 확장하는 것을 생각해보면 이런 사정을 금방 알 수 있다). 부동산에는 종종 대박을 꿈꾸는 복권 경제가 적용된다.

20대 청년의 성공 경로를 가장 잘 대변하는 것은 그들의 지리적 궤적이다. 각 나라에서 가장 큰 도시가 그 지위에 도달하는 데 얼마나 많은 시간이 걸렸을까? 그 대륙에서 가장 큰 도시가 그 지위까지 도달하는 데는 또 얼마나 많은 시간이 걸렸을까? 성공의 가장 큰 신호는 상대적으로 낙후된 배후지에 머물지 않고 세계 경제의 수도로, 거대도시로 거점을 옮기는 일이다.

자기 경력을
여기저기 알려라

당신이 정서적으로 성숙하고 호기심이 많으며 투지를 갖추고 있다고 해보자. 한데 당신만 그런 것이 아니다. 똑똑한 다른 청년들 사이에서도 당신이 두드러져 보이려면 어떻게 해야 할까? 무엇보다 자신의 특성을 여기저기 끊임없이 선전함으로써 당신의 안전지대 경계선을 계속 바깥으로 넓혀가야 한다. 이때 당신의 매개물은 무엇인가? 맥주를 맛있게 마시기 위한 매개물은 TV고, 사치품 브랜드를 보다 널리 선전해주는 매개물은 언론매체다. '당신'을 표현하기에 가장 이상적인 매개물은 무엇인가? 가령 인스타그램, 유튜브, 트위터, 기업 내의 스포츠 동아리, 당신이 했던 이런저런 연설, 당신이 쓴 책, 친목단체, 술(당신이 잘 마시기만 한다면 술은 재미있고 매력적인 매개물이다), 음식 등이 있다.

자신이 멋지다는 것을 널리 퍼뜨리려면 어떤 매개물이 필요하다. 아무리 일을 잘해도 그 일을 널리 선전하거나 당신이 그 일을 했다는 것이 알려지지 않으면 당신은 당연히 받아야 할 보상보다 낮은 보상밖에 받지 못한다. 이는 바람직한 결과가 아니다. 당신이 한 일과 성취가 스스로 말하고 빛나도록 만들어야 한다. 물론 이것은 저절로 이뤄지지 않는다. 그러므로 당신이 한 일과 당신이 멋지다는 사실을 열명, 천명, 만명에게 알릴 방법을 직접 찾아내 실천해야 한다. 좋은 소식은 소셜 미디어를 적극 활용할 수 있다는 사실이다. 나쁜 소식은 이것이 그야말로 맨투맨의 백병전이라는 점이다.

내 트위터 팔로워는 5만 8,000명인데 이 정도는 대단하긴 해도 위대한 것은 아니다. 그러나 여기까지 오는 데 나는 하루에 15분씩 6년을 투자해야 했다. 주간 발행하는 동영상 〈디지털 시대의 승자들과 패자들〉Winners & Losers in Digital Age은 한 주에 40만 건이 넘는 조회수를 기록한다. 그렇지만 138주 전의 첫 번째 동영상 조회수는 겨우 785건이었다. 그 동영상은 나 혼자 아홉 살짜리 아이를 데리고 부엌에서 찍은 게 아니다. 동영상을 만들기 위해 나는 지난 2년 반 동안 애니메이터, 편집자, 리서치 담당자, 스튜디오 한 곳 그리고 중요한 미디어에 줄기차게 투자했다. 언뜻 하룻밤 사이에 성공한 것처럼 보이지만 여기에는 긴 시간과 노력 투자가 따랐다.

어떤 사람은 말에 강하고 또 어떤 사람은 이미지에 강하다. 자신의 강점에 공격적으로 투자하되 자신의 약점 때문에 발목이 잡히는 일이 없도록 약점을 평균 수준으로 끌어올릴 만큼만 투자하라. 직원부터 동업자까지 나아가 잠재적 배우자까지 모든 사람이 당신을 똑바로 쳐다보고 있다. 그들이 보고 있는 것이 당신이 보여줄 수 있는 최고이자 최상의 것이도록 하라. 스스로를 검색해보고 만일 당신이 내놓는 것이 좀 더 깔끔하고 강력하며 재미있을 수 있다면 그렇게 개선하라.

첨단 기술 게임에 동참하라

당신이 스물다섯 살 청춘도 아니고 아이비리그 출신도 아니라면 어떻게 해야 할까? 집에서 발 닦고 잠이나 자야 할까? 아니다. 아직은 아니다. 나는 쉰두 살이지만 내 나이보다 평균 스물다섯 살이나 어린 친구들과 함께 일하고 있다. L2에는 나처럼 제법 나이 든 사람이 많은데 우리에게는 공통점이 하나 있다. 젊은이들을 다루는 방법과 L2라는 회사의 안전지대를 네 개의 거인기업과 함께 넓혀가는 방법을 익혀 알고 있다는 점이다. 우리는 네 개의 거인기업을 이해하고 또 이들을 발전의 지렛대로 삼으려고 노력한다. 자신은 소셜 미디어를 하지 않는다고 자랑스럽게 말하는 쉰다섯 살이라면 이미 포기해버린 사람이거나 아니면 변화를 대면하는 걸 두려워하는 사람이다.

게임에 동참하라. 앱을 내려받아 깔고 사용하라. 모든 소셜 미디어 플랫폼을 다 사용하라(다만 스스로 생각하기에 나이가 정말 많다고 생각한다면 스냅챗은 하지 않는 게 좋다). 더 중요한 것은 이해하려 노력해야 한다는 사실이다. 예컨대 최고로 멋진 게시물은 어떤 것인지, 사용자 평은 어떤지, 인스타그램과 인스타그램 스토리는 뭐가 다른지 등을 말이다. 몇몇 핵심어는 꼭 챙기고 구글과 유튜브에 동영상을 올려라. "나는 사업을 좋아하지 않아."라고 말하는 경영자는 없다. 네 개의 거인 기업은 사업이고 그들은 이 모든 것에 관여하고 있다. 이들의 게임에 동참하지 않으면 당신은 점점 더 세상과 멀어지고 당신이 사업을 잘 할 가능성은 그만큼 낮아진다.

위키피디아나 뉴욕 대학교 경영대학원 교수 소개란에 나와 있는 내 경력은 언뜻 으리으리하지만 사실 나는 천성적으로 기술 분야와 는 거리가 멀다. 그러나 나는 내 일이 적절하고 타당한 것이기를 열 렬히 바라며 그렇게 되도록 노력하고 있다. 물론 나와 내 가족의 경 제적 안정을 위해서도 모든 열의를 다한다. 그래서 나는 페이스북을 하고 그것을 이해한다. 나는 페이스북의 내 홈페이지에 '우리가 지금 까지 연락하지 않고 지내온 데는 이유가 있습니다'라는 문구의 배너 를 큼지막하게 내걸고 싶은 마음이 굴뚝같다. 대신 나는 다크 포스 트Dark Post(페이스북의 비공개 게시물. 다양한 고객층에게 각기 다른 맞춤형 메시지 를 전달할 수 있다.—옮긴이)가 무엇인지 이해하려 노력하며 인스타그램 으로 휙 날아가 광고를 클릭해 광고주 브랜드가 어째서 TV에는 광고 지출을 상대적으로 줄이고 시각적 플랫폼에는 늘리는지 이해하려 노 력한다. 네 개의 거인기업을 사용하고 이해하는 것이 기본 판돈이다. 이 판돈을 챙겨들고 게임을 시작하라. 지금 당장!

당신의 지분을 늘려라

월급을 포함한 보상의 일부로 회사의 지분

을 챙기려 노력하라. 만일 지금 일하는 회사의 가치가 앞으로 더 나아질 것 같지 않으면 다른 회사를 찾아라. 당신이 서른 살과 마흔 살이 될 때 각각 그 지분 비율을 10퍼센트와 20퍼센트로 늘려가라(물론이 수치는 무척 이상적인 수준일 때다). 지금 일하는 회사에서 지분을 획득할 기회가 전혀 없다면 비과세 혜택이 있는 계좌를 최대한 활용해 독자적으로 그런 지분을 만들어낼 필요가 있다. 그런 다음 당신의 수입과 지출 수준을 바탕으로 100만 달러, 300만 달러, 500만 달러의 재산을 축적해갈 경로를 구체적으로 작성하라. 시간은 이상하게도 느리게 가기도 하고 반대로 빨리 가기도 한다. 경제적으로 아무런 안전장치도 없는 상태로 쉰 살의 아침을 맞는 일이 빠르게 다가올 수도 있다. 큰돈을 벌지 못하거나 100배로 뛰어오를 게 확실한 어떤 주식을 사지 못하는 날이 닥친다고 전제하고 가급적 일찍부터 재형저축을 시작하라.

나는 수백만 달러가 한꺼번에 쑥 빠져나가는 경험을 여러 번 했고 그때마다 정신이 번쩍 들었다. 어려운 때를 미리 대비하지 않았기 때문이다. 2008년 9월의 어느 날 아침 잠에서 깨어 일어났을 때는 거의 빈털터리가 되어 있었다. 그때는 막 아이들을 낳아 키울 무렵이라 정말 끔찍했다. 그처럼 끔찍한 일은 겪지 않는 게 좋다. 그러니 당신이 나아갈 경로를 미리 작성하라. 동시에 불행히도 그런 일을 당했을 때 당신이 택할 수 있는 대안(플랜 B)도 미리 작성하라. 학생 신분일 때 외에는 늘 지출을 수입보다 적은 수준으로 유지하라. 내가 아는 한 가장 행복한 사람은 소득보다 적게 쓰면서 생활하는 사람이다. 이들은 적자나 빚을 걱정하지 않고 살아가기 때문이다. 이것을 꼭 기억해야 한다. 많은 중산층 가정 혹은 대부분의 가정이 이 원칙을 잘 지키지 않는다는 것을 나는 알고 있다.

월급을 모아 거부가 되는 사람은 아무도 없다. 진짜 부자가 되려면 점점 불어나는 자산에 대한 지분이 있어야 한다. 이는 어느 기업 CEO의 소득과 창업자의 소득을 놓고 비교해보면 금방 알 수 있다. 현금 보상은 지금 당장의 생활은 개선해주지만 재산은 그렇지 않다. 현금 보상만으로는 충분치 않다는 얘기다. 쉽게 떠오르는 대안은 저축이지만 저축은 여간 힘든 게 아니다. 고소득자들은 끼리끼리 모이는 경향이 있는데 우리는 그들을 몹시 부러워한다. 비즈니스석을 한두 번만 이용해도 금방 거기에 익숙해져 이코노미석이 불편하게 느껴진다. 누군가 자신의 생활비를 초과하는 자동 수입passive income(내가 직접 일해서 버는 소득이 아니라 소유한 자산에서 자동적으로 발생되는 소득—옮긴이)을 올릴 경우 우리는 그를 부자로 정의한다. 나의 아버지는 사회보장연금과 배당금으로 한 해에 4만 5,000달러를 벌지만 부자다. 왜냐하면 4만 달러밖에 지출하지 않기 때문이다. 내가 아는 사람들 중에는 1년에 100만 달러 이상을 벌면서도 부자가 아닌 사람이 있다. 이들은 일자리를 잃는 순간 끝장이다. 부자가 되는 길은 자기가 버는 돈보다 적게 쓰면서 나머지를 소득을 창출하는 자산에 투자하는 것이다. 부자가 되려면 버는 것보다 절제하는 게 더 중요하다.

인간은 타고난 저축가가 아니다. 낙천적인 우리는 심할 경우 수입이 가장 많은 때를 통상적인 것이라 여기며 앞으로도 계속 그렇게 벌 것으로 착각하는 경향이 있다. 연예인, 운동선수 중에는 몇 년 만에 수백만 달러를 벌었어도 따로 저축하지 않는 바람에 얼마 지나지 않아 파산하는 경우도 많다. 《스포츠 일러스트레이티드》Sports Illustrated는 NFL의 전체 선수 가운데 78퍼센트는 선수 생활을 끝내고 2년 안에 심각한 경제적 어려움을 겪거나 파산한다고 추정했다.

좋은 조건을 찾아
옮겨 다녀라

외부인에게 일을 맡길 경우, 조직 내의 같은 직급 직원보다 20퍼센트 가까이 더 많은 보상을 해준다. 성과에 대한 평가가 더 낮고 언제라도 일을 그만둘 가능성이 정규직 직원보다 더 높은 데도 말이다. 물론 특정 업무를 외부인에게 맡기면 균형이라는 이점을 얻는다. 만일 당신이 사무실에서 하루 종일 링크트인에 들락거리며 이력서를 정리하고 점심시간에 헤드헌터를 만나고 다닌다면, 어떤 고용주도 당신을 마음에 들어 하지 않을 것이다. 익숙해진 관계는 더러 경멸을 낳는다.

아무튼 당신에게는 연속 일부일처제, 즉 일정 기간마다 배우자를 바꾸는 전략이 좋다. 좋은 고용주를 찾아 여기저기 옮겨 다니라는 의미다. 새로운 기술 습득이 가능하고 보다 높은 수준의 후원을 받으며, 지분을 주거나 강제로 저축하게 해서 3~5년은 헌신하고 싶은 그런 좋은 고용주를 찾아야 한다. 현재 당신이 놓인 상황이 좋지 않을 경우 외적인 여러 옵션에 자신의 정신적 에너지를 모두 불태우지 마라. 아울러 신뢰관계가 확실한 멘토들과 당신이 바람직하게 여기는 것을 반드시 공유하라. 물론 당신이 기꺼이 감내하는 '부당함'이 어떤 것인지도 알려줘야 한다. 직장을 옮기려고 안달 난 것처럼 보이지 않게 하되 새로운 제안이 오기는 대화에 늘 문을 열어두어라.

적절한 시점이 오면 헤드헌터와 접촉하고 면접을 보라(현재 다니는 회사에서 어떤 힘든 직책을 맡은 직후의 시점은 피하라). 다른 사람에게 보다 나은 직장을 소개해달라고 부탁할 수도 있다. 다른 직무훈련을 추가로 받을 때 어떤 편익이 발생할지도 생각하라.

만약 어떤 매력적인 제안을 받으면 현재의 고용주에게 그 상황을 솔직히 얘기하라. 지금까지 충실한 직원으로 일해 왔고 현재의 조건에 만족하지만 이런저런 측면에서 지금의 조건보다 더 나은 조건의 제안을 받았다고 말이다. 당신은 낯선 사람들에게 인정받았고 그 사실은 시장의 평판으로 이미 입증되었다. 그렇지만 허세를 부려서는 안 된다. 이때는 진실이 더 잘 어울린다. 외부의 스카우트 제안은 당신이 현재의 회사를 떠나지 않을 경우에도 당신이 훨씬 더 매력적으로 보이도록 만들어준다. 만약 회사가 당신에게 별다른 반응을 보이지 않는다면 회사가 인정하는 당신의 긍정적인 면이 한계 수준에 다다른 것이므로 회사를 떠나야 할 때가 왔다는 뜻이다. 그런 모험의 기회가 찾아왔을 때 다음 3년에서 5년을 보낼 최고의 직장을 찾아 새롭게 둥지를 틀어라. 그리고 다시 그 과정을 반복하라.

조직이 아니라 사람에게 충성하라

"기업은 사람이다."라는 미트 롬니의 말은

틀렸다. 기업은 사람이 아니다. 영국의 에드워드 서로Edward Thurow는 200년도 더 전에 기업 조직은 "처벌받을 육체도 없고 저주받을 영혼도 없다."라고 했다. 회사라는 조직은 당신의 애정이나 충성을 받을 자격이 없고, 반대로 그 조직이 당신에게 애정을 주거나 충성을 다할 수도 없다. 그런데 교회와 국가, 심지어 민간기업조차 수백 년 동안 사람들에게 추상적 존재인 조직에 충성을 다하라고 가르쳐왔다. 이 가르침은 대개 나이 든 사람들이 자기 땅과 보물을 안전하게 지키기 위해 젊은이들을 전쟁터로 내보내 용감하고 어리석은 행동을 하도록 설득하기 위한 술책의 일환이다. 정말 말도 안 되는 일이다! 내 강의를 듣는 학생 중에는 조국에 충성을 다한 인상적인 학생들도 있었다. 우리는 그들이 조국에 보인 충성심에서 많은 이득을 얻는다. 그러나 미국이 그들에게 적절히 보상한다는 생각은 들지 않는다. 나는 그들의 입장에서 보면 불리한 거래였다고 생각한다.

충성은 조직이 아니라 사람에게 하라. 사람은 기업을 초월하며 기업과 달리 자기가 받는 충성을 높이 평가한다. 좋은 리더는 자신의 뒤를 받쳐주는 팀이 있기에 비로소 자신이 좋은 리더가 될 수 있음을 잘 안다. 그리고 이들은 누군가와 신뢰의 끈을 이으면 그 사람이 계속 행복하도록, 자기 팀에 계속 남도록 하려고 최선을 다해 배려한다. 만일 당신의 상사가 당신 편에 서서 싸워주지 않는다면, 그 상사가 나쁜 녀석이거나 당신이 나쁜 직원이다.

자기 경력을
관리하라

자기 경력을 책임지고 관리하라. 사람들은 당신에게 "당신의 열정을 따르라."라고 말하지만 이것 역시 말도 안 되는 일이다. 나는 뉴욕 제츠New York Jets(미국의 프로 미식축구팀—옮긴이)의 쿼터백이 되고 싶었다. 키가 크고 팔이 강하며 리더십 소양을 훌륭하게 갖추고 있었으니 그럴 만했다. 하지만 선수생활을 하다가 무릎을 다친 뒤에는 자동차판매점을 운영하고 싶어 했다. 한데 그렇게 하기에는 내 신체적 능력이 부족했다. 나는 이 사실을 UCLA에서 깨우쳤다. 당신에게 마음속 열정을 따르라고 말하는 사람의 말을 믿지 마라. 그는 이미 부자인 사람이다.

절대로 열정을 따르지 마라. 대신 당신의 **재능**을 따르라. 자신이 무엇을 잘할 수 있는지 가급적 일찍 판단하고 그다음에는 거기에 매진하라. 굳이 그 일을 사랑할 것까지는 없다. 그저 증오하지만 않으면 된다. 재능이 있는 일을 하다 보면 어느 순간 당신은 '좋은' 단계에서 '위대한' 단계로 올라설 것이다. 그때가 되면 당신은 자신이 누리는 평판과 보상 때문에라도 그 일을 사랑하기 시작한다. 궁극적으로 당신은 자신이 가장 좋아하고 즐기는 측면에 집중하도록 경력과 전문성을 다듬고 형성해 나간다.

만약 위대한 단계에 도달했음에도 불구하고 그 일을 사랑하지 않는다면 이미 돈을 많이 벌었으니 이제부터 당신의 열정을 따라가도 좋다. 어떤 아이도 인생의 소망으로 세무사를 꿈꾸지 않는다. 그러나 세계 최고의 세무사들은 비행기를 1등석만 타고 자기보다 더 매력적인 배우자와 결혼한다. 적어도 이 두 가지만큼은 사람들이 열정을 보이는 일이 아닐까?

기업계에서 정의를
찾지 마라

정의를 찾는다고? 당신이 아무리 애를 써도 기업계에서는 정의를 찾기 어렵다. 당신은 공정하지 못한 대우를 받을 뿐 아니라, 당신이 잘못한 것도 아닌데 도무지 이해하기 힘든 결과를 얻기도 한다. 당신의 통제력과 무관하게 늘 일정 정도는 실패가 발생한다고 생각하라. 그리고 그 실패를 참고 견디거나 우회할 필요가 있음을 깨달아라. 만일 당신이 그 어려움을 견디지 못해 회사를 떠나면 남은 사람들은 당신이 회사에 있는 동안 해낸 일보다 떠난 모습을 더 많이 기억한다는 사실을 명심하라. 아무리 상황이 고약하고 어려워도 품위와 우아함을 잃지 마라.

최고의 복수는 당신의 삶을 비참하게 만든 사람보다 더 잘 사는 것 혹은 상대를 더 이상 생각하지 않는 것이다. 10년쯤 뒤 그 사람이 당신의 부하직원이 될 수도 있다. 적어도 당신의 앞길을 가로막지는 않는다. 다른 사람이나 자신이 정당한 대우를 받지 못한다는 사실에 불평을 늘어놓는 사람은 패배자다. 만일 누군가가 당신을 윤리에 어긋나게 대할 때는 두려워하지 말고 변호사나 멘토를 찾아가 어떻게 대응하는 것이 좋은지 조언을 구하라(모든 상황이 같지 않으므로 바람직한 대처 방안은 사안별로 다르다).

이것 또한 지나간다는 것을
기억해라

　　　　　　　겉보기와 달리 아주 좋거나 아주 나쁜 것은 아무것도 없다. 모든 상황과 감정은 흘러가고 그것은 과거의 것으로 남는다. 커다란 성공을 거두면 한동안 위험을 피한다. 평균으로의 회귀는 어떤 경우에든 강력한 힘을 발휘하며 행운도 어느 시점에는 꺾여 불운으로 이어진다. 이에 따라 어떤 사업으로 돈을 많이 벌었다가도 그 승리가 자신의 천재성 덕분이라 믿고 앞으로 더 크게 성공하리라고 여기다가 결국 쫄딱 망하는 기업이 한둘이 아니다. 설령 어떤 사업을 벌였다가 비참한 결과를 맞더라도 세상이 당신을 어리석다고 생각하는 것만큼 실제로 당신이 어리석지는 않다는 사실을 명심하라. 호되게 당했을 때 중요한 것은 다시 일어서는 일이다. 툭툭 털고 일어나 더 열심히 노력하라. 나도 여러 번 엎어졌지만 그때마다 툭툭 털고 일어났다. 두 번(경기가 호황일 때와 그 뒤 거품이 꺼졌을 때) 정도는 개인전용 제트비행기를 바라보며 내가 그다지 똑똑한 게 아니라는 사실을 새삼 깨달았다. 지금 나는 제트블루 항공사의 '모자이크'Mosaic라는 특별 서비스 회원이다.

당신이 눈에 띌 수
있는 곳으로 가라

　　　　　　　당신이 다니는 회사에서 자사가 가장 잘하는 기능, 즉 핵심 기능이 무엇인지 파악하라. 그곳에서 두드러진 역량을 발휘하고 싶으면 그 범주와 관련된 부서를 지향하라. 구글은 엔지니어들이 핵심이고 상대적으로 영업부 직원은 뒤처진다(물론 구글은 영업 직원에게도 좋은 일자리다). 소비재 제품을 다루는 기업은 브랜드 관리가 핵심이다. 이런 회사에서 엔지니어가 고위 경영진에 들어가는 일은 드물다. 만일 당신이 속한 부서가 자사의 핵심이라면 당신은 회사 내 최고 인재들과 함께 가장 까다롭고 중요한 사업을 수행할 텐데, 이때 당신이 경영진의 눈에 띌 가능성은 상대적으로 높다. 그렇다고 원가절감 부서나 제품 생산 부서에서 일하는 사람이 성공할 수 없다는 뜻은 아니다. 회사 고위 경영진의 경력을 잘 살펴보기 바란다. 경영진이 대부분 영업 부서 출신이면 영업을 중시한다. 운영관리 부서 출신이면 그 부서가 당신 회사의 핵심이다. 소비자나 잠재적 직원에게 무슨 말을 어떻게 하든 상관없이 말이다.

섹시한 직업보다
투자수익률

산업 부문 사이에도 계급이 존재한다. 인기 있는 부문에는 과잉투자가 이뤄져 인적자본(노동에 대한 보상) 대비 수익률이 낮아진다. 만일 당신이 《보그》에서 일하고 싶거나 영화를 제작하고 싶거나 식당을 운영하고 싶다면, 그 일에서는 심리적 차원의 보상을 많이 기대하는 게 좋다. 당신이 들이는 노력에 비해 재정적 보상이 형편없기 때문이다. 경쟁도 극심한데 당신이 용케 그 회사에 들어가도 다른 인력으로 쉽게 대체가 가능해 언제 해고당할지 모른다. 보다 젊고 개방적인 사고방식의 소유자들이 당신의 자리를 호시 탐탐 노려서다. 석유회사 엑손에서 일하고 싶어 하는 고교 졸업자는 드물다. 그러나 대규모 산업 부문에 속한 대기업에서는 정기적으로 승진이 이뤄지므로 경력 관리에 유리하다. 이런 일은 유행에 맞는 '섹시한' 산업 부문에서는 감히 생각할 수 없는 일이다.

아이를 낳아 키울 생각이라면 직장 안정성을 깊이 고려해야 한다. 마흔다섯 살에 불투명한 미래 때문에 불안에 떨지 않으려면 말이다. 주말에는 밴드 동아리 활동을 하고 저녁 시간에는 사진 강좌를 들을 수도 있다. 매달 조금씩이라도 저축을 하면 마침내 목돈으로 커진다. 조금이라도 일찍 큰돈을 벌기 시작할 경우 나중에 그만큼 돈을 덜 벌어도 괜찮다. 복리라는 환상의 마법이 작동하기 때문이다. 반대로 어떤 섹시한 산업 부문을 선택했다고 치자. 그러면 당신은 임차료 때문

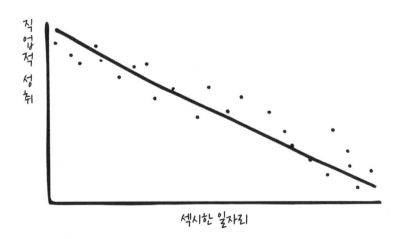

갤러웨이 교수의 경력 조언

에 피가 마를 수 있고 결국 경력과 안정적인 미래, 천재성을 인정받지 못할지도 모른다.

나는 스무디바나 새로운 패션, 음악 등에는 투자하지 않는다. 내가 가장 큰 성공을 거둔 회사는 연구조사 기업이다. 어떤 똑똑한 사람이 내 앞에서 들뜬 목소리로 병원을 주된 고객층으로 삼아 더 나은 일정 관련 솔루션을 제공하는 사스Software as a Service, SaaS(서비스형 소프트웨어로 소프트웨어를 웹에서 빌려 쓰는 방식이다.—옮긴이) 플랫폼을 이야기할 때, 나는 너무 지겨운 나머지 창문 밖으로 뛰어내리고 싶어진다. 그렇지만 그러지 않는 이유는 거기서 돈 냄새를 맡기 때문이다.

힘으로
무장하라

다른 사람이 땀 흘리는 것을 바라보는 것(예를 들어 TV에서 스포츠 중계를 보는 것)과 당신이 땀을 흘리는 것 사이의 비율이 당신의 성공 수준을 우아하게 대변해준다. 말라깽이인지, 울퉁불퉁한 근육이 있는지가 아니라 육체적·정신적으로 강한 것에 얼마나 전념할 수 있는가가 문제다. CEO들의 공통적인 특징 중 하나는 정기적으로 운동을 한다는 사실이다. 당신이 중요한 결정을 앞두고 어떤 회의장으로 걸어 들어갈 때, 회의 참석자들을 제압해 죽이거나 먹어치울 수도 있겠다는 느낌이 든다고 치자(실제로 이렇게 하지는 마라). 이럴 때 당신은 확실히 남보다 우월한 어떤 강점과 자신감으로 무장한 셈이다.

당신이 육체적으로 건강하면 우울증에 걸릴 확률은 그만큼 줄어들고 건전하게 생각하는 것은 물론 숙면을 취하며 잠재적 애인과 배우자 풀도 더 넓어진다. 회사에서 정기적으로 당신의 신체적·정신적 힘(투지)을 과시하라. 일주일에 80시간씩 일하라. 스트레스를 받는 상황에서도 평정심을 유지하라. 무지막지한 추진력으로 큰 문제를 붙잡고 씨름하라. 그러면 당신이 대단한 존재라는 것을 다른 사람들도 알아차린다. L2가 투자은행 모건 스탠리의 의뢰를 받았을 때 애널리스트들은 일주일에 한 번씩 꼬박 밤을 새웠다. 그렇다고 우리 가운데 죽은 사람은 아무도 없었다. 우리는 오히려 더 강해졌다. 나이가 들어서 이 접근법을 사용하는 것은 위험하다. 까딱하다간 진짜 죽을 수도 있으니 젊을 때 시도하라.

도움을 구하라.
그리고 도움을 줘라

나는 50대와 60대에 엄청난 성공을 거둔 인물들을 몇몇 알고 있다.(툴리 프리드먼, 워런 헬먼, 해미드 모그하단, 폴 스티븐스, 밥 스완슨 등) 이들은 내가 1990년대에 샌프란시스코에서 본격적으로 기업 활동을 시작할 때 많은 도움을 주었다. 이들이 나를 도운 이유는 내 부모와 친분이 있거나 내가 대단한 인물이라고 여겼기 때문이 아니다. 내가 그들에게 직접 도움을 요청했다! 성공한 사람들은 대부분 '나는 왜 여기에 있는가? 내가 여기에 남기고 싶은 흔적은 무엇인가?'를 포함해 중요한 질문을 놓고 스스로를 성찰한다. 그리고 그 대답 속에는 흔히 남을 돕는 것도 포함되어 있다.

성공으로 나아가는 계획을 세울 때는 누군가에게 도움을 청할 필요가 있다. 자기보다 연배가 많은 사람을 돕는 것은 도움을 주는 것이 아니라 그저 아첨일 뿐이다. 당신이 도와주는 사람들 중 많은 사람이 당신에게 은혜를 갚지 않을 거라는 점을 미리 알아두고 설령 그런 일이 실제로 일어나도 실망하지 마라. 그렇지만 타인을 도우며 충분히 많은 씨를 뿌려두면 나중에 당신이 전혀 기대하지 않던 순간에 적지 않은 사람이 커다란 보답을 해줄 것이다. 그건 기분까지 좋아지는 일이다.

당신은 알파벳의
어느 부분인가?

기업은 여러 생애 단계를 거치는데 각 단계에는 저마다 다른 리더십이 필요하다. 기업의 생애 단계는 크게 도입, 성장, 성숙, 쇠퇴로 나누며 각 단계에는 기업가정신을 갖춘 리더(창업자), 선견지명이 있는 리더(선지자), 운영 기술을 갖춘 리더(운영자) 그리고 실용주의 리더(실용주의자)가 각각 필요하다. 놀랍게도 가장 찾기 어려운 리더가 실용주의자다. 창업가는 아직 존재하지 않는 어떤 회사에 투자하거나 합류하라고 사람들을 설득하는 스토리텔러이자 세일즈맨이다. 창립 시점에는 어떤 기업도 말이 되지 않는다. 말이 되는 기업이면 다른 사람이 이미 시작했을 테니 말이다. 선지자 역시 그 회사가 맨 처음 출시하는, 즉 성능과 효과가 아직 입증되지 않은 제품 및 서비스로 똑같은 일을 한다. 심지어 그 제품을 지원할 정도로 회사가 충분히 오래 살아남으리라는 확실한 증거도 없는 상황에서 말이다.

나는 여러 개의 회사를 창업한 덕분에 실리콘밸리 용어로 '연쇄 창업가'Serial Entrepreneur로 불린다. 연쇄 창업가의 공통적인 덕목은 다음 세 가지다.

- 위험을 보다 너그럽게 받아들인다.
- 자신의 제품과 서비스를 판매할 능력이 있다.
- 자신이 실패할 것임을 알지 못할 정도로 어리석다.

반복하고, 반복하고 또 반복하라. 고도로 이성적이고 지적인 사람은 대개 창업에 도전하지 못한다. 특히 연쇄 창업가는 결코 될 수 없다. 이들 눈에는 위험이 선명하게 보이기 때문이다.

일단 회사가 탄력을 받아 움직이기 시작하고 자본을 투자받으면 선견지명이 있는 리더, 즉 선지자가 회사를 더 잘 이끌어간다. 이 리더는 회사를 막 움직이게 만든 탄력을 단순하면서도 반복 가능한 어떤 프로세스로 전환해 한층 더 많은 자본을 끌어온다. 기업가정신으로 무장한 창업가는 대개 자사 제품과 서비스가 완전무결하다는 생각에 푹 빠져 있다. 선지자는 창업가와 마찬가지로 회사의 스토리를 팔 필요가 있지만 이제 그 스토리는 몇 개의 독립된 장을 갖춘 하나의 커다란 서사다. 선지자는 창업가와 동일한 미친 천재성을 갖추지 않았을 수도 있으나 조직과 관련된 어떤 느낌, 특히 애초의 발상을 점점 키워가며 조직을 구축하는 어떤 느낌으로 부족한 천재성을 보완한다. 나는 늘 직원 100명을 모으고 난 뒤 '조직에 능통한' 사람을 운영자로 초빙했다. 내게는 조직 운영과 관련된 기술이 별로 없었기 때문이다.

회사를 성숙 단계로 이끄는 기술을 풍부하게 갖춘 운영자는 회사를 온전한 조직으로 만들려고 한다. 이러한 운영자는 위험보다 일자리의 안정성을 더 많이 추구하는 직원들을 다루는 능력이 탁월하며 주식이 아닌 월급을 선호한다. 이 부류가 멀리 떨어진 온갖 지역으로 출장을 다니느라 1년에 250일을 여행으로 보내고, 분노해서 펄펄 뛰는 주주들을 처리하며 언제나 다음 차례로 인수할 기업을 사냥하러 다니는 그 CEO다. 높은 연봉을 받는 기업 CEO를 부러워하는 사람들은 대체로 CEO라는 직업의 실상을 제대로 알지 못한다. CEO는 기업계 일자리 중에서도 가장 형편없는 일자리다. CEO 가운데 소시오패스가 많은 것도 이런 이유에서다.

창립한 지 오래되고 사세가 기울어가는 회사의 직원이나 주주가 그나마 운이 좋다면 실용주의자를 CEO 자리에 앉힌다. 실용주의자 CEO는 한때 잘나가던 영광스런 시절의 낭만에 취하지 않으며(이 CEO는 그 시절에 그 회사에 있지 않았기 때문이다) 회사를 맹목적으로 사랑하는 바보 같은 짓도 절대 하지 않는다. 반대로 회사가 내리막길에 있다는 현실을 철저히 인식하고 현금흐름을 꾸준히 챙기며 수익 감소보다 더 빠른 속도로 비용을 절감한다. 나아가 아직 가치가 있는 자산을 성숙 단계에 있는 회사에 팔아넘기고(도약 단계에 있던 선지자 CEO들은 결코 이렇게 하지 못한다. 이들은 자신이 키운 회사에서 죽음의 악취를 맡고 싶어 하지 않는다) 마지막 남은 자산을 재고 정리 차원에서 떨이로 처분한다.

그러면 당신이 어떤 회사를 선택해 무슨 경력을 쌓아가는 것이 가장 적합한지 알아보는 문제를 하나 풀어보자.

'나는 알파벳의 어느 지점에서 잘할 수 있을까?'

기업과 제품이 A부터 Z까지 이어지는 생애 주기를 거친다고 할 때, 이 주기 가운데 당신이 어느 지점에서 가장 행복할지 알아보는 문제다. 다양하게 많은 모자를 써보는 창업 단계(A~D)인가? 창업·선견지명 단계(E~H)인가? 관리가 자리를 잡고 규모를 키워가는 재창조와 변신의 단계(I~P)인가? 사양길에 접어든 회사나 제품을 관리하면서 보다 높은 순수익을 챙기는 단계(Q~Z)인가? 여러 개의 알파벳 단계에 걸쳐 모두 능력을 발휘하는 사람은 드물다. 이것을 놓고 곰곰이 생각해보면 당신이 일하고 추구할 회사와 사업이 어디인지 혹은 무엇인지 적절한 지침을 얻을 수 있다.

두 단계를 넘어 세 단계 이상에서 최고의 능력을 발휘하는 CEO는 거의 없다. CEO는 대부분 창업자나 선지자, 운영자이며 실용주의자가 아니다. 미국 기업사에서 자사를 A에서 Z까지 효과적으로 이끈(이끌고자 한) CEO는 손에 꼽을 정도로 적다. 수십 년 전 자기 손으로 직접 일으킨 위대한 회사를 자기 손으로 다시 죽이고 싶어 하는 사람은 없을 테니 말이다.

선진국에서 요즘 태어나는 아이들의 기대수명은 100세다. 그런데 다우지수 100대 기업 가운데 겨우 11개 회사만 창립 100년이 넘는다는 사실을 아는가? 사망률이 89퍼센트다. 이는 현재 당신이 알고 있는 대부분의 기업보다 아이들이 더 오래 산다는 얘기다. 지난 60년 동안 10년 단위로 실리콘밸리에서 가장 큰 회사 이름을 적은 목록 여섯 개를 살펴보면 여기에 두 차례 연속 이름을 올린 회사가 별로 없음을 알 수 있다.

멀리 볼 것 없이 야후의 운명이 그랬다. 한때 슈퍼스타였던 야후는 10년 전에 비해 부스러기 정도에 불과한 가격에 팔렸다(2017년 6월 미국 정보통신 회사 버라이즌 커뮤니케이션스가 야후를 인수했는데, 인수가격은 한창 때의 30분의 1에 불과했다.―옮긴이). 야후!(이 탄성은 이제 어떤 상황을 묘사하는 것이 아니라 어쩐지 역설적으로 들린다)는 디스플레이 광고 시대에 고착된 나머지 다른 어떤 것을 할 수 있다는 증거를 보여주지 못했다. 마지막 단계에서 실용주의자가 야후를 운영했다면 야후는 직원을 줄이고 비핵심 자산을 매각해 충성스런 투자자들에게 현금 수입을 안겨주면서 좀 더 우아하게 나이를 먹었을 것이다. 수익성 있는 기업이 성장 부문에 재투자하지 않고 비용을 줄이면 엄청난 현금 수익을 창출할 수 있다. 창립 당시의 굳은 맹세를 지키는 것은 구경제에 속하는 회사의 속성이다. 이것은 백기를 드는 것은 아니지만 분명 회색 깃발을 드는 일이다.

보톡스의
기형적인 결과

젊은 시절 외모로 많은 관심을 받은 사람은 나이가 들어 미용 시술을 받는 경향이 강하다. 이는 기업계에서도 마찬가지다. 자신감의 원천이 주로 한때 잘나갔다는 사실뿐인 기업은 잃어버린 청춘을 되찾겠다는 허망한 기대를 안고 값비싼 돈을 들여 보톡스 시술이나 눈썹 들어올리기 시술을 한다. 가령 상래가 의심스러운 신생기업을 거액을 주고 인수하거나(야후는 수십억 달러를 들여 텀블러를 인수했다), 모바일 컴퓨팅처럼 망상에 사로잡힌 이런저런 전략을 택하거나, 돈만 챙긴 뒤 곧바로 짐을 싸서 다른 곳으로 달아날 게 뻔한 약삭빠른 사람들을 젊은 회사에서 비싼 몸값을 주고 빼내 채용한다. 그 결과는 기형적 외모의 인터넷 회사다. 오히려 구경제나 틈새 시장에 속한 회사는 노화에 보다 쉽게 대처하고 또 비용이 많이 들면서 주주에게 엄청난 불행을 안겨주는 중년의 위기에 쉽게 발목이 잡히지 않는 것 같다.

기업 생애 주기의 마지막 단계에 있는 회사를 운영할 실용주의자를 찾는 일은 어렵긴 해도 분명 맡길 만한 사람이 있다. 이들은 큰 목소리를 내는 주주나 비공개 기업 투자회사(투자자를 비공개로 모집해 자산이 저평가된 기업에 투자한 다음 가치를 높인 뒤 주식을 매각하는 투자회사—옮긴이) 동업자일 수도 있다. 특히 후자는 기업이 수명을 다해 죽어가는 모습을 많이 목격했기에 쓸데없이 목숨을 연장하는 것이 죽음보다 더 고약한 일임을 잘 안다. 즉, 산소호흡기로 겨우 숨만 붙어 있는 사랑하는 할아버지의 목숨을 하루 더 연장하는 것은 아무 의미가 없다. 실용주의자는 감정에 휘둘리지 않고 냉정하게 의사결정을 내려 시한부 삶을 선고받은 환자가 집으로 돌아가 생애의 마지막 나날을 평온하게 살아가도록(즉, 투자자들이 투자금을 최대한 많이 돌려받도록) 해준다.

허스트 매거진스Hearst Magazines의 CEO 데이비드 캐리David Carey는 내가 만난 사람들 중 선지자에서 운영자 그리고 실용주의자로까지 변신한 CEO 가운데 하나다. 잡지가 구조적 쇠퇴의 길을 걷는다는 것은 충격적인 사실이 아니다. 데이비드 캐리는 희망을 버리지 않았고 수익성이 있는 디지털 채널들을 개발했다. 물론 이것은 바위를 언덕 위로 굴리는 힘든 시도로 이 사실을 본인도 잘 알았다. 그가 회사에 도입한 혁신의 많은 부분은 비용 절감에 초점을 두었다. 예를 들면 편집자 한 사람이 여러 개의 잡지를 책임지거나 조직 규모를 최대한 활용하는 것, 복수의 채널과 잡지에서 콘텐츠를 재활용하는 것, 직원 감원 등이 있다.

그 결과는 어땠을까? 허스트 매거진스의 잡지들은 디지털 약탈자에게 빼앗겼던 점유율을 회복했고 캐리는 허스트의 잡지 중 하나인 《코스모폴리탄》Cosmopolitan에 해피엔딩을 안겨주었다. 맞나? 글쎄다. 10년쯤 지난 뒤 허스트 매거진스는 현재 그림자의 그림자가 되어 있을지도 모른다. 그래도 허스트 매거진스는 괜찮을 것이다. 기업의 생애 주기를 이해하는 관리자를 찾아내 확보할 테니 말이다. 수확하는 법을 아는 이들 관리자는 새로운 나무를 심을 가능성이 크다. 그리고 그들은 그 새로운 나무들이 생애 최고의 순간을 지나기 전에 수확할 확률이 높다.

위험을 조정하는 차원에서 보면 탄생의 고통을 이겨낸(즉, A~C가 아니라 D~F에 있는) 기업에는 창업자적 사고방식을 도입하는 것이 더 낫다. 신생 기술 기업의 유아사망률(A시리즈 투자 라운드가 이뤄지기도 전에 도태되는 확률)이 75퍼센트 이상이기 때문이다. 당신이 결단을 내린 신생기업이 활로를 뚫어 마침내 당신을 부자로 만들어주면 좋겠지만 그럴 가능성은 크지 않다. 아무튼 투자자는 경제의 열쇠이며 이들의 미친 짓 가운데 어떤 것이 성공해 우리 경제의 핵심 부분을 움직이는 연료로 작용한다.

긴 꼬리와
짧은 꼬리

기술 부문에서 많은 긴 꼬리long tail가 위축증을 앓고 있다. 예를 들어 디지털 광고 분야를 보자. 2016년 페이스북과 구글이 미국의 디지털 광고 수익 성장의 90퍼센트를 차지했다. 따라서 주식투자를 한다면 가급적 몇몇 승자(구글·페이스북·마이크로소프트)나 이들이 형성하는 생태계 안에 있는 종목을 선택하는 게 좋다. 새로운 시장을 열어젖히는 파괴자는 드물다. 만약 이런 종목을 알아채 투자한다면 이는 복권에 당첨되는 것이나 마찬가지다.

일부 전통 소비재 산업에서는 긴 꼬리가 점점 성장하고 있다. 기술기업은 틈새시장을 노리는 회사보다 구글에서 일하는 게 더 좋다. 그러나 맥주의 경우에는 역으로 밀러보다 수제맥주 회사에서 일하는 게 더 좋다. 기술 분야 공간이 지배적인 정보 플랫폼(예를 들면 아마존의 상품평, 구글, 여행 사이트 트립 어드바이저Trip Advisor)에 집중되면서 이름이 알려지지 않은 업체가 내놓는 획기적인 비기술 제품이 무엇인지 알아내거나 전통 범주를 틈새시장으로 만드는 일이 한층 쉬워졌다. 덕분에 소규모 업체도 거대 규모의 광고 예산 없이, 덩치 큰 경쟁자가 한때 시장을 제한하는 데 사용하던 유통망 없이, 세계 시장으로 진출해 소비자에게 즉각 신뢰를 얻게 되었다.

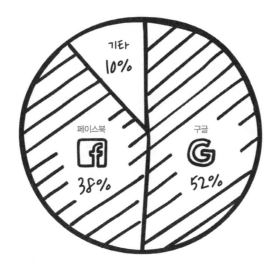

디지털 광고 성장 비중(2016년)

기타
10%

페이스북
38%

구글
52%

지금 긴 꼬리가 소비자의 손길을 받아 새로운 생애를 누리고 있다. 재량소득으로 소비자들이 큰 것보다 특별한 것을 원하기 때문이다.

우리는 오늘날 이런 일이 여러 범주에서 진행되고 있음을 목격하고 있다. 예를 들어 화장품에서 닉스NYX와 아나스타샤 베벌리 힐스 Anastasia Beverly Hills 등을 포함한 브랜드는 인스타그램이나 다른 소셜 플랫폼에서 영향력을 행사하는 사람들에게 직접 다가간다. 그리고 이 시장의 전통 강자들이 상상도 하지 못할 짧은 시간 내에 제품을 출시하는 공급망을 갖추고 구글에 드러나는 유행에 즉각 대응해 화장품 시장의 전통 거인들에게 도전하고 있다. 이 브랜드들은 광고비로 훨씬 적은 돈을 지출하면서도 전통 강자들보다 몇 배 더 많이 소비자에게 노출된다. 가령 닉스는 로레알이 구글 검색어 구매에 들이는 비용의 1퍼센트에도 미치지 않는 돈을 들여 로레알이 거두는 무료 노출 빈도보다 다섯 배 너 높은 효과를 거둔다. 스포츠용품 시장의 경우 스키, 산악자전거, 운동화 같은 범주에서 틈새를 노리는 브랜드는 영향력 있는 젊은 사람들과 광고 계약을 하거나 온라인 판촉 활동을 재치 있게 전개한다. 또 제품 생산을 획기적인 속도로 진행해 마진율 높은 열광자 시장의 큰 범위를 장악한다.

워라밸이라는
헛된 신화

음식 블로그를 운영하고 동물 보호 자원봉사 활동을 하며 사교춤까지 배우면서도 자신의 일을 성공적으로 수행하는 사람들이 있다. 정말 대단하다! 그렇지만 당신은 이런 부류에 속하려 애쓰지 마라. 경력을 튼튼히 쌓아가는 과정에서 균형이라는 발상은 그야말로 헛된 신화일 뿐이다. 당신의 경력이 그릴 궤적의 상승 기울기는 (공정하지 못하게도!) 학교를 졸업한 뒤 처음 맞이하는 5년 동안 이미 결정이 난다. 만약 경력이 가파른 경사를 그리면서 상승하길 바란다면 엄청나게 많은 연료를 투입해야 한다. 세상에 공짜는 없다. 시도하고 노력해야 당신의 것으로 소유할 수 있다. 열심히, 정말 열심히 노력하라.

지금 나는 많은 점에서 균형을 누린다. 20대와 30대 때 내게는 균형이라는 것이 없었다. 스물두 살에서 서른네 살까지의 삶에서 기억나는 것이라고는 일한 것밖에 없다. 세상은 '큰 자'가 아니라 '빠른 자'

의 것이다. 당신은 동료보다 더 많은 것을 더 적은 시간을 들여 차지하고 싶지 않은가. 이렇게 하려면 부분적으로는 재능을 우선시해야 하지만 대개는 얼마나 끈기를 많이 발휘하느냐에 달려 있다. 젊은 시절 나는 균형을 확보하지 못해 머리카락을 잃었고 첫 번째 결혼을 날려 먹었다. 물론 그 경험이 전혀 가치가 없었던 것은 아니다.

당신은 기업가정신으로 무장한 창업가인가?

디지털 시대를 살아가는 우리는 다양한 경력 경로의 어느 한 지점에서 창업 기회를 놓고 고민한다.

"과연 지금이 내 회사를 창업할 때인가? 기존 신생기업에 합류할 때인가? 보다 큰 조직과 협력해 새로운 사업을 시작할 때인가?"

이건 바람직한 일이다. 신생 벤처기업은 기존 경제에 새로운 활력과 발상을 불어넣기에 매우 중요하다. 이것은 희미한 성공 가능성을 돌파해 결국 번성하는 어떤 회사와 관련될 정도로 충분히 똑똑하고 운 좋은 사람들이 부를 창출하는 중요한 원천이기도 하다. 월마트의 샘 월튼부터 페이스북의 마크 저커버그에 이르는 수십억 창업가는 기업계에 흔한 캐릭터로, 한 기업의 성공은 하룻밤 사이에 부자들을 떼로 만들어낸다. 시애틀 지역에는 이른바 '마이크로소프트 백만장자'가 하나의 문화로 존재한다. 어떤 경제학자는 이 지역에서 마이크로소프트가 창출한 백만장자가 2000년까지 1만 명에 이른다고 추정한다.

문화적 차원에서 우리는 창업가를 어떤 상징적 지위, 즉 스포츠계와 연예계의 스타들과 어깨를 나란히 하는 지위로까지 올려놓았다. 창업가는 근본적으로 미국적 신화의 주인공이다. 스티브 잡스의 죽음 이후 활발해진 그의 신화적인 스토리를 떠올려보라. 창업가는 사람들의 눈에 방대한 부를 쌓아 스스로 선지자가 된 사람으로 비춰진다. 이는 어쩌면 미국적 영웅의 가장 순수한 표현인지도 모른다. 심지어 슈퍼히어로라고 할 수도 있다. 슈퍼맨은 지구 자전을 반대 방향으로 돌리지만 돈은 테슬라의 일론 머스크를 모델로 한 영화 〈아이언맨〉Iron Man의 주인공 토니 스타크가 더 많이 벌 것 같고 더 인간적이기도 하다.

창업은 아무나 하는 게 아니다. 성공하는 창업가가 될 개성과 기술을 갖춘 사람은 소수에 불과하고, 당신이 창업가가 될 확률은 해가 갈수록 희박해진다. 성공하는 창업가가 되는 데는 '충분히 잘한다'거나 '충분히 똑똑하다'는 것만으로는 부족하기 때문이다. 이들의 특성 가운데 몇몇은 삶의 다른 측면을 심각하게 해친다.

그러면 자신이 창업가가 될 수 있을지 어떨지 어떻게 알 수 있을까? 디지털 시대라고 해서 성공하는 창업가의 여러 특징이 과거와 많이 달라진 것은 아니다. 우선 똑같은 것을 계속 찍어내는 사람이 아니라 무언가를 개발하는 사람이어야 한다. 그리고 기술 전문가를 창업팀에 참여시키거나 창업팀 가까운 곳에 데리고 있어야 한다. 여기 당신이 성공하는 창업가의 자질을 갖추고 있는지 테스트하는 세 가지 질문이 있다.

1. 당신은 세상이 다 알아보는 실패자가 되어도 괜찮습니까?
2. 당신은 무언가를 남에게 파는 걸 좋아합니까?
3. 당신은 대기업에서 일할 때 필요한 이런저런 기술이 부족합니까?

나는 위대한 회사를 창업할 만큼 모든 기술을 갖춘 사람을 여럿 알고 있다. 그런데 이들은 결코 창업에 나서려 하지 않는다. 일주일에 80시간씩 일하면서 월말이면 회사의 재무 관련 문제까지 꼼꼼히 챙기는 일을 할 수 없기 때문이다.

당신이 여러 차례 창업에 성공한 적 있거나 초기 자본금을 확보하지 않았다면(대개는 초기 자본금을 확보하지 못하고 이 자금은 늘 무척 비싸다), 필요한 자금을 모을 때까지 자기 돈을 써가며 발바닥에 땀이 나도록 부지런히 혹은 까무러칠 정도로 열심히 일해야 한다. 사실 대부분의 신생기업은 현실에 뿌리를 내리는 데 필요한 자금을 조성하지 못한다. 나아가 대다수가 보수를 받지 않고 일해야 한다는 발상 자체를 헤아리지 못한다. 또 99퍼센트 이상이 일하는 즐거움을 누릴 목적으로 자기 돈을 위험한 곳에 결코 투자하지 않는다.

당신은 세상이 다 알아보는 실패자가 되어도 괜찮습니까?

실패는 대부분 개인적이다. 사람들은 보통 로스쿨이 적성에 맞지 않는다고 판단하거나(그래서 로스쿨 입학시험을 망친다), 친구들과 노는 데 더 많은 시간을 쓰거나(그래서 직장에서 해고당한다), 여러 개의 프로젝트에 매달린다(그래서 취직하지 못한다). 당신이 실패한 사실은 결코 숨길 수 없다. 그것은 바로 당신의 문제다. 만일 당신이 정말로 대단한 인물이라면 당신은 당연히 성공할 것이다. 이 말이 맞을까? 아니다, 틀렸다. 일이 제대로 풀리지 않을 때의 느낌은 어떨까? 초등학교 때를 떠올려보라. 바지에 오줌을 묻혔을 때 아이들이 깔깔거리며 놀렸던 때를 말이다. 시장은 바로 그런 곳이다. 실패자가 된 당신은 아마 100배 더 심하게 놀림을 받을 것이다.

당신은 무언가를 남에게 파는 걸 좋아합니까?

'창업가'는 '영업사원'과 같은 말이다. 사람들을 설득해 회사에 합류하게 하는 것, 그들이 회사에서 떠나지 않게 붙잡아두는 것, 투자자와 고객을 유치하는 것은 모두 무언가를 파는 행위다. 일단 사업 계획을 세우고 나면 그 회사가 동네 전통 소매점이든 이미지 공유 및 검색 사이트 핀터레스트Pinterest든 당신은 무언가를 파는 데 수완을 발휘해야 한다. 당신의 얘기를 듣고 싶어 하지 않는 사람에게 전화를 걸어 그를 좋아하는 척해야 하고 홀대받은 뒤에도 또다시 그 사람에게 전화해야 한다. 지금은 나도 새로 창업할 수 없을 것 같다. 그러기에는 내 자아가 너무 커져버렸고 반대로 배짱은 많이 약해졌다.

나는 L2 직원들의 천재성을 모두 합하면 굳이 제품을 팔려고 나서지 않아도 저절로 팔리는 게 마땅하다고 믿는다(물론 근거 없는 내 믿음일 뿐이지만). 실제로 그런 적이 있기도 했다. 사람들 앞에서 온갖 굴욕을 참고 또 참지 않아도 되는 제품, 오히려 사람들이 찾아와 굽실거리며 사가는 제품이 있어야 한다. 안타깝게도 현실적으로 그런 제품은 없다.

구글은 어떤 질문에도 대답해주고 당신의 제품을 사는 데 공개적으로 관심을 보인 사람이 누구인지 알아내며, 가장 적절한 순간에 그 사람에게 당신의 제품을 선전하는 알고리즘도 가지고 있다. 그렇지만 구글은 여전히 자사 제품과 서비스를 팔기 위해 평균적인 지능지수와 예외적으로 높은 감성지수를 지닌 수천 명의 직원을 고용한다. 창업한다는 것은 처음 3년에서 5년까지, 아니면 사업에서 완전히 손을 털고 빠져나올 때까지(전자가 먼저일 수도 있고 후자가 먼저일 수도 있다), 가능성보다 불가능성이 훨씬 더 높은 임무 아래 무언가를 남에게 판다는 뜻이다.

그런데 바로 이 지점에 좋은 소식이 있다. 만일 당신이 무언가를 파는 걸 좋아하고 그 일을 잘한다면 당신은 열심히 일하는 만큼 더 많은 돈을 벌 것이다. 당신의 동료가 질투할 정도로 말이다.

당신은 대기업에서 일할 때 필요한 이런저런 기술이 부족합니까?

대기업 안에서 성공하려면 독특한 일련의 기술을 갖추고 있어야 한다. 다른 사람과 잘 어울려야 하고 시도 때도 없이 맞닥뜨리는 부당함이나 모욕을 참아야 하며 정치적 감각이 뛰어나야 한다. 그래야 중요한 주주들의 눈에 들어 번듯한 업무를 맡고 보수도 넉넉히 받는다. 만약 당신이 대기업에서 일을 유능하게 잘한다면 위험 관리 차원에서 판단하건대, 그냥 계속 대기업에서 일하는 게 낫다. 굳이 자그마한 회사에서 희박한 가능성에 목을 매며 힘들게 일할 필요가 없다는 말이다. 대기업은 당신의 기술을 연마하기에 최적의 공간이다.

한데 만약 당신이 다른 사람과 잘 어울리지 못하고 자기 운명을 다른 사람에게 맡겨야 하는 상황을 견디지 못하며, 새로운 제품과 서비스의 전망에 거의 사로잡혀 있다면 당신은 기업가정신의 소유자이자 창업가일 수 있다. 내가 바로 그런 사람이다. 과거에 내 상사들은 나를 지겹고 멍청한 '꼴통'으로 바라봤다. 그러니 내게는 창업 외에 달리 방법이 없었다. 나로서는 창업의 길을 걷는 것이 하나의 생존 수단이었다. 역사적으로 위대한 플랫폼인 미국의 대기업 안에서 성공할 여러 기술을 갖추지 못했기 때문이다.

소규모 기업에서는 보상이 엄청 높을 수도 있고 반대로 매우 낮을 수도 있다. 내게 가장 큰 기쁨과 자부심은 내 아이들이다. 두 번째는 내가 창업한 회사들이다. 실패한 회사까지 포함해서 말이다. 아이들과 마찬가지로 자신이 세운 회사와는 본능적이고 유전자적으로 연결된 느낌이 든다. 어떤 회사든 외모와 냄새, 느낌이 창업가를 닮는다. 그 회사가 첫걸음을 뗄 때 창업가는 무한한 기쁨과 자부심에 사로잡힌다. 그리고 회사가 뉴욕 론콘코마Ronkonkoma에서 고속 성장하는 회사 중 하나로 꼽히면 마치 아이가 100점짜리 시험지를 들고 집에 돌아올 때처럼 흐뭇해진다.

또 다른 중요한 사실은 부모가 되는 것과 달리 창업가가 이루는 것은 대다수가 결코 할 수 없다는 점이다. 대부분의 사람들이 부모는 될지언정 창업가는 되지 못한다는 말이다. 이 사실을 잘 알기에 사람들은 창업가를 존경의 눈으로 바라본다. 창업가는 일자리를 창출하는 고마운 사람이며 미래를 낙관하면서 위험을 기꺼이 감수하는 이들이다.

오늘날 대학교 중퇴자들이 수십억 달러의 재산을 일군 이야기가 끝없이 알려지면서 사람들은 기업가정신으로 무장한 창업가를 이상적인 인물로 바라본다. 당신 자신에게 그리고 당신이 신뢰하는 몇몇 사람에게 당신의 개성이나 기술과 관련된 위의 세 개의 질문을 해보라. 만약 앞의 두 개 질문에서 긍정적인 대답이 나오고 대기업에서 일할 때 필요한 이런저런 기술은 부족하다는 대답이 나온다면 '혼돈의 원숭이'(IT업계의 창업가를 상징하는 말—옮긴이)들이 우글거리는 철창 안으로 뛰어 들어가라.

제11장

네 개의 기업,
그 후

이들은 우리를
어디로 데려가고 있는가?

네 개의 거인기업은 신과 사랑과 섹스와 소비를 선언하고 날마다 수십억 명의 삶에 가치를 추가한다. 그렇지만 이들은 우리의 정신 건강에 별로 관심이 없고 우리의 노년을 보살피려 하지 않으며 우리의 손을 잡으려고 하지도 않는다.

그들은 거대한 권력을 긁어모은 조직이다. 물론 권력은 부패하게 마련이다. 특히 교황이 '돈이라는 우상 숭배'라고 일컬을 만큼 오염된 사회에서는 더욱더 그렇다. 이들은 탈세를 하고 사생활을 침범하며 이익을 늘리기 위해 일자리를 파괴한다. 왜냐하면 그들은 **그렇게 할 수 있기 때문이다.** 염려되는 것은 그들이 그런 일을 한다는 사실뿐 아니라 그 일을 너무 능숙하게 잘한다는 사실이다.

페이스북이 사용자를 10억 명으로 늘리기까지 10년도 채 걸리지 않았다. 이제 페이스북은 전 세계 사람들이 사용하는 의사소통 도구로 그들은 세계 최대 광고 회사가 되었다. 직원은 1만 7,000명이며 가치는 4,480억 달러로 평가받는다.[1,2] 세상의 부_富는 운 좋은 극소수에게 흘러들어간다. 전통적인 기준으로 볼 때 엄청나게 성공한 기업이라 할 수 있는 디즈니의 시가총액은 페이스북의 절반에 불과하지만(정확히 말하면 1,810억 달러다) 디즈니가 고용한 사람은 18만 5,000명에 이른다.[3,4]

지극히 높은 생산성은 성장으로 이어진다. 이 성장이 반드시 번영을 뜻하지는 않는다. 제너럴모터스나 IBM 등을 포함한 산업 시대 거인들은 과거 수십만 명의 노동자를 고용했다. 그리고 기업이 거둔 성과를 오늘날보다 더 공정하게 배분했다. 비록 투자자와 경영진은 거부가 되었으나 지금처럼 수십억 달러 부자는 아니었다. 노동조합에 가입한 많은 노동자도 집과 자동차를 구매했고 자녀를 대학에 보낼 수 있었다.

이것이 오늘날 수백만 명의 성난 유권자가 원하고 또 되돌리고 싶어 하는 사회의 모습이다. 이들은 세계 무역과 이민자를 비난하지만 기술 경제와 이것이 초래하는 물신화_{物神化} 현상도 그만큼 많은 비난을 받아 마땅하다. 기술 경제는 투자자와 엄청난 재능을 타고난 사람들로 구성된 극소수 집단에게는 어마어마한 부를 안겨주는 반면, 나머지 대다수는 그 멋진 풍요를 그저 구경만 하게 만들었다(어쩌면 쉬지 않고 쏟아지는 온갖 동영상 콘텐츠와 미쳤다 싶을 정도로 강력한 성능의 전화기야말로 대중에게는 마약인지도 모른다).

현재 네 개의 거인기업이 고용한 직원은 모두 약 41만 8,000명이다. 이는 미국 미네소타 주의 한 도시인 미니애폴리스의 인구와 비슷하다.[5] 그런데 네 개 거인기업의 시가총액을 모두 합하면 2조 3,000억 달러다.[6] 이는 미니애폴리스라는 도시가 6,700만 인구가 있는 선진국 프랑스의 GDP와 맞먹는 규모의 부를 소유했다는 뜻이다.[7] 이 부유한 도시는 미네소타 주의 다른 모든 사람이 투자와 기회, 일자리를 이곳에서 얻으려 하는 동안에는 계속 번성할 것이다.

그렇다면 이런 추론도 가능하지 않을까? 네 개의 거인기업이 승승장구하는 것과 우리 사회가 번영으로 나아간다는 것은 디지털 기술의 꾸준한 행진, 네 개 거인기업의 사회 지배 그리고 '혁신자' 계급은 상상할 수 없을 정도로 멋진 삶을 살 자격이 있다는 믿음이 한데 버무려져 만들어낸 왜곡이라는 추론 말이다.

이 현상은 사회에 매우 위험하다. 그런데 이 현상이 누그러질 기미가 전혀 보이지 않는다. 이 현상은 중산층을 소멸하고 있고 이는 다시 도시 파산이나 속았다고 느끼는 사람들의 정치적 울분으로 이어지고 있다. 이런 분위기 속에서는 위험한 선동 정치가 나타난다. 나는 정책 전문가가 아니며 그 방면에 자격도 없다. 또한 이 책에 이런저런 처방을 담고 싶은 마음도 없다. 분명한 것은 지금 온갖 왜곡이 우리 눈에 보이고 그것이 사람들을 성가시고 힘들게 만든다는 사실이다.

이들이 보여줄 새로운 세상

우리는 지금 각자 자신의 지적 능력을 어떻게, 어떤 목적으로 사용하고 있을까? 20세기 중반을 한번 돌아보자.

연산 능력만 놓고 보자면 그때의 상황은 형편없었다. 컴퓨터는 거대하고 원시적인 천공기였고 여기에 장착한 진공관은 점차 트랜지스터로 대체되고 있었다. 당시 인공지능은 존재하지 않았으며 검색은 도서관에서 카드 목록으로 이뤄졌는데 검색 속도가 달팽이 걸음보다 더 느렸다.

그처럼 여건이 좋지 않았어도 우리는 인류를 위한 많은 사업을 진행했다. 우선 인류를 구원하겠다는 경주, 즉 원자를 서로 먼저 쪼개려는 경주가 있었다. 이 경주에서는 앞서 출발한 히틀러가 유리한 고지를 차지했다. 만일 나치가 그 경주에서 승리했다면 모든 것이 거기서 끝났을 수도 있다. 1939년 미국 정부는 소위 '맨해튼 프로젝트'를 시작했고 6년간 이 사업에 약 13만 명을 동원했다. 그 13만 명은 아마존이 동원하는 인력의 약 3분의 1에 불과하다.

이 프로젝트 덕분에 미국은 결국 원자폭탄 개발 경주에서 승리했다. 당신은 이것을 어떤 가치 있는 목표라고 생각하지 않을 수도 있다. 그러나 기술 경쟁에서 이기는 것은 전략적 차원의 우선순위로, 그 목적을 달성하기 위해 미국은 모든 역량을 총동원했다. 달에 사람을 보내는 아폴로 프로젝트 때도 미국은 똑같은 노력을 기울였다. 가장 많은 사람을 동원했을 때는 미국과 캐나다, 영국에서 온 사람까지 포함해 40만 명에 달했다.

그런데 네 개의 거인기업은 하나하나가 지능이나 기술 측면에서 모두 맨해튼 프로젝트나 아폴로 프로젝트가 초라해 보일 정도로 어마어마하다. 이들의 연산 능력은 거의 무한대인 데 반해 여기에 들어가는 비용은 터무니없을 정도로 싸다. 그들은 통계분석과 최적화, 인공지능 면에서 세 세대에 걸친 연구조사의 모든 것을 유산으로 물려받았다. 각각의 거인기업은 우리가 흘려보낸 데이터들 속에서 하루 24시간, 1년 내내 헤엄을 친다. 그리고 이러한 데이터를 분석하는 사람들은 인류 역사상 가장 지적이면서 창의적이다.

지금까지 볼 수 없던 인간과 금융자본의 위대한 집중으로 요약할 수 있는 이 과정의 종반전은 어떻게 전개될까? 네 개의 거인기업이 과제로 설정하고 있는 것은 무엇일까? 암 치료? 가난 퇴치? 우주 탐사? 그렇지 않다. 그들의 목적은 돈을 벌어줄 또 다른 것을 상품으로 파는 데 있다.

어제의 영웅과 혁신자는 수십만 명에게 제공할 일자리를 창출했고 지금도 여전히 창출하고 있다. 시가총액 1,560억 달러의 유니레버는 중산층 17만 1,000가구를 떠받치고[8, 9] 시가총액 1,650억 달러의 인텔은 중산층 10만 7,000명을 떠받친다.[10, 11] 반면 시가총액이 무려 4,480억 달러인 페이스북의 직원은 겨우 1만 7,000명에 불과하다.[12, 13]

규모가 큰 기업은 그만큼 많은 일자리를 창출할 거라고 생각하지만 실제로는 그렇지 않다. 그런 기업은 높은 보상이 주어지는 소수의 일자리만 창출하고 그 밖의 나머지 사람들은 부스러기 같은 일자리를 놓고 쟁탈전을 벌인다. 현재의 추세대로라면 미국은 300만 명의 영주와 3억 5,000만 명의 농노가 사는 나라가 될 것이다. 지금은 과거 그 어느 때보다 수십억만장자가 되기 쉽지만 오히려 백만장자가 되는 것은 그 어느 때보다 더 어렵다.

이들 거인기업과 맞서 싸우자거나 이들에게 '나쁜 놈' 딱지를 붙이는 것은 허망한 일인지도 모른다. 어쩌면 틀린 생각일 수도 있다. 나로서는 잘 모르겠다. 아무튼 이 네 개의 거인기업을 알아야 비로소 우리가 사는 디지털 시대를 제대로 이해하고, 우리와 우리 가족의 경제적 안정을 튼튼하게 보장할 역량을 쌓을 수 있다는 사실만큼은 확신한다. 이 책이 당신과 당신 가족에게 도움이 되면 좋겠다.

감사의 말

나의 첫 번째 책을 완성했다는 사실이 기쁘다(정말 기쁘다!). 책을 만드는 모든 작업을 끝냈지만 이 과정에 참여한 팀과 앞으로도 계속 함께하고 싶다. 에이전트 짐 레빈은 그의 일에서 단연 최고다. 50년간 결혼생활을 이어온 그는 어느 순간 내 롤모델이 되었다. 이 책은 내 책인 동시에 그의 책이기도 하다. 편집자 니키 파파도풀로스는 우리 작업이 시종일관 정해진 일정에 따라 진행되도록 조절했다.

L2의 동업자 모린 멀린과 캐서린 딜러는 끊임없는 영감과 동료애의 원천이었다. 이 책의 기본적인 틀을 잡아준 두 사람 역시 이 책에 자부심을 보여도 좋다. L2의 CEO 켄 앨라드는 넓은 마음으로 내가 하는 작업을 엄청나게 지원해주었다. L2의 여러 탁월한 전문가도 이 책에 녹아 있는 생각과 관련해 소중한 지식 및 통찰을 일러주었다.

대니얼 배일리, 토드 벤슨, 콜린 길버트, 클라우드 드 조커스, 마벨 맥클린에게 무한한 감사를 보낸다.

L2의 서적팀 구성원 엘리자베스 엘더, 애리얼 메라너스, 마리아 페트로바 그리고 카일 스캘런은 레모네이드로 훨씬 좋은 것(레모네이드 같지만 사실은 보드카)을 만들어주었다. 뉴욕 대학교 스턴 경영대학원의 동료인 애덤 브랜덴버거, 아나스타샤 크로스화이트, 반센트 다르, 피터 헨리, 엘리자베스 모리슨, 리카 나젬, 루크 윌리엄스도 모두 나를 지지해주었고 너그럽게 봐주었다.

또한 미국행 증기선을 타겠다는 용기를 낸 부모님께 감사하며, 두드러지지 않은 아이에게 두드러진 여러 기회를 준 것에 캘리포니아의 납세자들과 캘리포니아 대학교 평의원에게 감사드린다.

그리고 베아타에게 고맙고 사랑한다는 말을 전하고 싶다.

표·그림 출처

기업별 시가총액(2017년 4월 25일)

Yahoo! Finance. https://finance.yahoo.com/

인적자본 수익(2016년)

Forbes, May, 2016. https://www.forbes.com/companies/general-motors/

Facebook, Inc. https://newsroom.fb.com/company-info

Yahoo! Finance. https://finance.yahoo.com/

2006년과 2017년 5대 기업의 시가총액 비교

Jonathan Taplin, "Is It Time to Break Up Google?", *The New York Times*

사람들은 어디에서 제품 검색을 할까(2016년)

Spencer Soper, "More Than 50% of Shoppers Turn First to Amazon in Product Search." *Bloomberg*.

미국 가구의 특성을 보여주는 비율

"Sizeable Gender Differences in Support of Bans on Assault Weapons, Large
　Clips." Pew Research Center

ACTA, "The Vote Is In—78 Percent of U.S. Households Will Display Christmas
　Trees This Season: No Recount Necessary Says American Christmas Tree
　Association." ACTA.

"2016 November General Election Turnout Rates." United States Elections
　Project.

Brian Stoffel, "The Average American Household's Income: Where Do You
　Stand?" *The Motley Fool*.

Emma Green, "It's Hard to Go to Church." *The Atlantic*.

"Twenty Percent of U.S. Households View Landline Telephones as an Impor-
　tant Communication Choice." The Rand Corporation.

Brad Tuttle, "Amazon Has Upper-Income Americans Wrapped Around Its
　Finger." *Time*.

플래시 세일 사이트들의 산업 매출 변화

Kelsey Lindsey, "Why the Flash Sale Boom May Be Over—And What's Next."
　RetailDIVE.

2006~2016년 주가 변동 상황

Mawdud Choudhury, "Brick & Mortar U.S. Retailer Market Value—2006 Vs
　Present Day." ExecTech.

2017년 1월 5일의 주가 변동 상황

Yahoo! Finance. https://finance.yahoo.com/

미국 내의 시장점유율 추이(의류 및 액세서리)

Hayley Peterson, "Amazon Is About to Become the Biggest Clothing Retailer in the US." *Business insider*.

아마존에서 쓰는 월평균 금액(미국, 2016년 평균)

Audrey Shi, "Amazon Prime Members Now Outnumber Non-Prime Custo-mers." *Fortune*.

자기만의 선호 브랜드를 특정하는 부유한 고객의 백분율

Findings from the 10th Annual Time Inc./YouGov Survey of Affluence and Wealth, April 2015.

미국의 산업 부문별 가치

Barbara Farfan, "2016 US Retail Industry Overview." The Balance.
"Value of the Entertainment and Media Market in the United States from 2011 to 2020 (in Billion U.S. Dollars)." Statista.
"Telecommunications Business Statistics Analysis, Business and Industry Statistics." Plunkett Research.

미국의 소매유통업 종사자 수(2015년)

"Retail Trade." DATAUSA.

스마트폰의 전 세계 시장점유율과 수익점유율(2016년)

Husain Sumra, "Apple Captured 79% of Global Smartphone Profits in 2016." MacRumors.

갭과 리바이스의 수익 증감 추이

Gap Inc., Form 10-K for the Period Ending January 31, 1998 (filed March 13, 1998), from Gap, Inc. website.
Gap Inc., Form 10-K for the Period Ending January 31, 1998 (filed March 28, 2006), from Gap, Inc. website.

"Levi Strauss & Company Corporate Profile and Case Material." Clean Clothes
Campaign.

Levi Strauss & Co., Form 10-K for the Period Ending November 27, 2005 (filed
February 14, 2006), p. 26, from Levi Strauss & Co. website.

학비와 인플레이션 추이

"Do you hear that? It might be the growing sounds of pocketbooks snapping
shut and the chickens coming home…." AEIdeas, August 2016. http://bit.
ly/2nHvdfr.

Irrational Exuberance, Robert Shiller. http://amzn.to/2o98DZE.

페이스북과 인스타그램, 왓츠앱에 소모하는 시간(1일 기준, 2016년 12월)

"How Much Time Do People Spend on Social Media?" MediaKix.

타임라인 포스트의 수와 관계 형성의 상관성

Robinson Meyer, "When You Fall in Love This Is What Facebook Sees." *The
Atlantic*.

WPP와 페이스북, 구글 사이의 이직자

L2 Analysis of LinkedIn Data.

플랫폼별 전 세계 사용자 수와 참여 수준 비교(2016년)

L2 Analysis of Unmetric Data.

L2 Intelligence Report: Social Platforms 2017. L2, Inc.

미국 디지털 광고의 전년 대비 성장률(2016년)

Peter Kafka, "Google and Facebook are booming. Is the rest of the digital ad
business sinking?" *Recode*.

시가총액(2016년 2월)

Yahoo! Finance. Accessed in February 2016. https://finance.yahoo.com/

상위 생활소비재 브랜드의 전년 대비 성적표(2014~2015년)

"A Tough Road to Growth: The 2015 Mid-Year Review: How the Top 100 CPG Brands Performed." Catalina Marketing.

전체 수익 중 미국 이외의 지역 수익이 차지하는 비율(2016년)

"Facebook Users in the World." Internet World Stats.

"Facebook's Average Revenue Per User as of 4th Quarter 2016, by Region (in U.S. Dollars)." Statista.

Millward, Steven. "Asia Is Now Facebook's Biggest Region." Tech in Asia.

Daniel Thomas, "Amazon Steps Up European Expansion Plans." *The Financial Times*.

알리바바의 전년 대비 성장률(2014~2016년)

Alibaba Group, FY16-Q3 for the Period Ending December 31, 2016 (filed January 24, 2017), p. 2, from Alibaba Group website.

주가매출액비율 비교(2017년 4월 28일)

Yahoo! Finance. https://finance.yahoo.com/

링크트인의 수익 원천(2015년)

LinkedIn Corporate Communications Team. "LinkedIn Announces Fourth Quarter and Full Year 2015 Results." LinkedIn.

사용자 10억 명을 확보하기까지 걸린 기간

Jeff Desjardins, "Timeline: The March to a Billion Users [Chart]." Visual Capitalist.

디지털 광고 성장 비중(2016년)

Jason Kint, "Google and Facebook Devour the Ad and Data Pie. Scraps for
Everyone Else." Digital Content Next.

제1장_ 네 개의 거인기업

1. Zaroban, Stefany. "US e-commerce sales grow 15.6% in 2016." Digital Commerce 360. February 17, 2017. https://www.digitalcommerce360.com /2017/02/17/us-e-commerce-sales-grow-156-2016/.

2. "2017 Top 250 Global Powers of Retailing." National Retail Federation. January 16, 2017. https://nrf.com/news/2017-top-250-global-powers- of-retailing.

3. Yahoo! Finance. https://finance.yahoo.com/.

4. "The World's Billionaires." Forbes. March 20, 2017. https://www.forbes.com /billionaires/list/.

5. Amazon.com, Inc., FY16-Q4 for the Period Ending December 31, 2016 (filed February 2, 2017), p. 13, from Amazon.com, Inc. website. http://phx.corporate -ir.net/phoenix.zhtml?c=97664&p=irol-reportsother.

6. "Here Are the 10 Most Profitable Companies." Forbes. June 8, 2016. http:// fortune.com/2016/06/08/fortune-500-most-profitable-companies- 2016/.

7. Miglani, Jitender. "Amazon vs Walmart Revenues and Profits 1995–2014." Revenues and Profits. July 25, 2015. https://revenuesandprofits.com/amazon−vs−walmart−revenues−and−profits−1995−2014/.

8. FY16−Q4 for the Period Ending December 31, 2016.

9. "Apple Reports Fourth Quarter Results." Apple Inc. October 25, 2016. http://www.apple.com/newsroom/2016/10/apple−reports−fourth−quarter−results.html.

10. Wang, Christine. "Apple's cash hoard swells to record $246.09 billion." CNBC. January 31, 2017. http://www.cnbc.com/2017/01/31/apples−cash−hoard−swells−to−record−24609−billion.html.

11. "Denmark GDP 1960−2017." Trading Economics. 2017. http://www.trading economics.com/denmark/gdp.

12. "Current World Population." Worldometers. April 25, 2017.

13. Facebook, Inc. https://newsroom.fb.com/company−info/.

14. Ng, Alfred. "Facebook, Google top out most popular apps in 2016." CNET. December 28, 2016. https://www.cnet.com/news/facebook−google−top−out−uss−most−popular−apps−in−2016/.

15. Stewart, James B. "Facebook Has 50 Minutes of Your Time Each Day. It Wants More." New York Times. May 5, 2016. https://www.nytimes.com/2016/05/06/business/facebook−bends−the−rules−of−audience−engagement−to−its−advantage.html?_r= 0.

16. Lella, Adam. and Andrew Lipsman. "2016 U.S. Cross−Platform Future in Focus." comScore. March 30, 2016. https://www.comscore.com/Insights/Presentations−and−Whitepapers/2016/2016−US−Cross−Platform−Future−in−Focus.

17. Ghoshal, Abhimanyu. "How Google handles search queries it's never seen before." The Next Web. October 26, 2015. https://thenextweb.com/google/2015/10/26/how−google−handles−search−queries−its−never−seen−before/#.tnw_Ma3rOqjl.

18. "Alphabet Announces Third Quarter 2016 Results." Alphabet Inc. October 27, 2016. https://abc.xyz/investor/news/earnings/2016/Q3_alphabet_earnings/.

19. Lardinois, Frederic. "Google says there are now 2 billion active Chrome installs." TechCrunch. November 10, 2016. https://techcrunch.com/2016/11/10/google-says-there-are-now-2-billion-active-chrome-installs/.

20. Forbes. May, 2016. https://www.forbes.com/companies/general-motors/.

21. Facebook, Inc. https://newsroom.fb.com/company-info/.

22. Yahoo! Finance. https://finance.yahoo.com/.

23. Ibid.

24. "Report for Selected Countries and Subjects." International Monetary Fund. October, 2016. http://bit.ly/2eLOnMI.

25. Soper, Spencer. "More Than 50% of Shoppers Turn First to Amazon in Product Search." Bloomberg. September 27, 2016. https://www.bloomberg.com/news/articles/2016-09-27/more-than-50-of-shoppers-turn-first-to-amazon-in-product-search.

제2장_ 웃는 얼굴의 파괴자, 아마존

1. "Sizeable gender differences in support of bans on assault weapons, large clips." Pew Research Center. August 9–16, 2016. http://www.people-press.org/2016/08/26/opinions-on-gun-policy-and-the-2016-campaign/augustguns_6/.

2. Ibid.

3. Gajanan, Mahita. "More Than Half of the Internet's Sales Growth Now Comes From Amazon." Fortune. February 1, 2017. http://fortune.com/2017/02/01/amazon-online-sales-growth-2016/.

4. Amazon. 2016 Annual Report. February 10, 2017. http://phx.corporate-ir.net/phoenix.zhtml?c=97664&p=irol-sec&control_selectgroup=Annual%

20Filings#14806946.

5. "US Retail Sales, Q1 2016—Q4 2017 (trillions and % change vs. same quarter of prior year)." eMarketer. February 2017. http://dashboard—na1.emarketer.com/numbers/dist/index.html#/584b26021403070290f93a2d/5851918a0626310a2c186ac2.

6. Weise, Elizabeth. "That review you wrote on Amazon? Priceless." USA Today. March 20, 2017. https://www.usatoday.com/story/tech/news/2017/03/20/review—you—wrote—amazon—priceless/99332602/.

7. Kim, Eugene. "This Chart Shows How Amazon Could Become the First $1 Trillion Company." Business Insider. December 7, 2016. http://www.businessinsider.com/how—amazon—could—become—the—first—1—trillion—business—2016—12.

8. The Cambridge Encyclopedia of Hunters and Gatherers. Edited by Richard B. Lee and Richard Daly (Cambridge University Press: 2004). "Introduction: Foreigners and Others."

9. Taylor, Steve. "Why Men Don't Like Shopping and (Most) Women Do: The Origins of Our Attitudes Toward Shopping." Psychology Today. February 14, 2014. https://www.psychologytoday.com/blog/out—the—darkness/201402/why—men—dont—shopping—and—most—women—do.

10. "Hunter gatherer brains make men and women see things differently." Telegraph. July 30, 2009. http://www.telegraph.co.uk/news/uknews/5934226/Hunter—gatherer—brains—make—men—and—women—see—things—differently.html.

11. Van Aswegen, Anneke. "Women vs. Men— Gender Differences in Purchase Decision Making." Guided Selling. October 29, 2015. http://www.guided—selling.org/women—vs—men—gender—differences—in—purchase—decision—making.

12. Duenwald, Mary. "The Psychology of . . . Hoarding." Discover. October 1, 2004. http://discovermagazine.com/2004/oct/psychology—of—hoarding.

13. "Number of Americans with Diabetes Projected to Double or Triple by 2050." Centers for Disease Control and Prevention. October 22, 2010. https://www.cdc.gov/media/pressrel/2010/r101022.html.

14. "Paul Pressler Discusses the Impact of Terrorist Attacks on Theme Park Industry." CNN.com/Transcripts. October 6, 2001. http://transcripts.cnn.com/TRANSCRIPTS/0110/06/smn.26.html.

15. "Euro rich list: The 48 richest people in Europe." New European. February 26, 2017. http://www.theneweuropean.co.uk/culture/euro-rich-list-the-48-richest-people-in-europe-1-4906517.

16. "LVMH: Luxury's Global Talent Academy." The Business of Fashion. April 25, 2017. https://www.businessoffashion.com/community/companies/lvmh.

17. Fernando, Jason. "Home Depot Vs. Lowes: The Home Improvement Battle." Investopedia. July 7, 2015.

18. Bleakly, Fred R. "The 10 Super Stocks of 1982." New York Times. January 2, 1983. http://www.nytimes.com/1983/01/02/business/the-10-super-stocks-of-1982.html?pagewanted=all.

19. Friedman, Josh. "Decade's Hottest Stocks Reflect Hunger for Anything Tech." Los Angeles Times. December 28, 1999. http://articles.latimes.com/1999/dec/28/business/fi-48388.

20. Recht, Milton. "Changes in the Top Ten US Retailers from 1990 to 2012: Six of the Top Ten Have Been Replaced." Misunderstood Finance. October 21, 2013. http://misunderstoodfinance.blogspot.com.co/2013/10/changes-in-top-ten-us-retailers-from.html.

21. Farfan, Barbara. "Largest US Retail Companies on 2016 World's Biggest Retail Chains List." The Balance. February 13, 2017. https://www.thebalance.com/largest-us-retailers-4045123.

22. Kim, Eugene. "Amazon Sinks on Revenue Miss." Business Insider. February 2, 2017. http://www.businessinsider.com/amazon-earnings-q4-2016-

2017-2.

23. Miglani, Jitender. "Amazon vs Walmart Revenues and Profits 1995-2014." July 25, 2015. Revenues and Profits. http://revenuesandprofits.com/amazon-vs-walmart-revenues-and-profits-1995-2014/.

24. Baird, Nikki. "Are Retailers Over-Promoting for Holiday 2016?" Forbes. December 16, 2016. https://www.forbes.com/sites/nikkibaird/2016/12/16/are-retailers-over-promoting-for-holiday-2016/#53bb6fbb3b8e.

25. Leibowitz, Josh. "How Did We Get Here? A Short History of Retail." LinkedIn. June 7, 2013. https://www.linkedin.com/pulse/20130607115409-12921524-how-did-we-get-here-a-short-history-of-retail.

26. Skorupa, Joe. "10 Oldest U.S. Retailers." RIS. August 19, 2008. https://risnews.com/10-oldest-us-retailers.

27. Feinberg, Richard A., and Jennifer Meoli. "A Brief History of the Mall." Advances in Consumer Research 18 (1991): 426-27. Acessed April 4, 2017. http://www.acrwebsite.org/volumes/7196/volumes/v18/NA-18.

28. Ho, Ky Trang. "How to Profit from the Death of Malls in America." Forbes. December 4, 2016. https://www.forbes.com/sites/trangho/2016/12/04/how-to-profit-from-the-death-of-malls-in-america/#7732f3cc61cf.

29. "A Timeline of the Internet and E-Retailing: Milestones of Influence and Concurrent Events." Kelley School of Business: Center for Education and Research in Retailing. https://kelley.iu.edu/CERR/timeline/print/page14868.html.

30. Nazaryan, Alexander. "How Jeff Bezos Is Hurtling Toward World Domination." Newsweek. July 12, 2016. http://www.newsweek.com/2016/07/22/jeff-bezos-amazon-ceo-world-domination-479508.html.

31. "Start Selling Online-Fast." Amazon.com, Inc. https://services.amazon.com/selling/benefits.htm.

32. "US Retail Sales, Q1 2016-Q4 2017." eMarketer. January 2017. http://totala

ccess.emarketer.com/Chart.aspx?R=204545&dsNav=Ntk:basic%7cdepartm
ent+of+commerce%7c1%7c,Ro:−1,N:1326,Nr:NOT(Type%3aComparative+Esti
mate)&kwredirect=n.

33. Del Rey, Jason. "Amazon has at least 66 million Prime members but sub
scriber growth may be slowing." Recode. February 3, 2017. https://www.
recode.net/2017/2/3/14496740/amazon−prime−membership−numbers−
66−million−growth−slowing.

34. Gajanan, Mahita. "More Than Half of the Internet's Sales Growth Now
Comes From Amazon." Fortune. February 1, 2017. http://fortune.com/2017
/02/01/amazon−online−sales−growth−2016/.

35. Cassar, Ken. "Two extra shopping days make 2016 the biggest holiday yet."
Slice Intelligence. January 5, 2017. https://intelligence.slice.com/two−
extra−shopping−days−make−2016−biggest−holiday−yet/.

36. Cone, Allen. "Amazon ranked most reputable company in U.S. in Harris
Poll." UPI. February 20, 2017. http://www.upi.com/Top_News/US/2017/
02/20/Amazon−ranked−most−reputable−company−in−US−in−Harris−
Poll/6791487617347/.

37. "Amazon's Robot Workforce Has Increased by 50 Percent." CEB Inc.
December 29, 2016. https://www.cebglobal.com/talentdaily/amazons−
robot−workforce−has−increased−by−50−percent/.

38. Takala, Rudy. "Top 2 U.S. Jobs by Number Employed: Salespersons and
Cashiers." CNS News. March 25, 2015. http://www.cnsnews.com/news/
article/rudy−takala/top−2−us−jobs−number−employed−salespersons−
and−cashiers.

39. "Teach Trends." National Center for Education Statistics. https://nces.
ed.gov/fastfacts/display.asp?id=28.

40. Full transcript: Internet Archive founder Brewster Kahle on Recode Decode.
Recode. March 8, 2017. https://www.recode.net/2017/3/8/14843408/
transcript−internet−archive−founder−brewster−kahle−wayback−machine

—recode—decode.

41. 아마존 대시는 와이파이를 통해 아마존 앱과 연결되며 집의 어느 곳에든 붙여놓았다가 단 한 번의 클릭으로 주문할 수 있는 장치다. https://www.amazon.com/Dash-Buttons/b?ie=UTF8&node=10667898011.

42. http://www.businessinsider.com/amazon-prime-wardrobe-2017-6.

43. Daly, Patricia A. "Agricultural employment: Has the decline ended?" Bureau of Labor Statistics. November 1981. https://stats.bls.gov/opub/mlr/1981/11/art2full.pdf.

44. Hansell, Saul. "Listen Up! It's Time for a Profit; A Front-Row Seat as Amazon Gets Serious." New York Times. May 20, 2001. http://www.nytimes.com/2001/05/20/business/listen-up-it-s-time-for-a-profit-a-front-row-seat-as-amazon-gets-serious.html.

45. Yahoo! Finance. https://finance.yahoo.com/.

46. Damodaran, Aswath. "Enterprise Value Multiples by Sector (US)." NYU Stern. January 2017. http://pages.stern.nyu.edu/~adamodar/New_Home_Page/data file/vebitda.html.

47. Nelson, Brian. "Amazon Is Simply an Amazing Company." Seeking Alpha. December 6, 2016. https://seekingalpha.com/article/4028547-amazon-simply-amazing-company.

48. "Wal-Mart Stores' (WMT) CEO Doug McMillon on Q1 2016 Results—Earnings Call Transcript." Seeking Alpha. May 19, 2015. https://seekingalpha.com/article/3195726-wal-mart-stores-wmt-ceo-doug-mcmillon-on-q1-2016-results-earnings-call-transcript?part=single.

49. Rego, Matt. "Why Walmart's Stock Price Keeps Falling (WMT)." Seeking Alpha. November 11, 2015. http://www.investopedia.com/articles/markets/111115/why-walmarts-stock-price-keeps-falling.asp.

50. Rosoff, Matt. "Jeff Bezos: There are 2 types of decisions to make, and don't confuse them." Business Insider. April 5, 2016. http://www.businessinsider.com/jeff-bezos-on-type-1-and-type-2-decisions-2016-4.

51. 아마존닷컴이 2016년 주주들에게 보낸 연례서한. 2017년 4월 25일 다음을 통해 접속했다. http://phx.corporate-ir.net/phoenix.zhtml?c=97664&p=irol-reportsannual.

52. Bishop, Todd. "The cost of convenience: Amazon's shipping losses top $7B for first time." GeekWire. February 9, 2017. http://www.geekwire.com/2017/true-cost-convenience-amazons-annual-shipping-losses-top-7b-first-time/.

53. 주주들에게 보낸 연례서한.

54. Stanger, Melissa, Emmie Martin, and Tanza Loudenback. "The 50 richest people on earth." Business Insider. January 26, 2016. http://www.business insider.com/50-richest-people-on-earth-2016-1.

55. "The Global Unicorn Club." CB Insights. https://www.cbinsights.com/research-unicorn-companies.

56. Amazon.com. FY16-Q4 for the Period Ending December 31, 2016 (filed February 2, 2017), p. 13, from Amazon.com, Inc. website. http://phx.corporate-ir.net/phoenix.zhtml?c=97664&p=irol-reportsother.

57. Goodkind, Nicole. "Amazon Beats Apple as Most Trusted Company in U.S.: Harris Poll." Yahoo! Finance. February 12, 2013. http://finance.yahoo.com/blogs/daily-ticker/amazon-beats-apple-most-trusted-company-u-harris-133107001.html.

58. Adams, Susan. "America's Most Reputable Companies, 2015." Forbes. May 13, 2015. https://www.forbes.com/sites/susanadams/2015/05/13/americas-most-reputable-companies-2015/#4b231fd21bb6.

59. Dignan, Larry. "Amazon posts its first net profit." CNET. February 22, 2002. https://www.cnet.com/news/amazon-posts-its-first-net-profit/.

60. Amazon.com. 2015 Q1-Q3 Quarterly Reports. Accessed April 7, 2017. http://phx.corporate-ir.net/phoenix.zhtml?c=97664&p=irol-sec&control_selectgroup=Quarterly% 20Filings#10368189.

61. King, Hope. "Amazon's $160 billion business you've never heard of." CNN

Tech.November 4, 2015. http://money.cnn.com/2015/11/04/technology/
amazon—aws—160—billion—dollars/.

62. http://www.marketwatch.com/investing/stock/twtr/financials.

63. L2 Inc. "Scott Galloway: This Is the Top of the Market." L2 Inc. February 16,
2017. https://www.youtube.com/watch?v=uIXJNt—7aY4&t=1m8s.

64. https://www.nytimes.com/2017/06/16/business/dealbook/amazon—
whole—foods.html?_r=0.

65. Rao, Leena. "Amazon Prime Now Has 80 Million Members." Fortune. April
25, 2017. http://fortune.com/2017/04/25/amazon—prime—growing—fast/.

66. Griffin, Justin. "Have a look inside the 1—million—square—foot Amazon
fulfillment center in Ruskin." Tampa Bay Times. March 30, 2016. http://
www.tampabay.com/news/business/retail/have—a—look—inside—the—1—
million—square—foot—amazon—fulfillment—center—in/2271254.

67. Tarantola, Andrew. "Amazon is getting into the oceanic freight shipping
game." Engadget. January 14, 2016. https://www.engadget.com/2016/01/
14/amazon—is—getting—into—the—oceanic—freight—shipping—game/.

68. Ibid.

69. Yahoo! Finance. https://finance.yahoo.com/.

70. Kapner, Suzanne. "Upscale Shopping Centers Nudge Out Down—Market
Malls." Wall Street Journal. April 20, 2016. https://www.wsj.com/articles/
upscale—shopping—centers—nudge—out—down—market—malls—146119
3411?ru=yahoo?mod=yahoo_itp.

71. https://www.nytimes.com/2017/06/16/business/dealbook/amazon—
whole—foods.html?_r=0.

72. https://www.nytimes.com/2017/06/16/business/dealbook/amazon—
whole—foods.html?_r=0.

73. https://www.recode.net/2017/3/8/14850324/amazon—books—store—
bellevue—mall—expansion.

74. Addady, Michal. "Here's How Many Pop—Up Stores Amazon Plans to

Open." Fortune. September 9, 2016. http://fortune.com/2016/09/09/amazon-pop-up-stores/.

75. Carrig, David. "Sears, J.C. Penney, Kmart, Macy's: These retailers are closing stores in 2017." USA Today. May 9, 2017. https://www.usatoday.com/story/money/2017/03/22/retailers-closing-stores-sears-kmart-jcpenney-macys-mcsports-gandermountian/99492180/.

76. http://clark.com/shopping-retail/confirmed-jcpenney-stores-closing/.

77. WhatIs.com. "Bom File Format." http://whatis.techtarget.com/fileformat/BOM-Bill-of-materials-file.

78. Coster, Helen. "Diapers.com Rocks Online Retailing." Forbes. April 8, 2010. https://www.forbes.com/forbes/2010/0426/entrepreneurs-baby-diapers-e-commerce-retail-mother-lode.html.

79. Wauters, Robin. "Confirmed: Amazon Spends $545 Million on Diapers.com Parent Quidsi." TechCrunch. November 8, 2010. https://techcrunch.com/2010/11/08/confirmed-amazon-spends-545-million-on-diapers-com-parent-quidsi/.

80. L2 Inc. "Jet.com: The $3B Hair Plugs." L2 Inc. August 9, 2016. https://www.youtube.com/watch?v=6rPEhFTFE9c.

81. Jhonsa, Eric. "Jeff Bezos' Letter Shines a Light on How Amazon Sees Itself." Seeking Alpha. April 6, 2016. https://seekingalpha.com/article/3963671-jeff-bezos-letter-shines-light-amazon-sees#alt2.

82. Boucher, Sally. "Survey of Affluence and Wealth." WealthEngine. May 2, 2014. https://www.wealthengine.com/resources/blogs/one-one-blog/survey-affluence-and-wealth.

83. Shi, Audrey. "Amazon Prime Members Now Outnumber Non-Prime Customers." Fortune. July 11, 2016. http://fortune.com/2016/07/11/amazon-prime-cus tomers/.

84. L2 Inc. "Scott Galloway: Innovation Is a Snap." L2 Inc. October 13, 2016. https://www.youtube.com/watch? v=PhB8n-ExMck.

85. Tuttle, Brad. "Amazon Has Upper—Income Americans Wrapped Around Its Finger." Time. April 14, 2016. http://time.com/money/4294131/amazon—prime—rich—american—members/.

86. Holum, Travis. "Amazon's Fulfillment Costs Are Taking More of the Pie." The Motley Fool. December 22, 2016. https://www.fool.com/investing/2016/12/22/amazons—fulfillment—costs—are—taking—more—of—the—p.aspx.

87. L2 Inc. "Scott Galloway: Amazon Flexes." L2 Inc. March 3, 2016. https://www.youtube.com/watch? v=Nm7gIEKYWnc.

88. L2 Inc. "Amazon IQ: Personal Care," February 2017.

89. Kantor, Jodi, and David Streitfeld. "Inside Amazon: Wrestling Big Ideas in a Bruising Workplace." New York Times. August 15, 2015. https://www.nytimes.com/2015/08/16/technology/inside—amazon—wrestling—big—ideas—in—a—bruising—workplace.html?_r=1.

90. Rao, Leena. "Amazon Acquires Robot—Coordinated Order Fulfillment Company Kiva Systems for $775 Million in Cash." TechCrunch. March 19, 2012. https://techcrunch.com/2012/03/19/amazon—acquires—online—fulfillment—company—kiva—systems—for—775—million—in—cash/.

91. Kim, Eugene. "Amazon sinks on revenue miss." Business Insider. February 2, 2017. http://www.businessinsider.com/amazon—earnings—q4—2016—2017—2.

92. "Scott Galloway: Amazon Flexes."

93. Yahoo! Finance. https://finance.yahoo.com/.

94. Centre for Retail Research. "The Retail Forecast for 2017—18." Centre for Retail Research. January 24, 2017. http://www.retailresearch.org/retailforecast.php.

95. "2016 Europe 500 Report." Digital Commerce 360. https://www.digitalcommerce360.com/product/europe—500/#!/.

96. http://www.cnbc.com/2016/05/17/amazon—planning—second—grocery—

store-report.html.

97. 아마존닷컴이 2016년 주주들에게 보낸 연례서한. 2017년 4월 25일 다음을 통해 접속했다. http://phx.corporate-ir.net/phoenix.zhtml?c=97664&p=irol-reportsannual.

98. Farfan, Barbara. "2016 US Retail Industry Overview." The Balance. August 13, 2016. https://www.thebalance.com/us-retail-industry-overview-2892699.

99. "Value of the entertainment and media market in the United States from 2011 to 2020 (in billion U.S. dollars)." Statista. https://www.statista.com/statistics/237769/value-of-the-us-entertainment-and-media-market/.

100. "Telecommunications Business Statistics Analysis, Business and Industry Statistics." Plunkett Research. https://www.plunkettresearch.com/statistics/telecommunications-market-research/.

101. https://www.nytimes.com/2017/06/16/business/dealbook/amazon-whole-foods.html?_r=0.

102. "IBISWorld Industry Report 44511: Supermarkets & Grocery Stores in the US." IBISWorld. 2017. https://www.ibisworld.com/industry-trends/market-research-reports/retail-trade/food-beverage-stores/supermarkets-grocery-stores.html.

103. Rao, Leena. "Amazon Go Debuts as a New Grocery Store Without Checkout Lines." Fortune. December 5, 2016. http://fortune.com/2016/12/05/amazon-go-store/.

104. https://www.nytimes.com/2017/06/16/business/dealbook/amazon-whole-foods.html?_r=0.

105. https://techcrunch.com/2017/06/17/in-wake-of-amazonwhole-foods-deal-instacart-has-a-challenging-opportunity/.

106. https://www.nytimes.com/2017/06/16/business/walmart-bonobos-merger.html?_r=0.

107. https://www.nytimes.com/2017/06/16/business/dealbook/amazon-

whole-foods.html?_r=0.

108. Soper, Spencer. "More Than 50% of Shoppers Turn First to Amazon in Product Search." Bloomberg. September 27, 2016. https://www.bloom berg.com/news/articles/2016-09-27/more-than-50-of-shoppers-turn-first-to-amazon-in-product-search.

제3장_ 글로벌 명품, 애플

1. Schmidt, Michael S., and Richard Pérez-Peña. "F.B.I. Treating San Bernar dino Attack as Terrorism Case." New York Times. December 4, 2015. https://www.nytimes.com/2015/12/05/us/tashfeen-malik-islamic-state. html.

2. Perez, Evan, and Tim Hume. "Apple opposes judge's order to hack San Bernardino shooter's iPhone." CNN. http://www.cnn.com/2016/02/16/us/san-bernardino-shooter-phone-apple/.

3. "Views of Government's Handling of Terrorism Fall to Post-9/11 Low." Pew Research Center. December 15, 2015. http://www.people-press. org/2015/12/15/views-of-governments-handling-of-terrorism-fall-to-post-911-low/#views-of-how-the-government-is-handling-the-terrorist-threat.

4. "Millennials: A Portrait of Generation Next." Pew Research Center. February, 2010. http://www.pewsocialtrends.org/files/2010/10/millennials-confi dent-connected-open-to-change.pdf.

5. "Apple: FBI seeks 'dangerous power' in fight over iPhone." The Associated Press. February 26, 2016. http://www.cbsnews.com/news/apple-fbi-seeks-dangerous-power-in-fight-over-iphone/.

6. Cook, Tim. "A Message to Our Customers." Apple Inc. February 16, 2016. https://www.apple.com/customer-letter/.

7. "Government's Ex Parte Application for Order Compelling Apple, Inc.

to Assist Agents in Search; Memorandum of Points and Authorities; Declaration of Christopher Pluhar." United States District Court for the Central District of California. February 16, 2016. https://www.wired.com/wp-content/uploads/2016/02/SB-shooter-MOTION-seeking-asst-iPhone1.pdf.

8. Tobak, Steve. "How Jobs dodged the stock option backdating bullet." CNET. August 23, 2008. https://www.cnet.com/news/how-jobs-dodged-the-stock-option-backdating-bullet/.

9. Apple Inc., Form 10-K for the Period Ending September 26, 2015 (filed November 10, 2015), p. 24, from Apple, Inc. website. http://investor.apple.com/finan-cials.cfm.

10. Gardner, Matthew, Robert S. McIntyre, and Richard Phillips. "The 35 Percent Corporate Tax Myth." Institute on Taxation and Economic Policy. March 9, 2017. http://itep.org/itep_reports/2017/03/the-35-percent-cor porate-tax-myth.php#.WP5ViVPyvVp.

11. Sumra, Husain. "Apple Captured 79% of Global Smartphone Profits in 2016." MacRumors. March 7, 2017. https://www.macrumors.com/2017/03/07/apple-global-smartphone-profit-2016-79/.

12. "The World's Billionaires." Forbes. March 20, 2017. https://www.forbes.com/billionaires/list/.

13. Yarow, Jay. "How Apple Really Lost Its Lead in the '80s." Business Insider. December 9, 2012. http://www.businessinsider.com/how-apple-really-lost-its-lead-in-the-80s-2012-12.

14. Bunnell, David. "The Macintosh Speaks for Itself (Literally) . . ." Cult of Mac. May 1, 2010. http://www.cultofmac.com/40440/the-macintosh-speaks-for-itself-literally/.

15. "History of desktop publishing and digital design." Design Talkboard. http://www.designtalkboard.com/design-articles/desktoppublishing.php.

16. Burnham, David. "The Computer, the Consumer and Privacy." New York

Times. March 4, 1984. http://www.nytimes.com/1984/03/04/weekin
review/the-computer-the-consumer-and-privacy.html.

17. Ricker, Thomas. "Apple drops 'Computer' from name." Engadget. January 1,
2007. https://www.engadget.com/2007/01/09/apple-drops-computer-
from-name/.

18. Edwards, Jim. "Apple's iPhone 6 Faces a Big Pricing Problem Around the
World." Business Insider. July 28, 2014. http://www.businessinsider.com/
android-and-iphone-market-share-and-the-iphone-6-2014-7.

19. Price, Rob. "Apple is taking 92% of profits in the entire smartphone
industry." Business Insider. July 13, 2015. http://www.businessinsider.
com/apple-92-percent-profits-entire-smartphone-industry-q1-sam
sung-2015-7.

20. "Louis Vuitton Biography." Biography. http://www.biography.com/people
/louis-vuitton-17112264.

21. Apple Newsroom. " 'Designed by Apple in Calfornia' chronicles 20 years of
Apple design." https://www.apple.com/newsroom/2016/11/designed-
by-apple-in-california-chronicles-20-years-of-apple-design/.

22. Ibid.

23. Norman, Don. Emotional Design: Why We Love (or Hate) Everyday Things
(New York: Basic Books, 2005).

24. Turner, Daniel. "The Secret of Apple Design." MIT Technology Review,
May 1, 2007. https://www.technologyreview.com/s/407782/the-secret-
of-apple-design/.

25. Munk, Nina. "Gap Gets It: Mickey Drexler Is Turning His Apparel Chain
into a Global Brand. He wants buying a Gap T-shirt to be like buying a
quart of milk. But is this business a slave to fashion?" Fortune. August 3,
1998. http://archive.fortune.com/magazines/fortune/fortune_archive/1998
/08/03/246286/index.htm.

26. Gap Inc., Form 10-K for the Period Ending January 31, 1998 (filed March

3, 1998), from Gap, Inc. website. http://investors.gapinc.com/phoenix. zhtml?c=111302&p=IROL-secToc&TOC=aHR0cDovL2FwaS50ZW5rd2l6YX JkLmNvbS9vdXRsaW5lLnhtbD9yZXBvPXRlbmsmaXBhZ2U9Njk0NjY5JnN1 YnNpZD01Nw%3d%3d&ListAll=1.

27. Gap Inc., Form 10-K for the Period Ending January 31, 1998 (filed March 28, 2006), from Gap, Inc. website. http://investors.gapinc.com/phoenix. zhtml?c=111302&p=IROL-secToc&TOC=aHR0cDovL2FwaS50ZW5rd2l6YX JkLmNvbS9vdXRsaW5lLnhtbD9yZXBvPXRlbmsmaXBhZ2U9NDA1NjM2OSZ zdWJzaWQ9NTc%3d&ListAll=1.

28. "Levi Strauss & Company Corporate Profile and Case Material." Clean Clothes Campaign. May 1, 1998. https://archive.cleanclothes.org/news/4-companies/946-case-file-levi-strauss-a-co.html.

29. Levi Strauss & Co., Form 10-K for the Period Ending November 27, 2005 (filed February 14, 2006), p. 26, from Levi Strauss & Co. website. http://levistra uss.com/investors/sec-filings/.

30. Warkov, Rita. "Steve Jobs and Mickey Drexler: A Tale of Two Retailers." CNBC. May 22, 2012. http://www.cnbc.com/id/47520270.

31. Edwards, Cliff. "Commentary: Sorry, Steve: Here's Why Apple Stores Won' t Work." Bloomberg. May 21, 2001. https://www.bloomberg.com/news/ articles/2001-05-20/commentary-sorry-steve-heres-why-apple-stores -wont-work.

32. Valdez, Ed. "Why (small) Size Matters in Retail: What Big-Box Retailers Can Learn From Small-Box Store Leaders." Seeking Alpha. April 11, 2017. https://seekingalpha.com/article/4061817-small-size-matters-retail.

33. Farfan, Barbara. "Apple Computer Retail Stores Global Locations." The Balance. October 12, 2016. https://www.thebalance.com/apple-retail-stores-global-locations-2892925.

34. Niles, Robert. "Magic Kingdom tops 20 million in 2015 theme park attendance report." Theme Park Insider. May 25, 2016. http://www.theme

parkinsider.com/flume/201605/5084.

35. Apple Inc. https://www.apple.com/shop/buy-iphone/iphone-7/4.7-inch-display-128gb-gold?afid=p238|sHVGkp8Oe-dc_mtid_1870765 e38482_pcrid_138112045124_&cid=aos-us-kwgo-pla-iphone-slid-product-MN8N2LL/A.

36. http://www.techradar.com/news/phone-and-communications/mobile-phones/best-cheap-smartphones-payg-mobiles-compared-1314718.

37. Dolcourt, Jessica. "BlackBerry KeyOne keyboard phone kicks off a new Black-Berry era (hands-on)." CNET. February 25, 2017. https://www.cnet.com/prodlocations ucts/blackberry-keyone/preview/.

38. Nike, Inc., Form 10-K for the Period Ending May 31, 2016 (filed July 21, 2016), p. 72, from Nike, Inc. website. http://s1.q4cdn.com/806093406/files/doc_financials/2016/ar/docs/nike-2016-form-10K.pdf.

39. Apple Inc., Form 10-K for the Period Ending September 24, 2016 (filed October 26, 2016), p. 43, from Apple, Inc. website. http://files.shareholder.com/downloads/AAPL/4635343320x0x913905/66363059-7FB6-4710-B4A5-7ABFA14CF5E6/10-K_2016_9.24.2016_-_as_filed.pdf.

40. Damodaran, Aswath. "Aging in Dog Years? The Short, Glorious Life of a Successful Tech Company!" Musings on Markets. December 9, 2015. http://as wath damodaran.blogspot.com/2015/12/aging-in-dog-years-short-glorious-life.html.

41. Smuts, G. L. Lion (Johannesburg: Macmillan South Africa: 1982), 231.

42. Dunn, Jeff. "Here's how Apple's retail business spreads across the world." Business Insider. February 7, 2017. http://www.businessinsider.com/apple-stores-how-many-around-world-chart-2017-2.

43. Kaplan, David. "For Retail, 'Bricks' Still Overwhelm 'Clicks' As More Than 90 Percent of Sales Happened in Stores." GeoMarketing. December 22, 2015. http://www.geomarketing.com/for-retail-bricks-still-overwhelm-clicks-as-more-than-90-percent-of-sales-happened-in-stores.

44. Fleming, Sam, and Shawn Donnan. "America's Middle-class Meltdown: Core shrinks to half of US homes." Financial Times. December 9, 2015. https://www.ft.com/content/98ce14ee-99a6-11e5-95c7-d47aa298f769#axzz43kCxoYVk.

45. Gates, Dominic. "Amazon lines up fleet of Boeing jets to build its own aircargo network." Seattle Times. March 9, 2016. http://www.seattletimes.com/business/boeing-aerospace/amazon-to-lease-20-boeing-767s-for-its-own-air-cargo-network/.

46. Rao, Leena. "Amazon to Roll Out a Fleet of Branded Trailer Trucks." Fortune. December 4, 2015. http://fortune.com/2015/12/04/amazon-trucks/.

47. Stibbe, Matthew. "Google's Next Cloud Product: Google Blimps to Bring Wireless Internet to Africa." Fortune. June 5, 2013. https://www.forbes.com/sites/matthewstibbe/2013/06/05/googles-next-cloud-product-google-blimps-to-bring-wireless-internet-to-africa/#4439e478449b.

48. Weise, Elizabeth. "Microsoft, Facebook to lay massive undersea cable." USA Today. May 26, 2016. https://www.usatoday.com/story/experience/2016/05/26/microsoft-facebook-undersea-cable-google-marea-amazon/84984882/.

49. "The Nokia effect." Economist. August 25, 2012. http://www.economist.com/node/21560867.

50. Downie, Ryan. "Behind Nokia's 70% Drop in 10 Years (NOK)." Investopedia. September 8, 2016. http://www.investopedia.com/articles/credit-loans-mort gages/090816/behind-nokias-70-drop-10-years-nok.asp.

제4장_ 전 세계인의 친구, 페이스북

1. "Population of China (2017)." Population of the World. http://www.livepopulation.com/country/china.html.

2. "World's Catholic Population Grows to 1.3 Billion." Believers Portal. April

8. 2017. http://www.believersportal.com/worlds-catholic-population-grows-1-3-billion/.

3. Frías, Carlos. "40 fun facts for Disney World's 40th anniversary." Statesman. December 17, 2011. http://www.statesman.com/travel/fun-facts-for-disney-world-40th-anniversary/7ckezhCnZnB6pyiT5olyEOF/.

4. Facebook, Inc. https://newsroom.fb.com/company-info/.

5. McGowan, Tom. "Google: Getting in the face of football's 3.5 billion fans." CNN. February 27, 2015. http://edition.cnn.com/2015/02/27/football/roma-juventus-google-football/.

6. "How Much Time Do People Spend on Social Media?" Mediakix. December 15, 2016. http://mediakix.com/2016/12/how-much-time-is-spent-on-social-media-lifetime/#gs.GM2awic.

7. Stewart, James B. "Facebook Has 50 Minutes of Your Time Each Day. It Wants More." New York Times. May 5, 2016. https://www.nytimes.com/2016/05/06/business/facebook-bends-the-rules-of-audience-engagement-to-its-advantage.html.

8. Pallotta, Frank. "More than 111 million people watched Super Bowl LI." CNN. February 7, 2017. http://money.cnn.com/2017/02/06/media/super-bowl-ratings-patriots-falcons/.

9. Facebook, Inc. https://newsroom.fb.com/company-info/.

10. Shenk, Joshua Wolf. "What Makes Us Happy?" Atlantic. June 2009. https://www.theatlantic.com/magazine/archive/2009/06/what-makes-us-happy/307439/.

11. Swanson, Ana. "The science of cute: Why photos of baby animals make us happy." Daily Herald. September 4, 2016. http://www.dailyherald.com/article/20160904/entlife/160909974/.

12. "World Crime Trends and Emerging Issues and Responses in the Field of Crime Prevention and Social Justice." UN Economic and Social Council. February 12, 2014; and UNODC, Global Study on Homicide 2013: Trends,

Contexts, Data (Vienna: UNODC https://www.unodc.org/documents/data–and–analysis/statistics/crime/ECN.1520145_EN.pdf.2013). https://www.unodc.org/unodc/en/data–and–analysis/statistics/reports–on–world–crime–trends.html.

13. Meyer, Robinson. "When You Fall in Love, This Is What Facebook Sees." Atlantic. February 15, 2014. http://www.theatlantic.com/technology/archive/2014/02/when–you–fall–in–love–this–is–what–facebook–sees/283865/.

14. "Number of daily active Facebook users worldwide as of 1st quarter 2017 (in millions)." Statista. https://www.statista.com/statistics/346167/facebook–global–dau/.

15. Jones, Brandon. "What Information Does Facebook Collect About Its Users?" PSafe Blog. November 29, 2016. http://www.psafe.com/en/blog/infor mation–facebook–collect–users/.

16. Murphy, Mike. "Here's how to stop Facebook from listening to you on your phone." Quartz. June 2, 2016. https://qz.com/697923/heres–how–to–stop–facebook–from–listening–to–you–on–your–phone.

17. Krantz, Matt. "13 big companies keep growing like crazy." USA To day. March 10, 2016. https://www.usatoday.com/story/money/markets/2016/03/10/13–big–companies–keep–growing–like–crazy/81544188/.

18. Grassegger, Hannes, and Mikael Krogerus. "The Data That Turned the World Upside Down." Motherboard. January 28, 2017. https://mother board.vice.com/en_us/article/how–our–likes–helped–trump–win.

19. Cadwalladr, Carole. "Robert Mercer: The big data billionaire waging war on mainstream media." Guardian. February 26, 2017. https://www.the guardian.com/politics/2017/feb/26/robert–mercer–breitbart–war–on–media–steve–bannon–donald–trump–nigel–farage.

20. "As many as 48 million Twitter accounts aren't people, says study." CNBC. April 12, 2017. http://www.cnbcafrica.com/news/technology/2017/04/10/

many−48−million−twitter−accounts−arent−people−says−study/.

21. L2 Analysis of LinkedIn Data.

22. Novet, Jordan. "Snapchat by the numbers: 161 million daily users in Q4 2016, users visit 18 times a day." VentureBeat. February 2, 2017. https://venturebeat.com/2017/02/02/snapchat−by−the−numbers−161−million−daily−users−in−q4−2016−users−visit−18−times−a−day/.

23. Balakrishnan, Anita. "Snap closes up 44% after rollicking IPO." CNBC. March 2, 2017. http://www.cnbc.com/2017/03/02/snapchat−snap−open−trading−price−stock−ipo−first−day.html.

24. Pant, Ritu. "Visual Marketing: A Picture's Worth 60,000 Words." Business 2 Community. January 16, 2015. http://www.business2community.com/digital−marketing/visual−marketing−pictures−worth−60000−words−01126256 #uaLlH2bk76Uj1zYA.99.

25. Khomami, Nadia, and Jamiles Lartey. "United Airlines CEO calls dragged passenger 'disruptive and belligerent.'" Guardian. April 11, 2017. https://www.theguardian.com/world/2017/apr/11/united−airlines−boss−oliver−munoz−says−passenger−belligerent.

26. Castillo, Michelle. "Netflix plans to spend $6 billion on new shows, blowing away all but one of its rivals." CNBC. October 17, 2016. http://www.cnbc.com/2016/10/17/netflixs−6−billion−content−budget−in−2017−makes−it−one−of−the−top−spenders.html.

27. Kafka, Peter. "Google and Facebook are booming. Is the rest of the digital ad business sinking?" Recode. November 2, 2016. https://www.recode.net/2016/11/2/13497376/google−facebook−advertising−shrinking−iab−dcn.

28. Ungerleider, Neal. "Facebook Acquires Oculus VR for $2 Billion." Fast Company. March 25, 2014. https://www.fastcompany.com/3028244/tech−forecast/facebook−acquires−oculus−vr−for−2−billion.

29. "News companies and Facebook: Friends with benefits?" Economist. May

16, 2015. http://www.economist.com/news/business/21651264–facebook
–and–several–news–firms–have–entered–uneasy–partnership–friends–
benefits.

30. Smith, Gerry. "Facebook, Snapchat Deals Produce Meager Results for News
Outlets." Bloomberg. January 24, 2017. https://www.bloomberg.com/
news/articles/2017–01–24/facebook–snapchat–deals–produce–meager–
results–for–news–outlets.

31. Constine, Josh. "How Facebook News Feed Works." TechCrunch. Septem
ber 6, 2016. https://techcrunch.com/2016/09/06/ultimate–guide–to–the–
news–feed/.

32. Ali, Tanveer. "How Every New York City Neighborhood Voted in the 2016
Presidential Election." DNAinfo. November 9, 2016. https://www.dnainfo.
com/new–york/numbers/clinton–trump–president–vice–president–every
–neighborhood–map–election–results–voting–general–primary–nyc.

33. Gottfried, Jeffrey, and Elisa Shearer. "News Use Across Social Media Plat
forms 2016." Pew Research Center. May 26, 2016. http://www.journalism.
org/2016/05/26/news–use–across–social–media–platforms–2016/.

34. Briener, Andrew. "Pizzagate, explained: Everything you want to know
about the Comet Ping Pong pizzeria conspiracy theory but are too afraid
to search for on Reddit." Salon. December 10, 2016. http://www.salon.
com/2016/12/10/pizzagate–explained–everything–you–want–to–know–
about–the–comet–ping–pong–pizzeria–conspiracy–theory–but–are–
too–afraid–to–search–for–on–reddit/.

35. Williams, Rhiannon. "Facebook: 'We cannot become arbiters of truth–it's
not our role.'" iNews. April 6, 2017. https://inews.co.uk/essentials/news/
technology/facebook–looks–choke–fake–news–cutting–off–financial–
lifeline/.

36. "News Use Across Social Media Platforms 2016."

37. Pogue, David. "What Facebook Is Doing to Combat Fake News." Scientific

American. February 1, 2017. https://www.scientificamerican.com/article/pogue—what—facebook—is—doing—to—combat—fake—news/.

38. Harris, Sam. Free Will (New York: Free Press, 2012), 8.

39. Bosker, Bianca. "The Binge Breaker." Atlantic, November 2016. https://www.theatlantic.com/magazine/archive/2016/11/the—binge—breaker/501122/.

제5장_ 현대판 신, 구글

1. Dorfman, Jeffrey. "Religion Is Good for All of Us, Even Those Who Don't Follow One." Forbes. December 22, 2013. https://www.forbes.com/sites/jeffreydorfman/2013/12/22/religion—is—good—for—all—of—us—even—those—who—dont—follow—one/#797407a64d79.

2. Barber, Nigel. "Do Religious People Really Live Longer?" Psychology Today. February 27, 2013. https://www.psychologytoday.com/blog/the—human—beast/201302/do—religious—people—really—live—longer.

3. Downey, Allen B. "Religious affiliation, education, and Internet use." arXiv. March 21, 2014. https://arxiv.org/pdf/1403.5534v1.pdf.

4. Alleyne, Richard. "Humans 'evolved' to believe in God." Telegraph. September 7, 2009. http://www.telegraph.co.uk/journalists/richard—alleyne/6146411/Humans—evolved—to—believe—in—God.html.

5. Winseman, Albert L. "Does More Educated Really=Less Religious?" Gallup. February 4, 2003. http://www.gallup.com/poll/7729/does—more—educated—really—less—religious.aspx.

6. Rathi, Akshat. "New meta—analysis checks the correlation between intelligence and faith." Ars Technica. August 11, 2013. https://arstechnica.com/science/2013/08/new—meta—analysis—checks—the—correlation—between—intelligence—and—faith/.

7. Carey, Benedict. "Can Prayers Heal? Critics Say Studies Go Past Science's

Reach." New York Times. October 10, 2004. http://www.nytimes.com/2004/10/10/health/can−prayers−heal−critics−say−studies−go−past−sciences−reach.html.

8. Poushter, Jacob. "2. Smartphone ownership rates skyrocket in many emerging economies, but digital divide remains." Pew Research Center. February 22, 2016. http://www.pewglobal.org/2016/02/22/smartphone−ownership−rates−skyrocket−in−many−emerging−economies−but−digital−divide−remains/.

9. "Internet Users." Internet Live Stats. http://www.internetlivestats.com/internet−users/.

10. Sharma, Rakesh. "Apple Is Most Innovative Company: Pricewaterhouse Cooper(AAPL)." Investopedia. November 14, 2016. http://www.investopedia.com/news/apple−most−innovative−company−pricewaterhouse cooper−aapl/.

11. Strauss, Karsten. "America's Most Reputable Companies, 2016: Amazon Tops the List." Forbes. March 29, 2016. https://www.forbes.com/sites/karstenstrauss/2016/03/29/americas−most−reputable−companies−2016−amazon−tops−the−list/#7967310a3712.

12. Elkins, Kathleen. "Why Facebook is the best company to work for in America." Business Insider. April 27, 2015. http://www.businessinsider.com/facebook−is−the−best−company−to−work−for−2015−4.

13. Clark, Jack. "Google Turning Its Lucrative Web Search Over to AI Machines." Bloomberg. October 26, 2015. https://www.bloomberg.com/news/articles/2015−10−26/google−turning−its−lucrative−web−search−over−to−ai−machines.

14. Schuster, Dana. "Marissa Mayer spends money like Marie Antoinette." New York Post. January 2, 2016. http://nypost.com/2016/01/02/marissa−mayer−is−throwing−around−money−like−marie−antoinette/.

15. "Alphabet Announces Third Quarter 2016 Results." Alphabet Inc. October

27, 2016. https://abc.xyz/investor/news/earnings/2016/Q3_alphabet_
earnings/.

16. Alphabet Inc., Form 10–K for the Period Ending December 31, 2016 (filed
    January 27, 2017), p. 23, from Alphabet Inc. website. https://abc.xyz/investor
    /pdf/20161231_alphabet_10K.pdf.

17. Yahoo! Finance. Accessed in February 2016. https://finance.yahoo.com/.

18. Godman, David. "What is Alphabet . . . in 2 minutes." CNN Money. August
    11, 2015. http://money.cnn.com/2015/08/11/technology/alphabet–in–
    two–minutes/.

19. Basu, Tanya. "New Google Parent Company Drops 'Don't Be Evil' Motto."
    Time. October 4, 2015. http://time.com/4060575/alphabet–google–dont–
    be–evil/.

20. http://www.internetlivestats.com/google–search–statistics/.

21. Sullivan, Danny. "Google now handles at least 2 trillion searches per year."
    Search Engine Land. May 24, 2016. http://searchengineland.com/google–
    now–handles–2–999–trillion–searches–per–year–250247.

22. Segal, David. "The Dirty Little Secrets of Search." New York Times. February
    12, 2011. http://www.nytimes.com/2011/02/13/business/13search.html.

23. Yahoo! Finance. https://finance.yahoo.com/.

24. Pope, Kyle. "Revolution at The Washington Post." Columbia Journalism
    Review. Fall/Winter 2016. http://www.cjr.org/q_and_a/washington_post_
    bezos_amazon_revolution.php.

25. Seeyle, Katharine Q. "The Times Company Acquires About.com for $410
    Million." New York Times. February 18, 2005. http://www.nytimes.com/
    2005/02/18/business/media/the–times–company–acquires–aboutcom–
    for–410–million.html.

26. Iyer, Bala, and U. Srinivasa Rangan. "Google vs. the EU Explains the Digital
    Economy." Harvard Business Review. December 12, 2016. https://hbr.
    org/2016/12/google–vs–the–eu–explains–the–digital–economy.

27. Drozdiak, Natalia, and Sam Schechner. "EU Files Additional Formal Charges Against Google." Wall Street Journal. July 14, 2016. https://www.wsj.com/articles/google-set-to-face-more-eu-antitrust-charges-1468479516.

제6장_ 성공한 거짓말들

1. Hamilton, Alexander. The Papers of Alexander Hamilton, vol. X, December 1791–January 1792. Edited by Harold C. Syrett and Jacob E. Cooke (New York: Columbia University Press, 1966), 272.

2. Morris, Charles R. "We Were Pirates, Too." Foreign Policy. December 6, 2012. http://foreignpolicy.com/2012/12/06/we-were-pirates-too.

3. Gladwell, Malcolm. "Creation Myth." New Yorker. May 16, 2011. http://www.newyorker.com/magazine/2011/05/16/creation-myth.

4. Apple Inc. "The Computer for the Rest of Us." Commercial, 35 seconds. 2007. https://www.youtube.com/watch?v=C8jSzLAJn6k.

5. "Testimony of Marissa Mayer. Senate Committee on Commerce, Science, and Transportation. Subcommittee on Communications, Technology, and the Internet Hearing on 'The Future of Journalism.'" The Future of Journalism. May 6, 2009. https://www.gpo.gov/fdsys/pkg/CHRG-111shrg52162/pdf/CHRG-111shrg52162.pdf.

6. Ibid.

7. Ibid.

8. Ibid.

9. Ibid.

10. Warner, Charles. "Information Wants to Be Free." Huffington Post. February 20, 2008. http://www.huffingtonpost.com/charles-warner/information--to-be-f_b_87649.html.

11. Manson, Marshall. "Facebook Zero: Considering Life After the Demise of Organic Reach." Social@Ogilvy, EAME. March 6, 2014. https://social.

ogilvy.com/facebook-zero-considering-life-after-the-demise-of-organic-reach.

12. Gladwell, Malcolm. "Creation Myth." New Yorker. May 16, 2011. http://www.newyorker.com/magazine/2011/05/16/creation-myth.

13. Alderman, Liz. "Uber's French Resistance." New York Times. June 3, 2015. https://www.nytimes.com/2015/06/07/magazine/ubers-french-resistance.html?_r=0.

14. Diamandis, Peter. "Uber vs. the Law (My Money's on Uber)." Forbes. September 8, 2014. http://www.forbes.com/sites/peterdiamandis/2014/09/08/uber-vsthe-law-my-moneys-on-uber/#50a69d201fd8.

제7장_ 기업과 신체

1. Satell, Greg. "Peter Thiel's 4 Rules for Creating a Great Business." Forbes. October 3, 2014. https://www.forbes.com/sites/gregsatell/2014/10/03/peter-thiels-4-rules-for-creating-a-great-business/#52f096f754df.

2. Wohl, Jessica. " Wal-mart U.S. sales start to perk up, as do shares." Reuters. August 16, 2011. http://www.reuters.com/article/us-walmart-idUSTRE77 F0KT20110816.

3. Wilson, Emily. "Want to live to be 100?" Guardian. June 7, 2001. https://www.theguardian.com/education/2001/jun/07/medicalscience.healthand wellbeing.

4. Ibid.

5. Ibid.

6. Huggins, C. E. "Family caregivers live longer than their peers." Reuters. October 18, 2013. http://www.reuters.com/article/us-family-caregivers-idUSBRE99H12I20131018.

7. Fisher, Maryanne L., Kerry Worth, Justin R. Garcia, and Tami Meredith. (2012). Feelings of regret following uncommitted sexual encounters in

Canadian university students. Culture, Health & Sexuality 14: 45-57. doi:
10.1080/13691058.2011.619579.

8. "'Girls & Sex' and the Importance of Talking to Young Women About
   Pleasure." NPR. March 29, 2016. http://www.npr.org/sections/health-
   shots/2016/03/29/472211301/girls-sex-and-the-importance-of-talking
   -to-young-women-about-pleasure.

9. "The World's Biggest Public Companies: 2016 Ranking." Forbes. https://
   www.forbes.com/companies/estee-lauder.

10. "The World's Biggest Public Companies: 2016 Ranking." Forbes. https://
    www.forbes.com/companies/richemont.

11. "LVMH: 2016 record results." Nasdaq. January 26, 2017. https://globenews
    wire.com/news-release/2017/01/26/911296/0/en/LVMH-2016-record-
    results.html.

12. https://www.sec.gov/Archives/edgar/data/1018724/000119312517120198/
    d373368dex991.htm.

제8장_ T 알고리즘

1. Yahoo! Finance. https://finance.yahoo.com.

2. "L2 Insight Report: Big Box Black Friday 2016." L2 Inc. December 2, 2016.
   https://www.l2inc.com/research/big-box-black-friday-2016.

3. Sterling, Greg. "Survey: Amazon beats Google as starting point for product
   search." Search Engine Land. June 28, 2016. http://searchengineland.com/
   survey-amazon-beats-google-starting-point-product-search-252980.

4. "Facebook Users in the World." Internet World Stats. June 30, 2016. http://
   www.internetworldstats.com/facebook.htm.

5. "Facebook's average revenue per user as of 4th quarter 2016, by region
   (in U.S. dollars)." Statista. https://www.statista.com/statistics/251328/
   facebooks-average-revenue-per-user-by-region.

6. Millward, Steven. "Asia is now Facebook's biggest region." Tech in Asia. February 1, 2017. https://www.techinasia.com/facebook-asia-biggest-region-daily-active-users.

7. Thomas, Daniel. "Amazon steps up European expansion plans." Financial Times. January 21, 2016. https://www.ft.com/content/97acb886-c039-11e5-846f-79b0e3d20eaf.

8. "Future of Journalism and Newspapers." C-SPAN. Video, 5:38:37. May 6, 2009. https://www.c-span.org/video/?285745-1/future-journalism-news papers&start=4290.

9. Wiblin, Robert. "What are your chances of getting elected to Congress, if you try?" 80,000 Hours. July 2, 2015. https://80000hours.org/2015/07/what-are-your-odds-of-getting-into-congress-if-you-try.

10. Dennin, James. "Apple, Google, Microsoft, Cisco, IBM and other big tech companies top list of tax-avoiders." Mic. October 4, 2016. https://mic.com/articles/155791/apple-google-microsoft-cisco-ibm-and-other-big-tech-companies-top-list-of-tax-avoiders#.Hx5lomyBl.

11. Bologna, Michael J. "Amazon Close to Breaking Wal-Mart Record for Subsidies." Bloomberg BNA. March 20, 2017. https://www.bna.com/amazon-close-breaking-n57982085432.

12. https://www.usnews.com/best-graduate-schools/top-engineering-schools/eng-rankings/page+2

제9장_ 새롭게 떠오를 승자

1. "Alibaba passes Walmart as world's largest retailer." RT. April 6, 2016. https://www.rt.com/business/338621-alibaba-overtakes-walmart-volume/.

2. Lim, Jason. "Alibaba Group FY2016 Revenue Jumps 33%, EBITDA Up 28%." Forbes. May 5, 2016. https://www.forbes.com/sites/jlim/2016/05/05/ali

baba-fy2016-revenue-jumps-33-ebitda-up-28/#2b6a6d2d53b2.

3. Picker, Leslie, and Lulu Yilun Chen. "Alibaba's Banks Boost IPO Size to Record of $25 Billion." Bloomberg. September 22, 2014. https://www.bloomberg.com/news/articles/2014-09-22/alibaba-s-banks-said-to-increase-ipo-size-to-record-25-billion.

4. Alibaba Group, FY16-Q3 for the Period Ending December 31, 2016 (filed January 24, 2017), p. 10, from Alibaba Group website. http://www.alibabagroup.com/en/ir/presentations/presentation170124.pdf.

5. Alibaba Group, FY16-Q3 for the Period Ending December 31, 2016 (filed January 24, 2017), p. 2, from Alibaba Group website. http://www.alibabagroup.com/en/news/press_ pdf/p170124.pdf.

6. "Alibaba's Banks Boost IPO Size to Record of $25 Billion."

7. "Alibaba Group Holding Ltd: NYSE:BABA:AMZN." Google Finance. Accessed April 12, 2017. https://www.google.com/finance?chdnp=1&chdd=1&chds=1&chdv=1&chvs=Logarithmic&chdeh=0&chfdeh=0&chdet=1467748800000&chddm=177905&chls=IntervalBasedLine&cmpto=INDEXSP%3A.INX%3BNASDAQ%3AAMZN&cmptdms=0%3B0&q=NYSE%3ABABA&ntsp=0&fct=big&ei=7vl7V7G5O4iPjAL-pKiYDA.

8. Wells, Nick. "A Tale of Two Companies: Matching up Alibaba vs. Amazon." CNBC. May 5, 2016. http://www.cnbc.com/2016/05/05/a-tale-of-two-companies-matching-up-alibaba-vs-amazon.html.

9. "The World's Most Valuable Brands." Forbes. May 11, 2016. https://www.forbes.com/powerful-brands/list/#tab:rank.

10. Einhorn, Bruce. "How China's Government Set Up Alibaba's Success." Bloomberg. May 7, 2014. https://www.bloomberg.com/news/articles/2014-05-07/how-chinas-government-set-up-alibabas-success.

11. "Alibaba's Political Risk," Wall Street Journal. September 19, 2014. https://www.wsj.com/articles/alibabas-political-risk-1411059836.

12. Cendrowski, Scott. "Investors Shrug as China's State Press Slams Alibaba for

Fraud." Fortune. May 17, 2016. http://fortune.com/2016/03/17/investors—
shrug—as—chinas—state—press—slams—alibaba—for—fraud/.

13. Gough, Neil, and Paul Mozur. "Chinese Government Takes Aim at E—
Commerce Giant Alibaba Over Fake Goods." New York Times. January 28,
2015. https://bits.blogs.nytimes.com/2015/01/28/chinese—government—
takes—aim—at—e—commerce—giant—alibaba/.

14. "JACK MA: It's hard for the US to understand Alibaba." Reuters. June 3,
2016. http://www.businessinsider.com/r—amid—sec—probe—jack—ma—
says—hard—for—us—to—understand—alibaba—media—2016—6.

15. DeMorro, Christopher. "How Many Awards Has Tesla Won? This
Infographic Tells Us." Clean Technica. February 18, 2015. https://cleantech
nica.com/2015/02/18/many—awards—tesla—won—infographic—tells—us/.

16. Cobb, Jeff. "Tesla Model S Is World's Best—Selling Plug—in Car for Second
Year in a Row." GM—Volt. January 20, 2017. http://gm—volt.com/2017/01/
27/tesla—model—s—is—worlds—best—selling—plug—in—car—for—second—
year—in—a—row/.

17. Hull, Dana. "Tesla Says It Received More Than 325,000 Model 3 Reservations."
Bloomberg. April 7, 2016. https://www.bloomberg.com/news/articles/
2016—04—07/tesla—says—model—3—pre—orders—surge—to—325—000—in—
first—week.

18. "Tesla raises $1.46B in stock sale, at a lower price than its August 2015 sale:
IFR." Reuters. May 20, 2016. http://www.cnbc.com/2016/05/20/tesla—
raises—146b—in—stock—sale—at—a—lower—price—than—its—august—2015—
sale—ifr.html.

19. "Tesla isn't just a car, or brand. It's actually the ultimate mission—the
mother of all missions . . ." Tesla. December 9, 2013. https://forums.tesla.
com/de_AT/forum/forums/tesla—isnt—just—car—or—brand—its—actually—
ultimate—mission—mother—all—missions.

20. L2 Inc. "Scott Galloway: Switch to Nintendo." YouTube. March 30, 2017.

https://www.youtube.com/watch?v=UwMhGsKeYo4&t=3s.

21. Shontell, Alyson. "Uber is the world's largest job creator, adding about 50,000 drivers per month, says board member." Business Insider. March 15, 2015. http://www.businessinsider.com/uber−offering−50000−jobs− per−month−to−drivers−2015−3.

22. Uber Estimate. http://uberestimator.com/cities.

23. Nelson, Laura J. "Uber and Lyft have devastated L.A.'s taxi industry, city records show." Los Angeles Times. April 14, 2016. http://www.latimes. com/local/lanow/la−me−ln−uber−lyft−taxis−la−20160413−story.html.

24. Schneider, Todd W. "Taxi, Uber, and Lyft Usage in New York City." February 2017. http://toddwschneider.com/posts/taxi−uber−lyft−usage− new−york−city/.

25. "Scott Galloway: Switch to Nintendo."

26. Deamicis, Carmel. "Uber Expands Its Same−Day Delivery Service: 'It's No Longer an Experiment'." Recode. October 14, 2015. https://www.recode. net/2015/10/14/11619548/uber−gets−serious−about−delivery−its−no− longer−an−experiment.

27. Smith, Ben. "Uber Executive Suggests Digging Up Dirt on Journalists." Buzz−Feed. November 17, 2014. https://www.buzzfeed.com/bensmith/ uber−executive−suggests−digging−up−dirt−on−journalists?utm_term=. rcBNNLypG#.bhlEEWy0N.

28. Warzel, Charlie. "Sexist French Uber Promotion Pairs Riders With 'Hot Chick' Drivers." BuzzFeed. October 21, 2014. https://www.buzzfeed.com/ charliewarzel/french−uber−bird−hunting−promotion−pairs−lyon−riders− with−a?utm_term=.oeNgLXer7#.boMKaOG9q.

29. Welch, Chris. "Uber will pay $20,000 fine in settlement over 'God View' tracking." The Verge. January 6, 2016. https://www.theverge.com/2016/1/ 6/10726004/uber−god−mode−settlement−fine.

30. Fowler, Susan J. "Reflecting on One Very, Very Strange Year at Uber."

February 19, 2017. https://www.susanjfowler.com/blog/2017/2/19/reflec
ting—on—one—very—strange—year—at—uber.

31. Empson, Rip. "Black Car Competitor Accuses Uber Of DDoS—Style Attack;
Uber Admits Tactics Are 'Too Aggressive.'" TechCrunch. January 24, 2014.
https://techcrunch.com/2014/01/24/black—car—competitor—accuses—
uber—of—shady—conduct—ddos—style—attack—uber—expresses—regret/.

32. "Drive with Uber." Uber. https://www.uber.com/a/drive—pp/?exp=nyc.

33. Isaac, Mike. "What You Need to Know About #DeleteUber." New York
Times. January 31, 2017. https://www.nytimes.com/2017/01/31/business/
delete—uber.html?_r=0.

34. "Our Locations." Walmart. http://corporate.walmart.com/our—story/our—
locations.

35. Peters, Adele. "The Hidden Ecosystem of the Walmart Parking Lot." Fast
Company. January 3, 2014. https://www.fastcompany.com/3021967/the—
hidden—ecosystem—of—the—walmart—parking—lot.

36. http://www.andnowuknow.com/buyside—news/walmarts—strategy—
under—marc—lore—unfolding—prices—and—costs—cut—online/jessica—
donnel/53272#.WUdVw4nyvMU.

37. "Desktop Operating System Marketshare." Net Marketshare. https://www.
netmarketshare.com/operating—system—market—share.aspx?qprid=10&
qpcustomd=0.

38. "About Us." LinkedIn. https://press.linkedin.com/about—linkedin.

39. Bose, Apurva. "Numbers Don't Lie: Impressive Statistics and Figures of
LinkedIn." BeBusinessed.com. February 26, 2017. http://bebusinessed.
com/linkedin/linkedin—statistics—figures/.

40. International Business Machines Corporation. Annual Report for the Period
Ending December 31, 2016 (filed February 28, 2017), p. 42, from International
Business Machines Corporation website. https://www.ibm.com/investor/
financials/financial—reporting.html.

제10장_ 거인기업과 당신의 미래

1. "Do you hear that? It might be the growing sounds of pocketbooks snapping shut and the chickens coming home . . ." AEIdeas, August 2016. http://bit.ly/2nHvdfr.

2. Irrational Exuberance, Robert Shiller. http://amzn.to/2o98DZE.

3. https://www.nytimes.com/2017/03/14/books/henry-lodge-dead-co-author-younger-next-year.html?_r=1.

제11장_ 네 개의 기업, 그 후

1. Yahoo! Finance. https://finance.yahoo.com/.

2. Facebook, Inc. https://newsroom.fb.com/company-info/.

3. Yahoo! Finance. https://finance.yahoo.com/.

4. "The World's Biggest Public Companies." Forbes. May 2016. https://www.forbes.com/global2000/list/.

5. Ibid.

6. Yahoo! Finance. https://finance.yahoo.com/.

7. "France GDP." Trading Economics. 2015. http://www.tradingeconomics.com/france/gdp.

8. Yahoo! Finance. https://finance.yahoo.com/.

9. "The World's Biggest Public Companies." Forbes. May 2016. https://www.forbes.com/global2000/list/.

10. Yahoo! Finance. https://finance.yahoo.com/.

11. "The World's Biggest Public Companies."

12. Facebook, Inc. https://newsroom.fb.com/company-info/.

13. "The World's Biggest Public Companies."